한국 계엄의 기원

한국 계엄의 기원

초판 1쇄 발행 2018년 11월 15일

지은이 │ 김춘수
펴낸이 │ 윤관백
펴낸곳 │ 도서출판선인

등 록 │ 제5-77호(1998.11.4)
주 소 │ 서울시 마포구 마포대로 4다길 4(마포동 324-1) 곳마루 B/D 1층
전 화 │ 02)718-6252 / 6257
팩 스 │ 02)718-6253
E-mail │ sunin72@chol.com

정가 33,000원
ISBN 979-11-6068-225-0   93910

한국 계엄의 기원

김춘수 지음

도서출판 선인

1

2014년 박사학위 논문을 제출하고 5년이 지나서야 책을 출간을 하게 되었다. 처음에서는 학위논문에서 담지 못한 4·19혁명과 박정희 군사정부, 1980년 광주항쟁 시기에 이르는 계엄 연구를 추가하여 출간하고 싶은 욕심이 있었다. 그러나 직장을 핑계로 한 게으름으로 연구를 진척시키기 못했고, 나는 10년의 공직생활을 뒤로 하고 피난가다시피 아프리카에 짐을 풀었다. 사막과 코끼리, 집 앞마당을 오가는 원숭이와 친해지고 그곳 생활에 적응하고 있을 무렵, 이른바 '박근혜-최순실 게이트'가 터졌다. 2016년 추운 겨울 나는 광화문에 돌아와 있었고 촛불의 열기로 추위를 잊었다.

박근혜 대통령 국정농단 사태에 따른 박근혜 대통령 탄핵 촉구 촛불집회가 시작되었을 때 국군기무사령부(기무사)에서 작성한 '계엄 실행 계획 검토' 문서가 2018년 7월 이철희 의원에 의해 폭로되었다. 기무사가 계엄 선포문·담화문·포고문까지 마련하였고, 병력 배치 계획은 물론 지역별 계엄군 운영 계획까지 수립하였다는 기사는 온 국민을 경악시켰다. 문서가 작성될 당시 대통령이 직무정지 상태에 있었으니 이러한 행위는 친위쿠데타 시나리오임이 분명했다. 기무사 문서가 폭로된 이후 언론은 한민구 국방부장관이나 박근혜 대통령과의 관련성, 그리고 기무사 해편에 관심을 쏟았다. 이러한 관심이 불필요하다는 것은 아니다. 계엄에 대한 근원적 질문을 제기하지 않고 있다는 점이 문제였다.

필자는 박사학위 논문을 통해 한국 역사에서 계엄은 국민에 대한 전쟁 선포로, 정당성을 갖지 못하는 권력 혹은 군이 권력을 찬탈하는 쿠데타를 동반했으며, 이는 국민에 대한 압살의 결과였음을 드러내고자 하였다. 계엄상태는 국민의 무권리를 의미하여 군에 의한 행정·사법은 물론 특별조치를 통해 입법의 영역까지 군에 장악되는 상태를 의미했다. 그러나 현재까지 계엄 관련 연구는 거의 진척이 없어 보인다. 오히려 필자의 논문은 한국의 계엄사를 합리화하기 위해 쓰인 합동참모본부의 『계엄실무편람(2016. 6.)』에서 많은 부분 맥락 없이 인용되고 있을 뿐이었다.

권력의 부패와 부정을 규탄하기 위해 광장에 선 시민을 상대로, 그리고 정치적 반대파를 제거하기 위해 계엄은 언제든 실시될 수 있다는 점이 확인된 지금, 과거가 아닌 현재의 문제로 계엄에 대해 살펴보고 연구할 필요성이 마련되었다고 생각한다.

2

계엄은 비상사태를 명분으로 군을 투입하여 위기를 불러일으키는 대상을 직접적으로 신속히 제거할 것을 목적으로 한다. 계엄이 선포된 순간 국민의 기본권을 포함한 법은 정지하며 공백은 직접적인 폭력으로 채워진다.

여순사건과 제주4·3사건 시기의 계엄은 물론 한국전쟁 과정에서 시행된 계엄도 교전하고 있는 적이 아닌 내부의 적—정치적 반대파, '부역자', 체제비통합자, 무고하게 죽음을 당한 자도 사후에 빨갱이의 이름을 붙여 적이 되었다—을 제거하기 위한 정치적 계엄이었다.

가까이는 박정희의 유신쿠데타가 국회를 무력화시키고 독재를 연장시키는 데 안보를 이유로 한 계엄을 사용한 사례이며, 전두환은 대통령 유고를 틈타 정승화 계엄사령관을 체포하고 권력을 찬탈한 후 1980년 5월 17일 비상계엄을 전국으로 확대하여 광주를 고립시키고 시민학살을 자행하여 쿠데타에 성공하였다.

이승만은 어떠했을까? 1952년 전쟁 중이었음에도 불구하고, 이승만은 계엄을 선포하고 국회를 무력화시킨 후 재집권하여 친위쿠데타를 완성했다. 촛불집회 당시 기무사가 계획한 계엄은 이승만의 친위쿠데타가 원형이 아니었을까. 이 사건은 '부산정치파동'이라고 이름 붙여져 마치 전쟁 중에 발생한 정치 해프닝 정도로 알려졌지만 말이다.

계엄은 국민에 대한 선전포고이자 전쟁이다. 계엄이 선포되면 계엄 지역은 봉쇄되며, 언론은 통제되고, 치안과 질서 회복을 이유로 성향 분류가 행해지며 주요 인사는 구금된다. 군사법원이 설치되어 증거가 아닌 군인들의 판단으로 생사가 갈린다. 봉쇄지역인 계엄 지역의 주민은 사실 여부와 관계없이 적이거나 동조자로 규정된다. 이렇듯 피비린내 나는 계엄으로 열린 무법의 공간에서 군은 독재권력을 연장하는 친위쿠데타를 수행하거나 군이 직접 민간권력을 대체하는 쿠데타를 감행한다. 한국의 계엄은 탄생에서 역사적 시행 경험에서 예외 없이 이러한 모습을 보여준다.

1987년 6월항쟁 시기에도 전두환은 계엄 카드를 만지작거렸다. 2016년 말부터 2017년 3월 박근혜 대통령 탄핵이 결정되기까지 있었던 촛불집회 때도 박근혜 정권은 계엄을 통한 친위쿠데타를 모의하였다.

헌법학자들은 '인간의 존엄은 전시이든 군인이든 부정할 수 없는 보편적 가치이며 헌법은 국가안보를 위해 국민의 기본적 인권을 제한 할 때도 본질적 내용을 침해할 수 없도록 한다'고 하여 기본권 보장을 명문화한 헌법을 신주로 모시고 있다. 그러나 그 숭고한 헌법은 국가 위기 상황과 비상사태를 명분으로 생사여탈을 포함한 국민의 기본권을 정지할 수 있다는 조항도 포함하고 있다. 이것이 우리의 헌법이다.

지난 촛불집회에서는 '대한민국은 민주공화국이다'라는 노래가 쉼 없이 울려 퍼져, 국민이 주권자임을 알리고 국민 스스로 그것을 확인하고자 했다. 국민으로부터 주권을 위임받은 통치자와 국민을 보호하기 위해 존재하는 군이 국민을 향해 총을 겨눌 수 있는 계엄을 헌법이 포함하고 있다면, 대한민국이 민주공화국인지 따져보아야 한다. 적어도 한국 현대사는 이러한 계엄의 민낯을 그대로 보여주고 있지 않은가?

그렇다면 우리는 왜 헌법에 계엄을 품고 있어야 하는가? 국민을 향해 군대를 사용하도록 한 계엄이 과연 헌법의 규범을 준수하도록 우리는 어떠한 씨실과 날실로 직조할 수 있을까? 그것이 가능할까? 국민의 기본권 보호를 보장하는 민주공화국의 헌법 조항이 계엄상태에서 유효할 수 있을까?

이러한 질문 속에서 본 연구는 대한민국이 국가로 조직되던 시기이자 계엄의 탄생이라고 할 수 있는 정부 수립 시기부터 한국전쟁까지의 계엄에 대해 집중적으로 다루었다. 이러한 계엄에 대한 역사적인 고찰은 계엄의 필요성을 전제로 하고 계엄의 효율적 운영에 중심을 두는 군사 연구와 국민의 권리를 헌법의 조항으로 보호할 수 있다고 전제하는 법제사 연구의 한계를 넘어서기 위한 방법이다.

이 책이 국가의 기능과 국민의 권리 그리고 법의 관계를 연구하는 데 기여할 수 있기를 기대해 본다. 그리고 광장에 선 시민이 더 이상 질서유지의 대상이 아니라 이 땅의 주권자로 자리매김하는 데 디딤돌이 된다면 좋은 일이다.

3

책을 출판하면서 그동안 부족한 필자를 격려해 주시고 힘이 되어 주신 분들께 감사의 말씀을 드리지 않을 수 없다. 대학원에 들어와 석사·박사과정 내내 지도해 주시고 필자의 짧은 생각을 논문이 되도록 내용을 꼼꼼히 짚어주신 서중석 선생님께 감사드린다. 지금도 혜화동 연구실에서 연구를 멈추지 않고 계신 선생님의 모습은 덧붙일 말이 필요 없는 사표(師表)이시다. 각주 하나하나까지 살펴주시고 필자의 고민이 깊어지도록 지도해 주신 임경석 선생님, 논문심사 기간 내내 논문의 구성과 중심을 잡아 주신 정해구 선생님, 부족한 필자를 격려해 주시고 한국전쟁 시기 연구를 풍부하게 만들어 주셨던 박태균 선생님, 졸고를 빠짐없이 읽어 주시고 일본의 사례를 지적해 주신 배항섭 선생님께 늦은 감사의 인사를 드린다.

작은 연구실에서 전쟁 전후 민간인 학살과 한국전쟁 연구를 함께 한 선배 김득중, 이임하와 후배 강성현, 김학재가 없었다면 연구를 진행할 수 없었을 것이다.

그리고 '딸자식 가르쳐봐야 소용없다'는 주변 분들의 말류에도 불구하고 나의 아이들을 키워주시고 딸을 믿고 한결같이 응원해 주신 엄마 윤이선 여사께 감사드린다. 사랑하는 남편과 부족한 엄마를 항상 자랑스럽게 생각하는 친구가 된 내경이 그리고 듬직하게 잘 성장하고 있는 태헌에게도 감사의 뜻을 전하고 싶다. 끝으로 이 책이 나오도록 도와주신 선인 윤관백 사장님께 감사드린다.

2018년 11월
김춘수

차례

1. 연구의 필요성과 목적

한국현대사는 정부 수립 이후 박정희 군사정부와 신군부 체제에 이르기까지 전 기간이 사실상 비상상태 혹은 계엄상태였다고 할 수 있다. 특히 박정희 정권과 신군부 체제는 군이 직접적으로 정치의 '주체'로 등장하여 삼권을 장악하였을 뿐만 아니라 집권기간 내내 계엄상태를 유지하였다. 박정희는 쿠데타 직후 포고 1호를 통해 비상계엄을 선포하는 것으로 등장하였으며[1] 그 이후에도 계엄과 위수령을 잇달아 발포했고 1972년에는 비상계엄을 선포하여 친위 쿠데타를 일으키고 비상상태 또는 계엄상태의 정권이라고 할 수 있는 유신체제를 만들었다.

제5공화국을 주도한 신군부세력은 1979년 10월에 발포된 계엄상태에서 권력에 접근했다. 신군부세력은 1980년 비상계엄 전국 확대라는 5·17쿠데타를 감행하고 계엄군으로 광주항쟁을 압살하여 군부통치를 공고히 하였다. 이러한 비상상태를 유지하는 데 핵심적인 역할을 했던 계엄은 정부 수립 직후 여순사건과 제주4·3사건 그리고 한국전쟁 시기를 거치면서 체계화되었다.

---

[1] 군사혁명위원회, 「혁명 제1성」·「군사혁명위원회 포고 제1호」, 육군본부, 『계엄사』, 1976, 199쪽.

이승만은 분단정부 수립과 이승만 체제에 반대하여 여순사건과 제주4·3사건이 발생하자 계엄을 통해 군·경을 동원하여 민의 저항을 학살과 폭력으로 제압함으로써 극우반공체제를 공고히 하였다.[2] 당시의 계엄 선포는 계엄법 제정에 미처 이르지 못한 상황에서 발포되어 계엄 선포 자체가 불법적이었을 뿐만 아니라, 군인, 경찰, 우익 청년단에 의해 민간인들이 집단적으로 살해되는 주요 원인이 되었다.

한국전쟁이 발발한 후, 전시 계엄은 지역을 달리하며 3·8 이북 지역을 포함하여 거의 전국적으로 실시되었다. 전시 비상계엄 상황에서 민간인은 군법회의에 회부되었으며 영장 없는 구속·구금 등의 초헌법적 무권리 상태에 처해졌다. 또한 북한의 공격에 대비한다는 명분하에 지속된 계엄상태는 이승만의 권력유지를 위한 정치적 수단으로 이용되어 1952년 5월, 이른바 부산정치파동을 낳는 데까지 이르렀다.

이렇듯 계엄은 이승만의 극우반공체제와 박정희와 전두환의 군부체제의 형성과 유지라는 정치적 흐름과 밀접한 관련을 가지고 있어 한국현대사를 이해하는 데 빠질 수 없는 필수적인 주제라고 할 수 있다.

여순사건과 제주 4·3사건 당시 계엄상태에서의 폭력적이고 불법적인 민간인 학살에 대해서는 그간 많은 연구가 축적되어 있다. 그러나 민간인 학살에 대한 연구가 과거사 진상규명 차원에서 진행되어 계엄에 대해서는 본격적으로 연구가 이루어지지는 못했다. 또한 여순지역과 제주도에서의 계엄이나 1980년 광주에서의 역사적 사례로 볼 때, 계엄이 국민에 대한 감시와 학살, 불법적 사법처리와 같은 노골적인 폭력으로 나타났음에도 불구하고 계엄은 군대를 군사·기술적 차원에 사용하기 위한 법적 장치라거나 '국가 위기 상황'에서 군에 의한 행정·사법권의 독점이 당연한 것으로 이해되어 왔던 것이 사실이다.[3]

---

[2] 서중석의 연구에 따르면 이승만의 극우반공체제는 1949년 5, 6월 이후 반민특위 습격테러, 국회 프락치 사건, 김구 암살로 이어지는 극우반공세력의 전면적 공세와 국민보도연맹 창설, 좌익에 대한 통제 강화를 통해 1949년 하반기에 이르러 초기적 확립을 보았다(서중석, 『현대민족운동』 2, 역사비평사, 1996).

따라서 이 연구는 한국현대사에서 반공과 안보를 근간으로 한 비상사태를 유지하는 데 핵심적 역할을 했던 계엄이 미군정 시기부터 정부 수립 직후, 그리고 한국전쟁을 거치면서 역사적으로 형성되었음을 밝히는 것을 목적으로 한다. 이 시기 계엄의 형성과 전개 과정에 대한 연구는 다음 세 가지 측면에 초점을 맞추어 진행하였다.

첫째 기존에 충분히 밝히지 못한 미군정 시기부터 한국전쟁 시기까지의 계엄의 전개 과정과 계엄 수행체계에 대한 구체적 분석을 시도하였다. 계엄 선포라는 사건적 사실에 한정하지 않고 계엄 수행 절차·방법, 군의 행정권(치안·집행권 확보)·사법권(조사－체포－판결－수형 등의 절차) 장악 등의 구체적 사실을 파악함으로써 당시 계엄의 기능과 사회·정치적 의미를 함께 도출하고자 하였다.

둘째, 비상사태를 명분으로 한 계엄상태에서 국민의 기본권 정지와 국가의 국민에 대한 극단적인 폭력이 정당화되는 법 구조를 밝히고자 하였다. 계엄은 위기를 불러일으키는 대상을 직접적으로 제거하는 것을 주요한 목적으로 삼기 때문에 '죽여도 되는 존재'로서 내·외부의 적에 대한 규정을 만들어내고 적을 제거하는 기능을 폭력적으로 수행한다.[4] 이러한 적에 대한 규정 방식과 내용에 대한 분석은 계엄 발동의 목적과 정치적 맥락을 이해하는 과정이라고 할 수 있다.

셋째, 한국현대사에서 군이 사회의 정치 과정에 개입하는 과정으로서 계엄의 기능에 주목하고자 하였다. 계엄상태에서 군은 사회에 대한 직접적 지배권을 행사하고 행정·사법 분야의 제반 통치 기능을 수행하였으며, 민사(民事,

---

[3] 제헌헌법은 대통령의 국가긴급권으로서 긴급명령과 계엄을 조문화하였고 현재까지도 이것은 여전히 유지되고 있어, 국가 위기를 명분으로 언제든 국가폭력은 재연될 가능성이 내장되어 있다(제헌헌법은 긴급명령과 계엄에 대하여 다음과 같이 규정하였다. 헌법 제57조(긴급명령) "내우, 외환, 전재, 지변 또는 중대한 재정, 경제상의 위기에 제하여 공공의 안녕질서를 유지하기 위하여 긴급한 조치를 할 필요가 있는 때에는 대통령은 국회의 집회를 기다릴 여유가 없는 경우에 한하여 법률의 효력을 가진 명령을 발하거나 또는 재정상 필요한 처분을 할 수 있다. 전항의 명령 또는 처분은 지체 없이 국회에 보고하여 승인을 얻어야 한다. 만일 국회의 승인을 얻지 못한 때에는 그 때부터 효력을 상실하며 대통령은 지체 없이 차를 공고하여야 한다.", 헌법 제64조(계엄의 선포) "대통령은 법률의 정하는 바에 의하여 계엄을 선포한다.").

[4] 조르조 아감벤·김항 역, 『예외상태』, 2009, 15쪽.

Civil Affairs)를 통해 사회를 운영할 수 있는 지배 논리와 방식을 축적하였다. 또한 계엄이 끝난 뒤에도 국민에 대한 감시와 동원을 통해 전장의 논리, 군의 규제·통제 논리가 확산·강화된 군사주의에 전 사회를 오염시켰다. 이 연구에서는 계엄 시행 과정에서 나타난 군의 통치 논리와 방식 그리고 계엄의 일상화 과정에 주목함으로서 안보와 반공을 근간으로 하는 군사정부의 출현과 통치방식을 이해하는 단초를 마련하고자 한다.

2. 연구사 검토

미군정부터 한국전쟁 시기까지 계엄과 관련한 기존 연구는 크게 두 가지 나누어 볼 수 있다. 첫째 '사건'으로서 10월항쟁, 여순사건과 제주4·3사건, 한국전쟁 시기의 계엄에 대한 연구이다. 둘째는 군사(軍史)·법제사(法制史)적 측면에서의 연구이다. 군에 의한 연구는 계엄의 실무적 수행에, 법제사적 연구는 국가긴급권으로서의 계엄에 대한 정의와 해석에 연구의 중심을 두어 왔다.

우선, 1946년 10월항쟁에 대해서는 연구가 어느 정도 진행되고 자료집도 공간되었음에도 불구하고 이 때 실시되었던 계엄에 대한 구체적인 연구 성과는 거의 없다.[5] 계엄에 대한 통사적 접근을 시도하는 이 연구는 정부수립 이후 실시된 계엄의 연관성에 초점을 두고 미군정 시기 계엄 실시 내용을 살펴보고자 한다. 즉 자국 영토가 아닌 군정 실시 지역에서 자국민이 아닌 타국민의 저항을 진압하기 위해 실시한, 한국 주둔 미군의 계엄은 어떤 성격의 것이며 이후 한국 정부가 실시한 계엄과의 연관성은 무엇인지 살펴볼 것이다.

여순사건과 제주4·3사건 때 선포된 계엄에 대해서는 비교적 활발한 논의가

---

[5] 10월항쟁에 대한 대표적인 연구 저작으로는 정해구, 『대구인민항쟁』, 열음사, 1988; 심지연, 『대구10월항쟁 연구』, 청계연구소, 1991 등이 있다. 그 외 정영진, 『폭풍의 10월』, 한길사, 1990; 브루스 커밍스, 『한국전쟁의 기원』, 일월서각, 1986; 한국전쟁전후민간인학살진상규명범국민위원회, 『민간인학살실태조사보고서』, 한울아카데미, 2005; 진실화해를위한과거사정리위원회, 『대구10월사건 관련 민간인 희생사건: 대구·칠곡·영천·경주』, 2010 등이 있다.

이루어졌다.[6] 1949년 10월 여순사건 진압 과정에서 선포된 계엄은 계엄의 주체, 불법성 유무 등에 대한 사실적 규명은 기존 연구에서 어느 정도 이루어진 상태이다. 그리고 1948년 11월 제주도에서 실시된 계엄에 대해서는 민간인 희생과의 관련성, 계엄고등군법회의의 불법적 운용 등이 관련자 증언과 조사 작업을 통해 밝혀졌다.

여순사건과 제주4·3사건 당시 계엄에 대한 연구는 민간인 희생을 밝히기 위한 과거사 진상규명 과정과 긴밀한 관련을 맺고 있었기 때문에, 이는 자연스럽게 계엄법 제정 이전에 이루어진 계엄 선포가 '불법'인가 아닌가라는 쟁점을 만들어냈다.

계엄 선포의 근거에 대한 논의는 일본의 계엄령이 계속적으로 효력을 가지고 있었다는 입장[7]과 효력이 상실되어 1948년 계엄 선포는 법적 근거가 없다는 입장[8]으로 대립되었다. 즉 미군정 시기 일제의 계엄령이 효력을 인정받았는지의 여부와 "현행법령은 이 헌법에 저촉되지 아니하는 한 효력을 인정한다"는 제헌헌법 제100조와 관련한 문제이다.

---

6) 제주4·3사건의 전개와 민간인 희생에 대한 대표적인 보고서와 연구서는 제주4·3사건 진상규명과 희생자 명예회복위원회, 『4.3사건 진상조사 보고서』, 2003; 제민일보 4·3취재반, 제주4·3연구소, 『4·3은 말한다』, 전예원, 1998; 『제주4·3과 역사』, 1998 등이 있다. 여순사건과 관련해서는 김득중, 『빨갱이의 탄생』, 선인, 2009를 참조하였다.

7) 김도창, 『계엄법』, 박영사, 1968, 228~229쪽; 오병헌, 「계엄법의 기원과 문제점」, 『사법행정』, 1994, 61쪽; 백윤철, 「한국의 계엄사에 관한 연구」, 『군사』 제66호, 2008, 205쪽.

8) 대표적인 연구로는 김순태, 「제주4·3민중항쟁 당시 계엄에 간한 고찰: 계엄의 법적 근거 유무에 대한 판단을 중심으로」, 『민주법학』통권 제14호, 1988; 김창록, 「1948년 헌법 제100조: 4·3계엄령을 통해 본 일제 법령의 효력」, 『법학연구』 제39권 제1호, 1998 등이 있다. 김순태는 ① 제헌헌법 제정에 앞서 1947년 이미 일본의 계엄령은 폐지되어 헌법 제100조의 '현행법령'에 해당하지 않음으로 효력을 갖는 법령이 아니며, ② 미군정 법령 제11호 및 제21호는 일본 식민 지배 성격의 법률을 부정하는 것으로 미군정에 의해 연속되었다고 볼 수 없고, ③ 군정과 계엄은 동시에 성립할 수 없다는 점 등을 들어 제주4·3사건 관련 계엄이 법적 근거가 없다고 주장하였다. 한편 김창록은 ① 일본의 「계엄령」은 천황제를 전제로 히는 것이고, ② 군대가 존재를 전제로 하고 있으나 당시 남한에는 국군조직법이 없었다는 점, ③ 일본 「계엄령」은 천황의 명령으로 제정된 것으로, 대한민국의 국회입법권(제31조), 대통령의 명령제정권(58조)에 저촉된다는 점, ④ 「계엄령」 제11조의 범죄들은 죄형법정주의를 침해한다는 점 등을 들어 일본 「계엄령」이 가진 효력의 연속성이 상실되었음으로, 제주4·3사건 당시의 계엄은 불법이라고 주장하였다.

한편 계엄의 법적 근거 논란보다는 계엄 선포 자체가 입헌주의 원칙에 맞게 행사되었는지에 대한 규명의 필요성이 제기되기도 하였다.[9] 이러한 문제의식은 제주4·3사건 당시의 군법회의가 국방경비법의 절차에 따라 재판이 이루어지지 않았음을 구체적으로 분석하는 성과를 낳았고 계엄법 존재 유무로 한정되었던 계엄 선포의 불법성 논의를 확장했다는 데 큰 의의가 있다. 그러나 계엄군법회의의 절차적 정당성에 대한 논의는 결국 법 규정에 따른 절차성에 매몰되어, 계엄상태는 항상 현실 법조문을 뛰어 넘는 폭력성을 동반한다는 계엄의 본질적 속성에 의문을 제기하지는 못하였다.[10]

계엄법이 마련되고 1년이 안되어 발발한 한국전쟁 기간의 계엄 연구는 군사와 법제사 측면에서 연구가 이루어졌지만, 그 운영과 성격에 대해서는 연구가 빈약하다.

한 연구는 전시 계엄의 특징을 "6·25라는 전면전의 상황에서 필요한 지역에 한정적으로 계엄이 선포되었으며 해제 조치를 그때그때 취했다는 점에서 6·25전쟁을 치르면서 나타난 '제한권력(Limited Government)'이라는 입헌주의 발현의 표현"으로 보기도 하지만,[11] 계엄 선포 방식과 계엄 유형이 변경되었다는 외형적 요인만으로 전시 계엄 운영의 성격을 밝히기는 대단히 어렵다.

한국전쟁 시기 계엄이 규모가 크고 다양한 사례를 보여줌에 따라, 군이나 군과 시각을 같이하는 연구들은 이전 시기와 구분하여 한국전쟁 기간 동안 계엄이 '본질적인' 기능을 수행했다고 평가하였다.[12] 한 연구자는 "한국전쟁의 발발이 계엄의 필요성을 실증하였고, 그 타당성 여부는 긴박한 비상상태 때문"[13]이

9) 이재승, 「제주4·3군사재판의 처리 방향」, 『민주법학』, 2003, 405~412쪽.

10) 제주4·3사건 관련 계엄의 불법성 논의는 법제사를 중심으로 이루어짐에 따라 정치와 계엄, 계엄과 폭력의 문제를 제기하지 못하고 계엄 선포의 근거와 절차적 정당성의 문제로 국한되어 논의가 전개되었다는 한계가 있다.

11) 최대권, 「6·25전쟁의 법적 조명」, 서울대법학연구소, 『법학』 제41권 2호, 2000; 백윤철, 「앞의 글」, 2008.

12) 국방부 군사편찬연구소, 「6·25전쟁 전후 계엄업무 수행체계 연구」, 『민군 관련사건 연구 논문집』, 2005.

13) 오병헌, 「계엄법의 기원과 문제점」, 『사법행정』, 1994, 62쪽.

라고 주장하기도 했다.

군에 의한 연구는 군조직의 이해관계에 함몰되어 전시 계엄을 단지 계엄 필요성을 증명하는 사례로만 제시하고, 민간인 사법 처리와 민간인 대량 학살 등의 역사적인 사실에 대해서는 철저히 외면하였다. 계엄에 대한 군 연구의 특징은 민간인을 계엄 작전의 하나의 대상으로 위치시키기 때문이다. 따라서 군의 계엄에 대한 연구는 계엄 상황에서 민군관계를 어떻게 처리해야 하는지와 같은 계엄의 실무적 수행에 맞추어져 있거나,[14] 계엄법이 가지는 정치적 의미보다는 적용상의 문제나 해석을 중심으로 논의가 진행되었다.[15]

군과 이와 시각을 같이하는 연구는 계엄이 비상사태하에서 작동하기 때문에, 이러한 상황에서 국민 기본권 제한은 당연한 것으로 간주하고[16] 비상사태하에서 행정사무와 사법사무를 군의 관할하에 두는 것에 대하여 당연시해 왔다.[17] 이러한 연구는 한국전쟁 당시 부산정치파동, 박정희 정권과 신군부 시기의 사례와 같이 계엄이 정치적 목적에 따라 주관적으로 실시될 수 있는 측면에 대해서는 침묵하였다.

법제사적 측면에서의 연구를 살펴보자.

최근에 와서 헌법학자들은 계엄을 비롯한 국가긴급권이 '입헌적인 헌법질서가 정지되거나 중단되는 상태'가 아니며, 원칙적으로 법치주의 · 적법절차 · 비례원칙 등이 적용되어야 한다고 주장하고 있다.[18] 또 헌법 제76조와 제77조를

---

14) 육군본부, 『계엄사』, 1976; 육군본부, 『계엄사: 10.26사태와 국난극복』, 1982; 합동참모본부, 『계엄실무편람』, 2010 · 2016; 합동참모본부, 『계엄실무지침서』, 2001.

15) 합동참모본부 민사심리전참모부, 『민사 · 계엄 정책 연구서』, 2003; 합동참모본부, 『계엄법 개정 방안 연구』, 2005; 합동참모본부, 『민사작전 · 계엄』, 2003.

16) 정원영은 "국가 비상사태 시 군사상 또는 공공의 안녕질서를 유지할 필요가 있을 때 대통령이 전국 또는 일정한 지역을 병력으로써 경비하고, 당해지역의 행정사무와 사법사무의 일부 또는 전부를 군의 관할하에 두며, 필요시 국민의 기본권 일부까지도 제한할 수 있는 국가긴급권"이라고 계엄을 정의하였다(정원영, 「현시대에 부합된 계엄제도 발전방향」, 『민사작전 · 계엄』, 합동참모본부, 2003, 141쪽).

17) 김상겸도 "헌법은 국가긴급권으로서의 계엄에 관하여 (…) 그 지역 내의 행정권 또는 사법권을 군대의 권력 밑에 이관하고"라고 하여 정원영과 유사하게 정의하였다(김상겸, 「계엄법에 관한 연구」, 『헌법학연구』 제11권 제4호, 2005, 325쪽).

각각 '비상입법권한', '비상집행권한'으로 보고 두 권한이 발동되어도 민간인에 대한 행정부의 집행권과 사법부의 사법권 또한 유지된다고 주장한다.

또 계엄이 발동되는 경우 모든 행정·사법 기능이 군으로 넘어가는 것이 아니라, 행정부의 집행권 중 일부인 질서유지권과 사법권의 일부인 형사재판권이 계엄사령관의 수중으로 이관된다고 본다.[19] 이러한 지적은 비상계엄 선포 시 계엄사령관이 계엄 지역의 '모든 행정사무와 사법사무를 관장'한다는 계엄법 제11조를 해석함에 있어, 전권이 아닌 질서유지권과 형사재판권에 한정되어야 한다는 점에서 원칙적으로 의미 있는 지적이라고 할 수 있다. 그러나 헌법학자들도 군 관련 연구자들과 마찬가지로 국민기본권이 일정 부분 제한될 수 있다는 데 이의를 제기하지는 않는다. 영장 없이 인신을 구속하고, 표현을 제한하며, 민간인을 군사법원의 재판에 회부하는 등의 조치는 법질서의 회복이라는 정당한 목적을 위해서는 '합리적인 범위 내'에서 행해질 수 있다고 보는 것이다.

한편 헌법학자들의 계엄에 대한 정의를 살펴보면, 계엄에 관한 국내의 초기 연구자라고 할 수 있는 김도창은 계엄은 입법적 독재이며, 군정이 일반 국민으로 확대되는 것으로 정의하였다.[20] 이후 연구에서도 계엄은 '군에 의한 통치' 혹은 '군정', '한시적인 군사통치'로 정의되었다.[21]

이에 대하여 이인호는 계엄법에 근거한 일부 연구자들의 해석과 계엄을 군

---

[18] 박종보, 「계엄제도에 관한 비교법적 고찰: 미국을 중심으로」, 『법학논총』 제23집 제2호(특별호)』, 한양대학교출판부, 2006.12, 78쪽; 이인호, 「전시 계엄법제의 합리적 운용에 대한 고찰」, 중앙대학교 법학연구소, 『법학논문집』, 2006, 132쪽.

[19] 이인호, 「앞의 글」, 2006, 130쪽.

[20] 김도창, 『국가긴급국가론』, 청운사, 1968, 41쪽.

[21] 계엄은 국가 비상사태를 배경으로 병력을 사용함으로써 사실상 군에 의한 통치를 가능하게 할 뿐만 아니라, 헌법의 일부조항을 배제할 수 있는 가장 강력한 국가긴급권의 일종이다(성낙인, 『헌법사』, 법문사, 2006, 940쪽); 대통령이 전국 또는 일정한 지역을 병력으로써 경비하고, 당해 지역의 행정사무와 사법 사무의 일부 또는 전부를 군의 관할하에 두며, 국민의 기본권까지도 제한할 수 있는 국가긴급권제도(권영성, 『헌법학원론』, 법문사, 1988, 969쪽); 긴급재정, 경제처분 및 명령권은 일종의 긴급처분 또는 긴급입법적 성질을 갖는 데 반해서, 계엄 선포권은 입법 기능을 제외한 행정, 사법 분야에서의 한시적인 군정통치를 가능케 하는 것이라는 점에서 본질적인 차이가 있다(허영, 『한국헌법론』, 박영사, 2001).

정(Military Government)과 등치시키는 이해는 정치 후진국에서 계엄이 악용된 역사적 경험을 계엄의 본질이라고 잘못 이해하는 오류를 범하고 있다고 지적했다. 그는 '계엄사령관이 모든 행정사무와 사법사무를 관장한다'는 관념은 상당 부분 오도된 점이 있으며, 과거 군국주의 일본에서 행하여진 사례나 우리 헌정사에서 정치적 목적으로 악용된 사례를 놓고 그것을 마치 계엄의 본질로 이해하고 있는 것은 아닌지 의문을 제기하였다. 이런 맥락에서 그는 계엄을 비롯한 국가긴급권은 '입헌적인 헌법질서가 정지되거나 중단되는 상태가 아니다'라고 주장하였다.[22] 오병헌도 이 주장에 동의하여 계엄은 '헌법과 법률의 규정에 따라 행해지는 예외적 통치행위'라고 정의하였다.[23]

오병헌과 이인호에 따르면, 계엄은 헌법의 정지나 중단이 아니며 헌법과 법률이 규정하는 예외적 통치행위이다. 계엄에 대한 이러한 논의는 종래의 '계엄=군정'이라는 단편적인 정의에서 벗어나 논의를 풍성하게 하였다는 데 의의가 있다.

그러나 계엄 상황하에서 입헌적인 헌법질서가 중단되어서는 안 된다는 주장은 당위일 뿐이며, 헌법질서 아래 국가긴급권으로서 계엄의 실체를 인정하고 국가비상 상황에서 '합법적'으로 '정상적'으로 계엄을 적용·운용할 수 있어야 한다는 전제하에 있다.[24] 법제사 연구는 법 조문과 원리에 치중한 나머지 법의 실제적 집행 과정이 어떻게 진행되었는지를 포착할 수 없는 방법론적 한계를 보인다고 할 수 있다.

이상의 연구를 검토한 결과, 계엄에 대한 연구에서는 하나의 법을 고립하여

[22] 이인호, 「앞의 글」, 2006, 132~133쪽.
[23] 오병헌, 「계엄법의 기원과 문제점」, 『사법행정』, 1994, 58쪽, 60~61쪽.
[24] 전시하 계엄 상황에서 일반 사법 기능과 헌법 재판 기능이 정상적으로 작동했다는 주장의 대표적인 사례는 1952년 9월 9일 「비상사태하의 범죄처벌에 관한 특별조치령」 제9조에 대한 위헌 선언이나. 그러나 이 신인은 이미 「비상사태하의 범죄처벌에 관한 특별조치령」이 광범위하게 적용된 이후에 이루어진 것으로 법이 '합법적 범위 내'에서 혹은 '정상적으로 작동'하였다고 보기에는 어려운 사례이다. 역으로 헌법위원회의 계엄법 제13조에 대한 한정합헌 결정이 1953년 10월 8일에 가서야 내려졌다는 점에서 전쟁기간 내내 일반 사법 기능과 헌법 재판 기능이 정상적으로 작동되지 않았음을 보여준다.

사고하는 것이 아니라 법 외부(정치, 국가)와의 관련성 속에서 바라보고 전개 과정을 시간적으로 포착하여 개념화할 수 있는 역사적 시각이 매우 필요하다고 할 수 있다.[25]

3. 연구의 구성과 자료

1) 연구의 구성

본 연구는 일차적으로 국가긴급권으로서의 계엄법·령의 제정, 적용에 대한 고찰이다. 그러나 여기에 그치지 않고 국가폭력의 수단이자 체제유지의 수단이었던 계엄이 정부 수립 직후, 그리고 한국전쟁을 거치면서 역사적으로 형성되었음을 밝히는 데 연구의 초점을 두었다. 본 논문은 크게 3개의 장으로 구성되었다.

제1장에서는 미군정 시기부터 1948년 정부 수립 직후 계엄에 대해 살펴보았다. 제1절에서는 10월항쟁 시기 계엄 선포 과정을 사실적으로 복원하고, 정부 수립 이후 계엄법 형성·운용과 어떠한 관련이 있는지를 중심으로 분석하였다. 10월항쟁 과정에서 등장한 계엄은 일제의 계엄령과는 그 성격이 상이한 마샬로우(Martial Law)의 집행 과정으로 법적 연원이 달랐다. 군의 통치를 의미하는 피정복지의 군정 통치하에서 민의 저항을 제압하기 위해 '치안유지'를 목적으로 한 마샬로우 실시 과정을 구체적으로 살펴봄으로서 종래 군정통치와 계엄이 양립할 수 없다는 견해에 문제를 제기하였다.

특히 미군정하에서 마샬로우는 1946년 말에서 1947년 사이 미군의 〈마샬로우 메뉴얼(SOP for Manual)〉로 체계화되어 군정 지역 전체에서 시행하는 데까지 이르렀다. 10월항쟁에서의 운용 경험을 수렴하여 마련된 〈마샬로우 매뉴

---

[25] 계엄에 대한 역사적 시각은 계엄의 전개를 계엄법에 다른 절차와 내용의 적법성에 한정하지 않고, 당시 사회·정치적 흐름과 관련하여 구체적 실행 내용을 시간적으로 살펴본다는 것을 의미한다.

얼)에 대한 구체저 분석을 시도하여 10월항생 시기 계엄 운영의 실상을 더욱 구체적으로 보완하였다.

제2절에서는 제주 4·3사건과 여순사건의 진압 과정에서 선포된 계엄 운용과 특징에 대해 살펴보았다. 그것을 규명하기 위해 일차적으로 계엄 선포 과정, 계엄 체계, 계엄사령관의 역할 등에 대하여 상세히 고찰하였다. 특히 발굴 자료와 증언을 통해 이 시기 군법회의 설치와 그 운영의 실제에 접근하였으며, 계엄 운영의 목적이 진압 과정에서 자행된 학살을 합법화하는 과정이었음을 밝히고자 했다. 또한 계엄 해제 이후에도 여순지역과 제주도에서 '토벌작전'을 명분으로 계엄상태를 유지해 나가는 과정을 고찰하여 계엄 선포·해제 행위와는 별개로 내부의 적을 제거하기 위해 계엄상태를 지속시켰음을 밝히고자 했다.

제3절에서는 1949년 계엄법 제정 과정을 속기록과 관련 문헌을 통해 분석하고 재구성하여, 계엄의 법제화가 갖는 의미를 분석하였다. 또한 일본 계엄령을 비롯한 각국의 계엄법을 비교 분석하여 1949년 계엄법의 연원을 고찰하였다.

제2장은 한국전쟁 전 기간에 걸쳐 시행된 계엄의 선포와 해제 과정을 재구성하고, 전시 계엄의 성격을 규명하고자 하였다.

제1절에서는 한국전쟁 발발 초기 대응을 작전상황과 정부의 조치로 나누어 살펴보았다. 정부의 조치와 관련해서는 긴급명령을 중심으로 하여 1950년 7월 8일 비상계엄 선포 이전까지 상황을 고찰하고, 전쟁 초기 상황에서 군－정부 기관의 대응과 입법조치가 비상계엄 선포와 맺는 관계를 분석하였다.

제2절에서는 1950년 7월 8일 비상계엄 선포를 시작으로 한 계엄의 확대 과정과 9·28 수복 이후 국회의 계엄 해제 요구에 대한 정부의 대응을 살펴보고, 그 의미를 분석하였다.

제3절에서는 1951년 계엄의 선포와 해제 과정을 다루었다. 1951년 들어 전쟁이 교착 상태에 들어서자 국회를 중심으로 계엄 해제 요구가 높아지기 시작했다. 이에 대응하여 정부와 군은 비상계엄을 경비계엄으로 전환하였고, 지역 단위로 계엄을 해제하는 조치를 취하였는데, 이러한 조치는 계엄상태를 유지하여 '부역자', '체제비통합자'를 군법회의를 통해 신속히 제거하려는 이승만 정권

의 통치술이었음을 분석하는 데 초점을 맞추었다. 또한 계엄 선포와 해제 방법, 일자, 지역 등을 검토하여 한국전쟁 기간의 계엄이 법의 규정에 따라 제한적으로 이루어졌다는 기존의 논의에 문제를 제기하였다.

제4절에서는 1952년 이후 지방선거와 이승만의 독재 연장을 위한 쿠데타로서의 부산정치파동 과정에서 선포된 계엄에 대하여 살펴보았다. 특히 부산정치파동에서 계엄은 '정치적 계엄'으로, 비상사태를 명분으로 한 정권유지에 계엄이 어떻게 이용되었는지를 살펴볼 수 있는 역사적 사례이다. 부산정치파동 과정에서 미국은 계엄을 인수하여 권력을 교체하는 계획을 수립하였는데, 이것을 새로운 권력 창출 도구로써의 계엄 기능의 일면으로 분석하였다.

제3장에서는 한국전쟁기 계엄 수행 체계와 운용의 실제적 양태를 살펴보았다.

제1절에서는 계엄사령부와 지구계엄사령부의 조직과 시기적 변화를 새로운 자료를 기반으로 발굴·추적하여 재구성해 보았다. 계엄 체계는 한국전쟁을 거치면서 제도적으로 체계화될 뿐만 아니라 전시 운용 경험을 토대로 점차 정착되어 갔음을 고찰하였다.

제2절에서는 이 시기 계엄 활동의 주요 기능을 담당했던 계엄민사부와 육군특무대(CIC: Counter Intelligence Corps)등 군정보기구, 사법기구로서의 계엄군법회의 기능과 활동에 대하여 고찰하였다. 특히 1950년 10월 이후 지구계엄사령부가 지구계엄민사부로 재편되었던 사실에 주목하여 계엄이라는 일시적 구조를 치안·행정의 영역으로 안착시키는 계엄상태의 '내적 구조화' 작업이 계엄민사부 체계를 통해 진행되었음을 살펴보고자 하였다.

제3절에서는 이 시기 계엄의 실제 수행 내용을 파악하기 위해 군의 행정, 사법, 사상 통제에 이르는 각 영역에서의 기능과 활동을 살펴보았다. 우선 이 시기 선포되었던 계엄 관련 포고를 선포 주체, 시기, 내용별로 살펴보고 그 특징을 분석하였다.

또한 전쟁 상황에서 민간인에게 군법회의를 확대·적용할 수 있었던 것은 계엄 실시 때문이었다. 이에 군·검·경 합동 수사본부와 '계엄하 군사재판에 관한 특별조치령' 등을 분석하여 전시 군법회의 운영을 구체적으로 파악하고 군법회의 설치근거와 운영 메커니즘은 무엇이었는지 살펴보았다. 이와 더불어 불법적인 계엄 운용을 시정하려는 국회의 노력을 살펴보고 그 의미와 한계는 무엇이었는지를 고찰하였다.

마지막으로 계엄상태에서 동원과 감시를 통한 사상통제가 확대·강화되는 과정을 분석하였다. 계엄사령관의 '특별조치', 지속적이고 반복적인 민반공 훈련의 실시, 그리고 정당·사회단체에 대한 계엄사령부의 통제 과정을 살펴보고, 이승만 정권이 계엄상태를 전체주의 정책으로 주도하였음을 분석하였다. 또한 행정말단 조직과 치안·사법 조직의 기능이 국민통제와 정치적 동원의 자원으로 강화되는 과정을 계엄상태와 관련하여 파악하고자 하였다.

이 연구에서는 '계엄령'과 '계엄'의 용례를 명확히 하고자 하였다. 흔히 계엄 실시를 표현할 때, '계엄령을 내렸다', '계엄령을 발포(포고)했다', '계엄령이 실시되었다'라는 표현을 사용하지만 이는 정확한 표현이 아니다. 「계엄령」이란 일본의 1882년 태정관(太政官: 다이조칸) 포고 제36호의 명칭이며, 하나의 고유명사이다. 일본의 「계엄령」은 식민지 조선에서 의용(儀容)되어 법적 지위를 갖게 되었다. 그러므로 해방 이후 계엄과 관련한 논의에서 '계엄령이 실시되었다'라고 표현하는 것은 적절하지 않다.[26]

한국에서는 1949년부터 「계엄법」이 제정·시행되었다. 그러므로 특정한 시기에 계엄상태에 돌입한 것을 표현하기 위해서는 "계엄이 실시되었다"라고 표현하는 것이 정확하지만, 아직까지도 많은 학술 연구와 보도 기사에서는 이러한 역사적 맥락을 무시하고 일제가 식민지 조선에 의용한 「계엄령」이라는 표현을 익숙하게 사용하고 있다. 당시 자료에서도 '계엄'과 '계엄령'은 혼란스럽게 사용되었다. 당시 일반 신문과 잡지의 경우 '계엄령'이 주로 사용되었으나, 정부의 공식 계엄 선포문은 '계엄'으로 사용하였다. 본 연구에서는 당시 신문 등

---

[26] 오병헌, 「앞의 논문」, 61쪽; 김득중, 『앞의 책』, 493쪽; 北博昭, 『戒嚴−その歴史とシステム』, 朝日新聞出版, 2010, 6~7쪽.

자료 등을 직접 인용할 경우를 제외하고 계엄법 제정 이전 대통령령(大統領令)으로 선포된 10월 25일(여순사건), 11월 17일(제주4·3사건) 계엄에 한하여 '계엄령을 내렸다'로 쓰고, 계엄법 제정 이후 시기의 계엄에 대해서는 '계엄을 선포했다', '계엄을 실시했다' 등으로 쓰고자 한다.

2) 연구자료

이 연구에서 사용된 자료는 크게 군 관계 자료, 정부의 회의록·속기록, 『관보』와 검찰청 예규, 한국전쟁 전후 민간인 학살 사건 관련 보고서, 신문자료 등이다.

우선 10월항쟁과 관련해서는 정해구(1988)와 심지연(1991)의 연구와 자료집을 기반으로 하였으며 당시 신문과 미군 문서가 자료의 부족을 보완하였다. 미 제24군단 감찰참모실의 보고서, 미군 제99군정중대 부대일지를 비롯하여 국사편찬위원회에서 수집한 미국국립문서기록관리청(NARA) 소장 기록물 데이터베이스는 10월항쟁에 대한 미군정의 대응과 마샬로우 시행 내용 연구에 많은 도움을 주었다.

여순사건과 제주4·3사건과 관련해서는 김득중(2009)의 연구와 진실화해를위한 과거사 정리위원회, 제주4·3사건 진상규명 및 희생자 명예회복 위원회의 보고서와 자료집, 그리고 민간인 학살 연구서들을 참고하였으며, 국가기록원에 소장 된 군법회의 관련 자료는 군법회의의 형식, 대상자, 절차 등을 분석하는 데 유용하였다.

한국전쟁과 관련해서는 국방부와 육군본부의 훈령, 작전명령, 인사명령, 특별명령 자료와 전사(戰史)자료, 군 관계 법령·예규, 각종 편찬자료를 참고하였다. 전쟁 당시 국방부에서 편찬한 『국방관계법령급예규집(國防關係法令及例規集)』은 전쟁 초기 국방 관계의 법령·예규·포고·지시 등을 포함하고 있어 기초적인 사실 파악에 매우 중요한 자료이다. 이 법령·예규집은 한국전쟁 시기에 계엄사령관이 필요에 따라 예하 부대를 포함한 각 기관에 내린 계엄 업무와 관련된 지시사항이나 법령 해석 등이 예규 형태로 잘 정리되어 있다. 전쟁 당시 국방부 외에 육군본부에서도 예규집을 편찬하였는데, 법무감실에서 편찬한 『육군관계법령급예규집(陸軍關係法令及例規集)』은 1951년, 1952년, 1953년도에 각각 발행되어 시기적으로 법제가 어떻게 변화하는지를 파악하는 데 유용하였다. 또한 경남지구 계엄민사부에서 발행한 『군조사실무제요(軍捜査實務提要)』(1952), 『군법해설(軍法解說)』(1952), 계엄사편찬위원회의 『계엄사』(1976) 등은 당시 군법과 예규 등의 적용 내용을 소개하고 있다.

군 관련 기관의 편찬 자료로는 군사편찬연구소 제공 『한국전쟁 자료』와 『한국전란지』, 『6·25 참전자 증언록』를 참고하였다. 특히 『한국전란지』는 1950년부터 종전까지 전쟁 상황과 시기별 일지를 기록하고 있어 전쟁 과정을 이해하는 데 도움이 되었다. 또한 합동참모본부의 계엄 관련 편람, 지침서들은 한국전쟁 전후 시기 계엄에 대해서는 소략하지만, 『계엄실무지침서』(2001), 『계엄실무편람』(2010·2016), 『민사작전·계엄』(2003)은 군의 계엄 수행 체계를 이해하는 데 도움이 되었다.

정부문서로는 국가기록원이 소장하고 있는 『국무회의록』, 『국무회의 상정안건철』, 『국회 및 국무회의관계서류철』, 『국회속기록』, 『관보』, 『국무원 공고』, 『대통령 공고』, 대검찰청 『검찰사무예규철』을 참고하였다. 특히 『관보』와 『국무회의록』을 참고하여 전사 자료와 연구서 등에서 부정확하게 기술되거나 누락되었던 전쟁 당시 계엄 선포·해제 관련 일자, 지역, 방법 등을 규명할 수 있었다. 『국회속기록』은 계엄 관련 법의 제정·개정에 대한 논의 과정과 계엄 선포·해제 결정 과정을 담고 있어, 계엄 운영의 문제점, 법 제정·개정 과정의 핵심 사항 등을 파악할 수 있었다. 『검찰사무예규철』은 1940년부터 현재까지 검찰 사무에 관한 예규를 담고 있는데, 검찰 관련 기록들이 많은 부분 비공개되고 있는 상황에서 전쟁 전후 검찰의 사건 처리 지침과 재판 운영 상황을 파악하는 데 도움이 되었다. 특히 대검찰청이 각 지청에 하달한 지시는 군 관련 자료의 부족을 보완하는 데 도움이 되었다.

미군정과 미군 관련 자료로는 1950~1953년 중 『주한미군사고문단 관련 기록』,

1950~1953년 주한미대사관 관련 기록으로『주간보고서(Joint Weeka)』, 1950~1953년『미군 부대 전투일지(War Diary)』, 1950~1953년『극동사령부(FEC) 보고서』, 1950~1953년 주한 미군 각급 부대별(8군, 사단, 연대, 대대) 보고서를 참고하였다. 기타 국사편찬위원회에서 제공하고 있는 당시 신문 자료들과『자료 대한민국사』는 당시의 구체적인 상황과 사건 추이를 규명하는 데 많은 도움이 되었다.

한국전쟁 이전
계엄과 법제화

▲오열하는 주민들(칼 마이던스, 1948년 10월)

여순사건 때 자식을 잃고 오열하는 주민들과 미임시 군사고문단원. 여순사건 때 불법 계엄을 선포한 이승만은 '불순분자' 혐의만으로 지역주민들을 즉결처형하여 반공국가를 완성했다.

▲좌익 협조자 색출(이경모 작가, 1948년 10월)

여순사건을 진압하기 위해 여수에 들어온 군이 1948년 10월 26일 여수 서국민학교에서 좌익 협조자를 색출하고 있다.

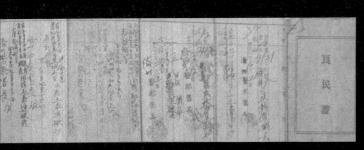

▲양민증(1949년, 제주4·3평화재단)

1949년 제주도 무장대가 진압되고 계엄이 해제된 후 도민들은 엄격한 선별 과정을 거쳐 무장대와 관계없음을 증명해야 양민증을 발급받을 수 있었다.

◀심문받기 위해 기다리는 수용자들
(미국국립문서기록관리청, 1948년)

제주농업학교 수용소에 갇힌 귀순 제주도민들이 심문을 기다리고 있다.

한국전쟁 이전 계엄과 법제화

제1절 1946년 10월항쟁과 계엄

1. 계엄의 선포와 전개

군정시기 계엄은 통상적인 계엄에 대한 인식에 비추어 낯선 것이었다. 군정
(軍政, Military Government)은 점령지에서 군에 의해 행해지는 통치형태로, 긴급
상황에 대응하여 별도의 계엄 선포가 필요하지 않은 것으로 이해되어 왔기 때문
이다. 영미법의 경우 계엄과 같은 국가긴급권이 성문법화되지 않아 국가긴급권
의 작동 방식에 차이가 있다는 점이 간과되어 대한민국 정부 수립 이후 시행된
계엄과 어떠한 차이가 있는지에 대한 관심을 기울이지 못했다고 할 수 있다.

영미법에서 국가긴급권으로서의 마샬로우(Martial Law)[1]는 통상 계엄으로

---

[1] 영미법에서의 마샬로우(Martial Law)는 프랑스 · 일본에서는 계엄, 이탈리아에서는 긴급명령 등
으로 각각 다르게 명명되나, 국가 비상사태에서 발동되는 국가긴급권이라는 공통점이 있다. 법
적 전통과 운영이 상이한 만큼 이를 계엄으로 번역하지 않고, 그 의미를 살려 영문명 그대로
마샬로우로 쓰고자 한다. 다만, 10월항쟁 전개와 관해서는 당시 자료들이 마샬로우를 계엄 또는
계엄령으로 쓰고 있어 혼용은 불가피하였음을 밝힌다.

명명된다. 마샬로우는 자국 영토 내에서 행정 및 사법기관이 본래 기능을 수행할 수 없는 경우 군사령관이 잠정적으로 통할하는 것을 말한다. 대통령, 주지사가 선포하는 것이 관례이나 합법성 여부는 법원이 판단한다. 그리고 국내 치안상태가 위협을 받거나 홍수 태풍 등의 경우 경찰을 돕기 위해 군이 출동하는 경우가 있었다.[2]

미국 내에서 마샬로우와 관련한 통일적이고 체계적인 입법이 없지만, 전쟁이나 반란 등 질서교란 상태로부터의 회복을 목적으로 한 국가긴급권으로서의 마샬로우를 발동했다. 마샬로우의 수단은 해당 지역에서의 영장 없는 체포, 언론 검열, 재산의 압류, 특별군사재판부에 의한 민간인 재판 등으로 나타났다.[3]

미군정 시기 계엄은 군정 통치하의 점령지 주민을 대상으로 한 마샬로우의 적용 예에 속했다. 이는 점령지역 군사령관의 의지에 따라 시행되는 군정으로서의 마샬로우로 해석하는 영국의 경우와는 차이가 있다.[4] 또한 영미권에서 계엄을 의미하는 마샬로우는 군정이나 군법과는 다르게 해석되어진다. 미군정 시기 마샬로우는 군정 기간 동안 특정 상태에서 작동되는 '긴급권'이기 때문이다. 마샬로우는 법률이라기보다는 본질적으로 특정 목적에 의해 지배되는 일종의 군사 매뉴얼적인 '절차'이다.[5] 따라서 마샬로우는 질서교란 지역에서 해당 지역의 군사령관이 무력으로 질서를 회복하는 군사행동을 의미하는 것으로 최소화하여 정의할 수 있겠다.

1946년 미군정의 10월항쟁 진압은, 군정통치를 안정화하기 위하여 군정 지역민의 저항을 마샬로우를 발동하여 압살한 것으로, 군정지역에서 마샬로우를

---

2) 오병헌, 「계엄법의 기원과 문제점」, 『사법행정』 제35집, 1994, 60쪽.

3) 박종보, 「계엄제도에 관한 비교법적 고찰: 미국을 중심으로」, 『법학총론』, 2006, 21쪽.

4) 영국에서 마샬로우는 영국이 근대국가로 발전하면서 국왕의 군대가 점령한 점령지역에서 군대 사령관이 국왕을 대신하여 집행하는 권한으로 발전하여 점령군의 군사법정이 민간인을 재판하는 기능까지 포함하기에 이르렀다. 이후 전쟁, 장기간의 적침, 또는 반란으로 인해 일반행정, 사법기능이 마비되는 경우에 시행되는 것으로 확대되었다. 마샬로우는 군사령관의 의지에 따라 시행되는 것으로 법이라 부를 수 없고, 군사령관이 입법자이고 재판관이고 집행자까지 겸하는 위치에 있었다. 즉, 군정(military government)과 같은 것으로 간주되었다.

5) 조르조 아감벤·김항역, 『예외상태』, 2009, 30~43쪽.

발동하고 이를 제도화히는 계기가 되었다. 이 절에서는 미군정의 마샬로우 운영 양태와 이것을 제도화하는 과정을 살펴보고자 한다.

10월항쟁은 10월 1일 대구에서 경찰과 군중이 대치하는 상황에서 경찰의 발포로 1명이 사망한 사건을 계기로 촉발되었으며, 대구 노동자들의 파업은 인민항쟁적 투쟁으로 확대되었다.[6] 우선 경상북도 지역은 10월 1일~2일에 대구·달성에서 시작되어 10월 6일까지 경상북도 대부분의 지역에서 항쟁이 발생했다.[7] 시위와 소요는 대구·경북 농촌지역, 다음에는 경상남도와 그 중심도시인 부산, 이어서 충청남도 및 황해도, 경기도로 이어졌다. 10월 말부터 전라남도에서 항쟁이 폭발하여 11월 첫 주 동안 맹렬히 전개되는 양상을 띠었다.[8]

10월 항쟁 진압은 미전술군, 경찰, 국방경비대, 우익청년단이 주축이 되었다. 1946년 10월 2일 군정경찰에 의한 시위대 진압이 어렵게 되자 경상북도 군정장관은 질서회복을 위해 제6사단 1연대 지역전술군 투입을 요청하였고, 대구지역에 계엄을 선포했다. 10월 3일 이후 주변지역으로 시위가 확대되면서, 10월 6일까지 계엄사령관의 추가 포고(야간통행금지 등)가 시행되었다.[9] 10월 2일 대구의 조선경비대가 주둔 중이었으나, 미군정지사는 훈련 중인 조선경비대보다는 지역전술군 사용이 낫다고 판단하였으며, 조선경비대는 오후 10월 2일 6시 무렵에야 전술부대를 보조하기 위해 투입되기 시작했다.[10] 최초 계엄이 선포

---

[6] 한반도의 독립국가 수립이 목적이었던 모스크바 삼상회의 결의를 둘러싼 미소합의를 이끌어내기 위해 1946년 1월 16일 미소공동위원회 예비회담이 시작되었다. 그러나 미소공위의 결렬과 좌우합작운동이 난황에 처하면서 미군정은 입법기구 설립으로 정책 방향을 잡았다. 이에 좌익은 입법기관 설립은 곧 단정수립이라 반대하였고, 박헌영은 일명 '신전술'을 통해 극우세력과 미군정에 투쟁하고자 하였다. 1946년 9월 7일 박헌영 등에 대한 체포령이 내려졌고, 이 과정 중에 9월 총파업과 10월항쟁이 위치하고 있었다(해방 이후 미군정의 정책과 좌우합작운동에 대해서는 서중석, 『한국현대민족운동연구』, 역사비평사, 1992 참조. 10월항쟁의 지역적 전개 과정은 정해구, 『대구인민항쟁』, 열음사, 1988 참조).

[7] 정해구, 『위의 책』, 1988, 136쪽.

[8] 정해구, 『위의 책』, 1988, 210쪽.

[9] 『조선일보』, 『동아일보』, 1946. 10. 4.; 『동아일보』, 1946. 10. 12.

[10] 제24군사령부 감찰참모실, 「대구사태보고서」 첨부 "B": 고든 J. F. 헤론 경북군정지사 진술, 심지연, 『대구 10월항쟁 연구』, 청계연구소, 1991, 부록; NARA, RG554, BOX 15, Crimes, Criminals and Offenses, October December, 1946(2)(이하 증언과 보고서는 심지연 부록 자료 참조).

된 10월 2일 이후부터 10월 6일까지 전술사령관(계엄사령관) 1연대장 팟((R. J. Potts) 대령은 안동과 포항을 기점으로 인접 지역에 순찰대와 정찰부대를 파견하여 수색하도록 하였다. 특히 10월 3일 이후는 외부 경찰대가 들어오면서 시위 예상지역에 경찰을 파견하였다.[11]

항쟁 초기에 발생한 대구 경북지역의 시위가 10월 6일까지 전술군의 출동과 계엄 선포 등에 따라 소강상태에 들어선 후 미군정은 경남 등 다른 지역의 항쟁에 대해서는 조직적인 대응을 강화하였던 것으로 보인다. 10월 20일에는 개성 외곽의 경찰지서에 대한 광범위한 공격 소식이 개성 CIC에 보고되자 아손(Aason)중령이 지휘하는 제32보병 제2대대에 비상조치가 취해졌고, 제54군정에 통보되었다. 개성의 군정본부에 작전 및 정보조정을 위한 사령부가 설치되기도 하였다. 그리고 CIC요원이 개성은 물론 청단, 연안, 박천 등에 배치되었고, 통행금지가 실시되었다.[12]

10월 30일 화순탄광 광부파업 때는 시위대가 광주로 행진한다는 소식이 제20보병에 전달되자 순찰대가 즉시 파견되어 화순과 광주 사이의 도로를 봉쇄했다. 101군정대의 피그(R. G. Peake) 대령은 11월 4일 주동자 체포를 위해 출동하였으며, 경북군정지사는 화순탄광에 폐쇄명령을 내리고 경찰대가 탄광과 시내를 장악했다. 11월 6일까지 경찰과 국방경비대가 화순에 투입되었고, 미군 순찰대가 증파되었다.[13]

10월 30일 목포를 중심으로 한 무안 일대에서 봉기가 발생하자 전남군정장관은 10월 31일부로 계엄을 선포하고 통행금지 등을 포고하였다. 경찰과 지역 우익단체들이 진압에 나섰으나 힘이 부치자 미전술군을 투입하여 시위대를 진압하였다.[14]

---

11) 제24군단사령부 감찰참모실, 「위의 보고서」 첨부 "B": R. J. 팟 제1연대 지휘관 진술.
12) 「The Quasi-Revolt of October 1946」, HQ, 『주한미군사HUSAFIK』, 돌베개(영인본), 1988; 정해구, 『앞의 책』, 216쪽.
13) 「The Quasi-Revolt of October 1946」, HQ, 『주한미군사HUSAFIK』, 돌베개(영인본), 1988; 정해구, 『앞의 책』, 226쪽.

이상에서와 같이 개성과 화순탄광 그리고 무안일대의 시위 진압 과정을 살펴보면 CIC와 전술군이 연락하여 군정본부에 사령부를 설치하고 통행금지 등을 통한 지역 고립 작전을 취한 후 검거작전을 수행했고, 화순탄광의 경우에는 국방경비대까지 출동시켜 시위대를 진압했다. 대부분의 지역은 경찰대에 의해 진압되었으며, 미전술군이 파견된 지역은 경상남북도 대부분 지역과 황해도, 전라남도 지역으로 확인된다. 이 지역은 외부 파견 경찰대와 미전술군의 합동 작전으로 봉기를 진압하였다. 제주도에도 10월 9일 미전술군이 파견되었다.[15] 김천·왜관·부산·통영·마산·화순·나주 등지에는 국방경비대가 파견되어 경찰과 미전술군을 보조하였다.

미전술군은 10월항쟁 시기 광범위하게 시위와 봉기 진압에 투입되었다 그러나 미군정은 10월항쟁 진압 과정에서 대구, 달성, 경주, 영일, 무안 등 5개 지역에만 계엄을 선포했다. 미전술군의 항쟁 진압과 계엄 선포가 반드시 일치하는 것이 아님을 보여준다고 하겠다. 항쟁을 진압하는 데 미전술군을 투입한다 하더라도 반드시 계엄 선포를 전제로 하지 않았으며, 이는 계엄 선포가 미군정 차원에서 고려되고 시행된 것이 아님을 보여준다고 할 수 있다.

미군정 시기 계엄 선포 현황은 〈표 1-1〉과 같았다.

미군정 시기 계엄은 〈표 1-1〉에서와 같이 '공주형무소 탈옥사건'[16]을 제외하면 모두 10월항쟁과 관련하여 선포되었다. 계엄의 선포 주체는 목포 및 무안일대는 목포군정장관이었으며, 나머지 지역은 제1연대 지휘관이었다.

---

14) 『동아일보』, 『서울신문』, 1946. 11. 5.

15) 『조선일보』, 1946. 10. 12.

16) 1947년 8월 30일 발생한 '공주형무소 탈옥사건'은 공주형무소에 수감 중이던 약 200여 명의 죄수가 탈옥하자, 탈옥 죄수를 체포하는 과정에서 내려진 것인데 '제3관구경찰청에서는 탈옥 죄수를 은닉하는 자는 엄벌에 처할 것을 경고하고 있으며 도내는 계엄상태에 들어갔다'라는 단편적인 기사를 통해서 알 수 있을 뿐 그 상세 내용은 확인되지 않는다(『조선일보』, 1947. 8. 31.).

〈표 1-1〉 미군정 시기 계엄 선포 현황

사건	선포일	해제일	선포 주체	해당 지역	비고
10월항쟁	1946. 10. 2.	1946. 10. 22.	제6사단 제1연대 지휘관	대구	『조선일보』, 1946. 10. 4·10. 12·10. 31. 『동아일보』, 1946. 10. 4·10. 11. 『서울신문』, 1946. 10. 13.
	1946. 10. 3.	1946. 10. 22.	제6사단 제1연대 지휘관	포항 (영일)	제6사단 G-2, 99군정중대 부대일지
	1946. 10. 4.	1946. 10. 22.	제6사단 제1연대 지휘관	경주	제6사단 G-2, 99군정중대 부대일지
	1946. 10. 6.	1946. 10. 22.	제6사단 제1연대 지휘관	달성, 경주, 영일	『조선일보』, 1946. 10. 12. 『영남일보』, 1946. 10. 12. 『대구시보』, 1946. 10. 13. ※〈포고 6호〉 3지역 10. 2 계엄 재포고
	1946. 10. 31.	1946. 11. 4.	목포군정관	목포 및 무안 일대	『동아일보』, 1946. 11. 5·11. 8. 『서울신문』, 1946. 11. 5.
공주형무소 탈옥사건	1947. 8. 30.	-	-	공주	『조선일보』, 1947. 8. 31.

『조선일보』 등 당시 신문은 1946년 10월 2일 경찰에 의한 시위대 진압이 어렵게 되자 대구지역에 계엄을 선포하였으며,[17] 10월 3일 주변지역으로 시위가 확대되면서 10월 6일 계엄사령관의 추가 포고령(야간통행금지 등)이 발포되었다고 전하였다.[18] 그러나 계엄 선포 일시와 기간이 자료마다 다르게 기록되고 있다. 대구·경북지역 계엄 선포·해제 일시를 자료별로 재구성하면 〈표 1-2〉와 같다.

〈표 1-2〉 대구·경북지역 계엄 선포·해제 일시

자료명	선포일시		해제일	지역
대구시보(1946. 10. 12.)	10월 2일	3시		대구
조선일보(1946. 10. 4.)	10월 3일	7시		대구
주한미군사(HUSAFIK)	10월 2일	4시		대구

17) 『조선일보』, 『동아일보』, 1946. 10. 4.
18) 『조선일보』, 『동아일보』, 1946. 10. 31.

99군정단본부 부대일지	10월 2일	7시		대구
	10월 3일	7시 25분		포항
	10월 4일	9시 30분		경주
6보병사단 S-2	10월 3일	7시 15분		포항
	10월 4일	9시 30분		경주

〈표 1-2〉에서 보는 바와 같이 대구를 비롯하여 경주, 포항 등지의 계엄 선포와 해제 일시가 자료마다 상이할 뿐만 아니라 대구 이외의 달성, 경주, 영일 등지의 계엄 선포에 대해서는 해당 지역 신문에서 조차 10월 12일 이후에야 보도되었다. 대구지역 계엄 선포를 알리는 포고 제1호는 계엄 선포 일시가 명기되지 않아 계엄 실시 일시와 관련한 혼란을 야기하였다.

전술부대는 10월 2일 포고 제1호를 발포한 이래 7일까지 7차례의 포고를 공포했고, 계엄이 해제되는 10월 22일까지 계엄사령관과 군정지사의 공동성명 1회, 계엄 해제 관련 계엄사령관 포고 1회, 군정지사 포고 1회가 발효되었다. 10월항쟁 시기 포고 현황은 〈표 1-3〉과 같았다.

〈표 1-3〉 10월항쟁 시기 포고 현황

제목	포고일	주요 내용	비고
포고 1호	1946. 10. 2.	대구에 계엄령을 선포. 경찰에 복종. 10명 이상의 집회와 회의 금지. 야간 통행 금지	『대구시보』·『영남일보』, 1946. 10. 12.; 영남일보사, 『경북연감』(1948), 31~33 쪽; 제24군단사령부 감찰 참모실, 「대구사태보고서」 첨부 "A"
포고 2호	1946. 10. 3.	민간인 소지 무기 반환. 파괴행위 중지, 체포 관리·경찰 가족 석방	
포고 3호	1946. 10. 3.	대구지역 이탈 금지. 도로봉쇄 ※포고 3호는 포고 6호에 의하여 취소	
포고 4호	1946. 10. 4.	무기 탄약 소지 금지, 소지물에 대한 반환	
포고 5호	1946. 10. 6.	대구부,달성군 철도종업원 직장 복귀	
포고 6호	1946. 10. 6.	달성군 경주군 영일군 대구부에 1946년 10월 2일자로 계엄 선언(10인 이상의 집회 회합 엄금, 행진 공중시위 행렬 금함. 화기 탄약 폭발성질 무기 소지 금함. 개인자동차 사용 금지. 야간 통행금지	『조선일보』, 1946. 10. 12. 『서울신문』, 1946. 10. 13.

포고 7호	1946. 10. 6.	경북 전 지역 야간통행 금지	
계엄사령관, 경북군정지사 공동성명	1946. 10. 6.	4지구 이외 계엄령을 실시할 상태가 야기 아니하도록 선동에 응하지 말라	
포고 8호	1946. 10. 20.	1946년 10월 2일부터 달성군 경주군 영일군 대구부에 1946년 10월 22일 오 전 0시를 기하여 계엄령 해제	『대구시보』·『영남일보』, 1946. 10. 13.
경상북도 군정지사 포고	1946. 10. 20.	1946년 10월 22일 오전 0시를 기하여 전기 각 군 대구부는 군정청 제법률, 규칙, 수속으로 복귀됨을 선언함 10인 이상의 시위행렬, 공중집회, 행사 는 해당지구 국립경찰의 사전 허가를 요함. 입법기관 선거에 협조	

〈표 1-3〉에서 보는 바와 같이 포고의 형식은 일정하지 않았다. 대구지역 계엄 포고 제1호는 계엄 실시 일시도 명기하지 않았고, 경주와 영일 지역의 계엄의 경우 경북군정지사는 계엄 선포 사실을 인지하지 못하는 상황에서 전술군사령관 팟 대령의 지시에 의해 선포하였다. 이 지역의 시민들에게 계엄 선포 사실을 알린 것은 실제 계엄 시행일보다 2~3일이 지난 10월 6일 발표된 포고 제6호를 통해서였으며, 계엄 실시 일자도 1946년 10월 2일자로 소급되어 포고되었다.[19] 이러한 계엄 선포 요건, 선포 주체, 방법 등은 제24군단사령부에서도 문제가 되어 브라운(Albert E. Brown) 소장과 감찰참모실에서 사건 경위를 조사하는 데까지 이르렀다.[20]

「99군정중대의 부대일지」에 따르면 계엄 선포는 10월 2일 오후 7시에 실시되었으며, 동시에 전단, 라디오 등을 통해 시민에게 통지하고 순찰과 보초계획을 입안 실시했다.[21] 그러나 브라운 소장의 보고서에 따르면 포고문은 10월 3

19) 『대구시보』, 『영남일보』, 1946. 10. 12.; 영남일보사, 『경북연감』, 1948, 31~33쪽(정해구는 10월 6일 발표된 포고를 포고 5호로 표기하고 있으나 이는 포고 제6호이다. 또 대구 달성 영일 경주에 10월 2일자로 계엄을 선포한 것은 '이미 2일에 대구에 발포된 계엄을 재차 확대 포고하는 것이었다.'(정해구, 『앞의 책』, 1988, 152쪽)라고 하였으나, 이는 10월 3일과 4일에 포항과 경주에 실행 중인 계엄을 10월 2일자로 소급 적용한 것이었다.

20) 브라운 소장의 보고서는 1946년 10월 4일 대구에서 조사하여 10월 5일 하지 사령관에게 제출한 보고서 "Report of Investgaion of Disorders Occuring at Taegu Conducted by major General Albert E. Brown October 4th, 1946"와 10월 10일 대구에서 각계 인사 19명을 면담하여 정리한 보고서 "Riots and Disorers 6th Infantry Division Area, Korea, Oct 1-10, 1946"가 있다.

일 오후 6시쯤 발표했는데, 이 포고는 3일 오후 8시쯤 라디오로 방송되고 전단으로 배포되었다.[22] 이러한 계엄 선포 시간에 대한 차이는 경북군정지사 헤론(Gordon J. F. Heron) 군정지사와 전술지휘관 팟 대령 간의 계엄 선포 합의가 5시 30분에서 7시 사이에 이루어지면서, 포고는 계엄사령관의 구두 포고로 대체되고 공식적인 포고 전에 계엄 관련 조치들이 취해졌기 때문이었다.[23] 신문과 자료 등 자료마다 계엄 선포 시간이 다르게 기록된 것은 포고문에 기본적으로 들어가야 할 계엄 선포 일시를 기입하지 않았기 때문이며, 계엄 선포가 결정된 시간 또는 라디오나 순찰차 방송국 등의 방송시간, 최종적으로는 포고 전단을 붙인 시간 등으로 각각 상이하게 기록했기 때문이다.[24]

제24군단 사령부 감찰참모실에서 조사 후 작성한 보고서[25]와 군정중대 일지, 제6사단의 S-2문서는 시간별로 상황을 기록하였다. 이 자료를 기초로 계엄 선포 과정을 재구성해 보았다. 10월 1일 철도역 근처에 결집한 시위대를 해산하는 과정에서 민간인 1명이 피살되었다. 10시 30분과 12시 사이, 군중은 경찰서 습격을 두 번 시도했으며 그때마다 플레지아(J. C. Plezia, 도경찰부장) 소령은 단독으로 시위대를 제지하고자 했다. 11시 45분쯤 경찰이 제19관구경찰서(대구경찰서)를 포기하고 군정 막사로 들어왔고, 군중은 경찰을 인계하라고 요구했다. 12시 무렵 플레지아 소령은 군정지사에게 군중을 통제할 수 없으며 부

---

21) 미군정기 군정단·군정중대문서 「99th Unit Journal(1946. 10. 1.~5)」, (RG94, Box 21887, MGGP-101st-0.1 History-101st MG Group), 386~389쪽.

22) 제24군단사령부 감찰참모실, 「앞의 보고서」 첨부 "A": A. E. 브라운 소장이 행한 대구소요사태 조사보고서(1946. 10. 5.).

23) 제24군단사령부 감찰참모실, 「앞의 보고서」 첨부 "B": R. J 팟 대령 진술.

24) 제24군단사령부 감찰참모실, 「앞의 보고서」, 첨부 "B", 327쪽: 맥스. 로스 중령 제1연대본부 본부 중대 행정보좌관의 진술 "10월 2일 6시 30분 군정장교식당에서 회의가 있었고 토의 후 계엄 선포 즉시 사람들에게 알리는 포고를 발포한 뒤, 전역에 순찰대를 파견했습니다. 포고는 지방방송국에서 즉시 방송되었고 저녁때에는 시내를 순회하는 방송차에 의해 방송되었습니다. 다음날 아침(3일) 포고문이 인쇄되어 길에 붙여졌고 대구 시내에 배포되었습니다."

25) 제24군단 사령관의 구두지시에 의해 엘머 쿡 중령에 의해서 1946년 10월 6일부터 14일까지의 기간 동안 대구에서 1946년 10월 29일에서 30일까지 서울에서 조사 한 후 작성한 보고서로 제목은 「한국 대구에서 발생한 소요사태에 관한 조사보고서(1946. 11. 12.)」이다.

대가 필요하다고 보고하고, 군정지사는 제1연대 지휘관에게 도움을 요청했다. 13시 30분 부대가 도착하여 경찰서를 탈환했다.[26] 5시 20분경 헤론 군정지사가 제1연대 지휘관 팟 대령을 찾아가 경찰만으로는 시위대를 통제할 수 없으며, 전술부대가 상황 통제권을 인수할 것을 요청했다. 계엄 선포 이전 병력 투입에 반대했던 팟 대령은 군정지사의 상황 통제 불능 선언을 들은 뒤에야 전술병력 투입에 찬성하였다. 팟 대령은 7시 무렵 계엄을 선포했다.[27]

계엄 선포 이후 계엄사령관 팟 대령은 10월 3일 오후 7시 35분 포항(영일)과 10월 4일 오후 9시 30분 경주에 각각 계엄을 선포했다.[28] 그러나 제24군단 사령부 감찰참모실 앨머 쿡 중령이 사령부에 제출한 보고[29]에서는 '10월 4일에 영일군, 경주군, 달성군을 마샬로우 아래 두었으며, 영일군과 경주군에서는 폭력행위가 발생할지도 모른다는 위협 때문에, 그리고 달성군은 경찰이 효율적으로 행정업무를 맡아보도록 하기 위해서였다'라고 하여 영일군도 4일에 계엄을 선포했다고 기록하고 있다. 또한 '영일군과 경주군은 군정지사가 알거나 지시하지도 않은 채 마샬로우 아래에 놓였다'라고 하여 전술사령관의 독자적인 판단에 의해서 계엄이 선포되었음을 지적하였다.[30]

시위 진압, 병력 투입, 계엄 선포 과정에 대한 이상의 검토로 볼 때 초기 항쟁 진압 과정에서 경북군정청과 전술군 사이에 상당한 분열과 이견이 있었음을 알 수 있다. 우선 전술사령관 팟 대령은 전술부대가 상황을 인수해야 할 필요성을 이미 예측하고 있었고, 10월 2일 저녁 헤론 군정지사가 팟 대령에게 도

---

26) 부대 출동시간도 감찰참모실 보고서는 13시 30분, 다른 자료는 3시로 되어 있다.

27) 미군정기 군정단·군정중대문서「99th Unit Journal(1946. 10. 1.~5)」, (RG94, Box 21887, MGGP-101st-0.1 History-101st MG Group), 390쪽.

28) 제24군단사령부 감찰참모실,「위의 보고서」첨부 "F": 제6사단 S-2일지. 당시 신문에는 6일 경북 지역 달성, 영일, 경주 지구로 확대 실시되었다(『동아일보』, 1946. 10. 11)라고 보도되었으나, 제6 사단 정보보고 및 99군정중대 일지에 따르면 영일과 경주는 3일과 4일 각각 선포되었다.

29) 제24군단사령부 감찰참모실,「위의 보고서」첨부: 제24군단 사령부 감찰 참모실 APO 235, 1946. 11. 12.

30) 제24군단사령부 감찰참모실,「위의 보고서」첨부: 제24군단 사령부 감찰 참모실 APO 235, 1946. 11. 12.

움을 요청하기 전에 이미 모든 부대는 경계 태세를 취하고 있었다.[31] 전술군사령관은 군정지사로부터 직접적인 계엄 선포 요청이 있을 때까지 병력 출병을 늦추었던 것이다.

반면 혜론 군정지사는 1946년 10월 2일 오전 10시와 12시 각각 부대 파견을 전술군에 요청하였으나 계엄이 시행되지 않았다는 이유로 거부되었다. 5시 무렵, 경찰만으로는 통제할 수 없다고 판단한 혜론 대령은 직접 팻 대령을 찾아가 전술군 파견을 요청하였고, 계엄 선포가 있을 때에만 파견할 수 있다는 팻 대령의 조건을 무조건 수락했다. 혜론 군정지사의 진술에 따르면 전술군사령관은 계엄 선포를 전술군 파견의 선제조건으로 제시했던 것이다.[32]

전술군 파견과 계엄 선포를 둘러싼 경북군정지사와 전술군지휘관의 갈등은 '경찰만으로는 상황을 통제할 수 없게 된 급박한 상황'이 되었을 무렵 군정지사의 계엄 선포 동의로 일단락되었다. 이는 진술군 뿐만 아니라 군정직원, 경찰, 국방경비대 등과 시민들에 대한 통제권을 둘러싼 갈등이었다고 할 수 있다. 계엄 선포는 곧 전술지휘관인 계엄사령관의 통제를 의미하기 때문이다. 브라운 소장도 보고서에서 '군장교들과 보병장교들 사이의 갈등은, 군대요청에 대한 팻 대령의 지속적인 거부에 영향을 미친 한 요소'라고 지적했다. 지역전술군이 군정을 신뢰하지 않았기 때문에 계엄을 조건으로 한 병력 파병을 주장했다는 것이다. 그러나 이러한 감정적 요소 이외에 군정과 지역전술군의 관계가 명확하게 정립되지 않은 점, 그리고 계엄에 대한 지역전술군의 이해 부족이 보다 본질적인 이유라고 할 수 있다.

군정과 전술군의 역할에 대하여 주한미군정청은 1946년 1월 8일 전 도지사

---

[31] 제24군단사령부 감찰참모실, 「위의 보고서」 첨부 "B", 286쪽: R. J. 팻 대령 진술, 348~349쪽: 아르노. 스텐슬리 소령, S-2 연대 정보장교 진술.

[32] 팻 대령은 "귀하는 계엄 선포를 원합니까?"라고 말했습니다. 본인은 전술부대의 도움이 필요하며 전술부대를 제공하는 유일한 방법이 계엄 선포라면 그 요구에 양보할 수밖에 없다고 말했습니다. 또한 본인은 지금은 군정이며, 본인의 견해로는 전술부대는 계엄 선포가 없더라도 법의 질서와 회복을 도와야 한다고 지금도 생각하고 있습니다. 팻 대령은 우리가 계엄을 선포하면 그가 떠맡겠다고 말했기에 본인이 좋다고 했습니다(제24군단사령부 감찰참모실, 「위의의 보고서」 첨부 "B": 고든 J. F. 혜론 경상북도 군정지사 진술).

와 군정 단위에 1945년 12월 23일자 주한미군사령부 야전명령 제1호에 포함된 사항을 명확하게 하기 위한 지시를 내렸다.[33] 이 문서는 1945년 12월 23일자 야전명령 1호의 연장선에서 주한미군청 산하 각 도의 군정 단위가 할당된 지역 내에서 정부 업무를 수행하며, 이를 지원하기 위해 지역 전술군은 제24군단의 지휘하에 군정에 협조할 것을 명시하고 있다.

이어 1946년 7월 23일 주한미군사령부 본부에서는 야전명령 2호를 부속문서와 함께 주요 지휘관에게 배포하였다.

> 3-b. 본 임무를 수행하는 점령부대의 직접적인 수단은 정부기능을 수행 중인 군정요원에 즉각적인 도움을 제공하는 것에 의함. 지원요청은 보통 군정 요원에 의해 주도되며, 그러한 요청에 근거한 도움은 점령부대에 의해 적어도 실질적인 지휘 차원에서 반드시 즉각적으로 제공되어야 함.[34]

위의 야전명령 2호 3-b에서와 같이 야전명령의 목적은 '최종적인 정부 기능을 전술지휘관으로부터 군정으로 넘기는 것을 명확히 하는 것'이었다. 1945년 12월 23일자 야전명령 1호에서 군정과 지역군정의 목적과 역할을 명시했다면, 제2호는 부속문서를 통해 주한미군사령부의 역할뿐 아니라 그 예하 전술부대의 임무와 역할을 세부화하여 지시했다고 볼 수 있다. 특히 야전명령 2호의 3a(1)항 3x(2), 3x(5), 3x(7), 3x(8)항은 전술부대와 전술지휘관에게 부여되는 요구사항을 규정하고, 전술부대와 군정 단위 사이에 밀접한 연락을 수립하기 위한 필요성을 지시했다. 내용은 다음과 같았다.

> 3.a.(1) 제6보병증강사단은 할당된 지역 안에서 정부업무를 지속하는 데에, 요청이 있는 대로, 군정을 돕는다.

---

33) 제24군단사령부 감찰참모실, 「위의의 보고서」 첨부 "D": 지시문서.

34) Field Order No2, USAFIK, 1946. 7.23, Field Order No. 5, Hq 6th Div, 1946. 7.31. 감찰관의 앞 보고서, pp13~14(제24군단사령부 감찰참모실, 「위의의 보고서」 첨부 "G": 야전명령 제2호(AG300.4 (TFGCT)).

3.x.(2) 모든 지휘관은 그 소속 인원에게 한국 점령부대의 일차적인 임무는 남한에 자주정부의 수립을 돕는 것이며, 따라서 군정을 돕는 것이 이 일차적인 임무를 완수하는 직접적인 방법이라는 것을 주지시켜야 한다.

3.x.(5) 제6, 7보병사단과 한국기지사령부에 할당된 지역은 전술부대의 작전지역을 표시하기 위해 그리고 전술지휘관이 정부 업무를 촉진하도록 군정을 돕는 지역을 나타내기 위해 수립되었다.

3.x.(7) 전술지휘관은 재난이 발생했을 경우 자진해서 재난지역 안의 모든 군인원과 민간인에 대한 통제임무를 떠맡는다.

3.x.(8) 전술지휘관과 군정 단위는 효율적이고도 순조로운 협력을 이루기 위해 직접 통신 및 긴밀한 관계를 유지한다.[35]

이와 같이 제6사단 예하 전술 부대는 지역 군정 업무를 촉진하고 군정을 돕기 위해 수립되었음을 명확히 하였다. 그리고 재난이 발생했을 경우 '군 인원과 민간인에 대한 통제 업무'를 지시했다. 야전명령은 제6보병사단에 25부가 전달되었고,[36] 1946년 7월 31일 보병 제6사단사령부는 야전명령 5호를 통해 주한미군사령부 야전명령 2호를 하달했다.[37]

1946년 1월 8일 지시와 7월 23일 야전명령 2호를 통해 군정과 지역전술군의 역할과 임무를 규정했음에도 불구하고 이 지시는 전달되지 않았거나, 또는 의도적으로 무시되었다.[38] 이는 점령군으로서의 주한미군과 한국정부 수립을 '지원'하는 정부로서의 군정이 체계화되지 않았다는 데 일차적인 원인이 있다.[39]

군정과 전술군의 갈등은 10월 4일 제24군단 본부 브라운 소장, 6사단 사단

---

35) 제24군단사령부 감찰참모실, 「위의 보고서」 첨부 "G": 야전명령 제2호(AG300.4(TFGCT).

36) 제24군단사령부 감찰참모실, 「위의 보고서」 첨부 "B", 359쪽: 제임스 O. 스코트 2세, G-3행정장교.

37) 제24군단사령부 감찰참모실, 「위의 보고서」 첨부 "H", 415쪽: 야전명령 5.

38) 제24군단사령부 감찰참모실, 「위의 보고서」 첨부 "B", 361쪽: 헤론 군정지사 진술.

39) 제99군정단이나 군정조직은 실질적으로 S-2나 S-3가 조직되어 있지 않았으며, S-2의 임무는 공보장교가 수행했다. 공보장교는 대구에 있는 경찰과 방첩대 대구파견대의 정보에 의존했다.

장 피어스 준장이 대구로 내려와 헤론 군정지사, 팟 지휘관 등과 가진 회의에서 거론되었다. 팟 대령의 진술에 따르면 이 회의에서 계엄 선포와 조치에 대해 브라운 소장은 만족하였으며 계속 계엄 업무를 수행하라고 지시했다.[40] 다만 브라운 소장은 계엄 업무의 한계는 계엄 선포 지역에 한정되어 계엄이 선포되지 않은 지역에서의 군정지사의 임무수행을 방해하지 않도록 특별히 지시했다.[41]

브라운 소장은 두 차례에 걸쳐 조사를 진행하고 보고서를 작성했다. 10월 4일에 작성된 1차 보고서에서는 헤론 대령과 플레이자 소령의 해임을 건의하였고, 수사관을 파견하여 이들의 책임을 확정지을 것을 건의했다. 그리고 경상북도에 실시 중인 계엄 아래에서 체포된 자들의 재판과 처벌에 대해 제1연대 지휘관과 제6사단 사단장의 권한과 한계를 명확히 할 것, 대구와 필요지역에 군사위원회를 설치하여 혼란을 야기하는 자는 빨리 재판에 회부할 것을 권고했다.[42] 한편 10월 14일의 2차 보고서는 1차 보고서에 비해 종합적인 조사와 권고조치를 포함하였다. 계엄 상황에서 소요가 통제되고 있으나, 계엄이 해제될 경우 소요가 다시 발생할 것이라고 보았으며, 이러한 조건에서 입법기관 선거가 가능할지 걱정하였다. 그리고 전술부대 병력의 증파를 요청하였다. 이와 더불어 브라운 소장은 미군 점령지역 전체를 대상으로 한 계엄 계획 수립을 다음과 같이 지시했다.

---

40) 제24군단사령부 감찰참모실, 「위의 보고서」 첨부 "B", 283쪽: 팟 대령 진술.

41) 감찰참모실과 브라운 소장의 직접적인 조사를 통해 미제24군단사령부에서는 헤론 군정지사와 플레이자를 10월 5일 해임했고, 팟 대령의 경우 '1946년 7월 31일에 규정한 보병사단본부 야전규범 5의 2b 및 3x(a)항에 포함된 지시를 위반'한 것으로 경고조치 되었다(정해구, 『앞의 책』, 1988, 239쪽; 제24군단사령부 감찰참모실, 「위의 보고서」). 1946년 12월 5일 보병 제6사단사령부 문서에 따르면 제6사단장은 감찰참모실 보고서의 조치권고에 대하여 '군정장교로부터 도움 요청이 있을 경우와 소요사태를 처리하는 데 취할 올바른 조치를 교육했다'고 제24군단사령부에 회신했다(제24군단사령부 감찰참모실, 「위의 보고서」 첨부 "B": 보병제6사단사령부 사령관실 APO6(1946. 12. 5)).

42) 제24군단사령부 감찰참모실, 「위의 보고서」 첨부 첨부 "A", 185쪽: 1946년 10월 4일 A. E. 브라운 소장의 대구소요사태 조사보고서.

미군이 점령하고 있는 지역 전체를 계엄하에 둘 계획을 준비할 것, 여기에
　는 계엄의 적절하고 효율적인 실시를 위한 충분한 전술 단위와 본질적인 명
　령 계통을 제공하는 것도 포함시킬 것.

　이 보고서에 따르면 브라운 소장은 '소요'를 진압하는 데 계엄이 효과를 거두
고 있음을 인정하고, 한반도 전체를 대상으로 계엄 시행 계획을 수립하도록 권
고하였던 것이다.

　이상에서 볼 때 브라운 소장은 1차적으로 사태 수습에 실패한 헤론 군정지사
와 플레이자 공안장교를 해임하고, 계엄을 통해 치안을 확보하고 있는 전술지
휘관 팟 대령의 조치를 현실적으로 인정하는 선에서 사건을 매듭지었다고 할
수 있다. 더불어 계엄의 확대 실시와 전술부대 증파 등을 요청한 것과 같이 10
월항쟁 진압에 계엄이 효과적이었다고 판단했다. 이로써 미군 전체 점령지역
에 계엄을 효과적으로 실시하기 위한 전술부대 차원의 매뉴얼을 마련하도록
권고하였다.

2. 계엄 수행 체계와 역할

　제1연대 사령관 팟 대령(계엄사령관)은 10월 2일 헤론 경북군정지사와 플레
이자 소령이 참석한 가운데, 계엄을 통해 '상황에 대한 통제권을 인수'받았다.
팟 대령은 대구시에 구두 계엄을 내림과 동시에, 1연대 작전국(S-3)에 군사력
동원을 지시하고 대구시를 6개 구역으로 구분하여 순찰대를 파견했다. 그리고
도 군정정부, 대구시청, 중요 시설물에 경비를 배치했다.[43] 이러한 조치는 제1
연대 작전국(S-3)이 담당했다.[44]

---

[43] 도경찰청, 시경찰청, 발전소, 제2발전소, 전화교환국, 시립병원 등에 병력이 파견되었으며, 조선
　　경비대를 통한 13개소 도로봉쇄, 순찰 및 경비(대구시, 왜관, 포항, 경주, 왜관 북부)병력이 파견
　　되었다(제24군단사령부 감찰참모실, 「위의 보고서」 첨부, 190쪽: 브라운 소장 보고서.
[44] 제24군단사령부 감찰참모실, 「위의 보고서」 첨부 "B", 280~281쪽: R. J. 팟 대령 진술.

팟 대령은 제5관구 경찰청 고문으로 서울 경무부장에게 직접 지휘를 받는 플레지아 소령을 통해 경찰을 재조직하고자 했다. 팟 대령은 계엄 실시 다음날인 10월 3일 항쟁 지도자에 대한 체포, 도로봉쇄, 차량 압류, 집회 불가 등을 지시했으며 플레지아 소령을 통해 도경찰과 시경찰의 재조직을 지시했고, 타 지역 파견 경찰의 지휘도 맡겼다.[45] 더불어 플레지아 소령을 국방경비대 지휘관으로 임명하였는데 시위 진압에 경비대 사용을 반대하는 경비대 장교와 지휘관들의 제안을 거절하고, 국방경비대를 도로봉쇄 등의 전술군과 경찰의 보조병력으로 배치하도록 하였다.[46]

이러한 조치는 계엄사령관 팟 대령, 플레지아 소령, 제5관구경찰청장 등을 중심으로 한 회의에서 계엄사령관 팟 대령의 지시에 의해 수행되었다.[47] 10월 항쟁 시기 계엄사령부 및 기구를 재구성하면 〈그림 1-1〉과 같았다.

계엄 당시 공식적으로 계엄사령부라는 명칭이 사용되었는지는 알 수 없으나, 『조선일보』, 『서울신문』의 보도에 따르면 '계엄본부', '계엄사령부' 등의 용어를 사용하고 있는 것으로 보아 계엄을 관장하는 본부 정도의 개념으로 계엄사령부라는 명칭이 사용된 것으로 생각된다. 계엄사령부의 조직과 병력은 제1연대 군조직을 기반으로 하여 국방경비대와 지역 경찰이 포함되었다. 한편 외부에서 파견된 경찰은 경무부에서 파견된 한종건 공안국장이 직접 지휘했고, 계엄사령부와의 협의는 플레이자 소령이 담당했다.

한편 계엄 선포 이후 계엄사령부에서는 앞의 〈표 1-3〉과 같이 10월 2일 포고 1호를 발포한 이래 7일까지 7차례의 포고를 발포하였다. 포고 제1호(10. 2.)부터 포고 제4호(10. 4.)까지는 계엄이 실시되고 있음을 알리고, 집회의 금지, 야간통행 금지, 차량 통행 금지, 파괴행위 금지, 탄약무기 소지 금지와 반환을

---

45) 제24군단사령부 감찰참모실, 「위의 보고서」 첨부 "B", 285~260쪽: J. C. 플레지아 소령 진술.

46) 제24군단사령부 감찰참모실, 「위의 보고서」 첨부 "B", 261쪽: J. R. 로이드 2세 중위, 조선경비대 제6연대 지휘관 진술.

47) 이러한 지시는 토의가 아닌 지시와 설명으로 진행했다고 팟 대령은 진술하였다(제24군단사령부 감찰참모실, 「위의 보고서」, 282쪽).

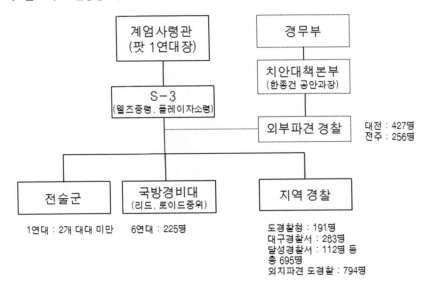

〈그림 1-1〉 10월항쟁 시기 계엄사령부와 병력

```
                ┌─────────────────┐           ┌──────────┐
                │   계엄사령관      │           │  경무부   │
                │  (팟 1연대장)     │           └────┬─────┘
                └────────┬────────┘                │
                         │                ┌─────────┴─────────┐
                         │                │  치안대책본부       │
                 ┌───────┴──────┐         │ (한종건 공안과장)    │
                 │    S-3        │         └─────────┬─────────┘
                 │(웰즈중령, 플레이자소령)│                   │
                 └───────┬──────┘         ┌─────────┴─────────┐   대전 : 427명
                         │                │   외부파견 경찰      │   전주 : 256명
                         │                └───────────────────┘
        ┌────────────────┼────────────────────┐
  ┌─────┴─────┐   ┌──────┴──────┐      ┌──────┴──────┐
  │  전술군    │   │  국방경비대   │      │   지역 경찰   │
  └───────────┘   │ (리드, 로이드중위)│    └─────────────┘
                  └─────────────┘
```

1연대 : 2개 대대 미만   6연대 : 225명   도경찰청 : 191명
                                              대구경찰서 : 283명
                                              달성경찰서 : 112명 등
                                              총 695명
                                              외지파견 도경찰 : 794명

※ 경찰, 군 병력 수: 1946. 10. 4. 브라운 소장 조사 참조.

규정하였다. 포항지역에서는 독자적인 포고가 있었다. 포고 내용은 '경찰명령에 복종, 19시부터 06시까지 통행금지, 집회금지, 식량배급에 상용되지 않고 단지 사람만을 수송하는 트럭은 포항을 통행할 수 없으므로 압류할 것'[48]으로 대구지역 포고와 내용상 크게 다르지 않았다. 10월 6일 종래 산발적으로 내려진 포고 내용을 거듭 확인한 종합적인 포고가 발표되었다. 포고 6호의 주요 내용은 다음과 같았다.

〈경상북도 대구부, 달성군, 경주군, 영일군민에게〉
지금 본인은 **경상북도 군정관의 권한과 조선에 주둔하고 있는 미군사령장관으로부터 바든 권위**로서 달성군 경주군 영일군 及 대구부에 1946년 10월 2일자로 계엄을 선언한다.

48) 제24군단사령부 감찰참모실, 「위의 보고서」 첨부 'F': 6보병사단 S-2일지.

1. 10인 이상의 집회 혹은 회합 엄금.
2. 행진 공중시위행렬 등은 어떤 종류라도 금함.
3. 미육군, 조선경찰관 及 조선국방경비대 이외의 어떤 종류의 사람이든 화기 탄약 혹은 폭발 성질의 무기를 소지하거나 휴행함을 금함. 화기 기타 폭발 성질의 무기를 가진 사람은 누구나 제일 가까운 미군, 조선 경찰관 혹은 국방경비대에 즉시 반환할 사.
4. 본인의 특별한 허가가 없는 한에서 개인으로 소유한 자동차는 사용을 금함.
5. 본인의 허가를 받은 이외의 사람은 누구라도 야간 7시 이후 익조 6시 까지는 노상에 출입을 금하고 각 가옥에 체류할 것.
6. 군과 부로부터의 출입을 계엄에 의하여 금함.
7. 조선경찰관 및 국방경비대는 본인의 명령하에 공무기관으로 공인됨. 명령에 복종.
8. 조선 내 미군정 내의 법원을 포함한 모든 관공서는 이상에 말한 군부 내에서 계엄령에 그 기능을 계속할 것.
9. 하종의 인쇄 혹은 기타 기록물 신문 及 "포쓰타"를 포함하여 일체 발행 급 배포 금지.
10. 본인이 재차 포고하는 것은 누구나 또는 이 앞으로 법령을 범하는 사 람은 누구나, 혹은 합중국 기타 연합국의 소유와 인민에 대한 부정한 행동이나 평화와 질서를 문란케 하는 행동을 하는 사람이나 또는 정당 행위를 거역하는 종류의 사람은 누구나, 군법에 처하여 그 법정에서 정하는 대로 사형 혹은 기타의 엄벌을 처함.
11. 본인이 이전에 발표한 포고 제3호는 이후 폐지함.[49)]

포고에서는 '경북군정관의 권한과 주한미군사령관의 권위로서 계엄을 선포한다'고 밝히고 있어 군정관과 주한미군사령관의 권위를 빌어 계엄 선포의 당위성을 선포하였다. 앞서 살펴본 바와 같이 10월 2일부터 4일 사이에 취해졌던 계엄사령관의 구두 포고는 10월 6일에서야 발표되었으며, 그것도 4일이나 앞선 일자로 소급되어 발표되었다.

49) 『조선일보』, 1946. 10. 12.; 『서울신문』, 1946. 10. 13.

포고의 주요 내용은 집회금지, 통행 제한, 탄약무기 소지금지, 인쇄물·신문 발행금지 등이었다. 포고령 위반자에 대하여 10월 6일 발표된 포고 제6호에서는 군법에 처하여 그 법정에서 정하는 대로 사형 혹은 기타의 엄벌을 처한다고 형량까지 언급하였다. 10월 2일부터 6일까지 계엄사령부에서 행한 체포, 구금, 통행제한, 휴교조치 등의 처벌 근거는 찾을 수 없고, 10월 4일 발표된 포고 제4호에서는 포고령 위반자를 처벌한다고만 규정할 뿐 그 방법은 명시하지 않았다.

계엄상황에서 포고령 위반자와 10월항쟁 관련자들은 10월 3일 이후부터 체포·구금되기 시작했다. 계엄 선포 직후 계엄사령관 팟 대령은 서울 주한미군사령부 법무관실로 연락하여 구금자를 재판하기 위한 군사법정과 군법회의를 설치하는 데 필요한 조치들을 확인했다.[50] 10월 4일 오후 4시에는 브라운 소장과 동행한 제6사단 피어스 준장이 수사와 재판, 체포에 대해 원조를 약속했다. 10월 5일 밤 검거·구금된 사람들을 재판하기 위해 기소가 준비되었고, 10월 7일 오후 군정의 참모와 제1연대 참모들, 그리고 방첩대 대표인 돌리(R. O. Dolly: 방첩대 대구지역사무소 971파견대 책임장교) 중위가 구금 중인 모든 사람을 구속하기 위한 계획을 마련했다. 계엄이 해제된 후에라도 지속적인 작전이 수행될 수 있도록 하기 위해 행정기록과 검거 작전은 군정 내의 S-2부서(군정 내에는 S-2가 없었으며 공보장교가 업무를 수행)에서 맡았다.[51]

한편 제24군단사령부의 헌병참모실에서도 대구에 범죄수사대와 헌병을 파견했다. 1946년 10월 24일 작성된 헌병참모실 보고에 따르면, 범죄수사대와 헌병은 대구에 도착하자 사건에 대한 조사를 주된 임무로 하는 범죄수사대 사무소와 5개의 재판을 동시에 진행할 수 있는 수사본부를 설치했다.[52]

즉, 군정 법률장교 포터 소령 지휘하에 제1연대 S-2, 방첩대, 군정 S-2가 결합

---

50) 제24군단사령부 감찰참모실, 「위의 보고서」 첨부 "B", 281쪽: 팟 대령 진술.
51) 제24군단사령부 감찰참모실, 「위의 보고서」 첨부 "B", 284쪽: 팟 대령 진술.
52) 제24군단사령부 헌병참모실, 「대구사태보고서」, 1946. 10. 26., 139쪽.

하여 군정 S-2에 마련된 작전팀의 주요 업무는 검거와 기소였으며, 기소된 사건 중 중요 사건은 제24군단 헌병참모실에서 파견된 수사본부의 범죄수사대에서 수사하고 5개의 재판소에서 재판을 진행했다고 볼 수 있다.

브라운 소장은 '대구와 필요한 지역 어디에고 군사위원회가 임명되어 혼란을 야기하는 자는 실제적으로 빠른 시일 내에 재판에 회부할 것'을 권고하였다. 그러나 재판소는 대구에만 설치되었다.[53] 인접 지역에서 체포된 사람들은 해당 지역에서 석방되거나 대구에 보내졌다가 조사를 거친 후 석방되기도 했다. 대구로 보내진 사람의 대부분은 '좌익 혹은 주동자'로 선별된 사람으로 지방경찰은 보고서와 함께 이들을 대구로 보내 재판을 받도록 하였다.[54] 제1회 특별군정재판은 10월 28일 대구지방법원 안에 설치·개정되었으며,[55] 미국인 판사와 검사 7명이 재판을 진행했다.[56]

10월항쟁 관련자들이 재판을 받았던 재판소는 특별군법회의, 군정재판, 군사위원회(브라운보고서) 등으로 명명되었는데 '특별군법회의'가 미군정의 사법체계 상 어디에 위치하며 계엄과는 어떤 관련이 있는지에 대해서는 명확하지 않다. 당시 신문에서는 '특별군법회의의 설치는 보통군법회의는 5년형 이상을 선고할 수 없기 때문에 최고 사형까지 선고할 수 있도록 하기 위한 것'[57]이라고 하여 경상북도 공보장교의 언급을 인용한 것이 유일한 내용이다.

미군정의 육군점령재판소는 군정 관련 문서에서 육군점령재판소(재조선미

---

53) 10월 5일부터 10월 16일 무렵 6사단 S-2보고에 따르면, 경주와 포항에서 죄수(307명)가 도착했고, 군사재판 제7부에 의해 재판받을 사람은 136명이며, 경주로부터 164명이 보내졌다. 그리고 10월 14일 순찰대의 보고에 따르면 내성면에서 10월 5일 좌익 70명을 체포했는데, 이 가운데 좌익주동자 10명이 포함되어 있었다. 이들은 10월 16일 대구로 보내져 재판을 받을 예정이었다. 또한 영주에서는 주동자 6명을 포함하여 총 122명의 좌익을 검거했는데 이들은 아직 영주에 있으며, 주동자는 대구로 보낼 예정이었다. 제1대대 지역 강동면에서 붙잡힌 죄수 99명 가운데 88명을 석방했으며, 11명은 대구에서 재판 대기 중이었다(제24군단사령부 감찰참모실, 「앞의 보고서」 첨부 "F", 390쪽: 6사단 S-2일지).

54) 제24군단사령부 헌병참모실, 「앞의 보고서」, 1946. 10. 26., 139쪽.

55) 『동아일보』, 1946. 10. 30.

56) 『동아일보』, 1946. 10. 17.

57) 『대구시보』, 1946. 10. 15.

육군사령부군정청 법령 제21호, 제87호 등), 점령군군율회의(포고령 제2호), 군정재판(재조선미국육군사령부군정청법령 제28호, 제88호 등), 군사재판소 또는 군정재판소(법령 제72호) 등 다양한 용어로 번역되어 사용되었다. 이러한 군사점령재판소는 1945년 9월 9일 공포한 태평양 육군총사령부 포고 제2호에 근거하고 있다.[58] 포고 제2호에서는 군사점령재판소를 점령군군율회의로 규정하여 점령지 주민에 대하여 태평양미국육군최고사령관의 포고, 명령, 지시 위반 등의 죄목으로 '점령군군율회의'에서 재판할 것이라 명시하였다. 점령군군율회의를 중심으로 한 미군정의 사법체계는 〈그림 1-2〉와 같았다.

〈그림 1-2〉 미군정 사법체계

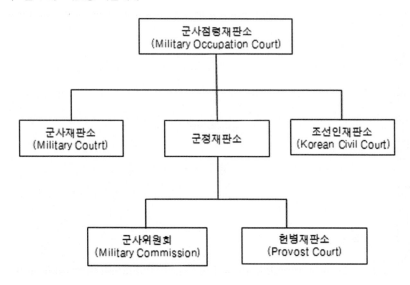

58) (원문) Violates the provisions of the Instrument of Surrender, or any proclamation, order or directivee given under the authority of the Commander-in-Chief, United States Army Forces, Pacific, or does any act to the prejudice of good order or the life, safety, or security of the persons or property of the United States or its Allies, or does any act calculated to disturb public peace and order, or prevent the administration of justice, or willfully does any act hostile to the Allied Forces, shall, upon conviction by a Millitary Occupation Court, suffer death or such other punishment as the Court may determine.

이러한 점령군군율회의는 〈그림 1-2〉와 같이 일반적으로 군인, 군속 그리고 포로에 대한 군대 재판기관을 통칭하는 군사재판소, 군정재판소(군사위원회와 헌병재판소), 조선인재판소로 구성되었으며 조선인 재판과 관련해서는 군정재판소와 조선인 재판소가 중심 기능을 수행했다.[59]

특히 법령·포고·명령 등 미군정의 군정통치 목적을 달성하기 위한 대부분의 재판은 헌병재판소(Provost Courts)에서 다루어졌다.[60] 군사점령재판소는 1946년 1월 14일 일반명령 제5호를 통해 군정장관 관할로 이전되었는데, 이와 함께 헌병재판소와 관련하여 주한미군사령부는 APO235 일반명령 제5호를 통해 지방군정관은 관할지역에서 헌병재판소 임명권을 가지며, 제6보병사단, 제7보병사단, 제24육군군수사령부 사령관이 임명하는 헌병재판소는 군정장관이 임명한 법원이 그 기능을 행사할 때까지 재판권을 행사할 수 있었다.

군정재판소를 구성하는 군사위원회(Military Commission)와 헌병재판소의 운영을 살펴보면, 우선 군사위원회는 3명 이상의 장교로 구성되며, 그중 1인은 자격을 갖춘 법률가이어야 한다. 제24군단단장이 임명하며 관할 사건은 5년 이상의 징역에 해당하거나 5,000달러 이상의 벌금에 해당하는 중범죄를 대상으로 한다. 헌병재판소는 보통 1인의 장교로 구성되며 약식군사법원(Summary Court Martial)의 규정을 준용한다. 헌병재판소는 법무관의 감독을 받으며, 5,000달러 이하의 벌금, 5년 이하의 징역을 선고할 수 있다. 판결 선고 전에 선고할 형량이 헌병재판소의 권한을 넘어선다고 판단할 경우 절차를 중단하고 사건을 군사위원회로 이송할 것을 요청할 수 있다. 군사위원회의 판결에 대하여 주한미군사령부 사령관은 사형을 감형할 권한을 가지며, 사형은 태평양육군사령부 사

---

59) 서윤호, 「미군정 사법제도의 구성」, 421쪽(이하 미군정의 사법제도에 관련해서는 서윤호의 글과 송기춘, 「미군정하 한국인에 대한 군정재판」, 법학논총, 제30권 제1호 참조).

60) 1946년 대법원장이 각 지법에 보낸 공문에 따르면 '법령, 포고, 명령 중 점령재판소, 군사재판소, 군정재판소 등등의 명칭이 불일하나, 영어원문에는 총히 Provost Court이므로 수개의 상이한 재판소가 있는 것이 아니고 번역의 불통일에 불과하나…'라고 하여 군정재판=헌병재판소임을 알 수 있다(대구지방검찰청 김천지청 사무과, 「48년 법령의 개폐와 질의에 관한 건(1946. 2. 23.)」, 『예규에 관한 철』, 국가기록원 소장자료).

령관의 확인이 있기 전까지는 집행되지 않는다.[61]

종래 10월항쟁기에 시행되었던 군사재판은 헌병재판소로 이해되었다.[62] 브라운 소장은 그의 보고서에서 이 시기 설치된 재판에 대하여 '제24군단 법무관은 제6사단 법무관과 협의하여, 경상북도에 실시 중인 계엄 아래에서 체포된 자들의 재판과 처벌에 대해 제1연대 지휘관과 제6사단 사단장의 권한과 한계를 알도록 할 것. 그리고 마샬로우 상태에서 임명된 군사위원회의 작전권한 및 한계에 대해 알도록 할 것'[63]이라고 주문하였던 바, 설치된 재판은 제6사단이 임명한 헌병재판소와 계엄상태에서 임명된 군사위원회라고 할 수 있다. 군사위원회는 앞서 살펴본 바와 같이 제24군단사령부의 헌병참모실에서 파견하여 설치된 수사본부 예하의 재판소를 의미했다.

그렇다면 계엄사령관이 헌병재판소와 군사위원회에 행하는 권한과 한계는 어디까지였을까. 각 지역의 지휘관은 대구로의 송치 또는 석방 여부를 일차적으로 결정했으며, 대구로 송치된 사람들에 대한 기소 여부는 군정 정보국에 설치된 계엄사령부 산하 정보국에서 결정하였던 것으로 보인다. 기소된 사람들은 각 헌병재판소 또는 군사위원회에 배당되어 재판을 수행하였다. 계엄사령관은 재판의 판결에는 관계할 수 없으며, 기소 여부에 대한 판단까지가 그 관할권이었다. 앞서 살펴본 바와 같이 헌병재판소는 법무관으로부터 감독을 받

---

61) 헌병재판소 매뉴얼: Manual for Prevost Courts, 1946. 3. /RG 554 records of General HQ, Far East Command, Supreme Commander Allied Powers, and Unites Nations Command, United States Army Forces in Korea, 24Corps, G-2, Historical Section, Part 1, Records regarding the Okinawa Campaign, U.S. Military Government in Korea, U.S.-U.S.S.R. Relations in Korea, and Korean Political Affairs.-History of USAFIK during the Occupation(1945. 9.~1948. 6. 30.).

62) 육군재판소(Provost Courts)는 특히 포고령과 군정 법령을 위반한 한국인들에 대한 사건을 주로 맡았는데 특히 1946년 10월항쟁기에 있어서는 미군법무장교들에 의한 즉석재판이 통상적인 관례였다. 10월항쟁 중에는 대부분의 사건이 군법회의(Military Commission)와 미육군헌병재판소(Military Provost Court)에서 판결되었는데 중죄라고 인정될 경우에는 군법회의에서 관할하였으며 일반사건은 헌병재판소에서 처리하였다(안진, 「미군정 사법체계의 재편에 관한연구」, 『민주법학』 제25호, 2004, 462쪽(육군재판소, 미육군헌병재판소는 모두 Provost courts를 의미하나 통일되지 않아 혼란을 주고 있다).

63) 제24군단사령부 감찰참모실, 「앞의 보고서」, 185쪽: A. E. 브라운 소장 대구사태 조사보고서 (1946. 10. 4.).

앉으며, 군사위원회의 판결에 대하여 주한미군사령부 사령관은 사형을 감형할 권한을 가지며, 사형은 태평양육군사령부 사령관의 확인이 있기 전까지는 집행할 수 없었다.

따라서 당시 신문지상에서 명명되었던 특별군정재판, 혹은 특별군법회의 등은 군사위원회를 지칭한다고 할 수 있다. 즉, 통상적으로는 헌병재판소에서 재판을 진행하였으나 형량을 중하게 선고할 수 있는 군사위원회를 병설하여 주요 범죄에 대한 재판을 수행했음을 알 수 있다.[64]

10월항쟁으로 체포되어 군사재판에 회부된 인원은 명확하게 파악하기 어렵다. 자료에 따른 재판 현황은 〈표 1-4〉와 같다.

〈표 1-4〉 10월항쟁 관련 대구·경북지역 재판 현황

자료명	내용	작성 시기
동아일보	검거 3,782명, 군재회부 322명	1946. 10. 15.
제24군단단 헌병참모실	검거 3,000명(대구외곽郡 1,793명), 석방 682명	1946. 10. 24.
조선일보	검거 5,500명, 석방 2,800명, 군재회부 2,700명	1946. 10. 31.
독립신보	군재회부 1,342명, 사형선고 16명, 10년 이하 400명	1946. 12. 8.
대구시보	검거 7,400명, 석방 6,580명, 군재회부 재판완료 280명, 사형선고 30명	1947. 1.
주한미군사(HUSAFIK)	검거 2,250명, 사형선고 57명	

〈표 1-4〉와 같이 시기적으로 살펴보면 10월 15일 현재 체포자는 3,782명으로 이 중 322명이 군사재판에 회부되었다고 보도되었는데,[65] 이는 조병옥 경무부장의 발표에 근거하고 있었다.[66] 10월 24일 제24군단 헌병참모실 보고서에는

경상북도에서 시위의 결과 구속된 사람과 체포된 사람의 숫자는 3,000명인데, 그 가운데 1,793명은 인접 군에서 잡힌 숫자이다. 우리는 구속된 사람

64) 당시 헌병재판소와 군사위원회의 재판상황에 대해서는 마크게인의 일기에 잘 나타나 있다(마크게인, 『해방과 미군정』, 까치, 1986, 92~102쪽).
65) 『동아일보』, 1946. 10. 17.
66) 『조선일보』, 1946. 10. 16. 『동아일보』, 1946. 10. 17.

들을 1주일에 평균 341명꼴로 치리했다. 이 숫자로 볼 때 대구에서 이 상황을
종결짓기 위해서는 8주가 소요된다.

라고 기술하였다.[67) 10월 말 통계를 반영하는『조선일보』10월 31일자 보도에
따르면, 검거자는 5,500명이었으며, 이 중 2,800명이 석방되었다.[68)

  1946년 12월부터 1947년 1월까지 현황을 보면, 재판에 회부된 사람과 형량을
알 수 있다. 1946년 12월 8일 민족혁명당의 발표에 근거한 자료에 따르면 군사
재판에 회부된 숫자는 총 1,342명이며, 이 가운데 사형선고를 받은 사람이 16
명, 10년 이하의 징역이 400여 명이었다.[69)『대구시보』는 1947년 1월 말 현재
경상북도에서만 7,400명 검거되었으며, (특별)군정재판에 회부되어 판결을 받
은 수형자는 280명이고 미판결자는 260명, 취조를 마친 자는 200명, 취조 중인
자는 180명, 6,580명은 석방되었다고 보도하였다. 『HUSAFIK(주한미군사)』는
10월항쟁으로 대구와 인근 지역에서 2,250명이 체포되었고, 682명이 석방되었
으며 군법회의(Military Commission)에서 57명이 사형선고을 받았다고 기록하
였다.[70) 그러나 사형선고는 실제로 집행되지 않았다. 하지 미군정장관은 웨드
마이어(Albert C. Wedmeyer)사절단에게 다음과 같이 사형이 실제로 집행되지
않은 이유를 설명하였다.

> 죄수들의 행위에 대한 충분한 증거가 있었으나 사형을 종신형으로 바꾸었
> 다. 왜냐하면 서양의 기준에 의하면 이 범죄자들은 교수형에 처해져야 마땅
> 하지만 그로 인해 야기될 정치적 충격 때문이었다. 나는 선고문을 검토해 보
> 고는 그 사건들을 맥아서 장군에게 넘겼다. 맥아서 장군과 그의 법무관 모두
> 는 죄는 존재하지만 그로 인한 정치적 충격은 대단히 크리라는 점에 동의하
> 였다.[71)

67) 제24군단사령부 헌병참모실, 「대구사태보고서」, 139쪽.
68) 『조선일보』, 1946. 10. 31.
69) 『독립신보』, 1946. 12. 19.
70) 정해구, 『앞의 책』, 1988, 224쪽.

사형 집행 철회는 정치적인 고려에서 나온 것이었다. 이는 당시 미군정이 여운형, 김규식을 비롯한 중간파를 중심으로 과도입법의원을 구성하고자 좌우합작운동을 모색하던 상황과 관련이 있다. 과도입법의원은 1946년 10월 21일~31일까지 민의원 선거를 거쳐 12월 12일 민선 45명, 관선 45명으로 개원하였는데 이러한 과정에서 10월항쟁 관련자들에 대한 사형집행은 미군정에게 정치적 부담으로 작용할 수밖에 없었다.[72]

3. 미군정하 계엄의 체계화

앞서 살펴본 바와 같이 계엄사령관 팟 대령의 계엄 관련 조치를 현실적으로 인정한 브라운 소장은 계엄의 확대 실시와 전술부대 증파 등을 요청하는데 이러한 판단은 10월항쟁 진압에 계엄이 효과적이었다고 판단했기 때문이었다. 또한 브라운 소장은 미군 전체 점령지역에 계엄을 효과적으로 실시하기 위한 전술부대 차원의 매뉴얼을 마련하도록 권고했다. 브라운 소장의 권고는 1946년 12월 말 제6사단에서 마련되었다. 미국국립문서기록관리청(NARA) 문서 중 RG 338 Hodge Official File은 두 종류의 〈마샬로우 매뉴얼: SOP for Martial Law〉을 포함하고 있다.

〈그림 1-3〉은 제6사단에서 주한미군사령관 하지(John R. Hodge)에게 발송한 문서이고, 〈그림 1-4〉은 주한미군사령부에서 미국으로 발송한 문서이다.[73]

---

71) Verbatim Transcript of General Hodge's Discussion with Wedemeyer Mission, 1947. 8. 27.(정해구, 『앞의 책』, 1988, 224~225쪽).

72) 이와 관련하여 1946년 계엄 해제 포고와 함께 발표된 경상북도 군정지사의 포고에서는 '1946년 10월 22일(화) 오전 혹은 오후에 가능한 한도에서 최대다수의 유권자가 선거 장소에서 입법기관 대표자를 선거할 수 있도록 기회를 허하라'고 고용주들에게 협력을 요청하였다. 10월 20일 발표한 군정지사의 포고 이후 10월 22일 0시를 기해 계엄이 해제되었으며, 10월 22일 당일은 과도입법의원 선거를 진행했다.

73) RG 338, Records of United States Army Force in Korea, Lt. Gen. John R. Hodge Official File, 1944-48, Entry 11070, AG File, Boxes 82, 84, File No. 300.4, 319.1, 300.4 (2), Annex 3 to Alert Plan "A": SOP for Martial Law.

〈그림 1-3〉 마샬로우 매뉴얼: SOP for Martial Law(제6사단 발신)

Secret

HEADQUARTERS 6TH INFANTRY DIVISION
APO 6

ANNEX I TO ALERT PLAN A

SOP FOR MARTIAL LAW

REFERENCES:

 a. FM 19-15 Sec VI, Chapter 1
 b. FM 27-5 Secs VI and VII
 c. FM 27-10 Par 6
 d. FO 5 Par 3x (1)(b) and (c) Hq 6th Infantry Division, APO 6, 27
    December 1946.

 1. PURPOSE

    The purpose of this memorandum is to provide a guide for tactical
commanders when it is necessary for them to impose martial law in one or more
localities within their areas.

 2. MISSION

    The mission of tactical commanders under martial law is to restore
law and order and to return governmental functions to proper authorities in
a minimum of time.

〈그림 1-4〉 마샬로우 매뉴얼: SOP for Martial Law(주한미군사령부 발신)

DECLASSIFIED
Authority NND 876519
By WDP NARA Date 1/30/01

HEADQUARTERS
UNITED STATES ARMY FORCES IN KOREA
APO 235

ANNEX 3 to MG ALPLAN #3

ANNEX I TO ALERT PLAN A

SOP FOR MARTIAL LAW

REFERENCES:

 a. FM 19-15 Sec VI, Chapter 1
 b. FM 27-5 Secs VI and VII
 c. FM 27-10 Par 6
 d. FO 2 Par 3x (6), (7) and (8) Hq United States Army Forces in Korea,
    APO 235, 23 July 1946.

 1. PURPOSE:

    The purpose of this memorandum is to provide a guide for tactical
commanders when it is necessary for them to impose martial law in one or more
localities within their areas.

두 문서는 내용이 동일하며 제6사단에서 주한미군사령부로 보고한 것을 1947
년 10월 10일 주한미군사령부에서 미국으로 보낸 문서이다. 제6사단에서 발송한 날짜는 알 수 없으나 1946년 12월 27일 야전명령 5호를, 주한미군사령부에서 발송한 문서는 레퍼런스로 1946년 7월 23일 야전명령 2호를 명기하고 있는 것으로 보아 군정과 지역 전술부대의 임무와 역할을 규정한 야전명령 2호, 그리고 야전명령 5호 이후의 명령서로 생각된다. 10월항쟁 당시 미군은 주둔 중인 전술부대가 해당 지역에서 계엄을 실행할 수 있는 상세한 매뉴얼을 갖고 있지 않았다. 따라서 군정과 전술군 지휘관의 갈등과 혼란이 존재할 수밖에 없었다. 10월항쟁 당시 해당 지역 전술사령관 또는 군정지사에 의해 선포되고 실행되었던 계엄은 브라운 소장의 권고에 따라 적어도 1946년 말부터 실행 매뉴얼의 형태를 갖추고, 적어도 1947년 10월 이전에 전 부대에 실행되었다고 볼수 있다. 즉 〈마샬로우 매뉴얼: SOP for Martial Law〉는 점령지에서의 미전술군 계엄 매뉴얼로 완성되었던 것이다.

〈마샬로우 매뉴얼: SOP for Martial Law〉은 크게 계엄의 목적, 계엄 시행의 조건, 군정과 전술사령관과의 관계, 계엄 절차, 계엄사령관의 임무, 계엄해제 방법을 담고 있다.

우선 계엄하 전술사령관의 임무를 '법과 질서를 회복하고 통치기능을 최소한의 시간 안에 적절한 권력기관에게 정부의 기능을 돌려주는 것'이라 규정하고 있으며, 전술사령관이 계엄을 선포하고 모든 미군과 군정관리, 한국경찰과 관료들을 통솔하는 조건을 다음 두 가지 상황으로 규정하였다.

> 전술사령관은 계엄을 선포하고 모든 미군과 군정요원, 한국 경찰과 관료들을 통솔하는데, 이는 아래의 비상사태가 발생했을 때이다.
> (1) 상황이 군정의 통제를 벗어나서 전술사령관이 군정으로부터 통제를 요청받았을 경우.
> (2) 비상사태에서 군정과 한국 관료들이 법과 질서를 유지하는 데 실패하거나 혹은 무능력이 전술지휘관의 통제가 필요하다는 명백한 사실에 의해 입증되었을 경우.
> 이러한 비상사태하에서 전술지휘관은 시간과 통신이 허락하는 한 계엄을 선포하기 전에 자신의 직속 상관에게 승인을 얻어야 한다. 보통

계엄의 선포는 연대급 이상에서 수행된다.[74]

　즉, 계엄 선포의 조건은 첫째 상황이 군정의 통제를 벗어나서 전술사령관이 군정으로부터 통제를 요청 받았을 경우, 둘째 군정과 한국 관료들이 법과 질서를 유지하는 데 실패하거나 무능하여, 현존하는 비상사태와 전술지휘관의 통제가 필요하다는 명백한 사실이 있는 경우로 한정되었으며, 전술사령관은 계엄 선포 전에 직속상관에게 승인을 얻도록 했다. 이 매뉴얼에 따르면 대구 주둔 전술부대인 제1연대는 제6사단 사령관에게 계엄 선포 이전 승인을 받아야 하는 것이다.

　계엄 선포 조건과 더불어 매뉴얼은 군정과 지역 전술부대의 관계를 4-b항에서 규정하고 있는데, 주한미군사령부 야전명령 2호와, 제6사단 야전명령 5호에 따라 군정이 요청할 때는 전술사령관은 군정을 지원해야 하며, 이는 무질서의 진압을 목적으로 한 군인의 제공을 포함하는 것으로 규정하였다. 더불어 전술사령관은 개별적인 소란 상황에서 군정을 지원하는 단순한 목적으로 계엄을 선포해서는 안 된다고 규정하였다. 이러한 규정은 야전명령이 계엄 매뉴얼에 선행한다는 것을 의미하며, 10월항쟁 시기 군정지사의 요청에도 불구하고 계엄 선포를 선제조건으로 제시하고 전술군을 제공하지 않았던 팟 1연대 사령관의 조치를 염두에 둔 조항이라고 보인다. 지역전술사령관의 임무 한계는 계엄의 실행절차가 다시 한 번 강조되었다. 즉 군정 당국과 전술사령관은 각자의 책임에 대해 명백히 협의해야 하며, 전술사령관은 군정의 책임 아래 있는 지역에서의 정부 수행 기능을 방해해서는 안 된다고 규정하였

---

[74] (원문) (1) The situation has passed beyond the control of Military Government and the Tactical commander has been requested by the Military Government to assume control. (2) The failure or inability of the Military Government and Korean officials to maintain law and order is demonstrated by the state of emergency existing and the obvious fact that control by the tactical commander is necessary to restore order. In this contingency approval will be secured from his immediate superior by the tactical commander before declaring Martial Law, time and communications permitting. Normally, declaration will not be made at lower than a regimental level.

다.[75] 이 조항은 계엄이 선포되지 않은 지역에서 군정업무를 정상적으로 수행할 수 있도록 전술사령관의 월권행위를 방지하기 위함 이었다.

계엄의 선포권자는 지역전술사령관이며, 계엄 해제는 지역전술사령관의 요청에 의해 주한미군사령관이 할 수 있었다. 군정의 계엄 선포 요청에 따라 지역사령관에 의해 선포되는 것으로, 지역군정관은 계엄 선포의 주체는 아니었다.

계엄 절차를 보면 a. 군정관리에게 해당 지역의 통제권을 맡는다는 사실을 알리고, 군정관리는 전술사령관의 지휘를 받는다. b. 포고를 영문과 국문으로 작성하되 주민이 해야 할 일과 하지 말아야 할 행동을 명확히 하고, 포고 조항의 시행 전에 해당 지역에 완전히 정보가 전달될 있도록 충분한 시간과 조치를 취해야 한다. c. 지방정부 관할 한국 경찰과 경비대는 지체 없이 소집된다. 그 외 전술사령관은 폭력적인 행동의 중지와 공공질서 회복을 위한 물리력 사용을 포함한 권한, 그리고 불법행위에 대한 군사재판소에서의 재판 등을 한국인들에게 알릴 의무가 있음을 규정하였다. 이에 따르면 계엄은 전술적 차원의 절차로서 '포고'를 통해 그 효력을 발하는 국무행위가 아님을 알 수 있다. 따라서 포고의 방점은 해당 지역 주민에게 계엄 실시 사실을 전달하고 행동방침을 전달하는 차원이었다.

비합법적 행위에 대해서는 군사재판소(Military Tribunals)에서 재판받을 것이라고 규정하였을 뿐 군사재판에 대해 상세하게 기술하고 있지는 않다.

이상에서와 같이 1947년의 〈마샬로우 매뉴얼: Sop for Martial Law〉은 10월 항쟁을 진압하기 위해 수행된 계엄을 계기로 하여 작성되었으며 이를 통해 미군점령 지역에서 계엄 운영과 체계가 구체화되었다고 할 수 있다. 이러한 미군정 시기 계엄 전개 과정을 통해 볼 때 종래 계엄법 제정 이전 시행된 여순사건

[75] (원문) d. (1) The tactical commander and the provincial military governor will reach a clear agreement between themselves of their respective responsibilities within the affected area or areas so that the areas involving martial law are well defined, thereby assuring sole and individual responsibility. (2) The tactical commander in exercising his responsibility must not interfere with the functional operation of the Military Government in the area or areas remaining under the responsibility of the Military Government.

과 제주4·3사건 당시 계엄이 일본의 계엄령을 의용했다는 주장은 근거가 없다는 것을 확인할 수 있다. 미군정 법령 제11호와 제21호에 근거하여 폐지되지 않은 총독부 시기의 법인 일본의 계엄령이 미군정 시기에도 연속되었다면, 미군정 시기의 계엄은 일본의 그것에 따라야 했기 때문이다. 그러나 10월항쟁 시기 미군정의 계엄 운용은 일본 계엄령과 전혀 다른 차원에서 고려되고 운영되었다. 질서교란지역에 해당 지역의 전술부대가 무력으로 질서를 회복하는 군사행동으로서의 마샬로우는 군 작전 행위에 해당했으며 계엄 선포와 관련하여 별도의 법적 근거를 필요로 하지 않았다. 따라서 계엄 수행에 대해서도 군사매뉴얼로 체계화시켰다고 할 수 있다.

제2절 1948년 제주4·3사건과 여순사건에서의 계엄

1. 계엄의 선포와 전개

정부수립 이후부터 한국전쟁 이전까지 계엄은 총 8회 시행되는데, 여순사건 때 7회, 제주4·3사건 때 1회 실시되었다. 제주4·3사건이 시기적으로 앞서 일어났으나, 계엄은 여순사건 진압 과정에서 최초로 시행되었다. 이 중 관보를 통해 공식적으로 시행된 계엄은 2건인데, 여순사건 때는 1948년 10월 25일 선포되어 1949년 2월 5일 해제되었으며, 제주4·3사건 때는 1948년 11월 17일 선포되어 1948년 12월 31일 해제되었다. 1948년 12월 목포 및 전남 해안일대에 내려진 계엄과 1949년 12월 빨치산 토벌 과정에서 선포된 계엄은 신문의 보도를 통해 실시 사실만을 확인할 수 있을 뿐 그 구체적인 내용은 관보는 물론 어떠한 공식 자료에도 언급되고 있지 않다. 이러한 사실은 계엄 선포 과정의 혼란은 물론 계엄을 공식적으로 선포했는지 여부도 불명확하게 했다. 여순사건과 제주4·3사건 관련 계엄 선포 현황은 〈표 1-5〉와 같았다.

〈표 1–5〉 여순사건과 제주4·3사건 관련 계엄 선포 현황

관련 사건	발포일	해지일	선포 주체	해당 지역	비고
여순사건	1948. 10. 22.	-	5여단 사령부 사령관 김백일	여수, 순천	『서울신문』, 1948. 10. 24.
	1948. 10. 25.	1949. 2. 5.	이승만	여수, 순천	『관보』 제10호 『관보』 호외
	1948. 11. 1.	-	호남방면 사령관	전라도	『동광신문』·『자유신문』, 1948. 11. 5.
	1948. 11. 1.	-	남원방면 사령관	남원	『평화일보』, 1948. 11. 3.
	1948. 11. 5.	1948. 11. 11.	호남방면 작전군 사령관	전라도	『서울신문』, 1948. 11. 14.
	1948. 12. 24.	1949. 2. 9.	목포해군기지 사령관	목포부 및 무안군 근해 전남 해안 일대	『서울신문』, 1949. 2. 11.
	1949. 12. 25.	-	지리산전투지구 총지휘관 김백일	남원, 구례와 함양, 하동 일부 면	『동광신문』, 1949. 12. 30.
제주4·3 사건	1948. 11. 17.	1948. 12. 30.	이승만	제주도	『관보』 제14호 『관보』 제126호

여순사건과 계엄 선포

정부 수립 이후 최초의 계엄은 여순사건 발생 3일 후인 1948년 10월 22일 선포되었다. 10월 22일의 계엄 선포문은 다음과 같았다.

〈계엄령 선포문〉[76]

본관에게 부여된 권한에 의하여 10월 22일부터 별명이 있을 때까지 다음과 같이 계엄령을 선포한다(만일 위반하는 자는 군법에 의하여 사형 또는 기타 형에 처한다).

1. 오후 7시부터 다음날 아침 7시까지 일체의 통행을 금한다(통행증을 소지한 자는 차항에 부재한다).
2. 옥내외에 있어서 일체의 집회를 금한다.
3. 유언비어를 퍼뜨리거나 민중을 선동하는 자는 엄벌에 처한다.

[76] 1948년 10월 22일 계엄 선포문은 1차 자료가 전해지지 않는다. 전사(戰史) 자료 등 2차 문헌에서는 '계엄령 선포문'으로 표기하고 있다. 따라서 10월 22일 계엄 선포 당시의 표현이 '계엄령 선포문'이었는지 혹은 '계엄 선포문'이었는지는 확인할 수 없다.

4. 반도의 소재지를 적시에 보고 않거나, 만일 반도를 숨기거나, 반도와 밀통한 자는 사형에 처한다.

5. 반도들이 갖고 있는 무기, 기타 일체의 군수품을 **계엄사령부(여단사령부)**[77]에 반납하라. 숨기거나 비장한 자는 사형에 처한다.

제5여단 사령관, 여단장 육군 대령 김백일[78]

10월 22일 계엄 선포권자와 관련해서는 그동안 김백일로 알려져 왔으나 자료마다 상이하고 당시 1차 자료가 전해지지 않아 확실하지 않다. 육군본부 발행 『공비토벌사』는 '단기 4281년 10월 22일에 대한민국 대통령 이승만 각하께서는 여순반란지구에 대하여 계엄령을 선포하다'라고 기록하고 있으나, 본문은 '본관에게 부여된'이라는 표현으로 볼 때 이승만을 계엄 선포권자로 보기는 어렵다. 『계엄사(1976)』와 『계엄실무편람(2010 · 2016)』은 반군토벌사령관(계엄사령관: 송호성)으로 명시하였다. 『한국전비사(1977)』는 계엄 선포자를 제5여단 사령관 김백일이라고 쓰고 있다.[79] 이승만이 선포권자가 아니라는 점은 당시 신문보도와 국회 논의에서도 '현지 사령관에 의한' 포고가 문제되었던 점[80]을 보면 알 수 있다. 계엄사령부를 여단사령부로 표기한 것을 미루어 보면, 10월 22일 계엄은 여수 순천지구 현지사령관으로 출동했던 제5여단장 김백일에 의해 선포되었다고 추정할 수 있다.

10월 22일 계엄 선포문은 계엄 선포의 근거, 선포 지역은 물론 계엄의 종류도 명기되지 않았다. 이는 누가, 왜 계엄을 선포했는지 알 수 없을 뿐만 아니라 선포된 계엄이 무엇인지도 알 수 없는 포고였다는 점에서 많은 문제를 갖고 있었다. 또한 김백일 제5여단장의 계엄 선포는 지역 사령관이 자의적으로 계엄을 선포한 것으로 어떠한 법적 절차를 취하지 않은 것이었다. '본관에게 부여된

77) 『한국전비사(1977)』는 '계엄사령부'로, 『공비토벌사(1988)』는 '여단사령부'로 되어 있다.

78) 左左木春隆, 『한국전비사: 건군과 시련(상권)』, 병학사, 1977, 354쪽.

79) 육군본부 전사감실, 『공비토벌사』, 1954, 부록1; 左左木春隆, 『위의 책』, 병학사, 1977, 354쪽; 육군본부, 『계엄사』, 1976, 60~61쪽; 합동참모본부, 『계엄실무편람』, 2010, 53쪽.

80) 『국회속기록』 제5회 제19차, 1949. 10. 12.

권한에 의하여'라고 근거를 밝히고 있으나 부여된 권한이 무엇인지 알 수 없을 뿐만 아니라 제헌헌법은 계엄 선포와 관련하여 법률에 의거하여 대통령이 계엄을 선포하도록 규정하고 있어 지역사령관이 '령'을 발하여 계엄을 실시한다는 것은 있을 수 없는 일이었다. 따라서 김백일의 계엄 선포는 명백한 불법이며 무효처리되어야 마땅했다.

이렇듯 정부 수립 이후 최초로 시행된 계엄은 계엄법도 없는 상황에서 현지사령관에 의해 선포되었으며, 계엄 선포 사실이 외신에 보도되었을 뿐 국내에 알려지지도 않았다.[81] 단지 이승만 대통령은 10월 22일 내외신 기자회견을 통해 '반란이 진압될 때까지 여수와 순천 반란 지역에 한해서만' 실시한다고 계엄 선포 사실을 간단히 밝혔을 뿐이었다.[82] 그 후 10월 22일 계엄이 시행되었다고 인정한 이승만 대통령은 10월 25일 국무회의 의결을 통해 재차 계엄을 선포하였다. 현지사령관에 의해 선포된 계엄이 논란이 일자 이승만은 3일 후 국무회의 의결이라는 형식으로 계엄을 다시 선포한 것이었다. 대통령령 제13호 '계엄 선포에 관한 건'의 내용은 각각 다음과 같다.

> 국무회의의 의결을 거쳐서 제정한 계엄 선포에 관한 건을 이에 공포한다.
> 대통령 이승만. 단기 4281년 10월 25일
> (국무위원 연서: 필자 생략)
> 대통령령 제13호. 계엄 선포에 관한 건
> 여수군 및 순천군에 발생한 군민(軍民) 일부의 반란을 진정하기 위하여 동 지구를 합위지경(合圍地境)으로 정하고 본령 공포일로부터 계엄을 시행할 것을 선포한다.[83]

국무회의 의결을 통해 선포된 10월 25일 계엄 선포문은 국무회의 의결을 통

81) 미국의 『크리스천 사이언스 모니터(Christian Sxience Monitor)』는 여수에서 군 반란이 일어 났으며, 한반도 남쪽에 계엄이 선포됐다고 보도했다(Christian Science Monitor, "Korea units seal insurgents in south peninsula moutains", 1948. 10. 21.)
82) 『국제신문』, 『조선일보』, 『경향신문』, 『동광신문』, 1948. 10. 23.
83) 『관보』 제10호, 1948. 10. 25.

해 계엄을 정식으로 공포한다는 점이 강조되있다. 그러나 계엄 실시의 목적을 '반란을 진정하기 위하여'라고 추상적으로 명기하였을 뿐 선포의 법적 근거를 제시하지 못하고 있음을 알 수 있다. 이는 국무회의를 통해 형식을 갖추려고 하였으나, 계엄법이 없는 상황에서 계엄을 선포할 수밖에 없었기 때문이다. 다시 말해 계엄은 헌법 제57조에 따른 대통령 긴급명령과 달리 계엄법에 근거하여 선포되어야 함에도 불구하고 계엄법 제정 이전에 국무회의 의결만으로 대통령령으로 계엄을 선포한 것은 명백한 불법이었다.

10월 25일 국무회의 의결을 통해 선포된 계엄의 종류는 합위지경(合圍地境)이었다. 합위지경은 일본 계엄령 제2조 2항에 해당하는 것으로 '적의 합위 또는 공격, 기타의 사변에 즈음하여 경계가 가능한 지방을 구획해서 합위의 구역으로 삼는 것'을 의미한다. 또 일본 계엄령 제10조는 합위지경이 선포될 경우 '지방의 행정 사무와 사법 사무는 그 지역의 사령관에게 관장권을 위임한다'라고 규정하였다.[84] 이는 1949년 제정된 계엄법에 비추어 본다면 비상계엄에 해당하는 것으로 계엄사령관이 행정·사법 모두를 관장한다는 것을 의미한다. 일본의 계엄령에 비추어 보아도 합위지경 계엄은 '전시 사변에 즈음하여' 선포할 수 있는 것으로 규정하고 있어 당시 상황이 계엄 선포 요건에 부합하는지에 대한 논쟁을 야기했다.

육군참모장 정일권의 10월 26일 담화에 따르면 '사후 처리를 적절히 하기 위한 것'[85]이라고 하여 진압 이후 지역주민에 대한 통제를 목적으로 선포되었음을 짐작케 한다. 또한 김백일도 계엄 선포문을 통해 계엄 선포 목적이 질서회복과 사후처리에 있음을 명확히 하였다. 이는 여수 순천 지역에 대한 계엄 선포의 목적이 군 작전을 효율적으로 수행하기 위함이 아님을 군 당국에서 스스로 밝힌 것이었다. 계엄의 목적은 해당 지역주민을 통제하기 위한 것이었다. 이는 10월 22일 발표된 최초의 포고문을 통해 알 수 있다. 즉 '반도를 숨기거나

84) 北博昭, 『戒嚴』, 朝日新聞出版, 2010, 9~10쪽.
85) 『자유신문』, 1948. 10. 27.

밀통한 자' '무기를 숨기거나 비장한 자'는 물론 포고 사항 위반자는 사형에 처할 것을 명시하였다. 옥외집회, 유언비어, 통행금지 위반 사항에 대해서도 사형에 처한다는 것이다. 헌법은 구체적인 범죄행위에 대하여 적법한 절차에 따른 형의 구형과 선고를 규정하고 있다. 그러나 계엄 선포 후 해당 지역민에게는 형법에 규정되어 있지 않은 '반도를 숨기거나 밀통한 죄' 등이 적용되었고, 이들은 법적 근거나 절차 없이 사형에 처해질 수 있는 상태에 처해졌다. 이는 완벽한 초헌법적인 무권리 상태를 의미했다.

제5여단 사령관 김백일에서 계엄은 낯설지 않았다.[86] 김백일은 중일전쟁 이후 만주지역에서 실시된 계엄령 상황을 직·간접적으로 경험했다. 김백일은 백선엽과 함께 관동군의 항일운동세력을 토벌하던 특설부대인 간도특설대 출신으로 만주지역에서 게릴라전을 실전으로 터득한 인물이었다.[87] 특히 중일전쟁 이후 중국 본토에서는 지역사령관에 의한 계엄 선포가 다수 있었고,[88] 일본은 이미 청일전쟁 노일전쟁 이래 전시계엄, 관동대지진, 2·26사건 등과 관련하여 계엄을 실시했던 경험이 있었다. 따라서 여순사건 당시 지역사령관의 임의적인 계엄 선포는 김백일 개인 차원을 넘어 당시 만주군 출신 군 지휘관의 계엄에 대한 이해를 반영하는 것이라고 할 수 있다.

한편 10월 25일 계엄 선포 다음날, 원용덕 호남방면 사령관은 여수·순천지구에 계엄 고시문을 발표했다.

---

[86] 김백일(본명: 김찬규)은 만주군관학교를 5기로 졸업하여 간도특설대 창설 당시 소위였다(신주백, 「만주국군 속의 조선인 장교와 한국군」, 『역사문제연구』 제9호, 역사문제연구소, 2002, 92쪽).

[87] 간도특설대는 1938년 설립되어 1945년 일제가 패망할 때까지 만주지역에서 동북항일연군과 팔로군을 상대로 108회나 되는 토벌작전을 감행하였고 지역민에 대한 강간, 약탈, 고문 체포 등 헤아릴 수 없는 악행을 저질렀다. 이제까지 밝혀진 간도특설대원 조선인 장교는 79명으로 중앙육군훈련처 출신으로는 김백일, 신현준, 백선엽, 송석하 등이 있었다. 간도특설대원 175명은 만주국 국무원 명의의 무공장(武功章) 등이 주어지기도 했다. 간도특설대는 1945년 8월 일제가 투항하자 김백일의 인솔하에 금주를 거쳐 심양으로 도망간 후 해산하였다(홍석률 등, 「만주국군 기초조사 및 조선인 장교 중점연구」, 친일반민족행위진상규명위원회, 『2006년 학술 연구용역 논문집 5』, 2006, 337쪽).

[88] 『만주일보』, 1937. 12. 20.

〈계엄 고시〉

대통령령으로 단기 4281년 10월 25일 순천, 여수지구에 **임시계엄**이 선포
되었고 따라서 해 작전지구 일대 내 **지방 행정사무 및 사법사무로서 군사에
관계있는 사항은 직접 본관이 관장**하며 특히 군사에 관계있는 범죄를 범한
자는 군민을 막론하고 군법에 준거하여 엄벌에 처할 것을 이에 고시함.

4281년 10월 26일 대한민국 호남방면 군사령관[89]

위 고시는 10월 25일 선포된 계엄 내용을 지역사령관이 고시를 통해 다시
알린 것인데, 원용덕 호남방면 사령관은 임시계엄으로 고시하였고, 지방 행정
사무 및 사법 사무로서 군사에 관계있는 사항은 호남방면 사령관이 관장한다
고 고시하였다. 원용덕은 계엄의 종류를 이해하지 못했을 뿐만 아니라 임전지
경과 합위지경 선포 시 계엄사령관의 권한이 다르다는 점을 혼동하고 있었다.
10월 25일 선포된 계엄은 합위지경으로 계엄사령관은 일반 행정·사법 사무를
모두 관장할 수 있었다.

또한 위의 고시문은 계엄 선포를 알리는 데 그치지 않고 원용덕 본인이 여
수·순천지역의 계엄사령관임을 자임하고 이를 알린 것이었다. 이는 10월 25일
계엄 선포시 계엄사령관을 명기하지 않았을 뿐 아니라, 10월 22일 김백일 제5
여단장이 독단적이고 선제적으로 계엄을 선포하자, 당시 지휘권을 둘러싼 군
지휘관 사이의 헤게모니 경쟁과 관련하여 원용덕 호남방면 사령관이 자신의
지위를 명확히 하고자 했던 것으로 보인다.

이상에서와 같이 여순사건 발발 이후 김백일 제5여단장의 임의적인 계엄 선
포, 국무회의 의결을 통한 대통령의 계엄 선포 모두는 계엄법이 제정되지 않은
상황에서 시행된 것으로 헌법에 위배되는 불법이었다. 또한 원용덕 호남방면
사령관의 고시에서 살펴본 바와 같이 당시 군 지휘관은 절차나 원칙도 없이
스스로를 계엄사령관으로 자임하는 사태까지 낳았다고 할 수 있다.

이러한 불법적이고 혼란스러운 계엄 선포에 대하여 국회에서는 10월 30일

---

89) 『동광신문』, 1948. 10. 28.

에 가서야 처음으로 문제가 제기되었다. 국회가 계엄에 대해 문제를 제기한 것은 사건 관련 정보가 차단된 데 원인이 있었다. 그러나 황두연 의원이 '폭도 가담자'라는 혐의로 구속·구타당한 사건과 진압 과정에서 무고한 주민들이 '공포적 살상'의 대상이 되고 있다는 정보가 확산되면서 계엄의 폭력성을 점차 인식하기 시작했다.

조헌영 의원은 국회의 승인 없이 계엄을 선포한 문제를 지적하고 지금이라도 국회 승인 절차를 진행하도록 요구했다.[90] 조헌영 의원의 발언은 비록 헌법 제57조의 긴급명령과 계엄을 혼동한 발언이기는 하나 국회에 승인은 물론 통고도 되지 않은 상황에서 계엄이 선포된 문제를 처음으로 지적했다는 데 의미가 있었다.[91]

이 시기 국회에서는 무엇보다 개회 중의 국회의원을 국회의 승인 없이 체포·구금한 행위에 대한 규탄이 거세게 일었다. 11월 2일 국회에서 다시 황두연 의원 체포사건이 쟁점화되었고, 이에 대해 내무부와 법무부는 모두 체포령을 발하지 않았다고 답변하자, 체포 근거를 추궁하는 과정에서 계엄 선포 문제가 다시 제기되기에 이르렀다.[92] 그러나 이인 법무부장관은 여수 순천지역의 계엄이 헌법 제57조에 따른 비상조치가 아닌 '현지 군사령관이 급박한 때에' 한 것으로 설명하고, 계엄 선포로 일반 사법권이 군에 귀속되는 것이 아니라고 하여 상황을 회피하고자 했다.[93] 이에 더하여

---

[90] 『국회속기록』 제1회 제92호, 1948. 10. 30.

[91] "대통령 맘대로 계엄령을 내려 국회의 승인을 얻지 않아도 좋다고 하는 이것은 중대한 문제이며 이것은 반드시 정부로서 계엄령에 대한 승인을 얻은 보고가 있을 줄 알았는데…"(조헌영 의원 발언).

[92] 『국회속기록』 제1회 제94호, 1948. 11. 2.

[93] "순천·여수지역에 선포된 계엄령은 헌법 57조에 의지한 비상조치가 아니올시다. 현지 군사령관이 이점 대단히 미안한 말씀입니다마는 (…) 그런 까닭에 급한 조치로 현지에 동란이 났다든지 안녕질서를 유지 못하고 경찰의 힘이라든지, 민간의 힘을 가지고 도저히 방지 못할 사태가 일어났든지 이런 급박한 때에 현지 군사령관이 하는 것입니다. 이번에 조치는 다만 동란에 한한 것이고, 일반 행정권을 정지시킨다든지 행정권을 갖다가 군사령관이 자기 손에 갖다가 귀속시키는 것이 아니고 일반 사법권을 자기 손에 귀속시키는 것이 아닙니다. 다만 동란을 방지하는 긴급조치의 수단에 불과하는 것입니다."(이인 법무부장관 발언).

계엄법에 의해서 계엄령은 합위지대와 입지지대(立國地帶: 임전지대의 오기)로 되어 있습니다. 합위지대는 일반 행정기구가 아니라 국부적으로 합위적으로 반란상태를 수습하기 위해서 현지 군사령관이 계엄령을 발동하는 것입니다. 행정권이라든지 사법권이라든지 이러한 것은 정지되지 않고 있습니다.[94]

라고 하여 합위지경은 현지 군사령관이 발동하는 것이라는 엉뚱한 말을 했다. 이인 법무부장관의 발언에 대하여 김병회 의원은 다음과 같이 문제를 제기했다.

우리 헌법 64조에는 "대통령은 법률의 정하는 바에 의하여 계엄을 선포할 수 있다"는 것을 규정하였습니다. 그러나 우리가 여태까지 계엄법이라는 것을 만들지 못하였기 때문에 법률에 의지하지 않고 계엄령을 선포하였다고 하는 것은 확실히 헌법 규정에 위반된 것이라고 말하지 않을 수 없습니다.

즉, 김병회 의원은 계엄법 제정 없이 계엄이 선포된 것은 명백한 헌법 위반이며, 법무부장관의 발언에 따라 현지 군인이 '합위지대 내에서 임시조치를 한 것이다'라고 하면 어떤 법에 근거한 것인지 알 수 없고, 도저히 있을 수 없는 것이라고 항변했던 것이다.

계엄 지역이었던 여수·순천지역과 전라남도 등 대부분의 지역이 진압군에 의해 탈환된 후에도 계엄은 해제되지 않았다. 도리어 11월 1일 호남방면 계엄 사령관 원용덕은 '포고문'을 발표하여 계엄을 여수·순천지구에서 전남북 일대로 확대시켰다.[95] 원용덕 호남방면전투사령관의 포고문은 다음과 같았다.

〈포고문〉
1. **전라남북도는 계엄지구이므로** 사법 급(及) 행정 일반은 본 호남방면 군 사령관이 독할함.
1. 관경민은 좌기 사항을 철저히 준수 이행할 것을 명령함.
   1) 관공리는 직무에 충실할 것.

94) 『국회속기록』 제1회 제94호, 1948. 11. 2.
95) 『동광신문』, 『자유신문』, 1948. 11. 5.

2) 야간 통행 시 제한은 20:00시부터 5:00시로 함.

3) 각 시·군·동·리에서는 국군 주둔 시 혹은 반도 번거 접근지역에서는 항상 대한민국기를 게양할 것.

4) 대한민국기를 제식대로 작성하여 게양하며 불규남루(不規襤褸)한 국기를 게양하는 경우에는 국가 민족에 대한 충실이 부족하다고 인정함

5) 반란분자 혹은 선동자는 즉시 근방관서에 고발할 것.

6) 폭도 혹은 폭도가 지출한 무기, 물기, 금전 등을 은닉 우(又)는 허위 보고치 말 것.

7) 군사행동을 추호라도 방해하지 말 것.

이상 제항에 위반하는 자는 군율에 의하여 총살에 즉결함.

단기 4281년 11월 1일 호남방면 사령관 원용덕[96]

원용덕 사령관은 포고를 통해 종래 계엄 지역인 여수·순천지역을 전라남북도로 확대시키고, 본인이 '사법과 행정 일반'을 관할한다고 선언했다. 원용덕 사령관은 계엄 지역을 자의적으로 변경·확대시켰고, 10월 26일 본인 명의로 고시했던 계엄의 성격과는 상이하게 계엄사령관의 권한을 '군사에 관한 사항'에서 '사법과 행정 일반'을 관할하는 것으로 선포했다.

11월 1일 호남방면 사령관이 계엄 지역을 자의적으로 확장·발표한 시점부터 각 지역 사령관에 의해 계엄이 남발되었다. 남원지구사령관은 11월 1일 남원지구에 계엄을 선포했으며,[97] 호남방면 작전군사령관은 11월 5일부터 11일까지 전라남북도 지역에 통신제한 계엄을 별도로 시행했다.[98] 계엄 선포는 국무행위로 관보에 고시되어야 했다. 그러나 여순사건 당시 계엄은 10월 25일 계엄 선포만 관보에 고시되었을 뿐 지역사령관의 계엄 선포는 관보에 고시되지 않았다. 당시 법무장관 이인조차도 '합위지경'을 지역사령관이 선포하는 것으로 이해했을 정도로 계엄에 대해 이해하지 못했을 뿐만 아니라 정부는 군의 불법적인 계엄 선포를 '반란군 진압'이라는 명분으로 방조했다고 볼 수 있다.

96) 『동광신문』, 1948. 11. 5; 『자유신문』, 1948. 11. 13.

97) 『평화신문』; 『평화일보』, 1948. 11. 3.

98) 『서울신문』, 1948. 11. 14·17.

계엄법이 제정되지 않은 상황에서 불법저으로 선포된 계엄은 남발되었고, 계엄 지역은 10월 25일 정부가 선포한 계엄 지역인 여수·순천지역 뿐만 아니라 전라남북도 전역은 실제 확대되었다.[99]

이러한 상황에서 12월 8일 열린 국회에서 김장렬 의원은 '전북지역에 대한 준계엄령 선포 여부'를 이범석 국방부장관에게 질의하였다. 이에 대해 이범석 국방부장관은 원용덕 사령관에 의해 확대·선포되었던 계엄을 부인하는 답변을 했다.[100] 국방부장관은 전라북도 지역에 '정식으로 계엄이 발포되지 않았다'고 발언하였던 것이다. 단지 '사태의 진압 정리의 필요성에 의지해서 준계엄 상태로 들어간 것'이라고 하였다. 당시 국회에서는 불법적인 계엄 선포에 대해 정부를 추궁하지도 못했다. 계엄 선포의 불법성에 대한 국회의 논의는 더 나아가지 못하고 여순사건 진압이 일단락되었으니 해당 지역 계엄을 철회해 달라는 수준에 머물렀다.

제주 4·3사건과 계엄 선포

다음으로 제주4·3사건 당시 계엄의 전개에 대해 살펴보자.

미군정은 제주4·3사건 진압에 처음부터 군을 이용하고자 한 것은 아니었다. 미군정은 초기 상황을 '치안상황'으로 간주하여 경찰과 우익청년단을 파견하여 사건을 진압하고자 했다.[101] 미군정이 직접적으로 계엄을 시행하지 않은 것은 5·10선거가 임박한 상황에서 계엄 시행은 부담스러운 조치였기 때문이었다.

---

99) 11월 24일 작성된 순천 군법회의 명령은 '광주호남지역계엄사령부'명으로 작성되어, 계엄이 실제적으로 전라남북도에 실시되었음을 알 수 있다. 1949년 계엄법이나 일본의 계엄령에 따르면 계엄의 종류 변경 또는 지역 변경은 국무사항으로 의결 후 관보 고시를 통해 변경해야 한다.

100) 『국회속기록』 제1회 124차, 1948. 12. 8.

101) 1948년 4월 5일 전남경찰 약 100명을 증파하는 한편 제주경찰감찰청 내에 제주비상경비사령부(사령관 김정호 공안국장)를 설치하였고, 국립경찰 전문학교 간부후보생과 서청단원 등이 파견되었다(『독립신문』, 1948. 7. 7.;『조선일보』, 1948. 4. 17.;『동광신문』, 1948. 4. 13.).

정부 수립 직후인 9월부터 단시일 간에 사태를 해결하기 위한 계획이 수립되었다.[102] 10월 11일 제주도경비사령부(사령관 김상겸 대령, 부사령관 송요찬 소령)를 설치하여, 제9연대와 부산에서 온 제5연대 1개 대대, 대구의 제6연대 1개 대대, 해군 함정, 제주경찰대를 통합·지휘하였다.[103] 제주도경비사령부 설치 이후 10월 17일 송요찬 제9연대장은 '해안선 5키로 이외의 지역에서 무허가로 통행할 경우 총살에 처한다'는 포고를 발하였고, 포고 다음날 10월 18일 제주해안에 대한 봉쇄가 실시되었다. 포고의 내용은 다음과 같았다.

> (생략) 10월 20일 이후 군 행동 종료기간 중 **전도(全島) 해안선부터 5키로 이외의 지점 및 산악지대의 무허가 통행금지를 포고함**. 만일 차 포고에 위반 **하는 자에 대하여서는 그 이유 여하를 불구하고 폭도배로 인정하여 총살에 처할 것임**. 단 특수한 용무로 산악지대 통행을 필요로 하는 자는 그 청원에 의하여 군 발행 특별통행증을 교부하여 그 안전을 보증함.[104]

송요찬의 포고는 본격적인 진압 작전을 알리는 전주였으나 여순사건이 발발하면서 제주에서의 작전은 여순사건 진압 이후까지 기다려야 했다.[105]

여순사건이 일단락되고 여수·순천 지역 등 전남지역이 탈환되자, 1948년 11월 중순부터 강경 진압작전이 본격적으로 전개됐다. 여순사건 관련 계엄보다 뒤에 내려진 제주 지역의 계엄은 처음부터 국무회의 의결을 통해 내려졌고 관보를 통해 고시하여 공식적인 선포 과정을 밟았다. 그렇다 하더라도 계엄법 없이 계엄을 선포한 것은 명백한 헌법위반이었으며, 계엄 운용과 관련해서 현지

---

102) 『조선중앙일보』, 1948. 9. 1.

103) 육군본부 군사감실, 『육군역사일지』 제2집, 1948. 10. 11.; 左左木春隆, 『한국전비사: 건군과 시련(상권)』, 병학사, 1977.

104) 『조선일보』, 1948. 10. 20.

105) 『4·3사건 진상보사보고서』에는 '제주도경비사령부 사령관 김상겸은 제5여단장으로서 14연대 반란의 책임을 지고 해임되었다. 이에 따라 송요찬 9연대장이 제주도경비사령부 사령관이 되어, 경찰과 해군함정까지 지휘하게 되었다'(제주4·3사건진상규명및희생자명예회복위원회, 『4·3사건 진상보사보고서』, 2003, 266쪽)고 서술되어 있으나, 『한국전비사(1977)』에는 여순사건으로 제주도경비사령부가 해체되었다고 서술되어 있다(『앞의 책』, 282쪽).

사령관의 계엄에 대한 이해 정도와 경험에 좌우되었던 점은 여순사건 때와 다를 바 없었다.[106] 제주도에 공식적으로 계엄이 선포된 것은 1948년 11월 17일이었다.[107]

〈그림 1-5〉 제주도지구 계엄선포에 관한 건(국가기록원 1948년)

▲ 1948년 11월 17일 제주도에 계엄을 선포하는 국무회의 의결서. 공식적인 계엄 선포에도 불구하고 제주도에 계엄이 실시되었다는 사실은 알려지지 않았으며, 선포일자는 상이하게 기록되어 있다.

제주지역의 계엄 선포문에는 계엄 선포의 근거, 계엄 선포자, 계엄의 종류, 계엄 시행일, 계엄사령관이 명확하게 적시되어 있었다. 제주도에 내려진 계엄 선포문은 여순사건 당시 계엄 선포문과 동일한 형식이다. 다만 제주 계엄 선포

106) 당시 제주 경찰로 근무했던 김호겸의 진술에 따르면 제주지역 계엄사령관 송요찬은 "계엄령에 대한 개념을 확실히 알고 있지 못했다"라고 했다. 반면 홍순봉은 "일제 경찰로서 만주에서 근무할 때 조선인 중에서는 최고직책을 얻을 정도로 실력 있는 사람이었습니다. 하여튼 홍순봉이 계엄령이니 포고령이니 하는 것을 모두 대신 써 주었습니다"라고 하여 일제경찰을 지낸 홍순봉은 계엄령 포고령을 써 줄 정도의 이해를 가지고 있었다(제주4·3사건진상규명및희생자명예회복위원회, 『위의 보고서』, 2003, 280쪽). 평남 출신의 홍순봉은 해방 후 경무부 공안과장으로 있었던 홍순봉은 제주도에 대한 강경진압이 본격화되는 10월 5일 제주도경찰청장에 부임했으며, 이후 홍순봉은 1951년 경남지구 민사구사령관 및 경남지구 계엄민사부장으로 재직하면서 경남지구계엄사령부 명의로 『군수사실무제요(1952)』를 직접 써 발행하기도 했다.

107) 『관보』 제14호, 1948. 11. 17.

문에서는 계엄사령관을 제9연대장으로 명시하였다. 제주 계엄이 여순 계엄 선포 이후 약 한 달이 경과한 뒤에 선포되었던 점을 고려한다면, 계엄사령관을 명시하지 않음으로 해서 생겼던 계엄사령관의 권한 문제가 고려되었을 것이다. 또한 여순 계엄 당시에 있었던 지휘권 혼란과 달리 제주는 제주도경비사령부 사령관 최경록이 여순사건을 계기로 해임되면서 진압 지휘권이 송요찬 제9연 대장으로 단일화된 점도 작용하였다.

제주4·3사건 당시 계엄 선포문을 살펴보면 일본의 계엄령 포고 형식을 빌려 온 것으로 보인다.[108] 계엄 선포문에는 계엄의 종류를 '합위지경'으로 하였을 뿐만 아니라 선포문의 형식도 일본 계엄령 선포문과 동일했다. 일예로 살펴보면, 일본에서 '계엄령' 제정 이후 최초로 선포된 1894년 청일전쟁 당시의 임전지경(臨戰地境) 계엄 선포문은 다음과 같았다.

> 帝國憲法 제14조에 의거, 樞密顧問의 자문을 거쳐, 계엄 宣告의 건을 재가하니, 이에 공포함 ****. 明治 27년 10월 5일
> 칙령 제174호 広島縣 이하 広島市 전부 및 宇品을 臨戰地境으로 정하고, 본령 발포일로부터 계엄을 시행할 것을 선포한다. 제5사단 留守師團長을 사령관으로 한다.[109]

청일전쟁 시기의 계엄 선포문은 그 형식면에서 제주지구 계엄 포고문과 동일함을 알 수 있다. 다만 청일전쟁 계엄은 일본 제국헌법 제14조에 의거함을 밝힌 데 반해 제주지구 계엄은 근거법이 없음으로 해서 밝힐 수가 없었다는 차이가 있다. 일본의 계엄령 시행은 국무행위로 선포권자는 천황이었다. 따라서 계엄 선포의 근거와 천황의 재가를 전제로 칙령 제174호로 임전지역을 규정

---

108) 계엄 선포문의 형식을 일본의 계엄령에서 빌려 왔다는 것과 계엄법 제정 이전 계엄 시행을 일본 계엄령을 이용하는 것으로 불법적으로 볼 수 없다고 주장하는 것은 전혀 관계가 없다. 일본 계엄령의 의용은 미군정 시기에도 일본 계엄령의 효력이 연속되었다는 것을 전제로 하며 '제헌 헌법 제100조 저촉여부'와 관련되어 있다

109) 北博昭, 『戒嚴』, 朝日新聞出版, 2010, 72쪽.

하여 계엄을 선포하는 형식을 취하였다. 칙령은 긴급칙령과 보통칙령 모두 관보에 게재하였다. 또한 일본의 경우도 계엄 포고 칙령을 관보에 게재하였을 뿐 언론에 적극적으로 알리는 행위를 하지는 않았다. 제주 계엄 선포도 이와 동일한 과정이었다. 적어도 여순지역 계엄 선포 과정의 혼란상을 경험한 이후 제주지역에 계엄을 선포할 때는 일본 계엄령 선포 형식을 검토하여 이를 바탕으로 계엄을 선포했다고 생각할 수 있다.

종래 미군이 직접적으로 계엄 선포에 간여했다는 주장이 있다.[110] 1948년 12월 1일 로버츠 주한미군사고문단장이 국방부 참모총장에게 보낸 계엄 관련 문서가 그 근거로 언급되어졌다. 이 문서의 내용은 다음과 같았다.[111]

> 계엄(martial law)에 관한 문서를 동봉한다. 이 문서가 귀하의 모든 지휘관들에게 발표되어서 그들이 계엄령이 무엇인지, 언제 발표될 수 있는지, 누가 발표하는지 그리고 그것의 영향이 무엇인지 숙지하도록 할 수 있다.

이와 관련하여 『제주4 · 3사건 보고서』에는 주한미군 G-2보고서를 인용하여 '계엄령이 과연 실시되었는지 조차 의문이 든다'고 서술하는 동시에 로버츠 단장의 위 문서를 근거로 미군이 '계엄령이 실시될 수 있도록 조치하였다'고 서술하였다. 이는 당시 계엄의 불법성을 밝히는 과정에서 미군이 계엄 선포 과정에 직접적으로 간여한 것으로 과도하게 해석한 결과로 보이는데, 로버츠 단장의 문서는 주한미군 G-2보고서와 같은 맥락에서 해석할 필요가 있다.

G-2보고서에는 '한국 정부에 의해 계엄(martial law)이 선포된 적이 없다'고 되어 있으나,[112] 미군은 여수와 제주에 선포된 계엄을 '비상사태(the state of

---

[110] 제주4 · 3사건진상규명및희생자명예회복위원회, 『앞의 보고서』, 2003, 281쪽(보고서에는 '계엄령의 구체적인 내용을 한국군 수뇌부조차 몰랐으며, 미군이 보낸 문서를 통해 비로서 한국군이 계엄령의 내용을 알게 됐다'고 서술되어 마치 미군이 계엄 수행에 직접 또는 결정적으로 간여한 것으로 보이도록 서술되어 있다).

[111] 'Martilal Law', December 1, 1948, RG 338: Records of US Army Commands, Entry: Provisional Military Advisory Group(1948~1949) and Korean Military Advisory Group(1949~1953), Box4.

emergency)'로 보았다. 이러한 혼란은 앞서 살펴본 바와 같이 여순사건 관련 계엄의 불법성을 제기한 국회의 논의 과정에서도 반복되었다. 여수지역에 선포된 것이 제57조에 규정된 긴급명령권에 따른 것인지 또는 제64조 계엄에 다른 것인지에 대해 국회의원들도 혼란스러워했다. G-2보고서의 언급은 이러한 혼란상을 보여주는 것이며, 무엇보다 계엄이라는 용어가 주는 혼란과도 관련되어 있다고 할 수 있다. 따라서 G-2보고서의 내용을 '계엄 시행을 부인한 것'으로 해석하는 것은 무리한 것이다.

로버츠 단장이 국방부 총참모장에게 보낸 문서는 계엄 운영의 혼란을 지적하고, 그에 따른 수행 방법을 제시한 문서라고 보아야 할 것이다. 위 문서의 첨부 내용이 없어 적시된 상세 내용은 알 수 없으나, 예하 부대에 지시한 매뉴얼은 계엄의 효과와 내용을 분명히 할 수 있도록 계엄은 무엇이고 선포 주체가 누구이며, 어떠한 효과가 있는지를 숙지하도록 한 것이었다.

한편 제주4·3사건과 관련한 계엄 선포일자는 종래 자료 마다 다르게 기록되어 있고, 제대로 된 언론 보도도 없어서 당시 정부가 계엄 선포를 고의적으로 언론에 알리지 않고 '비밀리에' 행했다는 의구심을 갖도록 했다. 국회에 제주도 계엄 선포 사실이 보고된 것은 1948년 12월 8일이었다.[113] 관보 게제일로부터 20여 일이 지난 뒤에 국회에 보고된 제주 계엄은 포고일에 대한 의혹을 낳는 원인이 되었다. 따라서 제주4·3사건 진상규명 및 명예회복위원회(이하 4·3위원회)는 관보에만 게재됐을 뿐 이를 언론에는 공개하지 않음으로써 비밀리에 선포됐으며, 미군은 계엄 선포 자체를 부인[114] 했다고 지적하였던 것이

---

112) HQ, USAFIK, G-2 Periodic Report, No. 1056, February 5, 1949(2월 5일 김동성 한국 공보처장은 지난 10월 25일에 내려졌던 여순지역 전남지방과 지리산지구에 대한 비상사태(the state of emergency)를 해제한다고 밝혔다. 그는 또 지난 1948년 11월 17일 선포됐던 제주도지역에 대한 비상사태는 한 달 전에 해제됐지만 그 효력에 대한 공식적인 사전 언급은 없었다고 말했다. 〈논평〉 비상사태(the state of emergency)는 한국인과 미국인 모두에 의해 계엄(martial law)으로 불려져 왔다. 그러나 이는 잘못된 것이다. 왜냐하면 계엄(martial law)은 현 한국 정부에 의해 선포된 바가 없기 때문이다.

113) 『국회속기록』 제1회 제124회, 1948. 12. 8.

114) 제주4·3사건진상규명및희생자명예회복위원회, 『앞의 보고서』, 2003, 280쪽.

다. 4·3위원회 주장의 근거는, 첫째 신문 보도 내용의 차이이다. 11월 20일자 신문은 19일 국방부 보도과의 말을 인용하여 '제주 일대에 계엄령이 선포된 일은 없다'라고 보도했으나, 11월 30일에는 '지난 21일 도내 전역에 계엄령이 실시'[115]되었다고 하여 10일 사이에 상이한 보도를 하고 있다는 점이다.

그 밖에 제주도 계엄 선포일은 관보에 게재된 11월 17일 외에 10월 8일, 10월 11일, 10월 17일[116]로 자료마다 상이하게 기록하고 있다. 계엄 선포일로 제기되는 각각의 일자는 강경진압과 관련되어 중요한 사건이 발생한 일자이기도 하다. 즉 10월 8일은 일명 강경진압의 명분을 제공한 것으로 알려진 '제주 해안 괴잠수함 출현설'과 관련되어 있으며,[117] 10월 11일은 제주도경비사령부가 창설된 날짜이다. 마지막으로 10월 17일은 송요찬 제9연대장이 해안에서 5키로 이상 통행 금지를 명령하는 포고가 선포된 날이다.[118] 정부가 관보를 통해 11월 17일부로 계엄이 실시된다는 내용을 게재했음에도 불구하고 이후 자료들은 강경진압과 관련된 일자를 계엄 선포일자로 상이하게 기록하였다. 이는 계엄 선포 당시 보도의 혼란과 더불어 10월 17일 송요찬의 포고에서처럼 계엄 시행

[115] 『조선일보』, 1948. 11. 20; 1948. 11. 30.

[116] 1948년 10월 8일로 기록된 것은 국방부 전사편찬위원회, 『대비정규전사』, 1988, 60쪽; 제주도경찰국, 『제주경찰사』, 1990, 312쪽 등이며, 『한국전비사』, 1977은 '독립 후 최초로 즉각 계엄령이 선포되었다. 육군본부는 10월 11일 제주도 경비사령부를 특설하고…'라고 하여 선포 일자를 명기하지는 않았지만, 여순사건보다 이른 10월 11일경 계엄이 선포된 것처럼 기록하고 있다. 육군본부에서 발행한 『계엄사』는 "정부와 총사령부에서는 10. 17. 송요찬 대령의 건의에 의거 계엄을 선포하고 제주공비토벌사령부(계엄사령부)를 설치하여…"라고 하여 10월 17일 계엄이 선포된 것으로 기록하고 있다(육군본부, 『계엄사』, 1976, 52쪽). 한편 계엄 선포 이틀 뒤인 1948년 10월 19일 국방부 보도과에서는 "항간에 떠도는 말과 같이 제주도 일대에 계엄령이 선포된 일은 없다"고 부인하였으나(『조선일보』, 1948. 11. 20.), 11월 30일에는 "10월 21일 도내 전역에 계엄령이 실시되고…"(『자유신문』, 1948. 11. 30.)라고 하여 계엄 선포일자에 혼란을 주고 있다.

[117] 1948년 10월 8일 중앙 언론들은 일제히 제주 해상에서 잠수함을 발견했다는 내용의 보도를 했다. 이 잠수함의 국적은 명확하지 않았지만, 시간이 경과함에 따라 소련 혹은 북한의 잠수함으로 윤색되어 신문에 보도되었다. '괴잠수함 출현설'은 10월 11일 제주도경비사령부의 창설과 이후 강경진압의 명분으로 작용한 사건이었다(제주4·3사건진상규명및희생자명예회복위원회, 『앞의 보고서』, 2003, 254~259쪽).

[118] 이 중 주목되는 것은 10월 17일 설인데 송요찬 제9연대장의 포고는 실제적으로 계엄이 추구하는 바의 통행제한 등을 포함하고 있고, 진압작전의 핵심이었던 해안선 5키로 반경으로 한 고립 작전을 포함하고 있어 제주에서는 이 포고를 실제적으로 계엄 선포로 받아들여졌을 가능성이 컸다고 보인다.

내용과 동일한 조치들이 포고 내용에 포함되어 있었기 때문이라고 볼 수 있다.

2. 계엄 수행 체계와 역할

계엄을 실시하기 위해서는 일반적으로 계엄사령관의 직무를 보조하는 계엄
사령부(또는 지역계엄사령부)와 보조기구가 설치되어야 했다. 그러나 당시에
는 계엄 관련 법령이 제정되지 않아 계엄 수행 체계를 온전하게 갖출 수 없었
다.[119] 계엄사령부는 별도로 설치되지 않았으며, 계엄사령부의 기구는 주력 부
대의 군 기구가 그 업무를 수행하는 형태였다. 별도의 계엄군이 설치되지 않아
기성의 부대, 특별부대, 헌병대, 경찰 등의 병력 동원체계로 계엄을 수행했다.

여순사건이 발생하고 10월 20일 사령부 설치가 결정되자 채병덕 참모총장,
정일권 작전참모부장, 백선엽 정보국장은 광주로 내려가 10월 21일 광주에 주
둔 중인 제5여단 사령부에 반란군토벌사령부를 설치했다.[120] 여순사건 당시
반란군토벌전투사령부에 편성된 군은 〈그림 1-6〉과 같다.[121]

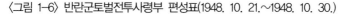

〈그림 1-6〉 반란군토벌전투사령부 편성표(1948. 10. 21.~1948. 10. 30.)

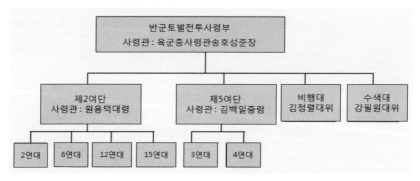

119) 계엄법 시행령과 계엄사령부 직제는 1949년 계엄법이 제정되고 만 2년 후인 1952년 1월 28일
　　 제정 공포되었다.
120) 左左木春隆, 『앞의 책』, 1977, 329쪽, 백선엽, 『실록 지리산』, 고려원, 164~165쪽.
121) 左左木春隆, 『앞의 책』, 1977, 330쪽.

〈그림 1-6〉에서 보는 바와 같이 제2여단에서 4개 연대, 제5여단에서 2개 연대가 편제되었지만, 토벌사령부는 김백일 중령에게 원용덕 대령이 지휘하는 제2여단 소속의 제12연대와 제2연대를 지휘하도록 하였다. 토벌작전은 사실상 토벌사령부의 백선엽 정보국장과 현지 사령관인 김백일 중령이 핵심이 되어 운영했다고 볼 수 있다.[122]

예하 지휘관도 제3연대장 함준호 중령과 제12연대장 백인기 중령을 제치고 부연대장인 송석하 소령과 백인엽 소령을 각각 연대장에 임명하여 작전을 수행토록 했다. 이러한 지휘체계의 일탈은 일제시기 만주에서 독립군을 토벌한 경험을 갖고 있던 김백일 중령, 송석하 소령 등이 진압작전에 적격이라 판단되었기 때문이다.[123]

10월 20일부터 순천 진압작전이 시작되는 10월 21일까지 토벌사령부와 진압군의 작전 과정은 군 지휘체계가 무너지면서 김백일 제5여단장을 중심으로 진행했다. 즉 부대 편대는 송호성 사령관을 중심으로 제2여단과 제5여단을 운용하는 형식을 갖추었지만 실제 백선엽 참모장과 김백일 제5여단장이 진압 작전을 주도하였다.[124] 10월 22일 김백일 중령의 계엄 선포는 이러한 과정의 산물로, 진압군 내부의 지휘관계는 토벌사령부 사령관 송호성 준장이나 제2여단장 원용덕 대령과 무관하게 실제 작전을 지휘했던 현지 작전사령관 김백일 중령이 선포할 수 있었던 배경이었다.

10월 27일 여순사건의 진원지인 여수와 순천을 진압하여 사건이 일단락된 후 반란군전투사령부는 1948년 10월 30일 호남방면전투사령부(사령관: 원용덕 대령)로 전환하였다. 호남방면전투사령부는 북지구전투사령부(사령관: 원용덕 대령)와 남지구전투사령부(사령관: 김백일 중령)로 이원화하여 북지구

---

122) 국방부전사편찬위원회, 『대비정규전사』, 1988, 375쪽.

123) 左左木春隆, 『앞의 책』, 1977, 334쪽.

124) 10월 21일 토벌사령부에 도착한 원용덕은 "부대를 내 지휘하에 돌려주고 호남지구전투사령관에 임명해 주기바란다"는 뜻을 전달했지만, 백선엽은 "지금 상황에서는 어렵다. 또 나는 그런 권한이 없다. 전투가 일단 끝나면 당신의 뜻을 상신하겠다"라고 답했다고 한다(左左木春隆, 『앞의 책』, 1977, 350쪽).

사령부는 11월 4일 남원에 사령부를 설치하고, 남지구전투사령부는 순천에 주둔했다.[125]

지휘체계의 혼란은 호남방면전투사령부 설치 이후에도 계속되었다. 남·북 지구사령부와 산하 연대의 지휘체계는 원용덕 대령을 중심으로 편제되었으나, 본래 원용덕 대령 휘하의 제2여단 소속으로 구례, 하동 등 지리산 인근 지역에서 중심적인 토벌작전을 벌인 제12연대는 김백일 중령의 지휘를 받도록 했다. 반란군토벌사령부에서 호남지구전투사령부로 사령부 명칭만 변경되었을 뿐 계엄과 관련해서는 지역 변경 등의 조치가 없었음에도 불구하고 호남지구전투사령관 원용덕은 11월 1일 포고문을 통해 '계엄지구를 전라남북도로 확대하고, 행정·사법 일반을 본인이 독할한다'라고 포고했다.[126] '호남지구'로의 사령부 개칭을 전라남북도로의 계엄 확대로 파악하고 임의적으로 계엄 지역 확대를 포고하였다고 볼 수 있다. 원칙적으로 비계엄지구였던 전남일대(구례, 하동, 산청, 장수, 남원, 무주 등) 지역에서까지 계엄을 실행한 것은 원용덕 사령관이 임의적으로 행한 불법행위였다.

이와 같은 지휘체계의 혼란에도 불구하고 11월 14일 순천에서 열렸던 군법회의 자료에 따르면 계엄사령부의 실제적인 지휘권은 김백일 대령에게 있었다.[127] 이 자료에는 계엄 지역을 지칭하는 명칭으로 '호남계엄지구'를 사용하고 있으며, 이를 지휘하는 계엄사령부의 명칭은 '광주호남계엄지구사령부'와 '전남

125) 당시 남북지구의 전투 경계선은 섬진강-구례-압록-삼지-옥과(옥천)-담양-고창(고부)을 연결하는 선이었다(육군본부전사감실, 『공비토벌사』, 1954, 27~28쪽; 육본정보참모부, 『공비연혁』, 1971, 238쪽; 국방부전사편찬위원회, 『대비정규전사』, 1988, 77쪽).

126) 『동광신문』, 1948. 11. 5.; 『자유신문』, 1948. 11. 13.

127) 이 문서의 제목은 '광주호남계엄지구사령부 호남계엄지구 고등군법회의 명령 제3호'라고 하였고, 확인 장관의 조치 사항에는 사형집행을 '호남계엄지구 사령관에 일임한다'라고 기록하였다. 그리고 '단기 4281년 11월 24일 전남광주호남계엄지구사령부 사령관 육군중령 김백일'로 날인되어 있다. 이 자료는 여순사건 관련 피고인의 수용자 신분장의 별지 첨부자료로 제목은 '호남계엄지구 고등군법회의 명령 제3호 명령서'이다. 이 자료는 국가기록원이 소장하고 있는 수형자신분장에 첨부되어 있으며, 개인 신상과 관계된 자료로 성명 식별기호를 명기할 수 없다. 자료의 내용은 군법회의 관련 부분(2장 2절 3.)에서 구체적으로 분석할 것이다.

광주호남지구계엄사령부' 두 가지로 사용하였다. 10월 25일 관보를 통해 공식적으로 고시한 계엄 지역과는 관계없이 전라남북도 지역 모두를 계엄 지역으로 하여 고등군법회의를 설치 운영했음을 확인할 수 있다.

현재까지 제주4·3사건 당시 계엄사령부의 구체적 편제를 알 수 있는 자료는 발견되지 않아 구체적으로 알 수는 없지만 제9연대가 제주도 계엄사령부로 활동했다고 보인다.[128] 제9연대장 송요찬은 계엄사령관으로서 외부에서 파견된 부대, 해군 함정은 물론 제주경찰을 지휘하였으며 모두 제9연대의 지휘 아래 작전을 수행했다. 1948년 12월 31일 계엄 해제와 더불어 제9연대에서 제2연대로 부대가 교체되었다. 1949년 토벌작전을 본격화하기 위해 육군본부는 3월 2일 제주도지구전투사령부(사령관: 유재흥 대령, 참모장: 함병선 중령)를 설치하였다. 전투사령부는 5월 15일까지 지속되었으며, '선무공적', '비민분리' 작전을 추진하였다.[129]

여순사건과 제주4·3사건 당시 민사처가 설치·운영되었음을 확인할 수 있다. 우선 제주에서는 1949년 3월 17일 제주도지구전투사령부 내에 민사처가 설치되었다. 사태 수습을 위한 '관민의 자문기구'로써 군 작전상 발생되는 '민간의 행정적 경제적 제반 문제'를 처리하기 위한 목적이었다.[130] 제주도에서 민사처는 계엄이 해제된 시기에 만들어졌는데, 이는 계엄 해제 이후에도 행정 기능이 일반 행정기관에 이전되지 않고, 군에 의해 운영되었음을 보여준다고 할 수 있다. 민사처 업무 중 주요 업무는 '선무·귀순 작전'으로 한라산과 중산간 지역의 주민들을 해안지역으로 내려오도록 하는 것을 1차적으로 삼았다. 중산간 지역에서 내려온 2만 명이 넘는 주민들은 임시 수용소에 거주했는데 마치 전쟁 피난민을 방불케 했다.[131] 이러한 상황에서 임시수용소의 운영뿐만 아니라 구

128) 佐左木春隆, 『앞의 책』, 1977, 279쪽·282쪽.

129) 佐左木春隆, 『앞의 책』, 1977, 287쪽.

130) 『조선중앙일보』, 『자유신문』, 1949. 3. 18.

131) 이 시기 작전과 자수자 귀순자 수용 관련 내용은 제주4·3사건진상규명및희생자명예회복위원회, 『앞의 보고서』, 2003 참조.

호물자의 배급 등도 주요한 민사 업무로 등장했다.

임시수용소 설치는 주민 보호를 명분으로 설치 시행되었지만, 이는 두 가지 효과를 거두었다. 하나는 반군과 주민을 분리시키고 주민을 통제하는 것이며, 둘째는 군경에 의해 저질러진 방화, 살인, 강간, 감금, 고문, 강제이주 등의 행위를 정화하고, '인도주의적'이고 '시혜적인' 보호자로서 군을 형상화하도록 하였다.

민사처는 여순사건 때도 설치되었다. 1948년 10월 28일 순천에 설치된 민사처는 '피난민 귀환자를 대상으로 양민증 발행과 시내 치안회복' 업무를 수행했다.[132] 군이 창설된 지 얼마 되지 않았기 때문에 민사 업무의 내용과 범위가 구체화되지는 않았으나, 계엄 시행에 따라 군이 공식적으로 민간인에 대한 행정적 사법적 권한을 갖게 되면서 민사처가 임시적으로 설치되었다고 볼 수 있다. 이는 군이 행정·사법 면에서 대민업무를 최초로 경험하는 것이었으며 계엄 지역 주민에게는 군의 통치를 처음 경험하는 장이 최초로 마련되었다고 볼 수 있다.

계엄이 선포되면 행정·사법사무 관장 사항과 계엄사령관의 특별조치 내용을 담화문, 포고문 등의 계엄 조치문으로 공고하고, 정부 부처와 지구(지역) 계엄사령부에 훈령, 지시·지침을 하달하는 것이 통례이다.[133] 그러나 계엄 선포 조건은 물론 계엄사령관의 권한, 계엄하의 조치사항에 대해 입법이 되지 않아 계엄사령관의 권한과 업무의 한계를 규정할 수 있는 근거가 전무했기 때문에 계엄의 효력을 명확히 하기 위해 시행되는 포고·공고 등이 법에 근거하여 수행될 수 없는 것은 자명한 일이었다. 여순사건과 제주4·3사건 당시 발표된 계엄 관련 포고 또는 담화문은 〈표 1-6〉과 같다.

---

132) 『세계일보』, 1948. 10. 28.

133) 육군참모본부, 『계엄실무편람』, 2010, 83쪽.

〈표 1-6〉 여순사건 · 제주4 · 3사건 계엄 관련 포고 · 담화문 현황

사건	선포일	제목, 주요 내용	선포자	비고
여순사건	1948. 10. 22.	〈계엄 선포문〉 - 계엄 선포, 위반자 군법에 의거 사형 또는 기타형에 처함 - 통행금지, 통행증 소지, 옥외집회금지, 유언비어금지, 반도 밀통자 사형, 무기 군수품 반납, 은닉, 비장자 사형	김백일 제5여단장	左左木春隆, 『한국전비사 상권』, 병학사, 1977, 354쪽
	1948. 10. 22.	〈포고문〉 - 지휘자를 총살하고 백기 달고 귀순하라 - 탈주하여 토벌국군에게 투항하라	이범석 국방부장관	『서울신문』, 1948. 10. 24.
	1948. 10. 23.	〈경고문〉 - 남녀아동까지라도 일일이 조사해서 불순분자 제거하고 반역적 사상 만연치 못하게 할 것 - 어떠한 법령이 발포되더라도 전민중은 절대 복종	이승만 대통령	『수산경제신문』, 1948. 11. 5. 『계엄사』 62쪽.
	1948. 11. 1.	〈포고문〉 - 전라남북도 사법 · 행정사무 호남방군사령관이 독할 - 야간통행금지, 대한민국 국기게양, 국기 불규남루 시 국가민족에 대한 불충자로 인정 - 반란분자 선동자 고발, 군사행동 방해말 것 - 위반 시 군율에 의하여 총살에 즉결함	원용덕 호남방면사령관	『동광신문』, 1948. 11. 5.
	1948. 11. 3.	〈담화문〉 - 11월 4일부터 고등군법회의 개시 - 방청금지 장소 시간 비밀 - 사형언도자 사형집행 공개 예정	김완룡 법무총감	『동광신문』, 1948. 11. 5.
	1948. 11. 5.	〈통신기관 제한 계엄령〉 - 일반우편물 취급 금지, 통신금지	호남방면 작전군사령관	『서울신문』, 1948. 11. 14.
	1948. 11. 7.	〈포고문〉 - 은닉 · 소지무기 경찰관서 납부 - 반란군 폭도 불온분자 은닉커나 신고치 않은 자, 식사 의류 금품을 제공한자 폭도로 인정 - 위반자는 총살 또는 기타형에 처함	김병완 제8관구경찰청장	『동광신문』, 1948. 11. 7.
제주4 · 3사건	1948. 10. 17.	〈포고문〉 - 10월 20일 이후 전도 해안선부터 5키로 이외의 지점 및 산악지대의 무허가 통행금지 - 위반자는 이유여하를 불문 총살	송요찬 제9연대장	『한성일보』, 1948. 10. 20.
	1948. 11. 23.	〈포고문〉 - 교통 · 통신제한, 신문잡지검열, 부락민 소개, 교육기관에 대한 제한, 도로의 수리 보전 등	송여찬 제9연대장	『동아일보』, 『조선일보』1948. 11. 30.
	1948. 12. 30.	〈담화문〉 - 반란지구 토벌 군경에게 국회 감사장 수여 결의 - 제주치안 점차회복, 수삼일간 계엄 해제	채병덕 육군참모총장	『국제신문』, 1948. 12. 31.

※ 계엄사령관의 조치사항을 포함한 포고 등만 수록, 계엄 선포문은 〈표 1-5〉 참조.

〈표 1-6〉과 같이 포고와 담화문의 내용은 몇 가지로 유형화할 수 있는데 ① 통행금지, 교통·통신 제한 ② 무기소지 금지 및 반납 ③ 유언비어 금지 및 신문잡지 검열 ④ 반란군 은닉, 식사 의류 등 제공 금지 ⑤ 위반자에 대해서는 사형 또는 즉결에 처한다는 것을 주 내용으로 하였다. 특기할 만한 것은 계양된 '국기가 불규남루(不規襤褸) 하면 국가 민족에 대한 충성심이 없는 자로 인정'한다는 내용이다. 신생 대한민국에 대한 충성을 국기 계양으로 상징하고 이를 통해 '국민임'을 입증하되 그렇지 않은 경우 비국민=적으로 간주한다는 포고문이라고 할 수 있다. 또한 이승만 대통령이 '넘녀아동까지라도 일일이 조사해서 불순분자를 제거하라'는 경고문과 함께 군율 위반에 대해서는 사형에 처한다는 원용덕 호남방면사령관의 포고와 '반란군을 은닉하거나 식사·의류 등을 제공하는 자를 폭도로 인정하며 위반자는 총살 또는 기타 형에 처한다'는 제8관구경찰청장의 포고는 산간지역 주민을 무작위 즉결처분하는 근거가 되었다. 계엄 시행에 따라 군에 의해 취해진 사법적 조치는 일본의 계엄령 조문에도 포함되어 있지 않은 내용들이었다. 일본 계엄령은 '군사에 관련된 민사 및 황실에 대한 죄, 국사(國事)에 관한 죄 등 14가지 유형의 범죄에 대하여 범죄는 군아(軍衙)에서 재판'하도록 규정하여 최소한 해당 범죄에 대하여 재판을 통해 그 죄를 묻도록 하였다. 또한 계엄사령관의 권한 또한 '군사에 관련된 사항'으로 구체적으로 명기되어 있다.[134]

포고의 형식도 혼란스러웠다.[135] 여순사건을 진압하는 과정에서 10월 22일

---

134) 계엄사령관의 권한은 제14조에 규정에 의하여 집회 또는 신문잡지 광고 등이 시세(時勢)에 방해로 인정될 경우 정지시키는 것, 군수로 제공될 수 있는 문유의 물품을 조사하거나 수출을 금지하는 것, 총포, 탄약, 병기, 화구 등 기타 위험하게 넘어간 제 물품을 소요한 경우 이를 조사하고 압수하는 것, 우신(郵信), 전보를 개함(開緘)하고 출입의 선박 및 제 물품을 검사하고 또한 육해통로를 정지시키는 것, 전상(戰狀)에 의해 정지할 수 없는 경우에는 인민의 동산, 부동산을 파괴, 훼소(燬燒)하는 것, 합위지경 내에서 주야로 상관없이 민의 가옥, 건조물, 선박의 출입을 감찰하는 것, 합위지경 내에 기숙하는 자가 있을 때는 상황에 따라 그 지역을 퇴거하게 하는 것에 대하여 집행할 권리를 갖도록 규정하고 있다(三浦惠一, 『戒嚴令詳論』, 松山房, 1932, 217~219쪽).

135) 담화문이나 경고문과는 달리 포고는 계엄 효력을 발생시키기 위한 법적 필요 사항으로 1949년 계엄법은 제1조의 계엄 선포(선포 이유, 종류, 시행지역, 계엄사령관)와 제13조 비상계엄 지역에서 계엄사령관의 특별조치 사항에 대해서는 "공고"할 것을 규정하고 있다. 따라서 포고문은 계엄 선포의 경우 선포권자인 대통령이, 특별조치 사항은 계엄사령관만이 선포할 수 있는 사항이다.

제5여단장이 계엄을 선포하였고, 11월 5일 호남방변작전사령관 명으로 '통신관계 계엄령'이라는 정체불명의 계엄이 선포되기도 하였다. 포고문도 계엄사령관이 아닌 호남방면사령관(호남지구계엄사령관)인 지역계엄사령관이 발표하였으며 심지어 제8관구경찰청장이 포고문을 발표하기도 했다.

3. 즉결처분과 군법회의

즉결처분

계엄 시행 과정의 혼란과 현지 사령관에 의한 계엄 선포 및 포고의 남발은 정부의 '추인'과 묵인 속에 정당성이 강화되었다. 계엄 시행으로 군에게 주민 진압과 사법처리 권한이 부여되었는데, 여순사건과 제주4 · 3사건 당시 사법처리는 즉결처분과 불법적인 군법회의였다.[136]

계엄 포고문의 가장 중요한 내용은 '위반 시 군법에 따라 처형'한다는 대목에 있었다. 범죄의 내용과 범위는 규정되지 않았으며, 임의적으로 군의 판단에 의지하고 있다. 계엄 관련 법령이 제정되지 않은 상황에서 시행된 계엄 선포가 왜 헌법 위반이며, 중요한지를 잘 보여주는 사례가 군에 의한 사법 조치의 문제점이었다. 불법적인 계엄 선포는 단순히 정부수립 초기의 미숙이나 혼란으로 합리화할 수 없는 국가 폭력이다. 계엄 상황에서 군은 지역민의 생사여탈권을 좌우했다. 당시 군법회의는 형사소송법은 물론 국방경비법에 규정된 재판 절차도 무시되었다. 심지어 제주4 · 3사건과 여순사건의 피해 조사 과정에서 즉

---

[136] 헌법은 물론 당시 군사법의 기능을 한 국방경비법은 국민은 물론 군인 · 군속 등의 범죄에 대하여 재판 없이 법에 의거하지 않은 처분을 규정하고 있지 않다. 그러나 여순사건과 제주4 · 3사건 진압 과정에서는 계엄 선포에 따라 '명령에 따르지 않을 경우 즉결 또는 총살' 등의 용어가 사용되었으며, 이는 실제 진압 주체인 군과 경찰 등이 진압과 토벌을 명분으로 해당 지역 주민을 불법적으로 연행, 구금, 고문, 총살하는 참상을 가져왔다. 이 글에서는 계엄 상황에서 군 · 경이 재판 등의 법적 절차 없이 불법적으로 민간인을 살상한 행위에 대하여 즉결처분이라는 용어를 사용하였다.

결처분 후 재판 형식만을 갖추어 처리했다는 사실이 사건 경험자들의 증언, 언론 보도를 통해 폭로되었다.[137] 토벌작전에 참여한 군인들은

> 수색해서 잡은 사람이 70명 되는데 그것을 분대별로 나누어 가지고 총살
> 을 시켰는데, 한 사람 당 세 사람 식입니다.[138]

라고 하여 민간인에 대한 '군법회의'는 곧 즉결처분 이었다고 증언하였다. 또 1949년 1월 경 구례지역에서 활동했던 제15연대 정보과 문관의 증언에 따르면 당시는 군법회의를 진행할 여력도 없이 즉결처분이 이루어졌다고 회고했다.

> 공비의 성분별 분류를 했다. 생포공비는 8할 이상이 강제 입산 또는 혈연
> 관계로 동조한 자들이었다. 정보 조사로 기간 중 약 160여 명을 체포 현장에
> 가서 분류하였는데 절대 은거지를 말해주지도 않을 뿐더러 주민의 동조 경향
> 과 연대 수용 제한을 고려하여 대부분 현지에서 처리하지 않을 수 없었다.
> 본인도 이 현지 출신(승주)이고 보니 난처한 경우가 참 많았으나, 미온책으로
> 는 공비세력만 증가할 형세였다.[139]

'공비' 여부는 토벌 현장에서 '분류'되었으며 이 중 일부는 현장에서 즉결처분 되었고, 일부는 연대로 이동시켜 군법회의에 회부하는 형식이었다. 연대본부 수용 시설부족이나 이송과 처리의 불편이 현지에서 즉결처분하게 되는 이유였다고 증언자들은 회고하였다.

---

[137] 제주4·3사건 당시 계엄 실시 이후 중산간 지역 주민에 대한 무차별 총살 실상에 대해서는 제주4·3사건진상규명및희생자명예회복위원회, 『앞의 보고서』, 2003, 293~301쪽·378~421; 제민일보4·3취재반, 『4·3을 말한다』, 1994·1998를 여순사건과 관련해서는 김득중, 『앞의 책』, 2009; 여수지역사회연구소, 『여순사건 실태조사자료집』 제1~3권, 1998·1999·2000; 여순사건 화해와 평화를 위한 순천시민연대, 『여순사건 순천지역 피해실태 조사보고서』, 2006 참조.
[138] 군사편찬연구소, 『한국전쟁 증언록』, 국군2연대1대대 하사, 정〇〇.
[139] 군사편찬연구소, 『위의 책』, 국군 15연대 S-2 문관 정〇〇(당시 정보 부대의 문관 중에는 출생지를 중심으로 지역에 파견하여 정보수집과 성분 분류 등의 업무를 진행했다).

순천시내 수색작전을 전개하는 과정에서 연행된 반군협력자나 좌익을 호송하려면 병력과 보급이 필요하기 때문에, 작전 효율 및 편의를 위해 현지에서 바로 즉결처분했다.[140]

연대나 대대본부로 이송된 사람들을 대체로 주둔지 마을 창고나 논 밭 등에 무차별적으로 잡아 놓은 상태에서 며칠간 고문과 구타를 통해 '공비'와의 관련성 혹은 은거지에 대해 취조한 후 군법무관이나 정보과 군인 등이 이들의 생사를 결정하는 '성분 분류'를 했다. 성분 분류는 일종의 심사 과정으로, 즉결처분 대상자와 석방자, 형무소 송치자로 구분하는 것이었다.

이러한 '성분 분류'와 관련해서는 경찰 측 자료가 남아있다. 제주경찰국 특별수사대가 1949년 6월 6일부터 8월 3일까지 포로자 및 귀순자 1,021명을 제2연대에 송치하면서 작성한 「죄수상황보고서」는 군법회의 대상자에 대한 처리 등급을 A, B, C, D, 갑, 을 등으로 나누어 기재했다. 또 1949년 6월 5일 모슬포경찰서장이 제주경찰국장에게 보낸 비밀문건에는 "기록 A는 사형, B는 무기 의견"이라고 명시하였다.[141] 사람들은 재판에 이르기 전에 경찰서에서 혹은 체포 현장에서 운명이 결정되었으며, 군법회의의 실제 개최 여부와 관계없이 형벌이 내려졌다. 즉, 형식만 재판인 군법회의는 즉결처분과 구분하기 어려웠다.

즉결처분 결정은 지서주임이나 중대장 대대장 급에서도 있었지만, 연대장 혹은 계엄사령부인 전투사령부(여단사령부)에서 결정되었다. '즉결처분' 명령이 떨어지면 대대장은 중대장과 소대장에게 사살 명령을 내렸던 것이다. 즉결처분 명령은 여단장의 결재를 통해 이루어졌다.[142] 연대본부나 전투사령부로

---

140) 진실과화해를 위한 과거사정리위원회, 『순천지역 여순사건(참고인 한○○ 면담보고서)』, 2009, 677쪽.

141) 진실과화해를 위한 과거사정리위원회, 『순천지역 여순사건』, 2009, 465쪽.

142) 진실과화해를 위한 과거사정리위원회, 『위 보고서』, 2009, 650~655쪽(대대장에게 즉결권이 있었으나, 계엄사령관 원용덕에게 재가를 얻어 총살을 집행했으며, 상부의 지시가 없이 대대장 본위로 즉결하기는 어려운 상황이었다고 한다(참고인 안○○ 면담보고서) 그러나 '즉결처분권이 분대장급 이상에게 주어졌다'(3연대 정보과 전○○ 진술조서)는 진술도 있어, 현실적으로는 대대나 연대본부로 연행하지 않고 현지에서 즉결한 경우 분대장 중대장 단위에서도 사살명령이 내려졌던 경우가 많았다).

의 보고 없이 현장 지휘관의 지시나 명령에 의해 행해지는 즉결처분은 약식 재판으로 둔갑되기도 했다.

당시 즉결처분은 군에서 뿐만 아니라 경찰에게도 용인되었다. 통상 계엄상황에서 경찰은 군의 지휘를 받았다. 따라서 주민을 연행하면 본서의 조사를 거쳐 연대로 보고했고, 군의 '조치하라'는 지시를 받아 주민들을 즉결처분했다. 경찰서장은 계엄사령관의 명령을 받고서야 이들을 즉결처분할 수 있는 권한을 얻었던 것이다. 그러나 군에서와 마찬가지로 경찰에서도 반드시 계엄사령관의 명령을 통해 즉결처분이 행해졌던 것은 아니었다. 전남지방의 사례를 보면, 각 경찰서에서는 전남경찰국으로 사형집행자 명단을 보고하고 전남경찰국에서 결정한 뒤 사형을 집행하기도 했다.[143] 당시 신문 보도는 이러한 즉결처분이 '계엄사령관의 명에 의한 것'이라고 명확히 밝혔고 '계엄사령관의 명에 따른 벌거숭이 폭도들에 대한 총살'은 당연한 것이 되었다.[144] 여순사건 지역과 제주지역의 사람들에게 합법적인 재판절차, 재판, 계엄사령관의 공식적인 집행명령 등은 적용되지 않았으며, 그들의 죽음은 계엄 상황에서 '폭도'라는 낙인으로 쉽게 합리화되었다.

제주도 지역의 진압·토벌 작전 개념은 중산간마을 주민들을 해변마을로 소개시키고 해변마을에서는 주민 감시 체계를 구축함으로써 무장대의 근거지를 없앤다는 것이었다. 이러한 진압 과정에서 중산간지역 주민에 대한 임의적인 사살이 자행되었다. 이 작전에 대해 이범석 국방장관은 국회 보고에서 다음과 같이 말했다.

> 가. 적정(敵情): 국군의 맹렬한 섬멸전과 식량난 및 병기, 탄약 보급 불충분과 아울러 협력자 멸소에 따라 무장 폭도 현재 근근 50~60명에 불과하나 도민 중 다수가 폭도의 정신적 가담자라는 것은 참 유감사임.
> 나. 제9연대장 장병이 전 제주도내에 주요지점을 확보하며 산간부락 양민을 해안선 도시에 보갑제를 실시하기 위하여 이주시키며 도내 도로 양측 총림(叢林)을 벌채하여 폭도 급습에 대비하며 폭도에 대한 보급선을

---

143) 진실과화해를 위한 과거사정리위원회, 『위 보고서』, 2009, 662~663쪽.
144) 유건호, 『전환기의 내막』, 조선일보, 1982, 149쪽.

완전 차단하는 동시 폭도에 대한 협력사의 철저한 처단을 단행함으로
써 일로 제주 재건에 매진중임.[145]

소개령 이후 중산간마을이나 산악지역에 있는 사람들을 적으로 간주하고 발
각 즉시 총살했던 것이다. 이른바 '대살(代殺)', '자수사건', '함정토벌', '관광총
살'이라 불리는 일들이 일어났다.[146] 당시 군인들은 이러한 즉결의 근거를 계
엄으로 이야기했다.

부락을 수색하여 중대장 소대장 지시에 따라 반군협조 혐의자를 즉결총살
했다. 즉결총살의 근거는 계엄령이었고, 당시 계엄령으로 인해 무법 상황에
서 작전했다.[147]

여순사건 초기부터 정부와 군 지휘부는 주민들에 대한 불법적이고 폭력적인 살
상을 묵인 또는 방조하였으며 계엄 시행에 따라 이러한 현상은 더욱 확대되었다.
김백일 제5여단장에 의해 계엄이 선포된 다음날인 10월 23일 이승만 대통령은
"남녀 아동까지라도 일일이 조사해서 불순분자는 다 제거하라"는 명령을 내렸는
데, 이는 진압군에게 반군 동조 혐의만으로도 주민들을 제거할 수 있도록 면허를
부여한 것과 같았다. 직접적으로 즉결처분을 명시한 것은 원용덕 대령의 포고에
서 시작되었다. 1948년 11월 1일 호남방면전투사령관 겸 계엄사령관 원용덕 대
령은 계엄 포고문에서 '위반하는 자는 군율에 의하여 총살에 즉결'한다고 공고하
였다.[148] 원용덕의 이 포고문은 군이 계엄지구에서 민간인을 '즉결'할 수 있는 권
한, 실제로는 처형이나 총살을 집행할 수 있는 권한의 근거가 되었다. 따라서 현
지의 군인이나 지휘관들은 즉결이 계엄에 근거를 둔 것으로 인식하였던 것이다.

---

145) 『국회속기록』 제1회 124호, 1948. 12. 8.
146) 제주4·3사건진상규명및희생자명예회복위원회, 『앞의 보고서』, 2003』, 299쪽.
147) 진실과화해를 위한 과거사정리위원회, 『순천지역 여순사건(참고인 정○○, 이○○ 조사보고
서)』, 2009, 640쪽.
148) 『동광신문』, 1948. 11. 5.

이렇듯 군의 즉결처분은 지휘·명령 계통 수준에서 통제되지 않았을 뿐만 아니라, 지휘관 개인 수준에서 민간인 살해의 방법으로 자의적으로 행해지기도 했다. 즉결처분이 광범위하게 행사되었다는 것은 당시 군이 의심 가는 민간인을 아무런 절차 없이 살해해도 전혀 문제가 되지 않았다는 것을 의미하며, 이는 토벌작전의 명분 아래 사실상의 학살이 불법적으로 자행되었음을 말해준다.

계엄 선포가 주민희생과 관련하여 가장 중요한 계기가 되었음은 분명하다. 제주도의 경우 계엄이 시행된 이후인 1948년 11월 중순부터 희생의 규모, 강도 강화가 강화되어, 당시 희생의 대부분이 1948년 11월부터 1949년 2월 사이에 발생하였기 때문이다.[149] 희생자의 가족들은 "그때는 계엄령 시절이라서…" 또는 "계엄령 때문에…"라고 하여 계엄은 '마구잡이로 사람을 죽여도 되는 무소불위의 제도'라고 현재까지도 생각하고 있다.

제주4·3사건 관련 계엄군법회의

즉결처분을 면한 사람들은 군법회의에 회부되었다. 그러나 군법회의에 회부되었다 하더라도 군법회의는 재판의 형식만 띤 요식행위에 불과했다. 제주4·3사건 관련 수형자 증언에 따르면, 군법회의는 예심을 거치지 않았고 법정조차 열지 않았으며, 하루에 수백 명을 불러다 놓고 피고인에 대한 심문도 없이 피고인의 무죄항변에 대하여 아무런 반대 논증도 없이, 변호인의 참여도 없이 일방적으로 죄목과 형벌을 고지하였다고 한다. 제주4·3사건 관련 수형자들은 형무소에 가서야 자신이 형을 받았다는 것을 알았다고 한다.[150]

제주4·3사건 관련 군법회의 중 민간인을 대상으로 한 것은 계엄 시기였던 1948년 12월 계엄고등군법회의와 계엄이 해제된 뒤 제2연대에서 설치한 1949년

---

149) 제주4·3사건진사조사및명예회복위원회, 『앞의 보고서』, 2003, 293쪽(제주4·3사건진상조사위원회에 신고된 희생자 통계 중 15세 이하 전체 어린이 희생자 중 1948년 11월부터 1949년 2월까지의 희생자가 76.5%를 차지하고, 61세 이상 희생자는 이 시기에 76.6%가 희생됐다).

150) 제주4·3사건진상규명및희생자명예회복위원회, 『앞의 보고서』, 2003, 280쪽.

〈그림 1-7〉 군법회의 수형인 명부(국가기록원, 1949)

▲ '수형인 명부'로 알려진 「군법회의 명령」은 제주4·3사
건 당시 고등군법회의 설치장관이 군법회의 판결을 심
사하고 집행을 명한 명령서를 제주지방검찰청이 수형
자 관리를 위해 명부로 활용하였던 것이다.

6월~7월 고등군법회의가 있었다. 계엄 시행 후 진압 과정에서 체포되었거나,
계엄 선포 이전 제주4·3사건과 관련하여 구속되어 재판을 받지 않았던 사람들
이 1948년 계엄고등군법회의에 회부되었다. 1948년 계엄고등군법회의는 12월
3일부터 12월 27일까지 총 12차례 열렸다. 4·3사건 계엄고등군법회의에 대해
서는 '제주도계엄지구 고등군법회의 명령'(이하 '제주 군법회의 명령')[151]이 유

151) 제주 군법회의 관련 문서로는 제주지방검찰청이 보존하고 있었던 「군법회의 명령」이 유일하다.
'수형인 명부'로 알려진 「군법회의 명령」은 제주4·3사건 당시 고등군법회의 설치장관이 군법회
의 판결을 심사하고 집행을 명한 명령서를 제주지방검찰청이 수형자 관리를 위해 명부로 활용하
였던 것이다. 즉, 제주도계엄지구사령부 사령관 육군 중령 함병선의 명의로 1948년 12월 29일에

일한 정부 문서로 알려져 왔는데, 이것에는 수형인의 구체적 인명과 형량을 기록하고 있다는 점에서 주목되었다.

'제주 군법회의 명령'에는 2,530명(1948년 871명, 1949년 1,659명)의 군법회의 피고인 명부가 별첨되어 있다. 1948년에 개최된 '제주 계엄고등군법회의 명령'의 내용은 〈그림 1-8〉과 같다.

〈그림 1-8〉 1948년 제주 계엄고등군법회의 명령

〈제주도계엄지구 고등군법회의 명령제20호〉

1. 설치명령: 단기 4281년 12월 1일부 특명 제29호 및 단기 4281년 12월 25일부 동 수정 명령 제39호
2. 피 고 인: 첨부별지 명부와 여함
3. 죄   목: 죄과－형법 제77조 위반
           범죄사실: 내란죄
4. 공판장소 및 시일: 제주지방법원

차수	1차	2차	3차	4차	5차	6차
시일	12.3	12.4	12.5	12.7	12.8	12.9
차수	7차	8차	9차	10차	11차	12차
시일	12.10	12.11	12.12	12.15	12.26	12.27

5. 항변: 전 피고인은 각각 죄과와 범죄 사실에 대하여 무죄
6. 판정: 전 피고인의 죄과와 범죄 사실에 대하여 유죄
7. 판결: 1) 사형: 김윤택외 99명
         2) 무기징역: 양해길 외 101명
8. 판결 언도 일자: 自 단기 4281년 12월 3일 至 단기 4281년 12월 27일
9. 심사장관의 조치: 該 판결을 승인하여 적절한 집행을 명함
10. 확인장관의 조치: 該 판결을 승인함
    단, 1. 김용규 외 60명은 사형 판결을 무기징역으로 감형함 2. 양해길 외 96명은 무기징역으로부터 20년 징역형으로 감형하여 적절한 집행을 명함
    사형은 단기 4282년 2월 28일 이내로 집행하며 기 방법 및 장소는 제주도계엄지구 사령관이 차를 명함(단 계엄령 해제시 제2연대장이 이를 행할 것임)
11. 복형장소: 성인수는 목포형무소, 마포형무소, 대구형무소, 소년수는 인천소년형무소, 女囚는 전주형무소

단기 4281년 12월 29일
제주도계엄지구사령부 사령관 육군중령 함병선 (직인)

작성된 '제주도계엄지구 고등군법회의 명령 제20호'와 1949년 7월 5일부터 7월 9일까지 수도경비사령부 보병 제2연대 연대장 육군 중령 함병선의 명의로 작성된 '고등군법회의 명령 제1~18호'와 각각의 명령서에 첨부된 「별지」로 구성되어 있다.

〈그림 1-8〉에서와 같이 1948년 제주 계엄고등군법회의 적용 죄목은 모두 형법 제77조 내란죄였다. 사형집행 기간이 명시되었으며, 사형집행에 대한 구체적인 사항은 제주도계엄사령관(제2연대장)에게 일임되었다. 제주 계엄고등군법회의 명령의 시행일인 1948년 12월 29일은 제9연대에서 제2연대로 주둔 부대가 교체된 날로 제9연대 송요찬 명의가 아닌 제2연대장 함병선 명의로 시행되었다. 제주도 계엄이 12월 30일 해제된 것을 감안한다면 부대교체와 제주도 계엄 해제를 앞두고 수감된 민간인들 단시일에 처리하고자 계엄고등군법회의를 설치했다고 생각된다. 계엄 해제 시 제2연대장이 사형집행을 수행하도록 하라는 단서 사항도 계엄 해제를 앞두고 군법회의가 개시되었음을 뒷받침한다. 제주농림학교의 임시수용소에 수용되었던 주민들과 미결자 전체를 대상으로 군법회의를 진행하였다.

형량은 총 871명에 대하여 사형 100명, 무기징역 102명이었으나, 감형 조치로 최종적으로는 사형 39명, 무기징역 67명, 징역 20년 97명, 징역 15년 262명, 징역 5년 22명, 징역 3년 4명, 징역 1년 180명으로 문서상 기록되어 있다.[152] 사형언도자 39명의 명부는 '육군본부 제2연대본부 고등군법회의 명령 제1호(이하 '제2연대 고등군법회의 명령')'와 함께 관리되었는데, 이들에 대한 사형집행은 1949년 2월 27일 제주읍 화북리 모처에서 시행된 것으로 기록되어 있다. 이 문서에는 사형집행 장소와 더불어 집행 장교, 입회장교 등이 명시되어 있으나, 정작 집행 장소가 특정되지 않았고 총살 후 암매장하여 유족은 당시 장소를 알지 못할 뿐만 아니라 시신을 수습하지도 못했다. 군법회의 명령서와 사형집행 명령서로 재판과 집행의 형식을 갖추려고 하였으나, 실제 운영은 즉결처분과 크게 다를 바 없었다.

---

[152] 관련 증언자들에 따르면 이러한 감형 사실은 피고인 당사자나 형무소에 통보되지 않아 감형이 반영되지 않았던 것으로 보인다. 즉 마포형무소에 수감되었던 김춘배씨의 경우 군법회의 명령에 징역 20년으로 감형된 것으로 나와 있으나, 정작 본인은 무기로 알고 있었으며, 재소자 명무에도 '금고 무기'로 기록되어 있다(제주4·3사건진상조사및명예회복위원회, 『앞의 보고서』, 452쪽).

제주4·3사건과 관련하여 두 번째 민간인 군법회의는 1949년 6월 23일부터 7월 7일 총 10차례에 걸쳐 열렸다(이하 '1949년 고등군법회의'). 제주도 주민 1,659명이 국방경비법 제32조와 제33조 '적에 대한 구원통신연락 및 간첩죄'로 유죄판결을 받았다. '제주 군법회의 명령'에는 고등군법회의 명령 제1호부터 제18호까지 수록되어 있으며, 각 명령 호수마다 별지 명부가 첨부되어 있어 형식은 1948년 계엄고등군법회의와 동일했다.[153]

'1949년 고등군법회의' 대상자 1,659명 가운데 사형에 처해진 사람은 345명 (20.8%), 무기징역 238명(14·3%)이었고, 나머지는 징역 15년 308명(18.6%), 징역 7년 706명(42.6%), 징역 5년 13명, 징역 3년 25명, 징역 1년 22명, 미확인 2명 등이다. 사형으로 기록된 345명 가운데 245명에 대한 총살집행은 1949년 10월 2일 이루어졌다.[154] 총살이 집행된 249명의 유가족은 구체적인 희생 장소와 날짜를 모르며, 시신을 수습한 사람은 아무도 없었다.

그나마 사형을 면해 형무소로 형살이를 가게 된 사람들에 대한 기록이 최근 발굴되었다.[155] 수형인을 해당 형무소로 인계하는 데 사용된 '군집행지휘서'가 그것이다. 즉 1949년 군법회의 결과에 대하여 함병선 제2연대장이 대구형무소장에게 보낸 형 집행 요청 문서로 해당문서에는 수형인의 성명과 본적 주소와 고등군법회의라 표기하였고, 재판일은 1949년 7월 3일, 형 집행 명령일은 1949년 7월 5일, 죄명은 국방경비법 제32, 33조 위반, 형량을 적시하였다. 그리고 다음과 같이 기록하였다.

〈그림 1-9〉의 '군집행지휘서'는 이후 설명할 여순사건 관련 '호남 계엄고등군법회의 명령(제2차 고등군법회의 판결집행명령서)'과 동일한 성격의 문서이다. 즉 군법회의 판결집행명령(군집행지휘서)은 군법회의 판결에 대한 사형판결 확인과 복역형무소에 형 집행 사실을 알리는 공문서이다. 군집행지휘

153) 제주4·3사건진상규명및희생자명예회복위원회, 『앞의 보고서』, 2003, 458쪽.

154) KMAG, G-2 Periodic Report, No. 192, October 6, 1949; Joint Weeka, No. 17, September 30-October 7, 1949(제주4·3사건진상규명및희생자명예회복위원회, 『앞의 보고서』, 2003, 459쪽).

155) 『제주도민일보』, 2018. 5. 1.

서의 '별지 군법회의 명령'이 바로 재판확정 내용을 명기한 내용으로 필자가
여순사건 관련하여 발굴한 호남 계엄고등군법회의 명령의 별지에 해당하는
셈이다.

〈그림 1-9〉 1949년 제주군법회의 군집행지휘서(국가기록원, 1949)

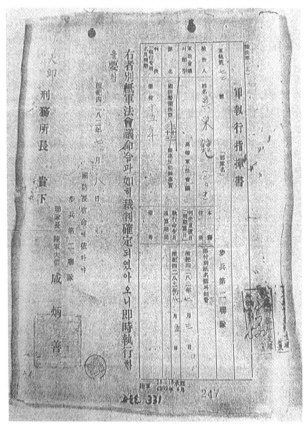

▲ 제주 1949년 7월 3일 판결명령에 대한 개인별 집행지휘서이며, 작
성일자는 7월 18일이다.

결국 제주4·3사건과 관련한 군법회의에서 유일하게 남아 있는 것은 판결문
도, 예심조서도 아니라 형무소에 사람들을 수형하기 위해 작성된, 집행명령서

와 수형인 명부가 유일한 셈이다.

'1949년 고등군법회의' 대상자들은 3월부터 하산해 한라산 인근에 가족단위로 피신해 있던 중산간 지역 주민들이었다.[156] 하산자들은 제주읍내의 주정공장 창고, 농업학교, 일도리 공회당, 용담리 수용소 등에 분산 감금되었고, 서귀포에는 정방폭포 위 감자공장과 천지연 부근의 창고에 감금되었다. 사찰 담당 경찰이 배치되어 고문과 취조를 했고, 경비는 주로 대한청년단원이 담당했다. 경찰이 취조를 통해 조서를 작성하여 군에 넘기는 형식이었다.[157] 귀순권고로 내려왔던 주민들은 사면은 고사하고, 불법 감금, 고문·취조 후 군법회의에 회부되었던 것이다.

제주4·3사건과 관련한 군법회의의 불법성에 대해서는 생존자들의 증언과 '4·3위원회'의 진실규명 노력을 통해 어느 정도 실체가 드러났으며, 법적인 측면에서 연구가 진행되었다.[158] '4·3위원회'는 관련자 증언과 문서 자료 조사를 통해 당시 군법회의가 국방경비법의 재판 절차를 준수하지 않았다고 결론지었다.[159] 특히 재판의 성립을 입증하는 판결문 등 소송 관련 기록의 부재는 군법회의의 형식성을 입증하는 증거로 제시되었다. 「1948~1949년 목포형무소 출소 좌익수명단」 중 군법회의 대상자만 '범죄개요'가 누락된 사실은 범죄사실을 기

---

156) 5월 11일 유재흥 사령관이 국제연합한국위원단에 보고한 바에 따르면, 3월 25일부터 4월 12일까지 포로가 3,600명이었으며(Transmitting Excerpt from UNCOK Report on Vist to Cheju Island, Despatch No. 358, June 17, 1949, American Embassy, Korea) 4월 21일에는 포로 및 귀순자 5,817명으로 증가했다(경향신문 1949. 4. 26.). 내무부장관의 5월 22일 작전 결과 발표에 따르면, 3월 5일부터 5월 14일까지 귀순자 총수는 6,014명이며, 그중 남자는 2,974명 여자는 3,040명이며 석방자 수는 4,163명, 현재 수용자는 1,851명이었다(『경향신문』, 1949. 5. 22.) 6월 말 제3연대장 함병선은 8,000명의 귀순자를 획득하여, 수용소에는 2,000명이 남아있다고 하였다(『경향신문』, 1949. 6. 29.).

157) 제주4·3사건진상규명및희생자명예회복위원회, 『앞 보고서』, 2003, 457쪽.

158) 계엄의 불법성과 국방경비법의 부존재 논의를 통한 군법회의의 불법성에 대한 대표적 연구는 이재승, 「제주4·3 군사재판의 처리방향」, 『민주법학』, 2003; 김창록, 「1948년 헌법 제100조: 4·3계엄령을 통해 본 일제법령의 효력」, 『법학연구』 제39권 1998; 이경주, 「제주4·3특별법 의 결취소'에 관한 헌재결정에 대한 비판적 고찰」, 『민주법학』 제22호, 2002; 김순태, 「제주4·3민중항쟁 당시의 계엄에 관한 고찰」, 『민주법학』 제14호, 1998 등이 있다.

159) 제주4·3사건진상규명및희생자명예회복위원회, 『앞 보고서』, 2003, 462쪽~467쪽.

록할 수 있는 판결문 자체가 애초 존재하지 않았음을 반증하는 것이었다. 그리고 제주4·3사건 관련 군법회의에 대해 정부와 국회 등에서 논의되지 않았고, 신문·잡지에도 전혀 보도되지 않았다는 점은 관련자들의 증언과 같이 재판이 실제 실행했는지에 대한 의구심을 갖도록 하였다.[160]

제주 군법회의의 불법성과 관련한 이러한 논의를 바탕으로 '1948년 계엄고등군법회의'와 '1949년 고등군법회의'의 차이에 주목할 필요가 있다. '1948년 계엄고등군법회의'에서 적용된 죄목은 형법 77조 내란죄였으나,[161] 계엄이 해제된 '1949년 고등군법회의'에서는 국방경비법이 적용되었다.

국가 긴급상황으로 규정되는 계엄 시기에 이른바 '반국가적 행위자'는 내란죄를 적용하여 처벌하였지만, 봉기와 폭동이 진압되어 사건이 일단락되어 계엄이 해제된 평시에 민간인을 내란죄로 처벌하는 것은 곤란했던 것으로 보인다. 이러한 상황에서 다수의 민간인을 단시일 내에 처리할 수 있는 방안으로 국방경비법[162] 제32조 제33조를 적용한 군법회의가 도입되었다. 주지하다시피 민간인에 대한 이 조항의 적용은 한국전쟁 시기에는 광범위하게 확대될 뿐만 아니라 이후에도 '군사에 관한 사항'이라고 한정하고 있지만 지속적으로 적용되었다는 점을 고려한다면,[163] 제주의 '1949년 고등군법회의'는 비계엄 상황에서 민간인을 군법회의를 통해 처벌할 수 있는 원형을 제공했다고 볼 수 있다.

---

[160] 불법적인 군법회의 재판에 대하여 2018년 4월 19일 4·3사건 생존 수형인 18명이 정부를 상대로 재심을 청구하였으며, 제주지방법원 제2형사부는 2018년 9월 3일자로 재심 개시 결정을 내렸다. 불법 군사재판 재심청구는 판결문 등이 없는 재판에 대한 첫 재심 개시 결정으로 불법적인 군사재판의 피해를 입증할 수 있는 계기를 마련하였다(『오마이뉴스』, 2018. 9. 4.).

[161] 시기적으로 앞선 여순사건 관련 계엄고등군법회의 적용 죄목은 형법 제77조 내란죄와 포고령 위반이다.

[162] 군법회의 절차, 내용을 규정하고 있는 국방경비법은 1946년 6월 15일 조선경비대 내의 미군정청 고문 손성겸에 의해 기초되었다고도 하고, 경비사령부 법무관으로 있던 김완룡과 통위부 법무감 이지형이 전시미군법전(Articles of War)을 번역하여 한국 군대 조직법을 만들었다고 하기도 한다. 국방경비법은 당시 정치적 상황 속에서 조선경비대는 표면적으로 경찰예비대였으며, 국방경비법을 만들었으나 공포할 수 없었다(짐 하우스만·정일화, 『한국대통령을 움직인 미군대위』, 한국문원, 1995; 국방부 전사편찬위원회, 한국전쟁사 제1권: 해방과 건군, 1967, 133~134쪽).

[163] 최경록, 『군법해설』, 1953, 44쪽

당초 국방경비법의 피적용자(제1조)는 군인·군속으로 명확히 규정되어 있다. 그리고 제32조 제33조는 당초부터 민간인에 대해 적용하도록 의도된 것은 아니었다. 즉 '적에 대한 구원, 통신 연락 또는 방조한 자'와 '요새지, 주둔지 숙사(宿舍) 혹은 진영(陣營) 내에서 간첩으로 잠복 또는 행동한 자'라고 하여 위반 행위에 대하여 구체적인 행위와 장소를 적시하였다. 그런데 제주의 '1949년 고등군법회의'에서는 이 조항을 불법적으로 악용하여 민간인에게 적용하여 사형까지 언도하였던 것이다.

여순사건 관련 계엄군법회의

여순사건 당시 군법회의도 제주에서의 그것과 크게 다르지 않았다. 여순사건 과정에서도 군법회의가 요식 행위로 진행되었다는 사실은 생존자와 목격자뿐 아니라 당시 자료를 통해 많은 부분 밝혀졌다.[164]그러나 군법회의 방청 조차도 일반인은 물론 신문기자에게도 금지되었고 비밀리에 열렸기 때문에 얼마나 많은 사람들이 군법회의에 회부되었고, 얼마만큼의 형을 선고 받았는지는 구체적으로 파악하기는 어렵다. 여순사건과 관련하여 당시 신문은 11월 4일 제1차 고등군법회의를 시작으로 25일까지 약 한 달 동안 계엄사령부가 있던 광주와 여수, 순천 현지에 설치된 육군중앙고등군법회의와 고등군법회의가 5차에 걸쳐 진행되었다고 발표되었다. 당시 신문에 발표된 재판 결과는 〈표 1-7〉과 같다.[165]

---

164) 여수지역사회연구소, 『여순사건 실태조사보고서』 1집, 1998, 250쪽; 주한미군사고문단 연락사무소가 제2군사령관 소장 멜리스 2세에게, 제주4·3연구소편, 『제주4·3자료집: 미군정보보고서』, 2000, 359~340쪽.

165) 김득중, 『앞의 책』, 2009, 339쪽 재인용(육군중앙고등군법회의 관련 통계는 일부 오류가 있어 수정하였다. 무기징역 110명→50명, 5년 50명→110명, 1년 28명→30명, 무죄 24명→1명, 보류 1명→28명 이었다).

구분	형량									출처
	사형선고	무기	20년형	5년형	1년형	무죄	보류	양민판명	총계	
제1차 고등군법회의 (광주, 11. 4.)	12	9	11	4		12			48	『동광신문』, 48. 11. 6. 『호남신문』, 48. 11. 6·13. 『독립신문』, 48. 11. 16.
제2차 고등군법회의 (순천, 11. 13.~14.)	102		79	75		12		190	458	『동광신문』, 48. 11. 17.
육군중앙고등군법회의 (대전, 11. 6.~20.)	224	50		110	30	1	28		417	『동광신문』, 『독립신문』, 『서울신문』 48. 11. 27.
제3차 고등군법회의 (여수, 11. 20.~21.)	280		118	108				299	805	『동광신문』, 48. 11. 24.
제4차 고등군법회의 (순천, 11. 24.~25.)	73		48	42				40	203	『동광신문』, 48. 11. 27.
총계	691	119	256	259	28	48	1	529	1,931	-

〈표 1-7〉에서와 같이 제1차 고등군법회의는 1948년 11월 4일 개최되었다. 계 엄지구 법무처 발표에 따르면, 재판 대상자는 호남방면 반란군과 관련된 지방 민으로 사형 12명, 무기 9명, 20년 징역 11명, 5년 징역 4명, 즉시 석방 12명이 었다.[166]

제2차 고등군법회의는 11월 13~14일 양일간 순천에서 열렸다. 제2차 군법회 의와 관련하여 국방부 법무관 김완룡 중령에 따르면 이들은 '순천지방 반란사 건에 가담하였다가 체포된 일반 폭도혐의자'였으며, 458명 중 190명이 석방되 고 268명을 군법회의에 회부하였다. 사형 102명, 20년 징역 79명, 5년 징역 75 명, 무죄석방 12명으로 사형판결자의 형 집행은 확인 장관의 확인을 얻은 후 '불일내 집행할 것'이라고 발표했다.[167]

---

[166] 김득중은 제1차 고등군법회의 대상자가 제14연대 군인과 일반 시민이라고 하였으나(김득중, 『위의 책』, 2009, 340쪽), 제1차 고등군법회의는 '반란군 가담 지방민'이었다. 제14연대 군인은 육군중앙고등군법회의에 회부되었던 것으로 보인다.

[167] 『동광신문』, 1948. 11. 17. 사형에서 무기로 감형된 사람일 것으로 추정된다.

제3차 고등군법회의는 11월 20~21 양일간 여수에서 열렸다. 11월 19일까지 여수에서 잡힌 '지방폭도' 805명 중 석방자 299명을 제외한 506명을 대상으로 진행된 제3차 고등군법회의 결과는 사형언도 208명, 20년 118명, 5년 징역 108명이었다. 이 또한 확인 장관의 확인이 있는 대로 형을 집행할 예정이었다.[168] 제4차 고등군법회의는 11월 24~25 양일 간 순천에서 열렸다. 4차 고등군법회의는 11월 12일부터 23일까지 순천지역에서 검거된 혐의자 203명에 대한 재판이었다. 석방자 40명을 제외한 163명에 대하여 사형 73명, 20년 징역 48명, 5년 미만 42명이었다.[169]

한편 육군중앙고등재판장 이지형의 발표에 따르면, 육군중앙고등군법회의는 11월 6일~20일까지 10차례에 걸쳐 열렸다. 417명 중 사형 224명, 무기징역 50명, 5년 징역 110명, 1년 징역 30명, 보류 28명, 무죄 1명의 판결을 내렸고, 1차로 사형을 받은 55명에 대하여 대통령의 집행확인이 있었다.[170] 육군중앙고등군법회의는 약 14일간 417명에 대한 심리와 판결이 있었는데, 1일 평균 30명 가까운 인원이 판결을 받았다고 볼 수 있다.

한편 판결 후 확인 장관의 서명 후 형집행이 가능했는데, 육군중앙고등군법회의 회부자는 제14연대 군인으로 이승만 대통령의 집행확인이 있었다는 점을 강조하였다.[171] 또 육군중앙군법회의에서는 회부자의 약 54%가 사형 판결을 받았던 것으로 보아 제1차~제4차까지의 군법회의에 비교하여 사형 판결의 비율이 매우 높았음을 알 수 있다.

그밖에 군법회의와 관련하여 미군 보고서에는 1948년 11월 29일까지 50명의 민간인을 포함한 총 1,700명이 재판을 받았다고 기록하고 있으나, 이는 주로

---

168) 『동광신문』, 1948. 11. 24.

169) 『동광신문』, 1948. 11. 27.

170) 『서울신문』, 1948. 11. 27.

171) 여순사건 혹은 이와 관련한 숙군 과정에서 얼마나 많은 군인들이 군법회의에 회부되었는지 아직도 명확하지 않다. 1949년 『국방부특명철』은 군인들에 대한 군법회의 기록을 담고 있다. 이는 별도의 연구가 필요하다고 하겠다.

군인이었다. 이 가운데 866명은 사형 선고를 받았고 67명은 사형이 집행되었다. 150명이 무기징역을 선고 받았고, 514명은 공소사실이 기각되었으며 나머지 혐의자는 1년에서 20년을 선고받았다.[172] 1949년 1월 미군보고서는 이 국방부의 발표를 인용하여, 총 2, 817명의 재판 사실을 기록하였다. 이 가운데 410명이 사형, 563명이 무기징역을 받았다.[173] 그리고 대전 육군중앙군법회의 결과를 1949년 2월 신문과 잡지에서 보도하였는데, 1949년 1월 22일까지 모두 9차례 재판이 열렸고 기소인원 3,715명 중 전체의 20%인 1,035명이 불기소 석방되었음을 알 수 있을 뿐 형량에 따른 인원수를 파악할 수 없다.[174]

그동안 여순사건과 관련하여 반란군을 제외한 많은 민간인들이 계엄 상황을 이유로 군법회의를 통해 사형과 무기를 선고받고 처형되었지만, 이들이 범한 죄가 무엇이며 어떤 절차를 통해 재판 받았는지 알 수 없었다. 그런데 국가기록원이 소장하고 있는 수형자 신분장에 여순사건 당시 호남계엄지구 고등군법회의 명령 제3호(이하 '호남 계엄고등군법회의 명령')가 포함되어 있는 것을 발굴하게 되었다.[175] '호남 계엄고등군법회의 명령'은 제2차 고등군법회의 관련 신문보도 내용과 재판 회부자수, 형량, 판결자 수가 모두 동일하고 판결 언도 일자를 11월 14일로 기록하고 있는 것으로 보아 11월 13~14일 순천에서 있었던 제2차 고등군법회의 판결 집행 명령서로 생각된다. '호남 계엄고등군법회의 명령'의 내용은 〈그림 1-10〉과 같다.

---

172) HQ, USAFIK, G-2 Periodic Report(한림대학교 아시아문화연구소, 『주한미군 정보일지』), 1948. 12. 4.

173) HQ, USAFIK, G-2 Periodic Report(한림대학교 아시아문화연구소, 『주한미군 정보일지』), 1949. 1. 12.

174) 『자유신문』, 1949. 2. 7;「그 후의 반란지구 모습」, 『주간 서울』 제2주 제25호, 1949. 2.

175) 「순천 군법회의 명령」은 피고인 ○○○의 수용자 신분장의 별지인 〈판결 집행 명령서〉에 포함된 문서이다. 수용자 신분장은 피고인 명적부, 집행 지휘서와 이에 첨부된 별지로 구성되어 있다. 집행 지휘서는 피고인 성명, 형명, 재판 확정 년월일, 비고(재판일, 죄명)가 기재되어 있으며 1948년 12월 4일 광주지방검찰청 검찰관이 복역 장소인 목포형무소장에게 송부한 문서이다. 집행지휘서에 첨부된 별지가 호남계엄지구 고등군법회의 명령 제3호이다. 앞서 살펴본(96쪽 참조) 제주4·3사건 관련 '군집행지휘서'도 같은 성격의 자료이다

〈그림 1-10〉 호남 계엄고등군법회의 명령

광주호남계엄지구사령부
호남계엄지구 고등군법회의 명령제3호

Ⅰ. 설치명령: 단기4281년 10월 30일 附 湖南軍行命 제6호 및 단기 4291년 11월 3일
     附 同 수정명령 제10호
Ⅱ. 공판장소: 계엄지구 전남 순천동국민학교
Ⅲ. 피고인: 성명, 주소, 연령, 직업
Ⅳ. 죄목: 1. 죄과: 형법 제77조 및 포고령 제2호 위반
          범죄사실: 내란 및 국권변란죄
        2. 죄과: 포고령 제2호 위반
          범죄사실: 공중치안 질서 문란죄
Ⅴ. 항변: 전피고인은 右 죄과와 범죄사실에 대하야 무죄
Ⅵ. 판정
Ⅶ. 판결
Ⅷ. 판결언도 일자: 단기 4281년 11월 14일
Ⅸ. 심사장관의 조치: 記 판결을 승인하며 적절히 집행을 명함
Ⅹ. 확인장관의 조치: 記 사형판결을 확인함. 但 ○○○ 등은 무기징역으로 감형하며 적절한
          집행을 명함. 사형집행에 관하여서는 호남계엄지구사령관에게 일임함
Ⅺ. 복형장소: 목포지방형무소

단기 4281년 11월 24일 전남광주호남계엄지구사령부
사령관 육군중령 김백일(직인)

　

'호남 계엄고등군법회의'는 1948년 10월 30일 처음 설치되었으며, 이후 1948
년 11월 3일 수정 명령 10호를 시행했음을 알 수 있다. 위 자료는 형식면에서
제주4·3사건 관련 '제주 군법회의 명령'과 큰 틀에서는 동일하나 〈표 1-8〉에서
와 같이 몇 가지 차이점이 발견된다.

〈표 1-8〉 여순사건과 제주4·3사건 계엄고등군법회의 명령 비교

분류	호남 계엄고등군법회의	1948년 제주 계엄고등군법회의
공판장소	·계엄지구 전남 순천 동국민학교	·제주지방법원
죄과 (범죄사실)	·형법 제77조 및 포고령 제2호 위반(내란 및 국권변란죄) ·포고령 제2호 위반(공중치안 질서 문란죄)	·형법 제77조 위반(내란죄)
사형판결자 처리	·사형 집행을 호남계엄지구사령관에게 일임	·사형 집행 기한 명시 ·집행 방법 장소 제주도계엄사령관이 명함
복역장소	·성별, 연령 구분 없음	·남수인, 여수인, 소년수인 구분 수형 명기
자료상태	·필사체 ·형식 없는 백지	·활자체 ·별도 서식 존재

제주 군법회의와 비교하면, 여순사건의 경우 순천지방법원이 있었음에도 불구하고 순천동국민학교에서 군법회의가 진행되었다. 또 사형집행 방법과 복역 장소 지정 등이 불명확하고 모호하게 처리되어 있다. 죄명은 형법 77조 위반과 포고령 제2호 위반이 적용되었다는 점이 특히 주목된다.176) 1948년 12월에 있었던 제주 군법회의에서는 형법 제77조만을 적용했는데, 이는 미군정의 포고령 위반을 적용하는 데 무리가 있어 제주 군법회의부터는 수정된 것으로 생각된다. 그러던 것을 앞서 제주 4·3사건 관련 군법회의에서 살펴본 바와 같이 1949년 제주 군법회의에서는 국방경비법 제32조 제33조를 적용하였다. 범죄사실은 형법 제77조의 경우 내란 및 국권변란죄이며, 포고령 제2호 위반의 경우 공중치안 질서 문란죄로 동일했다. 형량이 적은 경우 포고령 제2호 위반을, 많은 경우 형법 제77조를 일괄 적용하였다. 판결문에 구체적인 범죄사실을 적시하지 않고, 일괄 적용한 것은 '신속한 재판'에 따른 것이었거나 재판 자체가 없이 형식만을 갖추었다는 의구심을 갖게 한다.

여순사건 군법회의와 제주 군법회의 자료 상태는 작성자나 작성 상태가 서로 달랐음을 단적으로 보여준다. 〈그림 1-11〉은 계엄사령관 김백일과 함병선의 필체와 직인이다. 〈그림 1-11〉에서 보는 바와 같이 두 문서는 모두 계엄사령관 (좌)김백일과 (우)함병선의 직인이 찍혀 있는 것으로 보아 원본을 등사한 자료이다. 두 자료는 각각 11월 24일과, 12월 29일에 작성되어 약 한 달여 기간 밖에 차이나지 않는 문서이다. 그러나 (좌)'호남 계엄고등군법회의 명령'은 판독이 어려울 정도로, 재판소 서기가 작성했다고 보이지 않고 정식 재판소 용지가 아닌 백지를 사용하였다. 1948년 11월 4일에 열렸던 제1차 군법회의 회부인원에 비교하여 4배가 넘는 인원을 현지에서 13·14일 이틀 동안 처리했던 제2차 군법회의 상황을 그대로 보여주고 있다.177)

---

176) 적용 죄목이 (구)형법 77조와, 포고령 2호로, 동시 적용되고 있다는 점은 흥미롭다. 일제 형법과 미군정이 한반도 진주 후 '점령군'으로써의 성격을 드러내며 밝힌 포고령을 동시에 적용하고 있다. 국가수립 과정에서 일제 식민지와 미군정의 경험이 뒤섞여 있다. 계엄법이 없는 상황에서 법 집행 주체인 현지사령관은 일제식민지 경험과 미군정 시기 경험 둘 다를 가져왔다고 볼 수 있다.

〈그림 1-11〉 계엄사령관 김백일(좌), 함병선(우)의 직인

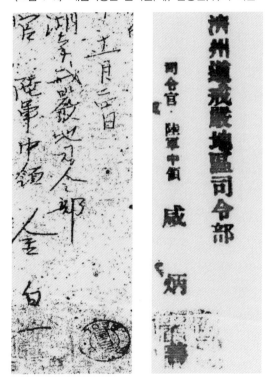

'호남 계엄고등군법회의 명령'은 당시 군법회의의 관할이 광주호남 계엄지구
사령부를 통해 이루어졌음을 보여준다.[178] 광주호남 계엄지구 사령부의 관할
아래 호남계엄지구 고등군법회의가 설치되었던 것이다. 이는 앞서 살펴본 바와
같이 10월 25일 여수와 순천지구에 선포된 계엄이 공식적으로 계엄 지역 확대
조치 없이 호남지역으로 확대하여 실시되었음을 입증하는 자료라고 할 수 있

---

[177] 제주4·3사건 관련 수형인 명부는 1차~12차에 걸친 군법회의 판결 내용을 하나로 모아 별도로
활자화했을 가능성이 있다. 특히 1949년 군법회의 자료의 경우 더욱 간략하게 정리되어 있어,
정리 후 직인을 찍었을 가능성도 있다고 보인다.

[178] 계엄사령부 명칭이 광주호남 계엄지구사령부와 전남광주호남 계엄지구사령부로 다르게 쓰고
있으나, 뒤의 전남은 전라남도 광주의 표현으로 보아야 할 것이다. 따라서 공식명칭은 광주호
남 계엄지구사령부라고 보인다.

다. 즉 11월 1일 원용덕 사령관이 전라남북도로 계엄 지역을 임의적으로 확대한 것을 이인 법무부장관이 부인했음에도 불구하고 실제적으로 계엄이 실시되었던 것이다. 그리고 1948년 11월 당시 계엄지구였던 광주호남지역의 계엄사령관은 호남방면토벌사령부 사령관 원용덕 대령이 아니라 호남방면토벌사령부 예하에 있었던 남지구토벌사령관 김백일이 관장했음을 명확히 알 수 있다.

여순사건과 관련하여 제2차 계엄고등군법회의에서 재판을 받은 사람들은 어떤 사람들이었을까? 관련 신문보도에 따르면, '순천지방 반란사건에 가담하였다가 체포된 일반 폭도혐의자'는 458명이 재판에 회부되었고, 이 중 '양민'으로 판명된 190명이 석방되고 나머지 268명이 계엄고등군법회의에 회부되었다고 한다. 이들은 직접적인 반란군이 아닌 반란군 협조 혐의를 받아 체포된 순천지역 주민들이었다.

고등군법회의 결과는 사형 102명, 20년 징역 79명, 5년 징역 75명, 무죄석방 12명이었다.[179] 형량 면에서 무기징역이 전혀 언도되지 않았다가 확인 장관 조치로 66명이 무기로 감형되는 것은 제주의 경우와 마찬가지로 처음 언도된 형량이 지나치게 높았음을 보여준다고 하겠다. 더불어 '일반 폭도혐의자'로 잡힌 사람 중 반수 가까이가 석방되었다는 것은 군법회의에 체포 구금이 무원칙적으로 진행되었음을 보여주는 것이다.

여순사건 관련자의 형량은 제주4·3사건 관련자들에 비해 무거웠다. 무죄석방자 13명을 제외하고 분석해보면, 제주4·3사건 관련자들이 사형 4%, 무기 8%, 20년형 11%, 15년형 30%, 5년 이하 47%로 나타나는 반면 여순사건 관련자들은 사형 17%, 무기 25%, 20년형 30%, 5년 이하가 28%로 사형과 무기가 전체의 42%를 차지하고 있어 군법회의 회부자 중 절반 가까이가 사형과 무기를 선고받았음을 알 수 있다. 체포자 중 절반 이상이 무죄 방면된 반면, 나머지 절반이 사형과 무기를 받았다는 사실과 458명에 달하는 인원이 이틀에 걸쳐 이러한 판결을 받았다는 것은 형량의 과도함과 더불어 군법회의 절차가 제대로 이루

179) 『동광신문』, 1948. 11. 17.

어졌는가라는 의문을 갖도록 한다.

　호남지구 계엄고등군법회의에서 재판을 받은 254명에 대한 지역, 연령, 직업, 판결 형량을 살펴보았다.[180] 순천지역에서 군법회의가 열린 만큼 대부분이 순천 거주자였으며, 이 중 순천읍 거주자가 가장 많았다. 이것은 희생자의 직업이 철도원, 학생·생도, 교원, 관리, 은행원 등이 순천읍을 거주지로 하고 있으며 그 외 양복점, 이발업, 시계업 등의 자영업자와 노동·인부, 무직자 등 도시 소상인과 빈민층이 다수 끌려갔던 것과 관련된다. 또한 군법회의가 설치되었던 지역을 중심으로 '혐의자' 색출이 진행되었기 때문에 나타난 현상이었다.[181] 연령 분포를 보면 20대가 가장 많아 약 56%에 달하고 있고, 10~30대가 대부분을 차지하고 있다. 이러한 점은 '반란군 협력' 혐의가 10~30대 남성에게 집중되었기 때문이었다.[182] 여순사건과 관련한 호남지구 계엄고등군법회의 대상자를 직업별로 분류하여 형량을 살펴보면 〈표 1-9〉와 같았다.

〈표 1-9〉 호남지구 계엄고등군법회의 대상자 직업별 형량 현황

직업	형량						인원
	사형	무기	20년	5년	무죄	모름	
공업	1			1			2
관리	2	3	1	2			8
교사/교원		2	5	5	1	1	14
기자	1						1
노동/인부	3		1	2			6
농업	22	18	13	26	5	10	94

---

180) 군법회의에 회부되었던 사람들의 신원이 알려진 것은 제1차 고등군법회의의 경우다. 1차 고등군법회의 재판을 받은 사람들은 14연대 군인뿐만 아니라 남녀노소 시민이 모두 포함되었으며, 사형 구형자 28명 중 전문학교 이상의 대학 졸업자가 다수로 고학력자와 교육자가 많았다. 여성도 4명이 포함되어 있었다(『동광신문』, 1948. 11. 6.).

181) 여수 지역의 경우 율촌면, 여수읍 출신으로 철도원 교원 학생 등이 많았다. 보성 지역은 보성읍, 득량면, 조성면, 벌교면 등 순천인근 지역에 사는 사람들로 직업은 철도원, 학생, 관리 등으로 주소지가 여수·보성이더라도 순천지역에서 생업이나 학업을 하던 사람들로 추정된다. 광양, 곡성 지역 또한 광양읍이나 죽곡면 출신으로 순천 인근 면 출신이었다.

182) 이는 순천지역 피해를 조사한 여수지역사회연구소의 『여순사건 실태조사보고서』의 분석과도 일치한다.

							합계
목공			2	1			3
무직	1	2	3	3			9
상업	1			1			2
생도/학생		5	3	4	5	4	21
서기						1	1
시계점	1						1
양복점	1						1
어업	1						1
운전수	1						1
은행원		2					2
이발업	1	2				2	5
전공	1	1					2
제재업		1					1
직공				1			1
철도원	4	16	24	7	1	6	58
모름	3	2	7	3	1	4	20
합계	44	54	60	55	13	28	254

〈표 1-9〉에서와 같이 군법회의 회부자의 직업적 특징을 살펴보면, 첫째, 학생·생도, 교원, 관리, 은행원, 기자 등의 비율이 농업을 제외하면 상당히 높다. 이는 제1차 고등군법회의에 회부되었던 사람들이 고학력자나, 교육자 등이 많았던 것과 일치하는 양상이라고 할 수 있다.

둘째, 학생, 농업, 교원, 철도원의 비율이 가장 높다는 점이다. 당시 가장 많은 직업군이었던 농업을 제외하고 학생, 교원, 철도원이 가장 많이 재판에 회부되었는데, 이들이 '반란군 협력세력'으로 낙인 찍혔던 사람들이었다. 철도원은 주요 교통수단이었던 철도를 책임졌고, 여수에서 14연대 군인들이 철도를 이용해 순천역으로 들어와 해방구를 만들었던 점, 그리고 해방 이후 철도노조 활동의 경험 등으로 봉기 참여세력이 상대적으로 많았다는 점에서 군·경의 요주의 대상이 되었다. 그러나 교통부장관조차 이들을 비호한다는 오해를 받을 수 있어서 손을 쓸 수 없었다. 철도 공무원들은 반란군의 위협 때문에 그들이 지시하는 대로 움직일 수밖에 없었다고 주장하여 석방되기도 했다.[183]

183) 김득중은 허정의 증언을 들어 100여 명의 철도원이 석방되었다고 하였으나, 그 수는 정확치 않다. 다만 제2차 군법회의에 회부된 철도원 약 60여 명 가운데 6명 정도가 석방된 것으로 파악된다.

또한 학생과 교사는 일찍부터 봉기의 협력자로 주목되었는데,[184] 특히 봉기의 주동자가 여수여중 송욱 교장이라는 보도와 여학생들까지 전투에 참가했다는 신화를 유포시키면서 군·경은 학생과 교사들을 '반란 가담자'로 몰아갔다. 송욱 여수여중 교장이 인민위원회에 참여했다고 알려진 것은 교육계에 적화사상이 침투한 대표적 사례로 알려지면서 적화사상 침투 의혹은 교육계 전반으로 확산되었다.[185] 광주에서 제1차 고등군법회의가 끝난 뒤 법무총감 김완룡 중령은 '피고 중에는 전문대학 출신이 다수 있고 대부분이 교육자이며, 이들은 학생을 동원하고 무기를 주어 양민을 대량 학살케 하고 학생들에게 안내하게 했다'고 밝히기도 했다.[186]

셋째, 노동·인부, 직공, 무직 등의 도시빈민층과 시계점, 양복점, 이발업 등 도시소상인들이 군법회의에 회부되었다는 점이다. 이들은 1차 고등군법회의에서는 상대적으로 고학력층의 대상자가 많았던 것과는 대조적인 현상이었다. 여순사건 참여자에 대한 심층적인 연구가 필요하다고 하겠다.

직업과 형량과의 관계에서 주목되는 점은 전공, 노동/인부, 무직자 등은 군법회의에 회부된 인원은 적지만, 사형 또는 무기징역 등의 높은 형을 받았다는 점이다. 철도원의 경우도 무죄를 받은 사람도 있지만 대체로 20년 이상의 높은 형을 받았다.

유족들과 관련자들의 증언에 따르면 군법회의에 회부되는 과정은 크게 경찰에 의해 경찰서 등지로 연행되었다가 군법회의에 회부된 경우와 진압 군인들이 현장에서 소위 '성분분류'를 하고 즉결처분한 후 생존자를 군법회의에 회부한 경우로 구분해 볼 수 있다. 그리고 이들은 범죄 사실에 의해 연행된 것이 아니라 광범위한 '혐의'만으로 연행되었다는 점을 희생지역 증언을 통해 알 수 있다.[187]

---

184) 여순사건의 특기할 점은 민간인, 특히 학생들의 적극적인 참여였다. 좌익계 학생들은 민애청, 민주학생동맹을 중심으로 여순사건에 깊숙이 개입했고, 이는 진압군이 학생 전체를 반군 동조 세력으로 간주하게 하는 원인이 되었다.

185) 여수지역사회연구소, 『여순사건 실태조사 자료집』 제2권, 1999, 73쪽.

186) 여순사건 당시 송욱 여수여중 교장을 둘러싼 군법회의 대상자들에 대한 언론 플레이와 그 성격에 대해서는 김득중의 『앞의 책』, 2009 참조.

이와 관련하여 '호남 계엄고등군법회의 명령'에서 신원을 파악할 수 있는 철도원은 약 58명인데, 이 중 장○○ 유족의 증언과 '호남 계엄고등군법회의 명령'을 통해 군법회의 진행 과정과 사형 판결자의 형 집행을 재구성할 수 있었다.[188]

철도원 희생자 부인의 증언에 따르면, 철도국원은 전원 출근하라는 연락이 와서 출근하자 이름이 호명된 사람들은 순천역 창고에 감금되었다.[189] 이들은 순천역 창고에서 한동안 군기대에 의해 조사를 받았고, 순천시내로 옮겨진 뒤 군법회의에 회부되었다. 이때 잡혀간 사람이 '호남 계엄고등군법회의 명령'에 따르면 약 58명이고 이 중 사형판결을 받은 사람은 4명이었다. 이들 4명은 다른 사형 판결자들과 함께 총살되었다.

철도원 희생자 유족의 증언과 '호남 계엄고등군법회의 명령'을 교차 검토한 결과 11월 14일 재판으로 사형을 선고받은 뒤 11월 24일 계엄사령관의 명령을 통해 형이 확정되어, 사형이 집행되었다. 그리고 5일 후인 11 29일 사형을 언도받은 사람들은 조곡동 야산에서 총살된 뒤 화장되었다.[190] 그러나 순천지역 실태조사 자료와 '호남 계엄고등군법회의 명령'을 비교해 본 결과 사형판결자의 유족들은 이들이 대부분 대전형무소에서 집단총살된 것으로 알고 있었다. 이는 군법회의 이후 소식 두절된 상황에서 여순사건 관련자들이 대전형무소에서 집단 처형된 사실을 유족들이 관련지었기 때문이었다.

▓▓▓▓▓▓▓▓

187) 호남지구 계엄고등군법회의에서 재판을 받은 사람들의 희생 과정을 살펴보기 위해 '호남 계엄고등군법회의 명령'에서 확인 가능한 254명을 유족 등 관련자 증언을 통해 작성된 여수지역사회연구소의 『여순사건 실태조사보고서』(1999)를 비교한 결과 19명이 일치하였다. 유족들의 증언을 바탕으로 한 『여순사건 실태보고서』가 공식문서와 마찬가지로 사실성을 바탕으로 하고, 실제 상황을 잘 보여주고 있음을 알 수 있다.

188) 희생자 장○○의 딸 장○○, 부인 진○○, 미공개 증언, 김춘수(2007. 11.) 구술채록.

189) 당시 조○○와 함께 죽은 사람은 3~40명이었다고 한다. 부인은 조○○의 제사를 음력 10월 29일(양력 11월 29일) 지내고 있는데, 이날은 순천시내로 가다가 트럭을 만난 날이라고 한다.

190) 총살 후 화장은 여순사건이나 형무소 학살 등 대규모 학살 현장에서 자주 등장했다. 여수의 만성리 학살이 대표적이며, 대전 산내면 골령골 학살 증언자들은 "지휘자의 구령에 따라 M-1총을 발사하면 총에 맞은 사형수는 고개를 푹 떨구고 그러면 뒤에서 지휘자가 확인사실을 해요. 뒤이어 소방대원이 손을 풀고 미리 준비한 장작더미에 던져 50~60명씩 차면 화장을 해요"라고 증언했다. 따라서 군법회의에 따른 집행은 총살로 끝나지 않고 시신에 불을 지르는 행위로까지 나타났다.

4. 계엄의 해제와 계엄상태의 지속

제주도 계엄은 1948년 12월 31일, 여순지역 계엄은 1949년 2월 5일 국무회의 의결을 통해 해제되었으며 이는 관보를 통해 공표되었다.[191] 그러나 공식적인 계엄 해제에도 불구하고 계엄 해제와 관련되어 여순사건과 제주4·3사건 당시 그 효력에 대해 알려지지 않았다는 것은 공통적인 사실이다. 계엄 해제에 따라 일반 행정·사법사무의 복귀는 물론 특별조치에 따른 제한 조치들은 효력을 정지해야함에도 불구하고 해당 지역 주민은 물론 군인과 지휘관들조차 해제 사실을 알지 못하는 경우가 많았다.[192] 미군보고서도 당시 계엄 해제 사실이 일반에 잘 알려지지 않았음을 인정하고 있다.[193]

계엄 해제 사실이 알려지지 않은 채 토벌 작전이 전개되어 군은 계엄상태와 동일하게 주민들의 거주 이전은 물론 영장 없는 체포·구금, 고문 등의 기본권을 억압하고 불법적인 조치들을 멈추지 않았다. 계엄 해제 3일 전인 1948년 12월 29일 계엄 운용의 주체이자 강경진압작전을 벌여온 제9연대가 대전의 제2연대로 교체되었다.[194] 이승만은 계엄 해제와 무관하게 제2연대와 서북청년단을 통해 강력한 진압을 추진하고자 했다.[195] 계엄 해제 이후에도 토벌작전은 지속되었으며 전투력은 더욱 강화됐다. 제주도에 경찰서가 증치되었으며 1949년 2월 19일에는 경찰특별부대가 편성되었다.[196]

이미 군 수뇌부에서는 제2연대로 교체하기 전인 1948년 12월 말 '폭도 진압

---

191) 『관보』 제26호, 1948. 12. 31; 『관보』 호외, 1949. 2. 5.

192) 제주4·3사건 진상조사 보고서에 따르면 1949년 제주 주둔 제2연대 대대장 전부일은 "계속 계엄령 상태인 줄 알았구"고 증언했고, 1949년 7월 제주주둔 독립대대장 김용주는 "그때 나는 제주지구 계엄사령관으로 임명되어 왔다"고 증언하기도 했다(『제주4·3사건 진상보고서』, 2003, 288쪽).

193) HQ, USAFIK, G-2 Periodic Report, No. 1056, February 5, 1949.

194) 左左木春隆, 『앞의 책』, 병학사, 1977, 283쪽.

195) 이승만 대통령은 내무부장관과 합의하여 서북청년회 단원들을 남한 전역에 파견할 계획을 세웠는데, 서청을 군에 6,500명, 경찰에 1,700명가량 공급할 계획이었다(HQ, USAFIK, G-2 Periodic Report, No. 1005, December 6, 1948.).

196) 『자유신문』, 1949. 5. 19.

이 일단락'됐다거나 '사태가 날로 평온해 졌다'고 언급할 정도로 제주도의 무장대는 무력화되어 있었다. 그럼에도 불구하고 1949년 1월 4일 제2연대 함병선 연대장은 계엄 지속을 경비사령부에 요청하기도 했다.

> 제주도 주둔 제2연대장은 1월 4일 제주도에 내려진 계엄령을 지속시켜 줄 것을 무선으로 경비대사령부에 요청했다. 그는 계엄령 상의 야간통행금지와 이주제한이 지속되지 않는다면 유격대 토벌이나 북한선박의 물자공급을 막는 데에 크게 불리할 것이라는 점을 지적했다.[197]

'잔비토벌'을 명분으로 한 강경 진압작전은 제주의 경우 3월 초까지 지속됐고, 여순사건의 경우 지리산지구전투사령부가 토벌작전을 전개한 49년 말까지 지속됐다고 할 수 있다.

제주도 계엄 해제 이후 호남지구의 계엄 해제 여론이 일자 이에 대하여 제5사단장 김백일은 1949년 1월 15일 계엄을 폐지하지 않은 이유에 대하여 '귀순공작의 성과를 올리기 위한 것'이며 '귀순공작이 완료되면 즉시 폐지할 것'이라 말하였으나 계엄은 지속되었다.[198] 선무공작을 이름으로 한 토벌전은 계속되었으며 현지 주민의 피해는 '군인 경관 의용단원들이 행한 다소간의 월권행위'로 치부되었다.[199]

토벌 과정의 문제는 국회에서 조국현 의원에 의해서 직접적으로 문제가 제기되었다.[200] 또 시국수습대책위원회에서는 지역주민들의 계엄 해제 열망을 전하기도 했다.[201] 이에 국회 시국수습대책위원회는 여순사건 수습을 위한 대정부 건의안을 작성하여 국회본회의에 회부하였는데, 가장 먼저 제기된 것은

---

197) HQ, USAFIK, G-2 Periodic Report, No. 1029, January 5, 1949.

198) 『동광신문』, 1949. 1. 18.

199) 『대동신문』, 1949. 1. 25.

200) 『국회속기록』 제2회 제15호, 1949. 1 . 27.

201) 『서울신문』, 1949. 1. 29;『국무회의록』, 1949. 1. 28(국무회의에서 이승만은 "여수순천지구 계엄령의 철폐를 요구하는 자가 다대하니 고려하라"고 지시했다).

'계엄령을 즉각 철폐하고 피의자를 법에 의하여 처단'하라는 것이었다.[202]

국회와 시국수습대책위원회의 요청에 따라 이승만의 지시로 계엄 해제가 검토되었지만, 계엄 해제는 이러한 요구에 의한 것은 아니었다. 유엔한국위원단이 1월 30일을 시작으로 속속 입국하기 시작했으며,[203] 유엔한국위원단 회의가 2월 6일 비공개회의를 시작으로 개최될 예정이었다.[204] 이승만 대통령은 유엔한국위원단의 내한을 기점으로 '경찰국가'라는 비평과 '시민의 자유권이 제한되어 있다'는 비평을 고려하였다. 대한민국 정부가 국민의 자유의사에 기반한다는 것을 보여줄 필요가 있었다. 따라서 1949년 2월 1일 개최된 제15차 국무회의에서 국방부장관은 'UN한위 입국 등 정치적 관계를 고려하여 해제 상신하였다'고 보고하였다.[205] 제2회 23차 국회본회의에서도 계엄 해제는 유엔한국위원단 입국하는 상황에서 '국가적 체면문제'로 이야기되었다.[206]

1949년 2월 5일 계엄 해제가 발표되었음에도 불구하고 치안보장을 명분으로 경찰을 중심으로 발동된 '경비령'으로 종전과 다름없는 계엄상태가 지속되었다.[207] 이승만 대통령은 1948년 12월 31일 제주도에 계엄이 해제되었음에도 불구하고, 1949년 1월 28일 14차 국무회의에서 제주도에 군 1개 대대와 경찰 1,000명을 증파하여 '조속히 완정(完征)할 것'을 지시했다.[208] 1949년 2월 17일 광주에서는 육군참모총장 이응준 주재로 원용덕 제5사단장, 경찰청장을 비롯한 정

202) 『서울신문』, 1949. 2. 5.

203) 『서울신문』, 1949. 2. 1(1948년 12월 8일 유엔 정치위원회에서는 유엔임시한국위원단 감시하의 선거로 수립된 대한민국 정부를 지지하는 3개국 결의안이 가결되고, 제3차 유엔총회를 통해 남한단독정부가 공식적으로 인정된 뒤 새롭게 구성된 유엔한국위원단은 1948년 12월 12일 유엔총회 결의 사항 중 '자유스럽게 표명된 국민의 의사에 기반을 두는 대의정치가 더 발전하도록 시찰과 협의를 할 수 있다'라고 규정하고 위원단은 대한민국 내의 대의 정치의 발달에 관하여 조사하고 조언하는 기능을 갖게 되었다(『자유신문』, 1948. 12. 10.; 『서울신문』, 1949. 10. 3.).

204) 『대동신문』, 1949. 2. 8.

205) 『국무회의록』, 1949. 2. 1.

206) 『국회속기록』, 1949. 2. 5.

207) 『조선일보』, 1949. 2. 10.; 『서울신문』, 『자유신문』, 1949. 2. 12.

208) 『국무회의록』, 1949. 1. 28.

당 사회단체 대표, 부윤·군수 기타 지방유지가 참석한 군경민좌담회가 개최되었는데, 이 자리에서 광주부윤은 '계엄 발포 중이라 하여 군에서 요리점 허가까지 취급한다는 정식 통문을 받은 일'이 있다고 말하고 선처를 호소했다.[209] 정부와 군은 계엄 해제를 통한 '민심수습'과 '행정권 복귀' 등을 선전했으나, 계엄해제 공포 이후에도 군의 행정력 장악은 여전했던 것으로 보인다.

제주도에서는 1949년 3월 민족진영 각 단체의 사건 수습에 따른 개선사항을 요청하는 건의 사항 중 가장 먼저 "계엄령을 해제하고 경찰력을 강화할 것"이라고 하여 이미 3개월 전 계엄이 해제된 사항을 몰랐음을 보여준다.[210]

계엄에 따른 공포정치와 즉결과 같은 군경의 권력 남용 문제가 발생하고, 유엔의 한국정부 승인과 유엔한위활동이라는 정치적 상황에 맞추어 제주도는 1948년 12월 31일, 호남지구는 1949년 2월 5일 계엄을 해제하였다.

그러나 반군토벌은 계엄 해제 이후에도 지속되었으며, 이에 대하여 '반군 협력자'를 단시일 내에 처리할 수 있는 군법회의는 유지되어야 했다. 제주도에서 있었던 '1949년 고등군법회의'는 함병선 제2연대장에 의해 설치되었는데, 이는 국방경비법 제54조(고등군법회의)설치 권한과 관련하여 고등군법회의는 대통령 또는 여단장급 이상이 설치할 수 있다는 규정을 위반한 것이었다. 그럼에도 불구하고 연대장이 고등군법회의를 설치하고 〈판결명령〉를 시행했던 것이다. 계엄은 해제되었지만 토벌 과정이 지속되었던 1949년 하반기에도 계엄상태는 지속되어 제주 1949년 군법회의와 마찬가지로 민간인에 대한 군법회의와 국방경비법 적용은 지속되었다.

1949년 3월 18일 이범석 국방부장관의 다음과 같은 지시를 하달하였다.

> 적비(赤匪)의 무자비한 범죄행위를 처단하기 위해 국방경비법 제32조, 33조에 해당하는 범인은 신분 여하를 불문하고 군법회의에서 처단해야 한다.[211]

209) 『호남신문』, 1949. 2. 19.
210) 『연합신문』, 1949. 3. 14.

이범석 국방부장관은 계엄 해제의 상황에서도 '신분 여하를 불문'하고 즉, 반군협조자 혐의가 있으면 민간인이라 할지라도 국방경비법을 적용하여 군법회의에 회부할 것을 지시하였다고 할 수 있다. 이에 대하여 이인 법무부장관은 국방경비법이 미군정하에 제정된 법규이며 대한민국 헌법 제100조의 규정에 비추어 위헌이라고 지적하고 다음과 같이 말하였다.

> 헌법 제76조는 그 재판권은 대법원을 최고법원으로 하는 법원이 행한다고 하고 있으므로 국방경비법에 의한 군법회의는 대법원을 최고심으로 하지 않은 현재에 있어서 위헌이므로 적어도 군인, 군속 이외의 자에 대하여서는 하등 재판권을 행사치 못할 뿐만 아니라 **국방경비법 제32조 및 제33조는 적국의 존재를 전제로 하는 규정이므로 남한의 현 사태를 전시라고 하여 계엄이 선포되지 아니함에도 불구하고 동 각 본조를 군인, 군속 이외의 자에 대하여 적용함이 부당함**을 재언을 요치 않는 바임.[212]

이인 법무부장관은 민간인에 대한 군법회의 적용의 근거가 되는 제32조 및 제33조에 대하여, '군법회의가 현재 대법원을 최고심으로 하지 않는다'는 점과 계엄이 아닌 상황에서 국방경비법을 적용하는 것은 부당하다고 주장했다. 그러나 이범석 국방부장관은 군법회의 실시에 대한 의지를 굽히지 않았고, 1949년 7월 14일 공문을 통해 '국방경비법 제32조 및 33조 해당 민간인은 헌병만이 개정형사소송법에 의거하여 법원의 영장을 얻어 처리하며, 기타 범죄로 현행범이 아닌 경우에는 검찰청이나 경찰에 연락 통보할 것'을 지시하였다. 즉 법원의 영장 발부를 통해 헌병이 진행한다는 단서를 달았지만, 민간인에 대하여 국방경비법 제32조 제33조를 적용하여 군법회의에 회부할 수 있도록 재차 지시하였던 것이다.

국방부장관의 이러한 지시는 토벌이 진행되는 현지에서는 '총살'로 표현되었

---

211) 대검찰청, 「민간인의 특수범죄에 관한 군법회의 재판 확인에 관한 건(1949. 3. 18.)」, 『검찰제요』, 1948.

212) 대검찰청, 『위의 책』, 『검찰제요』, 1948.

다. 1949년 9월 10일 제23연대에서는 제3사단징 명의로 다음과 같은 포고문을
발표하였다.

(1) 반도에게 정보 무기 금품식량 의류 등을 제공하여 **이적행위를 한 자.**

(2) 공산도배들의 소위 9월 총선거에 참가하는 자.

(3) 살인방화 또는 통신교통 기타 국가공익기관에 방화 파괴하는 자.

(4) 허위선전과 유언비어로 군경관민을 이간 또는 민심을 소란케 하는 자.

(5) 반도에 관한 정보를 알면서 이것을 군경에게 통보치 않은 자.

(6) 무기 기타 폭발물을 은닉하는 자.

(7) **기타 군경의 작전행위를 불리케하는 자 등은 총살 또는 엄벌에 처할
것이며,** 반도의 소재지, 기타행동을 고하는 자 무기 및 폭발물 등을 가
지고 또는 은닉장소를 보고하는 자, 기타 군경작전 행동을 유리케하는
자는 포상을 받게 할 것이다.[213]

내용상 계엄 당시 포고문과 다르지 않으며 '총살 또는 엄벌에 처할 것'을 명
기하고 있다. 더구나 '군의 작전행위를 불리케 하는 자'라고 하여 처벌의 범위
가 광범위하여 자의적인 처리를 가능하게 했다. 이렇듯 계엄이 해제된 후 1949
년 토벌 과정에서 체포, 구금된 주민들을 처벌하는 수단으로 국방경비법이 등
장하기 시작했던 것이다. 위의 포고문에는 '반도에게 정보 무기 금품식량 의류
등을 제공하여 이적행위를 한 자'라고 하여 계엄 포고문에서는 등장하지 않았
던 '이적행위'에 대한 처벌을 규정하였다. 즉, 음식 식량 등을 제공한 경우 계엄
하에서는 포고를 근거로 하여 민간인을 군법회의에 회부했으나, 음식 식량 제
공 등의 행위는 이적행위로 규정되어 국방경비법 제32조의 이적죄가 적용되기
시작함을 알 수 있다.

이범석 국방부장관의 '적비'에 대한 군법회의 회부 지시와 제주도·호남 지
구 토벌작전에서의 군법회의 운영은 계엄 해제 이후에도 국방경비법 제32조와
제33조를 통해 민간인 군법회의에 회부되는 사례를 낳았으며, 국방경비법은

213) 『서울신문』, 1949. 9. 10.

무질서와 소요에 대응하는 '치안유지법'으로 군법회의를 통해 민간인을 처단할 수 있는 중요한 법으로 등장하기 시작했다. 한국전쟁 이후 국방경비법은 국가보안법, 비상사태하범죄처벌특조령과 함께 정치범을 신속하게 군법회의를 통해 처리할 수 있었기 때문에 더욱 광범위하게 적용된다. 국방경비법은 국무회의 의결이나 국회의 통고 등의 절차를 거쳐야 하는 계엄을 경유하지 않더라도 '계엄상태'를 유지하고 민간인을 군법회의에 회부할 수 있는 만능키로 작용했다.

제3절 1949년 계엄법 제정과 성격

1. 계엄법의 원천

근대 입헌주의 국가에서 국가긴급권은 국가 긴급사태를 타개하기 위한 권력집중으로서의 입헌적 독재의 행정적 기본제도로 사고되었다.[214] 근대 국가의 정치적 경제적 위기 상황은 항상적인 국가 긴급 상황을 초래하였고 그 때마다 권력은 긴급사태를 이유로 한 처방을 사용하였는데, 계엄은 이러한 국가긴급권의 가장 일반적인 형태이다.

서구의 법 전통에서 계엄은 형식적으로는 헌법과 법률을 통해 입법한 경우와 그렇지 않은 경우로 나누어 볼 수 있다. 전자의 경우는 프랑스, 독일, 일본의 경우가 대표적이며 후자는 영국, 이탈리아, 미국이 이에 속한다. 한국의 계엄은 프랑스·독일의 것이 일본을 거쳐 법제화된 경우에 해당한다. 더불어 미군정이라는 한국적 경험과 제주4·3사건과 여순사건으로 이어지는 정부수립시기의 계엄 선포와 적용의 경험이 부가되었다고 할 수 있다.

우선 계엄의 역사는 초기 군사적 계엄에서 정치적(fiction) 계엄으로의 전화가

---

214) 김도창, 「계엄에 관한 약간의 고찰」, 『법학』 제6권, 1964, 38쪽.

가장 큰 특징이다. 프랑스는 제헌의회의 1791년 〈군사지역의 유지와 분류에 관한 법〉을 정치적 계엄의 시발로 본다. 이 법은 '적 공격 시 질서 유지를 위해 헌법에 의하여 민간인에 대한 모든 권한을 군사령관에게 이관'하도록 하여 계엄을 제도화했다. 군사적 이유가 아닌 '질서유지'를 위해 계엄을 시행하도록 했다는 의미에서 정치적 계엄의 효시로 볼만하다. 더 나아가 1797년 법에서는 지방행정 단위를 요새와 동일시할 수 있게 했고, 공간적으로 도시에 계엄을 선포할 수 있는 권한을 부여하여, 적 침입 시 요새사령관에게 부여되었던 군사적 계엄을 소요상황에서 지방행정 단위에서도 시행할 수 있도록 하였다. 독일의 경우 1851년 프로이센 계엄법에서 '전쟁과 폭동의 경우 공공의 안전에 대한 급박한 위험이 있을 때 전시 및 평시'로 구분하고 양자의 경우 계엄을 선포할 수 있다고 규정하였다.[215]

반면 일본의 경우 계엄은 '전시 또는 사변에 즈음하여 경계해야 할 지방을 구획하여 임전지경(臨戰地境)'으로 삼는 경우와 '적의 포위공격 기타 사변의 때에 경계가 가능한 지방을 구획하여 합위지경(合圍地境)'으로 삼아 '병력을 통해 지방을 경계하고자 하는 법'으로 규정하였다.[216] 일본에서는 1882년 태정관(太政官: 다이조칸) 공고 제36호로 계엄령이 공포·시행되었고 그 뒤 명치(明治:메이지) 헌법 제14조를 통해 황제의 계엄 선포권을 규정한 이래 군사계엄은 총 7차례에 걸쳐 실시되었다. 1건은 청일전쟁에서, 나머지 6건은 러일전쟁 때였다. 계엄은 모두 임전지경이었으며 합위지경의 계엄은 한 차례도 없었다. 전시가 아닌 평시의 계엄은 1905년의 히비야방화사건(日比谷燒打事件), 1923년이 관동대지진(關東大震災: 간토 대학살), 1936년의 2·26사건(二·二六事件) 때 총 3회 실시되었다.[217] 1882년 명치헌법 제14조 규정 이후 일본에서 실시된 계

---

215) 서구의 법 전통에서 계엄은 적의 공격으로부터 포위된 요새의 사령관에게 정부의 전권을 부여하는 고전적 의미의 군사계엄과 정치적 계엄으로 구분된다. 정치적 계엄상태라는 용어는 프랑스 법학에서 유래한 것으로 도시가 적의 공격을 받는 상태에 있거나 직접적 공격 위협을 받고 있는가의 여부와 상관없이 황제가 계엄을 선포할 수 있다는 규정과 관련 된다(조루조 아감벤·김항 역,『호모사케르』, 새물결, 20쪽).

216) 三浦惠一,『戒嚴令詳論』, 松山房, 1932, 217~218쪽(저자 三浦惠一은 헌병훈련소장(1931. 8. 5.~1932. 6. 7.), 육군헌병중좌로 예편하였다).

217) 大江志乃夫,『戒嚴令』, 岩波新書, 1978, 8쪽.

엄과 그 종류는 〈표 1-10〉과 같다.[218)]

〈표 1-10〉 일본 계엄령 종류와 사례

계엄의 종류		내용	사례
진정계엄 (眞正戒嚴)	임전지경계엄	전시 또는 사변에 즈음하여 경계해야 할 지방 구획	청일전쟁, 러일전쟁
	합위지경계엄	적의 포위 또는 공격, 기타의 사변에 즈음하여 경계가 가능한 지방 구획	
	임시계엄	전시에 적이 습격한 경우와 국내사변이 급박하여 천황의 대권으로 있는 계엄선고를 기다릴 시간이 없는 경우	만주사변 시(1931. 11. 27.) 천진(天津) *위법으로 무효화
행정계엄 (行政戒嚴)	-	계엄의 종류는 아니며, 계엄령의 일부조항을 적용하는 천황의 긴급칙령	日比谷 燒打사건, 관동대지진, 2·26사건

일본 계엄령은 크게 계엄령에 근거한 임전지경 계엄, 합위지경 계엄, 임시계엄을 포함한 진정계엄(眞正戒嚴)과 계엄령에 근거하지 않은 천황의 긴급칙령에 의해 실시된 행정계엄(行政戒嚴)으로 구분할 수 있다. 청일전쟁과 러일전쟁 당시의 계엄은 계엄령이 규정하는 바, '전시 또는 사변에 즈음하여 병비로써 전국 또는 지방을 경계한다'는 것이었다. 천황이 공포하는 보통칙령으로 선고와 해제를 공포하며, 관보에 공고하였다. 반면 평시에 선포된 3회의 계엄은 계엄령에 근거하지 않았다. 이 계엄은 전시계엄과 구분하여 '행정계엄', '평시계엄', '긴급칙령계엄', '칙령계엄'이라고도 불리는데, 명치헌법 제8조 제1항의 '천황은 공공의 안전을 보지하고 또한 그 재액(災厄)을 피하기 위해 긴급하게 필요하다는 이유로, 제국회의가 폐회 중인 경우 법률에 대신할 만한 칙령을 발한다'는 규정을 근거로 하여 선포되었으며, 계엄령이 아니라 긴급칙령으로 포고되었다.

이러한 평시계엄은 계엄령 제9조와 제14조만 적용되었다. 제9조는 임전지경에 관한 것으로 계엄사령관은 지방행정사무 및 사법사무를 관장하였고, 합위지경과 임전지경에 해당하는 제14조를 통해 계엄사령관은 법률에 의하지 않고 집회, 통신, 거주 등과 관련된 국민의 정신적, 경제적 자유를 제한할 수 있었다.[219)] 긴급

218) 北 博昭, 『戒嚴』, 朝日新聞出版, 2010, 45쪽; 大江志乃夫, 『위의 책』, 1978, 84~86쪽.

칙령에 의한 계엄시행은 군사상의 이유가 아닌 치안의 유지·회복 차원에서 선포된 '정치적 계엄'이었다. 청일전쟁과 러일전쟁 당시 실시된 7차례의 계엄 또한 목적은 '방첩과 방비를 위한 경계'를 목적으로 하고 있어서 국민의 국가의식을 끌어내기 위한 정치적 의도가 강한 계엄이었다.[220] 이미 프랑스와 독일에서 '전시' 즉, 임전의 상황이 정치적인 계엄으로 전화된 상태에서 수용된 일본의 계엄은 크게 보면 모두 '정치적 계엄'의 성격으로 제도화되고 시행되었다고 볼 수 있다.

각국 계엄 역사의 두 번째 특징은 계엄 선포자와 계엄 선포 요건, 그리고 이에 대한 한계 규정에서 의회의 권한과 대통령(일본의 경우 천황)의 권한 강조라는 두 가지 방향으로 향했다. 이는 각국의 입헌국가 수립 과정에서 의회와 행정부의 권력 배치 상황과 관련되었다. 프랑스의 경우에는 의회가 강조되었고, 독일의 경우 대통령 권한이 극대화되었다.

프랑스에서는 1848년 11월 헌법 제106조에서 '법률은 계엄이 선포될 수 있는 경우를 결정하고 계엄의 형식과 효과를 정한다'라는 조항을 만들었고, 1849년 계엄법이 제정되어 형태, 운영 등을 법률로 정하고 1878년에는 계엄 선포 요건, 절차 등을 명문화하였다. 프랑스의 계엄에 대한 법제화는 법의 한계상황에서 권력의 남용을 방지하기 위한 여러 제한 조치를 설치하고자 했다는 점에 특징이 있으며 계엄의 선포, 해제, 기간 등의 절차를 의회의 법률에 근거하도록 규정하였다. 선포요건을 '대외전쟁 또는 무장반란에 의하여 급박한 위험이 있는 경우에 한하여 선포될 수 있다'라고 하여 실제적 위험이 있는 경우로 한정한다거나, 국회가 포고권을 유지하도록 하였다. 계엄 기간을 명시하거나 국회의 입법권을 통한 계엄 제한, 기본권 제한 조항의 최소화 등을 규정하였다.

이런 면에서 '프랑스에서의 계엄제도는 폭력사태에 대한 합법적 긴급장치로서, 입헌민주국가의 자기보존을 위한 적절한 제도'[221]라고 일반적으로 평가되

219) 北 博昭, 『위의 책』, 2010, 47~50쪽.
220) 北 博昭, 『위의 책』, 2010, 93쪽.
221) 김도창, 「앞의 글」, 1964, 50쪽.

기도 한다. 이러한 노력에도 불구하고 나폴레옹은 '긴급사태'에 직면하여 수차례 법률에 호소하다가 1852년 헌법 제12조에서 계엄을 선포할 수 있는 배타적 권한을 국가원수에게 이양시켰다. 보불전쟁 당시 수년간 계엄이 지속되었고 나폴레옹은 이 권한을 유례없이 활용하였다.[222]

독일과 일본의 경우는 이러한 국가긴급권으로서의 계엄과 정치의 관계가 더 명확하다. 독일은 1919년 바이마르 헌법 제48조에서 '제국 대통령은 공공의 안전과 질서가 심각한 혼란에 처하거나 위협을 받을 경우 군대의 힘을 빌어' 기본권을 정지할 수 있으며, 계엄을 선포할 수 있도록 하였다. 그러나 그 집행방식과 조치사항을 법률로 규정하지 않음으로써 대통령과 내각의 판단에 일임하였다. 의회는 어떠한 '판단'에도 개입할 수 없었으며, 의회의 계엄 해제 요구권은 대통령의 조치가 필요했다. 대통령은 국회 해산권을 통해 의회를 압박하였고, 해산 후 소집 때까지 무제한의 권력을 가졌다.[223]

일본은 앞서 〈표 1-10〉에서 살펴본 바와 같이, 계엄은 천황대권으로 규정되어 천황에 의해 선고(宣告)하도록 규정하였다. 계엄 실시는 각의(閣議) 결정·내각에 의한 주청(奏請)→추밀 고문의 자문·추밀원의 의결→천황의 재가→보통칙령의 공포'의 수순을 거쳤다.[224] 그러나 실제 일본 내에서 공포되었던 계엄은 이러한 수순을 거치지 않았다. 제국회의가 폐회 시 포고할 수 있는 긴급칙령을 통해 각의 결정 없이 선포하는 방법을 취했던 것이다. 즉 국무행위로서 계엄 실시 과정은 점차 긴급칙령을 통해 의회의 개입을 차단하고 운영되었다.

계엄법 조문은 계엄 선포의 역사성이 반영된다. 입헌국가 수립 과정과 의회와 행정부 간의 권력관계 등이 계엄의 법제화 과정에서 구체적인 조문으로 드러났다. 일본 계엄령과 한국 계엄법을 조문별로 비교해 보면 〈표 1-11〉과 같다.[225]

---

222) 아감벤, 『앞의 책』, 2008, 33쪽.

223) 김도창, 「앞의 글」, 1964, 52~53쪽.

224) 北 博昭, 『위의 책』, 2010, 46쪽.

225) 프랑스 독일의 경우 김도창, 『국가긴급권론』, 청운사, 1968를 참조하여 재분석하였으며, 일본과 한국은 1882년 일본 계엄령과 1949년 한국 계엄법의 내용을 분석하였다.

〈표 1-11〉 일본 계엄령과 한국 계엄법 비교

계엄령(1882. 8. 5. 태정관 포고 제36호)	계엄법(1949. 11. 24. 법률 제00069호)
제1조 계엄령은 전사(戰事) 또는 사변(事變)에 즈음하여 병비(兵備)로써 전국 또는 지방을 경계하는 법으로 한다.	제1조 ①항 대통령은 전시, 사변 또는 이에 준하는 국가비상사태에 제하여 병력으로써 군사상이나 또는 공공의 안녕질서를 유지할 필요가 있을 때에는 특히 경비에 필요한 지역을 구획하여 본법의 정하는 바에 의하여 계엄을 선포한다.
제2조 계엄은 임전지경(臨戰地境)과 합위지경(合圍地境), 두 가지로 나뉜다. 제1 임전지경은 전시 또는 사변에 즈음하여 경계해야 할 지방을 구획해서 임전의 구역으로 삼는 것. 제2 합위지경은 적의 합위 또는 공격, 기타의 사변에 즈음하여 경계가 가능한 지방을 구획해서 합위의 구역으로 삼는 것. 제3조 계엄은 시기에 응하여 주요한 지경(地境)을 구획하여 이를 포고한다.	제2조 계엄은 경비계엄과 비상계엄으로 나눈다. 제3조 경비계엄은 전시, 사변 또는 이에 준하는 비상사태로 인하여 질서가 교란된 지역에 선포한다. 제4조 비상계엄은 전쟁 또는 전쟁에 준할 사변에 있어서 적의 포위공격으로 인하여 사회질서가 극도로 교란된 지역에 선포한다. 제1조 ②항 대통령이 전항에 의하여 계엄의 선포를 한 때에는 그 선포의 이유, 종류, 시행지역 또는 계엄사령관을 공고하여야 한다. 제5조 대통령이 비상계엄을 선포 또는 추인하였을 때에는 지체 없이 국회에 통고하여야 한다. 전항의 경우에 있어서 국회가 폐회중일 때에는 대통령은 지체없이 국회의 집회를 요구하여야 한다. 제17조 계엄 선포 중 국회의원은 현행범을 제외한 외에는 체포 또는 구금되지 아니한다.
제4조 전시에 즈음하여 진대영소요새(鎭台營所要塞), 해군항진수부(海軍港鎭守府), 해군조선소(海軍造船所) 등 갑자기 합위 또는 공격을 받을 때, 그 지역의 사령관이 임시계엄을 포고할 수 있으며 또 전략상 임기의 처분을 요할 때는 출정하는 사령관이 이를 선고(宣告)할 수 있다. 제5조 평시에 토구(土寇)를 진정(鎭定)하기 위해 임시계엄을 요할 경우는 그 지역의 사령관이 속히 상주(上奏)하여 명을 청할 수 있으며, 만약 시기가 절박하고 통신이 단절되어 명을 청할 방법이 없을 때는 바로 계엄을 선고할 수 있다. 제6조 군단장(軍團團), 사단장(師團長), 여단장(旅團長), 진대영소요새(鎭台營所要塞)사령관, 경비대사령관 또는 분견대장(分遣隊長) 혹은 함대사령장관, 함대사령관, 진수부장관(鎭守府長官) 또는 특명(特名)사령관은 계엄을 선고할 수 있는 권한의 사령관이 된다. 제7조 계엄을 선고할 때는 바로 상황 및 사유를 갖추어 태정관에 상신(上申:보고)하는 것이 가(可)하다. 다만 그 예속된 바의 장관은 별도로 갖추어 보고하는 것이 가(可)하다. 제8조 계엄이 선고는 앞서 포고된 곳의 임전 또는 합위지경의 구획을 개정할 수 있다.	제6조 제3조와 제4조의 경우에 교통, 통신의 두절로 인하여 대통령의 계엄 선포를 기다릴 여유가 없을 때에는 당해 지방의 관할하는 좌의 군사책임자가 임시로 계엄을 선포할 수 있다. 1. 특명의 사령관 2. 군사령관 3. 사단장 4. 병단장 5. 요새사령관 6. 위수사령관인 독립단대장 7. 함대사령장관 8. 함대사령관 9. 통제부사령장관 10. 경비부사령관 11. 전각호의 제관과 동등 이상의 권한 있는 군대지휘관 제7조 전조의 규정에 의하여 임시로 계엄을 선포한 자는 지체없이 국방부장관에게 상신하여 대통령의 추인을 받아야 한다. 전항의 경우에 대통령이 추인하지 아니할 때에는 임시로 계엄을 선포한 사는 즉시 그 해제를 선포하여야 한다. 제8조 전각조의 규정에 의하여 선포된 계엄은 그 지역 또는 종류를 변경할 수 있다.

제9조 임전지경 내에서는 지방 행정사무 및 사법사무 중 군사(軍事)와 관계있는 사건에 한하여 그 지역의 사령관에게 관장권(管掌權)을 위임하는 것으로 한다. 그러므로 지방관, 지방재판관 및 검찰관은 계엄의 포고 또는 선고가 있을 때는 속히 해당 사령관에게 지휘를 청하는 것이 가(可)하다.

제10조 합위지경 내에서는 지방 행정사무 및 사법사무는 그 지역의 사령관에게 관장권(管掌權)을 위임하는 것으로 한다. 그러므로 지방관, 지방재판관 및 검찰관은 계엄의 포고 또는 선고가 있을 때는 속히 해당 사령관에게 지휘를 청하는 것이 가(可)하다.

제11조 합위지경 내에서는 군사에 관련된 민사(民事) 및 아래에 열거되는 범죄에 관계될 경우 모두 군아(軍衙)에서 재판한다.
형법
제2편 제1장 황실에 대한 죄 제2장 국사(國事)에 관한 죄
제3장 정밀(靜謐)을 해한 죄 제4장 신용을 해한 죄
제9장 관리 독직(瀆職)의 죄
제3편 제1장 제1절 모살·고살(謀殺故殺)의 죄 제2절 구타·창상(毆打創傷)의 죄 제6절 멋대로 남을 체포·감금한 죄 제7절 협박(脅迫)의 죄 제2장 제2절 강도의 죄 제7절 방화·실화(放火失火)의 죄 제8절 결수(決水)의 죄 제9절 선박을 복몰(覆沒)한 죄 제10절 가옥·물품의 훼괴(毁壞) 및 동식물을 해한 죄

제9조 계엄사령관은 계엄의 시행에 관하여서는 국방부장관의 지휘감독을 받는다. 단 전국을 계엄 지역으로 하는 경우에는 대통령의 지휘감독을 받는다.

제10조 경비계엄의 선포와 동시에 계엄사령관은 계엄 지역 내의 군사에 관한 행정사무와 사법사무를 관장한다.

제11조 비상계엄의 선포와 동시에 계엄사령관은 계엄 지역 내의 모든 행정사무와 사법사무를 관장한다.

제12조 전조(제10조, 제11조)의 경우에 당해 지역내의 행정기관 또는 사법기관은 지체없이 계엄사령관의 지휘감독을 받는다.

제16조 비상계엄 지역 내에 있어서는 전조 또는 좌기의 죄를 범한 자는 군법회의에서 이를 재판한다. 단 계엄사령관은 당해 관할법원으로 하여금 이를 재판케 할 수 있다.
1. 내란에 관한 죄
2. 외환에 관한 죄
3. 국교에 관한 죄
4. 공무집행을 방해한 죄
5. 범인은닉 또는 증빙연멸죄
6. 소요죄
7. 방화죄
8. 일수에 관한 죄
9. 음료수에 관한 죄
10. 통화위조죄
11. 문서위조죄
12. 유가증권위조죄
13. 인장위조죄
14. 위증죄
15. 무고죄
16. 간음죄
17. 살인죄
18. 상해죄
19. 체포 또는 감금죄
20. 협박죄
21. 절도 또는 강도죄
22. 횡령 또는 배임죄
23. 장물죄
24. 훼기 또는 장닉죄
25. 군사상 필요에 의하여 제정한 법령에 규정된 죄

제12조 합위지경 내에 재판소가 없고 또한 그 관할재판소와 통로가 단절되었을 때는 민사(民事), 형사(刑事)에 구별없이 모두 군아(軍衙)의 재판에 속한다.

제13조 합위지경 내의 군아(軍衙) 재판에서 대해서는 공소(控訴), 상고(上告)를 할 수 없다.

제13조 합위지경 내의 군아(軍衙) 재판에서 대해서는 공소(控訴), 상고(上告)를 할 수 없다.

제14조 계엄지경 내에서는 사령관은 아래의 열거된 제건(諸件)을 집행할 권리를 가진다. 다만 집행에서 생겨나는 손해는 요상(要償: 배상)할 수 없다.
제1 집회 또는 신문잡지 광고 등이 시세(時勢)에 방해로 인정될 경우 정지시키는 것
제2 군수로 제공될 수 있는 민유(民有)의 제물품을 조사하고 또는 때에 따라 (그 물품의) 수출(輸出)을 금지하는 것
제3 총포, 탄약, 병기, 화구 등 기타 위험하게 넘어간 제물품을 소유한 경우가 있을 때는 이를 조사하고, 때에 따라 압수하는 것
제4 우신(郵信), 전보를 개함(開緘)하고 출입의 선박 및 제물품을 검사하고 또한 육해(陸海) 통로를 정지시키는 것
제5 전상(戰狀)에 의해 정지할 수 없을 경우에는 인민(人民)의 동산, 부동산을 파괴, 훼소(燬燒)하는 것
제6 합위지경 내에서는 주야로 상관없이 민의 가옥, 건조물, 선박의 출입을 검찰하는 것

제15조 계엄은 평정 이후라 하더라도 해제 포고 또는 선고를 받는 날까지는 효력을 갖는다.

제16조 계엄 해제의 날부터 지방 행정사무, 사법사무 및 재판권은 모두 상례(常例)를 회복한다.

제18조 비상계엄 지역 내에 법원이 없거나 또는 당해 관할법원과의 교통이 차단된 경우에는 모든 형사사건에 대한 재판은 군법회의가 이를 행한다.

제19조 제16조와 제18조에 의하여 군법회의에서 재판을 받은 자가 불복이 있을 때에는 재심을 요구할 수 있다.

제13조 비상계엄 지역 내에서는 계엄사령관은 군사상 필요할 때에는 체포, 구금, 수색, 거주, 이전, 언론, 출판, 집회 또는 단체행동에 관하여 특별한 조치를 할 수 있다. 단 계엄사령관은 조치내용을 미리 공고하여야 한다.

제14조 비상계엄 지역 내에서는 계엄사령관은 징발법의 정하는 바에 의하여 징용, 징발할 수 있으며 필요에 의하여서는 군수에 공할 물품의 조사, 등록과 반출금지를 할 수 있다.
작전상 부득이한 경우에는 국민의 재산을 파괴 또는 소화할 수 있다.
전항의 경우에 생한 손해에 대하여는 이를 보상하여야 한다.

제15조 제12조, 제13조 또는 전조제1항, 제2항의 규정에 의하여 취한 계엄사령관의 조치에 응하지 아니하거나 이에 배반하는 언론 또는 행동을 한 자는 3년 이하의 징역에 처한다.

제20조 제3조 또는 제4조에 규정된 사태가 평상사태로 회복된 때에는 대통령은 계엄을 해제한다.

제21조 국회가 계엄의 해제를 요구할 때에는 대통령은 이를 해제하여야 한다.

제22조 계엄이 해제된 날로부터 모든 행정사무 또는 사법사무는 평상사태로 복구한다.

제23조 비상계엄 시행 중에 제16조와 제18조의 규정에 의하여 군법회의에 계속 중인 재판사건의 관할은 비상계엄해제와 동시에 일반법원에 속한다.
대통령은 필요하다고 인정할 때에는 대통령령의 정하는 바에 의하여 군법회의의 재판권을 1개월 이내에 한하여 이를 연기할 수 있다.

　한국의 1949년 계엄법이 큰 틀에서 일본의 계엄령을 참조하였음은 명확해 보인다. 그러나 일본 계엄령의 복사라는 종래의 평가는 일면적이다. 〈표 1-11〉

의 대조표에서 보는 바와 같이 일본과 한국의 계엄법(령)은 많은 부분에서 차이가 있다.

첫째 계엄 목적에서 일본계엄령은 '전시 사변'의 때로 한정하고 있지만 한국의 계엄법은 군사상의 목적뿐만 아니라 '공공의 안녕질서를 유지할 필요가 있을 때' 선포함을 목적으로 했다. 특히 일본 계엄령은 합위지경과 임전지경 모두 외부 적의 침입이나 전시를 그 선포 요건으로 규정했다. 그러나 한국의 계엄법은 '전시, 사변 또는 이에 준하는 비상사태'와 '사회질서가 극도로 교란된 지역'으로 규정하며 적의 침입이나 전시는 물론 '비상사태'라고 규정될 수 있는 상황에서 질서유지를 목적으로 하고 있다.

둘째, 일본 계엄령은 국회와의 관계가 규정되어 있지 않은 데 반해 한국 계엄법은 제5조 계엄 선포의 국회 통고, 국회 소집의 의무, 제17조 국회의원에 대한 체포 구금 금지, 제21조 국회의 계엄해제권 등을 규정하고 있다. 특히 일본은 제국의회가 유명무실해지고 계엄 선포가 천황의 긴급칙령이라는 '변칙적' 방법으로 운영되었던 점에 비추어 본다면 계엄에 대한 의회의 견제나 역할은 전무했다고 보아도 좋다. 그러나 한국의 1949년 계엄법은 국회에 대해 소극적이기는 하지만 계엄 선포에 대한 통고와 해제 요구권을 두었다. 이러한 국회의 권한은 계엄법 제정 이후 한국전쟁 시기의 계엄 실행 과정에서 계엄을 지속하려는 군과 행정부의 전권을 견제하고자 하는 국회의 계엄 해제 요구의 근거가 되었다.

셋째, 헌법의 효력 중 군법회의와 관련하여 일본과 한국은 모두 비상계엄 또는 합위지경 계엄에서 교통이 차단된 경우와 군사에 관련된 민사 및 형법 일부 범죄에 대해서 군법회의에서 재판할 것을 규정하고 있다(한국 계엄법 제16조·제18조, 일본 계엄령 제11조·제12조). 그러나 군법회의 재판 해당 죄목은 일본의 경우 합위지경 내의 '군사에 관련된' 민사 또는 형법 14개 조항이나, 한국은 '군사와 관련된'이라는 단서조항 없이 비상계엄하에서는 '군사상 필요에 의하여 제정한 법률에 규정된 죄'를 포함하여 25개의 죄목에 대하여 군법회의에서 다룰 것을 규정하였다. 무엇보다 일본과 한국의 군법회의 운영의 차이는 재심 관련 규정으로, 일본의 경우 합위지역 내 군법회의 재판에 대하여는 공소, 상소를 할 수 없도록 규정하였으나, 한국의 경우 재심 청구를 할 수 있도록 하였다(한국 계엄법 제19조, 일본 계엄령 제13조). 한국에서 계엄법 제정 당시 '재심 청구' 관련 내용은 국회에서 첨예하게 대립된 지점이다. 국회에서는 여순사건 당시 단심제를 통한 군법회의 운영의 문제점을 들어 재심청구권을 규정하도록 노력했다.

넷째, 기본권 제한에 대한 규정을 살펴보면(한국 계엄법 제13조, 일본 계엄령 제14조), 거주, 이전, 언론, 출판에 대하여 일본과 한국은 공통적으로 계엄사령관의 권한으로 규정하였다. 그런데 한국의 경우는 체포, 구금 수사 및 단체 행동에 대해서도 계엄사령관의 특별조치권을 인정하고 있어 계엄사령관의 권한은 일본에 비하여 더욱 크다고 할 수 있다.

다섯째, 계엄 선포권자는 프랑스의 경우를 제외하고 독일 일본의 경우가 유사하다. 국회와의 관계는 국회 권력을 강화한 프랑스의 경우가 이례적이다. 일본의 경우, 당시 일본제국의회의 유명무실함을 반영하여 전혀 규정하지 않고 천황의 긴급칙령을 통해 계엄을 실시했다. 한국의 경우는 국회 통고의 의무, 국회의 해제 요구권을 규정하고 있는데, 이는 정부수립 전 계엄 선포에 따른 살상과 폐해를 경험하면서 대통령 독재를 견제하기 위한 국회 노력의 산물이었다.

여섯째, 계엄 해제와 관련해서는 프랑스가 선포 당시 유효기간을 법으로 명시하고 계엄 기간을 연장할 경우 신법 제정으로 강제하고 있으나, 독일 일본 한국의 경우 해제요건을 특별히 명문화하지 않았다. 한국과 일본은 '평상상태로 회복'이 어떤 상태인지는 분명히 규정되지 않고 있다. 특히 한국은 계엄 해제를 통한 효력 상실과 관련해 제23조에서 군법회의 재판권을 1개월 연기할 수 있도록 단서를 두었는데, 이는 군법회의 진행 중인 사건을 계엄해제 이후에도 1개월간 처리할 수 있는 빌미를 두기 위함이다. 이후 이 조항은 짧은 시간 안에 신속하게 재판을 완료해야 하는 상황을 강요하여 불법적이고 무리한 재판을 가져오는 근거가 되었다.

이상에서와 같이 1949년 계엄법은 법제도적 측면에서 프랑스 독일의 계엄을 거쳐 일본으로 도입된 계엄령이 다시 한국의 계엄법으로 들어왔음을 확인하였다. 일본의 그것이 한국의 계엄법에 많은 영향을 미쳤음은 확실하지만 일본 계엄령의 '복사'라는 종래의 평가가 일면적이라는 점을 알 수 있다. 이는 1949년 계엄법은 미군정의 치안유지책으로써의 계엄과 여순사건, 제주4·3사건 시기의 경험이 수렴되어졌을 뿐만 아니라 국회 노력의 산물이기 때문이다.

또한 각국 계엄의 법제화 과정은 정치적 계엄의 성립을 의미했다. 계엄은 한편으로는 문민적 영역 속에 군사적 전시 권한이 확장되는 것이며, 다른 한편으로는 헌법의 효력이 정지되는 것이다. 즉 국가의 안전을 위협할 수 있는 무장 봉기나 소요가 일어날 경우 법률은 일정한 시간과 장소에 대해 헌법의 효력을 정지시킬 수 있다. 계엄의 법제화는 적의 위협이나 공격에 대하여 일정 지역에 대한 군사력 동원을 목적으로 한 군사적 계엄에서 '국가의 안녕과 질서 유지'를 위한 통치술로써의 정치적인 계엄으로의 전화를 의미했다. 국가 긴급권으로써 계엄의 입법화는 결국 계엄에 대한 배타적 권리의 점유를 통한 예외상태의 창출과 새로운 질서의 창출이 고유한 성격이라는 점을 간과해서는 안 된다. 계엄에 대한 국회의 통제나, 계엄에 대한 엄격한 제한·통제, 헌법 정지의 최소화 규정 등이 있다하더라도 이것은 법과 정치의 모순을 근본적으로 해결하기 어렵다. 계엄은 헌법의 기본질서를 정지시키고 입법·사법·행정 권력을 집중시킴으로써 헌법에 규정된 권력을 이동시키는 '유일한' 하위 법으로 기능하기 때문이다.

2. 계엄법 제정 과정과 내용

제헌헌법은 국가긴급권[226]에 해당하는 긴급명령 및 계엄 선포에 대하여 제

---

[226] 국가긴급권의 근본은 얘기치 못한 극단적인 경우에 국가의 존립을 지키고, 사태에 따라서 필요한 적절한 조치를 위하여 행동할 힘을 가진 몇몇 국가기관이 헌법 규정들의 범위 밖에서, 또는 규정들에 반하여 조치를 취한다는 점에 있다(칼슈미트, 김효전 옮김, 『독재론: 근대주권사상의 기원에서 프롤레타리아 계급투쟁까지』, 법문사, 1996, 271~275쪽).

57조와 제64조에 각각 규정하였다. 계엄의 선포·해제 등에 대한 구체적 조건은 법률에 위임하고 있었으나, 여순사건과 4·3사건 당시에는 계엄을 선포할 수 있는 근거법 제정에 이르지 못한 상황에서 발포되었다. 당시 계엄은 '언제, 누가, 어떤 방식으로' 발포했는지에 대한 많은 의문을 낳았으며, 국회에서는 '계엄이 무엇인지, 계엄을 선포해야 할 상황인지'에 대한 논쟁이 격렬하게 진행되었다.[227] 계엄 선포는 불법적이었을 뿐만 아니라 계엄 선포 이후 군인, 경찰, 우익 청년단에 의해 민간인들이 집단적으로 살해되는 등의 수많은 고통을 겪어야 했다.

이와 같이 한국에서의 계엄법 제정은 법 제정 이전에 실시한 불법적 계엄 선포와 운영이라는 경험을 수렴하여 제정될 수밖에 없었다. 1949년의 계엄법 제정 논의는 여순사건과 제주4·3사건이라는 '내전'에서 승리한 이승만 정권의 우위와 김구 암살, 제헌국회 내 소장파 몰락이라는 상황에서 진행되었다. 정부 수립 초기 계엄 실시 경험과 국회 내 저항세력이 제거된 상황에서 계엄법은 제정되었다. 따라서 계엄법의 제정은 제주4·3사건과 여순사건 과정에서 일어났던 부당하고 야만적인 현실에 문제 제기할 수 있는 세력이 없으므로 해서, 당시 상황을 승인하고 정당화하는 과정이기도 했다.

계엄법은 1949년 11월 24일 법률 제69호로 제정 공포되었다.[228] 여순사건 당시 계엄 발포 근거에 대해 국회의원들의 대대적인 공격이 있었던 점을 감안한다면 제정 시기가 상당히 늦은 감이 있다.[229] 그러나 계엄법과 관련된 최초의 법 제정 움직임은 제주4·3사건과 여순사건 관련 계엄이 해제되지 않았던 1948년 12월 4일에 확인할 수 있다. 국방부에서는 국군운수항역군사보호법(軍運輸港驛軍司保護法), 징발법(徵發法), 군기보호법(軍紀保護法)과 함께 계엄법

227) 『국회속기록』 제1회 제89차, 1948. 10. 27.; 『국회속기록』 제1회 제90차, 1948. 10. 28.; 『국회속기록』 제제1회 제91차, 1948. 10. 29.; 『국회속기록』 제1회 제92차, 1948. 10. 30.; 『국회속기록』 제1회 제93차, 1948. 11. 1.; 『국회속기록』 제1회 제94차, 1948. 11. 2.

228) 『관보』 제226호, 1949. 11. 24.

229) 『국회속기록』 제1회 제92차, 1948. 10. 30.

초안을 작성하여 국회에 회부하였다. 국회에서는 외무국방위원회에 회부하여 심의를 진행하였다.[230) 외무국방위원회에 회부되었던 계엄법 초안이 국회에서 논의 되었는지에 대해서는 아직 확인되지 않아 당시 제출된 계엄법안과 1949년 6월 22일 제출되는 계엄 법안이 어떠한 관련을 갖는지는 명확하지 않다. 그러나 제주4·3사건과 여순사건 관련 계엄이 발포된 상황에서 국방부에서 제출한 계엄법안은 당시 계엄 관련법의 부재와 적용 문제가 지적되면서 추진되었던 것으로 추정해 볼 수 있다.

본격적인 계엄법 제정은 1949년에 들어 진행되었다. 1949년 6월 22일, 지대형 의원 외 14인으로부터 법안이 제출되면서부터이다. 계엄법안은 7월 2일 외무국방위원회 심의를 마쳤다.[231) 법제사법위원회에서는 국방부와 법제처의 의견을 종합하여 일주일 간 검토 한 뒤 10월 12일 제5회 제19차 본회의에 상정되었다. 본회의 상정 후 10월 25일 제23차, 10월 26일 제24차 본회의에서 2회 독회를 거친 뒤 10월 27일 의결되었고, 11월 15일 국무회의를 거쳐 계엄법이 통과되었다.

계엄법 제정과 관련한 논의가 국회에서 본격화되는 1949년 6월 국회의 상황은 좋지 않았다. 1948년 말부터 1949년 6월까지 일명 '소장파 전성시기'가 국회 프락치 사건으로 막을 내렸다.[232) 1949년 6월 21일 임시국회 폐회 직후 노일환, 강욱중, 김옥주, 김승회, 박충원, 황윤호 의원 등 6명의 의원과 김약수가 연

---

230) 『민주일보』, 1948. 12. 4.

231) 제5회 국회 당시 법제사법위원회 소속의원 분포는 총원 19명 중 민주국민당 (7), 일민구락부(5), 신정회(2), 대한노동당(2), 무소속(3)이었다. 외무국방위원회는 총 26명 중 민주국민당(10), 일민구락부(8), 신정회(4), 대한노농회(4), 무소속(0)이었다(국회사무처,『국회사: 제헌국회, 제2대국회, 제3대국회』, 1971, 53쪽).

232) 1948년 12월 내무 국방 사회 상공의 일부 개각이 단행되고, 1949. 2. 10. 한민당이 신익희 등의 한국국민당을 흡수하여 민주국민당으로 개칭 창당되어 세력화하였다. 반면 소위 소장파 의원들이 대두되어 일부 무소속 의원과 합세한 가운데 이승만의 양원제 개헌론과 맞서 내각책임제 개헌 논의를 전개하였다. 이 시기는 반민특위 활동이 절정에 달했던 시기임과 동시에 청구회, 이정회를 중심으로 소장파 의원들이 공동보조를 맞춤에 따라 소장파의 전성시대를 이루었다. 이승만 정권의 1949년 6월 공세에 따른 극우반공체제 형성에 대하여는 서중석,『한국현대민족운동연구2: 민주주의 민족주의 그리고 반공주의』, 역사비평사, 1996, 제3장 참조.

이어 구속되었고, 김구의 암살에 이어 국회는 1949년 7월 말 민주국민당이 원내 제1당이 되었고, 일민구락부 40여 명, 기타 신정회와 대한노농당이 각기 20여 명으로 구성되었다.[233] 이렇듯 계엄법이 국회프락치 사건의 와중에 제출되었고 행정부의 독주를 저지하고 문제 삼을 세력들이 제거되었다는 것은 국회의 위축상태를 반영하고 있었다. 이러한 상황에서 계엄의 문제점을 발본적으로 지적하는 것은 어려웠으며, 국회가 '대통령 독재'를 견제할 수 현실적 장치를 마련하는 것도 쉽지 않았다. 그러나 조국현, 황두연 의원을 중심으로 여순사건 당시 발포되었던 계엄의 문제들을 지적하고, 대통령과 임시계엄의 문제 등을 지적하는 등 제한적이나마 활발한 논의가 있었다.

법 제정 과정에서 제출되었던 계엄법안은 크게 세 가지 종류가 있다. (1) 지대형 의원[234] 등이 제출한 원안(原案) (2) 법제사법위원회의 대안(代案) (3) 국회에서 검토 수정한 의결안(議決案)이다. 당시 신문을 통해 확인 된 지대형 의원 등이 제출한 원안은 총 5장 20조 구성되었으며,[235] 대안과 의결안은 모두 3장 23조로 구성되었다

법안 작성 경위에 대하여 백관수 법제사법위원장은 '그 원안을 볼 것 같으면 일본에서 해오던 계엄법 그것을 모방해서 제출'하였고 법제사법위원회에서는 '그것을 표준으로 해서 국방위의 의견을 수렴하여 대안을 만들었다'[236]고 밝히고 있듯이 원안은 일본의 계엄법을 거의 그대로 번역한 수준이었을 것으로 짐작된다. 법제사법위원회안도 원안과 마찬가지로 일본의 계엄법을 모방하여 작성되었다.

233) 대한민국 국회 사무처,『국회사』,「제2회국회」, 3~5쪽;「제3회국회」, 3~4쪽;「제4회국회」, 2~4쪽.

234) 지대형(池大亨): 본명 지석규 또는 지대형 일명 이청천 또는 지청천. 일본 육사 26기. 중위로 망명(한용원,『창군』, 박영사, 1984, 34쪽.). 신흥무관학교 교관, 광복군 총사령관(김석범 · 정일권,『만주국군지』, 1987, 79~80쪽.), 제2대국회 외무국방위원회 위원장. 지대형 의원은 여순사건 수습과 각 관계당국 교섭을 위해 1948년 10월 30일 설치된 시국수습대책위원회 위원장을 맡았다.

235)『국도신문』, 1949. 7. 12.

236)『국회속기록』제5회 제19차, 1949. 10. 12.

법제사법위원회안과 원안은 모두 일본의 계엄법을 모방하였으나, 두 안은 몇 가지 차이가 있다. 법제사법위원장 백관수에 따르면, 첫째 원안은 계엄을 '정부가 직접하는 계엄'과 비상계엄으로 되어 있는데 이를 경비계엄과 비상계엄으로 만들었다. 둘째, 원안은 비상계엄 선포 시 국회에 통고 의무를 규정하지 않고, 대통령의 권한으로만 규정하였다. 셋째, 교통 통신이 두절되어 대통령이 계엄을 선포할 여유가 없는 경우 당해 지방의 관할 군사책임자가 임시로 계엄을 선포할 수 있도록 조항을 삽입하였다. 그렇지만 지체 없이 국방부장관을 통해 대통령의 추인을 받아야 한다는 조항을 삽입하였다. 넷째, 비상계엄 내에서 발생한 손해에 대한 보상 조항을 삽입하였다.[237]

지대형 의원의 원안은 계엄의 종류를 임전지역(臨戰地域)과 비상지역(非常地域)으로 구분하고 있어 '임전지역'을 경비계엄으로 번역하여 바꾸었고, 임시계엄의 삽입은 지대형 의원의 원안 '임기계엄(臨機戒嚴)은 평시는 폭도 또는 토구를 진정하기 위하여 전시는 둔영·요새 기타 중요 군사시설 또는 그 지역이 적의 포위 공격을 받거나 비상 사변이 있을 때 선포할 수 있다'[238]는 조항에서 임기계엄을 임시계엄으로 바꾼 것이다. 특히 계엄의 종류, 임시계엄을 인정하는 등 법제사법위원회 안과 지대형 의원의 안은 기본틀이 동일했다. 두 가지 안 모두 계엄 선포권자를 대통령으로 두고, 지역 사령관에게까지 선포권을 위임하는 일본식 계엄을 구상하였다. 원안에 없던 것을 법제사법위원회에서 삽입한 조항은 국회 통고 조항인데, 축조 과정에서 국회 통고 규정 등이 어떻게 논의 되는지 살펴보도록 하자.

3. 축조·심의 과정과 주요 쟁점

법제사법위원회 안에 대한 2회에 걸친 독해 과정에서 나타난 주요 쟁점과

---

237) 『국회속기록』 제5회 제19차, 1949. 10. 12.

238) 『국도신문』, 1949. 7. 12.

가결 내용을 정리하면 〈표 1 12〉와 같다.

〈표 1-12〉 계엄법안별 쟁점과 의결 내용

조항	원안 (지대형안)	대안 (법제사법위안)	수정안 (국회)	의결안
계엄 선포권 (제5조)	계엄 선포권은 대통령의 권한, 국회 통고 의무 없음	대통령이 비상계엄을 선포 또는 추인하였을 때에는 지체없이 국회에 통고하여야한다	◇수정안 1 삭제(정광호 의원 외: 민국당) ◇수정안 2 국회의 승인을 얻어야 하며 국회가 승인을 아니할 때에는 대통령은 계엄해제를 선포하여야 한다(김장렬 의원 외: 노동당)	대안가결
손해배상 (제14조)	보상조항 없음	작전상 부득이한 경우…이 경우에 生한 손해는 비상계엄이 해제한 후에 보상한다	비상계엄이 해제된 후 삭제(나용균 의원 외: 민국당)	수정안 가결
국가보안법 위반 군법회의 적용 (제16조)	없음	없음	군법회의 재판을 받을 죄목에 국가보안법에 관한 범죄를 삽입(정광호 의원 외: 민국당)	부결
국회의원 불체포권 (제17조)	없음	없음	계엄 선포 중 국회의원은 현행범을 제외하고는 체포 또는 구금되지 아니한다는 항 삽입(박찬현 의원 외: 민국당)	수정안 가결
재심청구권 (제19조)	공소 또는 상소할 수 없음	군법회의에서 재판을 받는 자는 상소할 수 없다	군법회의에서 재판을 받은 자가 불복이 있을 때에는 재심을 요구할 수 있다(김장렬 의원 외: 노동당)	수정안 가결
사형판결 확인 위임권 (제19조)	미확인	비상계엄 지역에 있어서 군법회의에서 언도한 사형판결의 확인에 대하여 대통령은 필요하다고 인정할 때에는 대통령령에 정하는 바에 의하여 계엄사령관에게 위임할 수 있다	전문 삭제(김장렬 의원 외: 노동당)	수정안과 원안 미결로 제19조 폐기
계엄해제권 (제21조)	없음	국회가 비상계엄의 해제를 요구할 때에는 대통령은 이를 해제하여야 한다	'비상' 삭제(박해정 의원 외: 무소속)	수정안 가결

쟁점 법안 중 계엄 선포권이 법제사법위원회 안으로 가결되었으며, 국회의원 불체포 조항, 군법회의 불복 시 재심요구 조항, 국회의 계엄 해제권 확대

등이 수정안으로 가결되었다. 대통령의 사형판결에 대한 확인권 위임 조항은 폐기되었다. 애초 제기되었던 지대형 의원의 원안은 물론이고, 법제사법위원회 안은 독해 과정에서 많은 논란을 일으키면서 주요 쟁점이 수정되거나 삭제되었음을 확인할 수 있다. 조문 검토 과정과 독해 과정에서 중요하게 논란이 되었던 사항을 크게 다섯 가지로 요약할 수 있다.

첫째, 계엄선포권 문제와 해엄요구권

계엄선포권이 전적으로 대통령의 권한이라고 주장하며 정광호 의원 등은 '국회 통고'를 규정한 법제사법위원회안 제5조의 삭제를 주장하였다. 정광호 의원 등은 '헌법 제64조에 계엄 선포를 대통령 권한으로 규정하였고, 통수권의 발동인 계엄은 대통령 단독으로 대통령의 특권의 권한이라고 규정한 것이 헌법정신임으로, 국회 통고를 규정하는 것은 대통령의 헌법상 규정된 권한을 침해하고 간섭하는 것'이라고 주장하고, '계엄으로 인해 파생되는 민폐의 증가는 제21조(국회의 해엄요구권)로서 구제할 수 있다'는 의견을 내놓다.[239]

이에 대해 김장렬 의원[240]은 '국회 통고'에서 한발 더 나아가 '국회 승인' 사항이라고 강하게 맞섰다. 계엄은 계엄법이 규정하는 바에 따라 선포할 수 있다고 규정한 만큼 국회에서 그것을 규정하는 것이라고 주장했다. 김장렬 의원은

> 제64조에는 (…) 대통령은 계엄을 선포하되 어떻게 하느냐 법률이 정하는 바에 의하지 않고는 할 수 없다고 해석을 하게 됩니다. 그러므로 우리는 법률에 정하는 바에 의하야 대통령은 계엄을 선포하게 하느냐, 그것은 결국 계엄법에 정하는 바에 의해서 선포할 수 있다고 하는 것은 우리가 규정하는 것이에요.[241]

---

[239] 『국회속기록』 제5회 제23차, 1949. 10. 25.

[240] 김장렬 의원은 계엄법 제정 논의에서 대통령의 권력 독점을 견제하고 저지하는 데 가장 앞장섰던 인물이다. 김장렬 의원은 계엄 선포 시 국회 승인을 명문화 할 것을 요구하였으나 부결되었으며, 원안에 없었던 군법회의 재심청구권을 가결시켰다. 또한 원안으로 제시된 사형판결 확인 위임권을 저지하여 부결시켰다. 김장렬 의원은 일제시기 조선일보와 동아일보의 지국장을 지냈고, 독립운동으로 투옥되기도 했다. 해방 후 건국준비위원회에 참여했으며, 제헌의회에 당선되어 반민특위 재판관으로 활동했다. 이후 한국전쟁 때 납북되었다.

라고 하여 헌법 제64조와 국회승인(통고)문제가 모순되지 않음을 지적하였다. 또 일본의 경우 천황이 계엄을 선포하도록 되어 있으나, 이는 군국주의 시대의 것으로 민주국가인 우리가 대통령이 계엄을 선포한다고 단순히 규정한다면 군국주의를 재판하는 것이라고 주장하였다.

계엄선포권을 대통령으로 두고, 국회의 권한을 계엄해제 요구권(제21조) 정도에서 한정하려는 세력에게 국회 통고 의무도 부담스러운 절차에 지나지 않았다. 무엇보다도 김장렬 의원은 여순사건 당시 '계엄 발동이 국회 승인 없이 선포되고 전남북일대에 계엄이 선포되어 500만 도민이 부자유를 느꼈음'을 그 주요 근거로 논의하였다. '부자유'라고 표현하였으나 여순사건 당시 계엄이 자의적으로 발포되어 지역민들이 학살당했다는 것은 공공연한 사실이었다. 따라서 김장렬 의원은 계엄에 대해 국회가 승인하는 방식으로 저지하고자 했다.

김장렬 의원 등의 의견에 대해 조헌영 의원[242]은 제21조에 계엄 해제권을 규정하고 있는 만큼 계엄의 선포는 대통령의 권한으로 두자는 의견을 지지하였다. 그 근거로 지역사령관에 의해 계엄을 선포하게 되는 경우에는, 만일 국회에서 승인권을 갖고 있으면 대통령의 추인권은 무의미해진다'는 것이다. 조헌영 의원의 이러한 주장은 여순사건 당시 계엄이 국회의 승인 없이 선포된 것을 강력히 비판했던 내용과는 대조적이다.[243] 1년이 채 되지 않아 조헌영 의원은 '대통령의 권한'을 들어 국회의 통고·승인 조항을 삭제하자고 주장하였다.

논의 끝에 대통령의 계엄 선포 시 국회 승인을 요구하는 김장렬 의원 등의 의견과, 제5조 삭제를 주장하는 정광호 의원 등의 안이 모두 부결되어 국회 통고를 규정한 법제사법위원회안이 가결되었다.

---

241) 『국회속기록』 제5회 제25차, 1949. 10. 27.

242) 조헌영 의원은 일제시기 신간회 동경지회장을 지냈고, 해방 후 한민당 조직부장으로 있었고, 반탁운동에 참여하였다. 제헌의회에 당선되었으나 이후 한국전쟁 때 납북되었다.

243) "우리가 바쁠 때에도 순서를 밟아야 될 줄 압니다. 이번 국회 휴회 중에 긴급 소집한 첫날에 계엄에 대한 말을 한 일이 있습니다. 그 이튿날 국무총리가 전남 반란 이후에 계엄령을 선포했다는 말을 보고한 일이 있습니다. 거기에 대해서 우리 국회의원들이 생각할 것은 이 계엄령이 발포되었으면 당연히 이것을 국회의 승인을 얻어야 된다(…)(『국회속기록』 제1회 제92차, 1948. 10. 30.).

최초 원안에는 국회 통고·승인 문제가 전혀 고려되지 않았다. 그러나 여순사건의 경험은 자의적 계엄 발동에 대한 우려들을 낳았고, 국회가 비상사태에 대처하기 위해서는 대통령이 국회에 통고해야 한다는 선에서 가결되었다.[244] 김장렬 의원이 국회 승인권으로 견지하고자 하였으나, '긴급명령 발동권도 국회 승인을 조문화하였고, 국회가 인민의 대표기관이므로 중요한 계엄 선포를 승인'하는 권한을 가져야 한다는 선에서의 요구였다. 이는 여순사건 당시 조헌영 의원이 '국가 중대 사안을 국회의 승인 없이 할 수 없다'정도의 '국회 권력 강화' 수준의 주장이었다.

계엄 선포권에 대한 근본적인 문제제기의 부재로 국회가 계엄 해제를 요구할 경우에는 대통령은 경비계엄과 비상계엄의 구분 없이 해제하여야 한다는 선에서 국회의 발동권에 대한 양보(국회의 승인이 아닌 통보)를 해제권으로 보상받았다.[245]

둘째, 경비계엄, 비상계엄, 임시계엄의 성격 문제

이는 본격적인 축조 이전에 많은 의원들이 문제를 제기하였으나 독해 과정에서는 논의가 본격화되지 못했다. 특히 교통·통신 등의 두절에 따라 현지 사령관이 선포하게 되는 임시계엄의 문제는 독해 전 질의 시간에는 상당히 많은 논의와 우려를 보였으나, 정작 독해 과정에서는 논의되지 않았다. 임시계엄과 관련해서는 임시계엄 선포권자의 범위(조국현 의원)와[246] 임시계엄의 기간을

---

244) 계엄의 국회 승인 또는 통고의 문제와는 별도로 제헌헌법 제72조에서는 계엄안과 해엄안에 대하여 국무회의 의결을 거치도록 규정하고 있다. 이 부분의 변천을 보면, 1962년 헌법은 계엄안 해엄안이 국무회의 심의사항으로 변경되었다. 1980년 1987년에는 각각 대통령의 비상조치와 대통령의 긴급명령·긴급재정경제처분 및 명령이 계엄안과 해엄안과 함께 국무회의 심의 사안으로 삽입되었다.

245) 1972년 헌법 제54조에서는 국회의 과반수 찬성으로 해제를 요구할 시 대통령은 계엄을 해제하여한다고 하여 국회 해제 권한이 약화되었다.

246) "임시로 계엄을 선포할 권한을 당해 지방을 관할하는 군사책임자로 너무 광범하게 규정하였는데 임시계엄 선포권자를 축소할 수 없는가. 지금이라도 전남의 경우 계엄법이 통과되면 오늘이라도 선포를 안하리라고 누가 보증하는가"(조국현 의원).

명시할 필요(박찬현·정광호 의원)[247) 등이 제기되었다.

임시계엄의 광범위성, 자의성, 임시계엄의 기간 등에 대한 질의가 이어졌는데, 이러한 질문들은 제주4·3사건과 여순사건 당시 지역사령관의 임의적 계엄선포에 따른 폐해를 경험한 속에서 제기되었다. 그러나 독해 과정에서는 이 조항에 대한 논의가 없었다.

백관수 법제사법위원장에 따르면 임시계엄이 '대통령이 계엄의 선포를 준비하는 중에 먼저 임시라도 해야 되겠다, 긴급 필요에 의해 필요하겠다 할 때 하는 것'이라며, 임시계엄의 범위, 내용, 기간 등 구체적 내용이 있어야 함에도 불구하고, 대통령이 승인하기 전의 계엄 정도로 사고하고 있었다. 대통령이 승인하기 전에 지역사령관이 임시로 내렸던 계엄이 여순사건 당시의 계엄이었다.[248) 여순사건 때 내려진 계엄이 지역사령관들에 의해 자의적으로 내려져 지역민이 고통 받고 학살당했음에도 불구하고[249) 계엄법 제정을 통해 당시 계엄의 불법성을 사후 승인 받으려는 세력을 저지하지 못했다.

한편, 경비계엄과 비상계엄의 문제는 해당 지역 계엄사령관의 관장의 범위와 관련되었다. 경비계엄의 경우 군사와 관계된 것만을, 비상계엄의 경우 행정·사법 모두를 계엄사령관이 관장하도록 되어 있지만, 현실적으로는 비상계엄과 경비계엄이 엄격하게 구분되어 선포되지도 않았을 뿐만 아니라, 경비계엄이라 할지라도 해당지구에서의 모든 권한이 계엄사령관에게 일원화 될 수밖에 없었다.

최용덕 국방부차관은 '경비(계엄)은 지역적으로 계엄의 준비적인 것 그러한 것으로 생각하시고 비상이라는 것은 좀 실질적으로 들어가서 되는 것[250)'으로

---

247) "해당 지역 사령관이 임시계엄을 선포하고 대통령의 추인을 받는 기간을 명시할 필요가 있지 않은가"(박찬현 의원); "현지사령관이 선포하는 임시계엄은 비상계엄과 경비계엄을 포함하고 있는데, 임시라면 그 날짜가 막연할 뿐만 아니라 현지 사령관의 계엄 선포가 빈번하여 국민에게 고통을 줄 염려가 있지 않은가. 임시계엄 선포에 제한이 있어야 하지 않은가"(정광호 의원)

248) 여순사건 당시 계엄이 지역사령관의 자체 판단에 의해 선포되었다는 근거는 여러 곳에서 찾을 수 있다. 직접적으로 여순사건 진압을 주도했던 백선엽은 '당시 계엄은 각 지구 사령관이 자체 판단으로 선포했다'고 밝혔다(진실과화해를위한과거사정리위원회,『구례지역 여순사건(백선엽 진술조사보고서)』, 2008, 881쪽).

249) 제6조의 임시계엄 조항은 1981년 계엄법 개정으로 삭제되었다.

이해하였고, 백관수 법제사법 위원장은 '임시계엄은 대통령이 계엄의 선포를 준비하는 중에 먼저 하는 것'[251]으로 이해할 만큼 각각의 계엄은 조문 상으로는 구분이 되었으나 현실에서는 구분이 모호했다.

셋째, 군법회의 재심과 사형판결 확인 위임문제

제주4 · 3사건과 여순사건 당시 계엄하에서 좌익 동조자로 지목된 지역 주민들은 군 · 경에 의해 즉결처분되거나 군법회의에 회부되었다. 즉결처분은 아무런 법적 근거를 갖고 있지 않았지만, 지역사령관들은 곳곳에서 즉결처분을 자행했다. 군법회의에서는 변호의 기회는 주어지지 않았으며, 신속하고 과중한 형량이 부과되었다. 계엄하에서 이들은 아무런 법적 보호도 받지 못한 벌거숭이 존재로 취급되었던 것이다.

불과 1년 전에 겪은 즉결처분과 군법회의의 경험 때문에 국회에서 계엄법이 논의되었을 때, 국회의원들이 계엄과 민간인 관할 관계를 질의한 것은 이상한 일이 아니었다. 여순사건 당시 순천에서 진압군에 의해 봉변을 당하고 간신히 탈출했던 황두연 의원은 사형판결 확인 위임의 문제와 즉결처분을 직접적으로 관련지어 다음과 같이 질의했다.

> 비상계엄 지역에 있어서 군법회의에서 언도한 사형판결의 확인에 대하여 대통령은 필요하다고 인정할 때에는 대통령이 정하는 바에 의하여 계엄사령관에게 이를 위임할 수 있다고 했는데, (…) 그런 일이 없으리라고 압니다마는 지금까지 우리가 알고 있는 것은 계엄 지역에 있어서 혹은 군사재판을 완전히 받아 가지고 사형을 한 것도 있고 (…) 혹은 민간의 모략을 받아가지고도 즉결처분이라고 하는 것이 있었다고 하는 것을 우리가 대략 짐작하고 있는데 앞으로 이 계엄령이 완전히 설립된 후에는 그 즉결처분이라는 것은 그 때도 있을 것인가 전연 없어질 것인가 이것을 똑똑히 말씀해주시면 좋겠습니다.[252]

250) 『국회속기록』 제5회 제19차, 1949. 10. 12.
251) 『국회속기록』 제5회 제19차, 1949. 10. 12.
252) 『국회속기록』 제5회 제19차, 1949. 10. 12.

사실 즉결처분은 아무런 법적 근거도 없는 일선 사령관의 자의적 행위였다. 제주나 여순사건에서 지역 민간인 대다수는 군법회의보다도 즉결처분에 의해 목숨을 잃는 경우가 많았다. 즉결처분에서는 아무런 증거도 필요 없었고, 자신의 무죄를 증명할 어떤 방법도 없었다. 말 그대로 사령관의 자의적 결정에 따라 민간인의 생명을 빼앗았던 것이다. 해당 사령관의 자의적 판단에 따른 즉결을 형식적으로 정당화할 수 있는 조항이 사형판결 확인권 위임이었다. 계엄법 제정 이전 제주, 여순사건 당시 군법회의는 즉결처리 후 이를 형식적으로 처리하는 수준이었기 때문이다.

즉결처분을 벗어난 민간인들은 군법회의에 따라 처리되었다. 계엄하에서 민간인은 민간 재판소가 아니라 군법회의에 따라 재판 받았기 때문이다. 계엄법 제정 과정에서 논의되었던 것은 민간인의 군법회의 재심 청구권이었다.

김장렬 의원 등은 '억울하고 온당치 않게 원망스럽게 생각하는 그러한 피고자에 있어 가지고는 다시 재심할 수 있는 권한을 인정하자'며 계엄법에 재심청구권을 삽입할 것을 주장했다. 조헌영 의원도 순천에 계엄이 발동되었을 당시 억울하게 죽은 청년의 예를 들며, 재심 청구의 필요성을 주장했다. 이성학 의원도 27~8세의 군법회의 재판관이 냉철하게 판단하는 데는 한계가 있다며, 재심 청구를 옹호했다.

이에 대해 최용덕 국방부차관은 "군법회의는 단심입니다. 그러므로 군법회의는 상고할 수가 없다"고 답변하였고, 조영규 의원도 군법은 원칙적으로 단심이고 급속히 처단해야 하기 때문에 재심은 필요하지 않다고 발언하였다.

따라서 의원들은 시민들의 무고한 죽음을 방지하기 위한 제도적 장치로 군법회의 재심 문제와 사형 언도자에 대한 대통령의 확인권을 주장하였다고 볼 수 있다. 하지만 민간인의 죽음을 방지하는 장치는 의원들의 주장대로 재심과 대통령의 사형 확인권으로 해결될 수 있는 성질이 아니었다. 왜냐하면 여순사건 당시에 군법회의에서 사형을 언도받은 사람들에 대한 확인은 대통령의 재가를 받았지만, 이러한 절차를 거쳤다고 해서 민간인 피해가 줄어들지는 않았기 때문이다. 대통령의 확인도 사후적 재가의 성질이 높았다.

조국현 의원[253])은 '계엄이라는 단어는 듣기만 하여도 무시무시한 말'이었고, '과연 이것이 국가에 있어서 못쓸 것'이라고 생각하고 있었다. 조국현 의원은 '이 법을 어쩔 수 없이 제정할지라도 계엄이 있어서는 안 될 것'이라고까지 주장했다.[254]) 조국현 의원에게 계엄은 사령관이 '왕'이 되는 것이고, 법원은 사령관의 명령에 의거해서 재판을 하는 기관에 불과한 것으로 이해되었다. 계엄을 직접 경험한 조국현 의원의 이러한 발언은 계엄이 민간인에게 어떤 의미를 갖는 가를 심정적으로 잘 표현하고 있었다.

계엄상태에서 재판의 대상이 되는 것은 군인이 아닌 민간인이었다. 원래 계엄법에서 비무장 민간인은 이 법 바깥의 존재로 간주되지만, 실제 현실에서 민간인은 점점 더 무장충돌 상황에 휘말려 들어가게 된다. 더욱이 지역 주민 전체를 '폭도'로 간주하여 색출이 이루어졌던 제주, 여순사건에서 지역 민간인들은 사건 외부에 존재하는 민간인이 아니라 정부에 의해 잠재적 동조자로 취급되면서, 지역 사령관에 의해 현장에서 즉결처분되거나 군법회의에 회부되었다. 군인 범죄를 처벌하기 위해 만들어진 군법회의가 민간인 처벌을 위한 효율적 장치로 등장하기 시작한 것이다.

국회에서는 최소한 즉결처분 내지 형식적 군법회의 폐단을 경감하기 위한 방비를 하지 않을 수 없었으며, 이러한 노력으로 군법회의 재심을 가결할 수 있었다. 그러나 국회의 노력으로 군법회의 재심이 법에 규정되었으나, 한국전쟁 시기 계엄 상황에서 이는 무용화되었다. 대통령 긴급명령에 따른 '계엄하 군사재판에 관한 특별조치령'과 '비상사태하 범죄처벌에 관한 특별조치령'은 계엄 선포 상황에서 군법회의를 단심으로 진행하도록 했고 그 형식을 기형적으로 변화시켰다.

넷째, 계엄 상황에서 국회의원 신분보장 문제
황두연 의원 체포사건과 국회프락치 사건 등을 경험한 국회의원들에게 의원

---

253) 조국현 의원은 전남 화순 출신으로 여순사건 당시 군법회의의 폐단을 잘 알고 있었다. 따라서 계엄의 종류 변경의 자의성, 군법회의 재심 요구와 사형판결 확인 위임을 저지하고자 했다.
254) 『국회속기록』 제5회 제19차, 1949. 10. 12.

의 신분보장 문제는 초미 관심사였다. 국회의원도 계엄상태에서는 생명을 보호받지 못한다는 것을 의원들은 몸으로 경험했기 때문에, 의원들은 끈질기게 이 조항을 계엄법에 삽입하고자 했다.

특히 황두연 의원 사건은 의원 신분보장을 절감하게 한 사건이었다. 순천 갑구 출신 황두연은 여순사건 당시 순천에서 숨어 지냈지만, 인민재판에 참가했다는 혐의를 받고 진압군에게 취조를 받다가 간신히 탈출한 적이 있었다. 그러나 이승만과 가까운 관계에 있었던『평화신문』은 그를 '빨갱이 국회의원'으로 모는 보도를 여러 차례 게재하여 그를 곤경에 빠뜨렸다.255)

박찬현 의원 등은 '계엄 선포 중 국회의원 체포 구금 금지' 조항의 삽입을 주장하면서 '계엄하에 일반 민심은 극도로 혼란되고 갖은 중상모략이라든지 이러한 민심하에 있어서 국회의원(에 대한) 중상도 심할 것'이라는 이유를 들었다.

대체적으로 의원들은 의원 신분보장에 동의하고 있는 상황이었지만, 한민당 조헌영 의원은 이에 대하여 다음과 같이 반대하는 발언을 했다.

> 우리 국회의원 200명이 다 같이 내란에 반대하여 현 정부를 지지하는 사람들이라고 하면 그렇지 않은 분도 있습니다. (…) 만일 국회 폐회 중에 어떤 정치인의 견해로 해서 합법적 · 정치적으로 도모하다가 안될 때는 혹 내란에 가담하는 국회의원이 있는 것을 예상하면 내란에 가담하는 국회의원이 그 법을 적용해가지고 만일 그 사태를 악화하고 조장하는 그런 경우가 있습니다.

즉 회기 중 보호는 헌법 제49조에 명시되어 있으니, 의원의 신분보장 조항이 불필요하다고 주장하였다. 조헌영 의원의 이 같은 견해는 국회의원 중 내란에 가담할 가능성이 있는 의원이 있다는 것을 공개적으로 천명한 것이었다. 조헌영 의원의 발언은 진보적 소장파를 몰락시킨 1949년 6월의 국회프락치 사건과 맥을 같이하고 있다.

---

255) 여순사건 당시 황두연 의원에 모함에 대해서는 김득중, 『앞의 책』, 2009, 선인, 315~322쪽.

국회의원 신분보장은 계엄법에 삽입되었지만, 결국 1952년 부산정치파동에서 단적으로 드러났듯이 국회의원조차도 '긴급상황'에서는 법의 보호를 받지 못했다.

다섯째, 계엄 종류의 변경 문제

계엄 지역의 확대와는 별도로 계엄의 종류를 변경할 수 있는가의 문제가 제기되었는데, 이는 처음에 선포된 경비계엄을 이후 비상계엄으로 변경하거나 비상계엄을 경비계엄으로 변경할 경우에 발생할 수 있는 문제이다.

이에 대해 무소속 박해정 의원은 '비상계엄, 경비계엄, 지역사령관의 임시계엄은 지역과 종류를 변경할 수 있다고 하였는데, 지역을 변경하는 것은 가(可)하나 각각의 계엄은 다른 상황에서 선포되는 것으로 종류를 변경하는 것은 맞지 않습니다'라고 하였다. 또 그는 '여수 · 순천 사건에서 다른 지역까지 확대되어 지역을 변경하겠지만, 그 공포한 경비계엄을 비상계엄으로 변경할 필요가 있느냐'라고 질문하면서 '경비계엄에서 비상계엄으로 변경될 경우, 국회에 통고되지 않고 비상계엄으로 될 그러한 경우가 있다'[256]고 지적했다.

제주4 · 3사건과 여순사건 당시 선포된 계엄은 임시 · 경비 · 비상을 넘나들며 국회 통고는 고사하고, 계엄사령관조차 계엄의 성격을 분별하지 못하는 상황에서 수행되었다. 계엄의 종류 변경의 문제는 역사적 경험의 소산으로서 제기되었다.

또 여순사건 관련 계엄이 1949년 2월 5일 해제된 후에도 경비계엄으로 전환했다는 등, 계엄이 계속 진행 중이라는 등의 언론보도가 있던 것을 보면, 계엄 종류의 변경 문제는 각 계엄 성격의 모호함과 더불어 자의적인 전환에 대한 우려를 드러낸 논의라고 할 수 있었다.

사실 이러한 우려는 사실과 경험에 기반하고 있었다. 여순사건 당시 내려진 계엄의 경우는 이것이 임전지경인지 합위지경인지(또는 경비계엄인지, 비상계

---

256) 『국회속기록』 제5회 제19차, 1949. 10. 12.

엄인지)의 구분도 없이 내려졌기 때문에, 이러한 혼란이 1949년 계엄 제정 과정에서도 여전히 있었다고 할 수 있다. 결국 제정된 계엄법에서는 경비계엄에서 비상계엄으로의 변경에 어떠한 제한이나 규정이 두어지지 않은 채, '선포된 계엄은 그 지역 또는 종류를 변경할 수 있다'라고 규정되었다.[257]

경비계엄과 비상계엄의 구분은 제2조, 제3조에 규정되어 있지만, 그 기준은 객관적으로 규정될 수 있는 성질의 것이 아니다. 객관적으로 구분된 경비계엄과 비상계엄은 이에 상응하여 각각에 권한이 부여된다. 그러나 실제 적용 과정에서 경비계엄과 비상계엄은 조문처럼 확실히 구분되지 않으며, 경비계엄보다 비상계엄이 객관적으로 더 위급한 상황을 의미하는 것은 아니다.

이상에서와 같이 계엄법 축조·심의 과정에서 주요하게 논의 되었던 계엄 선포권과 해엄 요구권, 계엄의 성격 및 종류 변경, 군법회의 운영, 국회의원 신분보장 문제는 국회의 노력으로 계엄 시행의 자의성을 방지하는 내용을 상당 부분 반영하였다. 그러나 한국전쟁 이후 계엄 전개 과정에서 군은 행정·사법권을 장악하였고 내부의 적을 제거하기 위해 계엄상태를 지속시키고자 한 정부에 의해 계엄법은 형해화(形骸化)되었다. 단적으로 군법회의 재심은 여순사건과 제주4·3사건 시기 즉결처분과 군법회의의 폐단을 최소화하는 방안이었으나 한국전쟁 시기 '계엄하 군사재판에 관한 특별조치령'과 '비상사태하 범죄처벌에 관한 특별조치령'으로 단심제가 적용되었으며, 설치장관의 확인은 전쟁 상황을 이유로 제대로 시행되지 못했다. 따라서 한국전쟁 기간 동안 계엄법 제정 과정에서 우려했던 민간인에 대한 무분별한 살상이 계엄법에 기반하여 자행되었다. 법 제정 이후 계엄은 긴급명령과 함께 합법적으로 헌법을 정지시키고 입법-사법-행정을 하나의 권력을 통합함으로써 국민의 범위와 권리를 새로이 규정하고 만드는 계기로 작용하였다.

---

257) 제6조의 임시계엄과 마찬가지로 제8조의 경비계엄에서 비상계엄으로 변경은 국무회의 심의를 거치는 것으로 1981년에 개정되었다.

◀ 3·8선을 알리는 푯말(미국국립문서기록관리청, 1948년 5월)

미 육군이 3·8선을 따라 고시해 놓은 표시. 1948년 단독선거가 결정되고 남북 분단은 더욱 확실시되어 갔다.

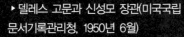

▶ 델레스 고문과 신성모 장관(미국국립문서기록관리청, 1950년 6월)

전쟁 발발 직전 3·8선을 찾은 미 국무부 관료들. 국무부 공화당 고문 델레스(John F. Dulles), 신성모 국방장관, 유재흥 의정부 제7사단장(델레스의 오른쪽)

▲충남 공주형무소 재소자 처형(미국국립문서기록관리청, 1950년 7월 9일)

죽음의 장소로 끌려가는 사람들. 전쟁이 발발하자 공주형무소 재소자와 국민보도연맹원들은 군인, 경찰, 특경대 등에 끌려가 왕촌 야산에서 집단 학살당했다.

▲ 피난민 행렬(미국국립문서기록관리청, 1950년 8월)

전쟁을 피해 남쪽으로 피난길에 나선 사람들. 이들은 아군도 적군도 아니었다.

한국전쟁 시기 계엄의 선포와 전개

제1절 전쟁의 발발과 긴급명령

1. 정부의 전쟁 초기 대응

한반도에서 전면 전쟁이 발발할 것이라고 미국과 남한은 모두 예상하지 못하였다. 1950년 6월 25일 당시 군은 전쟁에 대한 작전계획이나 방위계획을 마련하지 못한 상황이었다.[1] 육군본부의 작전명령 제38호(1950. 3. 25.)에 따른 방어계획이 수립되었다고 하나 그 내용은 부대별 경계지대 구분, 거점지역 사수라는 일반적 계획에 지나지 않았다.[2] 더구나 6월 23일 24시를 기하여 비상경계령을 해제하여 각 사단에 대하여 부대장의 재량으로 휴가나 외출을 허가하였고, 6월 24일 육군 장교 클럽 개관 파티로 주요 지휘관들은 밤이 늦도록 부대

---

[1] 佐佐木春隆, 『한국전비사: 건국과 시련(상권)』, 병학사, 1977, 142~143쪽("육군본부에서 전면전을 예상하여 대책을 연구한 사실은 단 한번도 없었던 것으로 안다. 그러므로 평소에 방위계획을 수립하지 않았고, 연차 방위계획도 없었다. 미군고문단에 작전 계획의 입안을 제기한 사실이 없었다. (…) 방위계획을 진지하게 검토하면 군사원조를 증가해야만 될 것이 분명했기 때문이다"(이종찬 당시 수도경비사령관 증언)).

[2] 국방부 전사편찬위원회, 『한국전쟁(요약)』, 1986, 105~106쪽.

에 복귀하지 않았거나, 새벽에야 취침에 들었다고 한다.[3]

의정부의 제7사단 사령부 정보처가 육군본부 정보국에 북한의 공격을 보고한 시각은 오전 5시 15분경이었고, 각 사단에서 육군본부 혹은 총참모장에 연락을 취하였으나 전면전이라는 보고는 없었다. 육군본부가 북한의 전면 침략이라고 판단한 것은 채병덕 총참모장이 김백일 작전참모부장과 하우스만(James Harry Hausman) 대위를 대동하고 의정부 제7사단을 직접 방문한 오전 10시 무렵이었다. 오전 10시 이전까지 군은 전면전 혹은 전쟁 상황으로 사태를 인식하지 않았으며, 어떠한 작전명령도 하달하지 못한 채 상황을 파악하는 수준에 있었다. 전면 전쟁이라 파악한 뒤 남부지역의 3개 사단에 대한 북상명령을 내렸지만, 작전계획의 부재로 도착 부대를 일선으로 투입하는 것 외에 대응을 하지 못했다.[4]

전쟁 발발 당일 이승만은 무초(John J. Muccio) 주한미국대사와의 면담에서 무기 지원을 요구하고 계엄 선포를 고려하고 있음을 언급하였으나 계엄은 선포되지 않았다. 비상국무회의는 6월 27일 전쟁 지도 방책을 결정하지 못하고 수원으로의 천도만을 결정하였고, 6월 26일, 27일 채병덕 총참모장으로부터 실제 상황과는 다른 전황을 보고 받은 국회는 '수도사수를 결의'하였다. 6월 27일 최초의 '대통령 특별방송'이 나가는 사이 이승만은 새벽 피난길에 올랐다.[5]

육군본부는 전쟁 당일 오후 2시 무렵 최초의 참모회의를 열었고, 이어 6월 26일 10시경 군사경력자자문회의 그리고 국방수뇌연석회의 등을 열었지만 이렇다 할 작전 계획을 수립하지 못했다. 6월 27일 새벽 2시까지 개최된 국방수

---

3) 국방부 전사감실, 『육군전사(2)』, 22쪽.

4) 佐佐木春隆, 『한국전비사: 건국과 시련(상권)』, 1977, 201~312쪽(3개 사단의 북상명령 외에 제3연대의 제7사단 배속을 통한 포천가도 증원, 대전차포병단을 제1·제7사단에 배속, 육사대대 편성, 기갑연대의 장갑차 배속 등의 조치가 취해졌으나 즉자적 대응에 지나지 않았다).

5) 전쟁발발 직후 이승만은 무초 미국대사와 만난 자리에서 "오후 2시에 국무회의가 열릴 것이며, 서울에 계엄령 선포를 고려하고 있다"고 말하였다. 그러나 서울에 계엄령은 선포되지 않은 채 이승만은 피난길에 올랐다(미국무부, 한국 국내상황 관련문서 I : 『한국전쟁자료총서』 39, 272~273쪽).

뇌연석회의에서는 '육군의 패전이 계속되는 경우, 게릴라전으로 전환하여 최후까지 항전하고 해공군은 지상 작전의 협력과 최종적으로 망명 정부 요인 수송을 담당한다'는 일반적 수준의 결정만을 내렸다. 이어 육군본부는 6월 27일 오전 7시경 철수를 결정했다. 이러한 상황에서도 구체적인 방어계획이나 전선부대의 철수, 시민의 피난에 대해서는 전혀 논의되지 못했다.[6]

3일 만에 서울이 함락되고 대전으로 이동한 이승만은 6월 29일 수원에서 맥아서(Douglas MacArthur)와 만난 후 6월 30일 정일권을 육군총참모장 겸 육해공군총사령관에 임명하였다.[7] 이로써 7월 1일부터 정일권을 중심으로 한 육해공군 통합 지휘체제를 갖추게 되었고, 7월 5일부터 7일까지 육군의 부대 재편이 진행되었다.[8] 7월 4일 최초로 미 지상군 스미스부대가 평택에서 투입되었으나, 유엔군사령부는 7월 7일에 가서야 설치되었다. 이렇듯 3일 만에 서울이 함락되고, 미군의 참전은 유엔 안전보장이사회의 결의를 기다려야 했으며, 그 기간 동안 미 지상군의 참전은 제한적이었다. 군은 7월 1일 이후에도 어떤 방식으로 전쟁을 수행할 것인가를 숙고할 여력 없이 어느 지역으로 군인을 보내야 하는가를 정해야 할 만큼 다급한 상황이었다. 갑작스러운 전면전 개시에 대응하여 가장 시급한 것은 군의 명령체계 확립과 부대 편제였다고 할 수 있는데, 실제적으로 전쟁 수행 체계가 어느 정도 마련된 것은 육군의 재편이 이루어지고 유엔군사령부가 창설된 7월 8일 무렵이었다고 보인다.

1950년 7월 8일에 이르러 군은 전라남북도를 제외한 3·8 이남 지역에 대하여 비상계엄을 선포하였다. 계엄이 선포된 7월 8일에 북한군은 천안에 돌입하

---

6) 佐佐木春隆, 『한국전비사: 건국과 시련(상권)』, 1977, 병학사, 309·385~390·441·465쪽.

7) 「육본일반명령」, 제1호, 1950. 7. 5.; 국방부 군사편찬연구소, 『6·25전쟁사』 제2권, 2004, 81쪽.

8) 「육본일반명령」, 제2호, 1950. 7. 5.; 「육본일반명령」, 제3호, 1950. 7. 7.(군은 1개의 군단체계로 개편되어 김홍일 소장이 지휘하도록 하였으며, 휘하에 수도사단(이준식 준장), 제7사단(백선엽 대령), 제2사단, 육군본부 예비대를 두었다. 요컨대 제5, 제7사단을 해대해서 앞의 3개 사단에 흡수시키고, 제5사단장 이응준 소장을 전남편성관구사령관에, 채병덕 소장을 경남편성관구사령관에 임명하고, 각 지구의 치안유지와 방어, 동원 업무 등을 맡겼다. 또한 제7사단장 유재흥 준장은 제1군단부군단장에 발령하였다).

였고, 유엔안보리에서 맥아서가 재한유엔군총사령관에 임명되었다.[9] 이렇듯 전쟁 발발 즉시 계엄이 선포되지 않고 7월 8일에 가서야 계엄이 선포되었던 것은 3군 통합적인 전시 방어계획이 수립되지 않았다는 점과 상황추수적인 초기 대응 양상과 관련된다고 할 수 있다.

〈그림 2-1〉 국군 통수권 이양에 관한 이승만 대통령의 각서 및 맥아서 유엔군 총사령관의 답신(국가기록원, 1950년 7월)

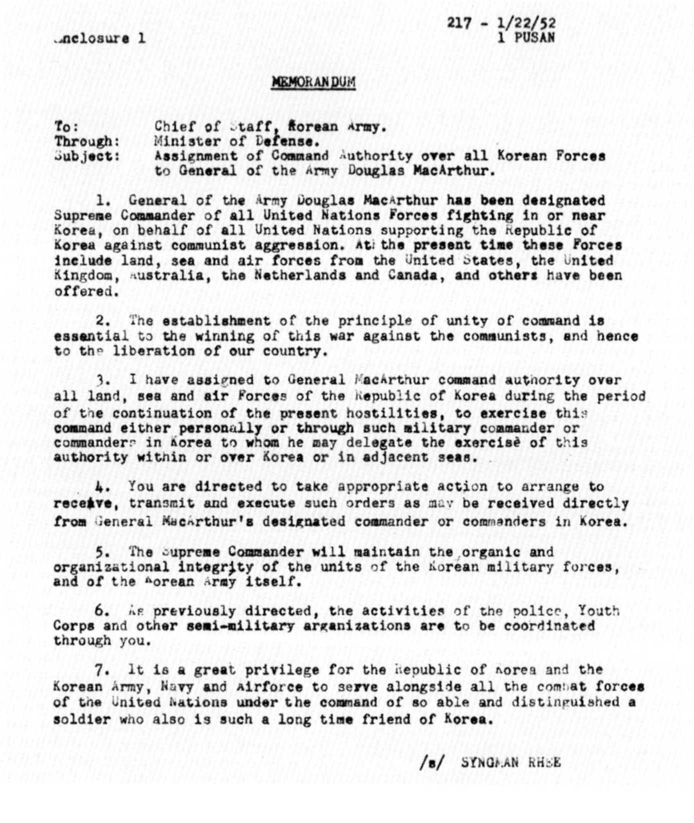

```
                                              217 - 1/22/52
 _nclosure 1                                   1 PUSAN


                      MEMORANDUM

    To:          Chief of Staff, Korean Army.
    Through:     Minister of Defense.
    Subject:     Assignment of Command Authority over all Korean Forces
                 to General of the Army Douglas MacArthur.

         1.  General of the Army Douglas MacArthur has been designated
    Supreme Commander of all United Nations Forces fighting in or near
    Korea, on behalf of all United Nations supporting the Republic of
    Korea against communist aggression. At the present time these Forces
    include land, sea and air forces from the United States, the United
    Kingdom, Australia, the Netherlands and Canada, and others have been
    offered.

         2.  The establishment of the principle of unity of command is
    essential to the winning of this war against the communists, and hence
    to the liberation of our country.

         3.  I have assigned to General MacArthur command authority over
    all land, sea and air Forces of the Republic of Korea during the period
    of the continuation of the present hostilities, to exercise this
    command either personally or through such military commander or
    commanders in Korea to whom he may delegate the exercise of this
    authority within or over Korea or in adjacent seas.

         4.  You are directed to take appropriate action to arrange to
    receive, transmit and execute such orders as may be received directly
    from General MacArthur's designated commander or commanders in Korea.

         5.  The Supreme Commander will maintain the organic and
    organizational integrity of the units of the Korean military forces,
    and of the Korean Army itself.

         6.  As previously directed, the activities of the police, Youth
    Corps and other semi-military organizations are to be coordinated
    through you.

         7.  It is a great privilege for the Republic of Korea and the
    Korean Army, Navy and Airforce to serve alongside all the combat forces
    of the United Nations under the command of so able and distinguished a
    soldier who also is such a long time friend of Korea.

                                        /s/  SYNGMAN RHEE
```

---

[9] 국방부 정훈국 전사편찬회, 『한국전란1년지』, 1951, b16: 『한국전란1년지』에는 계엄 선포 일자가 7월 9일로 명기되어 있다.

July 14, 1950.

General of the Army Douglas MacArthur,
CHQ, FEC, Tokyo.

Dear General MacArthur;

In view of the common military effort of the United Nations on behalf
of the Republic of Korea, in which all military forces, land, sea and air,
of the United Nations, fighting in or near Korea have been placed under
your operational command, and in which you have been designated Supreme
Commander United Nations Forces, I am happy to assign to you command authority
over all land, sea and air Forces of the Republic of Korea during the period
of the continuation of the present state of hostilities, such command to be
exercised either by you personally or by such military commander or commanders
to whom you may delegate the exercise of this authority within Korea or in
adjacent seas.

The Korean Army will be proud to serve under your command, and the Korean
people and Government will be equally proud and encouraged to have the overall
direction of our combined combat effort in the hands of so famous and dis-
tinguished a soldier who also in his person possesses the delegated military
authority of all the United Nations who have joined together to resist this
infamous communist assault on the independence and integrity of our beloved
land.

With continued highest and warmest feelings of personal regard,

Sincerely yours,

/s/ SYNGMAN RHEE

Enclosure 5

217 -1/21-52

American Embassy
Taegu, Korea

July 16, 1950

"Dear Mr. President;

"I am happy to transmit to you the following
message from General of the Army Douglas MacArthur with
reference to your letter of July 14 in which you designated
to him operational command authority over the land, sea
and air forces of the Republic of Korea during the present
hostilities.

'Please express to President Rhee my
thanks and deepest appreciation for the
action taken in his letter of 15 July. It
cannot fail to increase the coordinated
power of the United Nations Forces operating
in Korea. I am proud indeed to have the
gallant forces of the Republic of Korea under
my command. Please tell the President I am
grateful for his generous references to me
personally and how sincerely I reciprocate
his sentiments of regard. Tell him also not
to lose heart, that the way may be long and
hard, but the ultimate result cannot fail
to be victory.

MACARTHUR'

"With assurances of my ever continued highest
regards, I remain

Sincerely yours,

/s/ John J. Muccio"

The Honorable Syngman Rhee,
President of the Republic of Korea,
Taegu

▲ 7월 14일 이승만 대통령이 주한미대사를 통해 작전지휘권(Operational Command)
를 맥아서 유엔군사령관에게 이양한다는 것을 정식으로 알린 각서(Memorandum)
및 서한.

7월 8일 계엄 선포와 동시에 정일권 계엄사령관은 포고를 통해 '사법·행정 기관의 군 귀일, 협력을 요망한다'고 선언하여 전국 사법·행정 업무를 군이 장악하게 되었음을 선언하였다. 이어서 같은 날 중앙계엄고등군법회의와 경남지구 계엄고등군법회의가 설치되었다. 육군본부에서는 계엄 선포에 맞추어 7월 9일 민사부가 설치되었다.[10] 이어 계엄사령관은 7월 9일 각 군에 「계엄 실시 요령에 관한 건」을 하달하여 계엄실시 요령에 의거한 계획 수립과 실시를 지시하였고,[11] 육군본부는 7월 9일 「작전명령 제30호(1950. 7. 9.)」를 통해 북한군이 '대전 지역에 주력 침공이 불가능하게 되자 변의대(便衣隊), 유격대를 잠입케 할 기도를 할 기획'이라고 보고 대전 중심의 주요 각 도로에 헌병을 배치하여 특별경계를 실시하도록 하였다.[12]

이와 같이 공식적인 계엄은 정부가 대전으로 이동하고, 작전·명령체계를 일차적으로 마련한 상황에서 대전지역을 중심으로 한 일차적 방어선이 구축된 시점에 선포되었다고 할 수 있다. 군과 정부의 초기대응과 계엄 선포 과정은 전쟁 이전 시기 지역 단위의 소요·봉기 진압을 위해 선포되었던 계엄과는 다른 차원에서 고려되었다고 보인다. 즉 전쟁 상황에서 계엄은 전투지역과 계엄 지역을 구분할 수 없었으며, 질서유지가 필요한 지역이 있다 하더라도 전투부대를 전선에서 빼내어 배치할 수도 없었다.

패전과 후퇴 그리고 작전계획과 체계의 미비는 특정 경계 지역을 통해 아군과 적군을 구분할 수 없도록 하였다. 무엇보다 전시 계엄은 전쟁이라는 '비상사태'에 직면하여, 직접적으로 '군작전의 효율성'을 도모하기 위해 선포된 것이 아니었다. 군과 정부는 대전을 1차 방어선으로 한 작전을 계획하고 전쟁 수행체계가 어느 정도 체계를 잡자 대전 이남 지역을 중심으로 국민의 '북한 협력 가능성을 차단'하고, 적과 아를 구분·식별하기 위한 방책으로 계엄을 선포하였

---

[10] 국방부, 『한국전쟁사』 상권, 1995, 187~284쪽(이후 육군본부는 7월 14일 대구로 이동함과 동시에 7월 14일부로 국군의 작전 지휘권은 맥아서 사령관에게 이양되었다).

[11] 육군본부, 『계엄사』, 1976, 76쪽.

[12] 육군본부, 「작전명령 제30호(1950. 7. 9.)」; 국방부 전사편찬위원회, 『한국전쟁사』 제2권, 1979, 957쪽.

다고 할 수 있다.

한편 자료의 부족으로 전쟁 발발 직후 전선에서의 작전에 대해서는 구체적으로 알 수 없으나 7월 8일 비상계엄 이전에 제6사단과 제8사단에서는 지역사령관(사단장)에 의한 계엄이 시행되었던 것으로 보인다. 종래 전쟁 직후 제6사단과 제8사단에서 취해진 계엄은 7월 8일의 공식적 비상계엄에 비해 주목되지 못하였다. 『한국전쟁사』(1968)를 제외한 공식적인 『전사(戰史)』에서는 한국전쟁 이후 계엄은 7월 8일 선포된 계엄만을 서술하고 제6사단과 제8사단에서 시행한 계엄은 누락되어 왔다.

전쟁 직후 강원도 춘천지역에 주둔한 제6사단은 사단 차원에서 전쟁 발발에 대비하여 피난민 대책 등을 수립하였고, 전쟁이 발발하자 김종오 사단장은 계엄을 선포하고 지역 격리와 통제를 시도하였다.[13] 제6사단의 계엄 선포 과정에 대해서는 육군본부 작전참모부장 김백일 대령이 6월 25일 오후 통화를 통해 김종오 사단장에게 지시하였다고 한다. 김백일 작전참모부장은 "전황은 지극히 불리하다. 귀관은 강원도 지구 계엄사령관을 겸무하기로 되었다. 가용한 인적 물적 전투력을 동원하여 최선을 다하여 주기 바란다"라고 명령하였다는 것이다.[14]

제8사단에서도 사단 차원의 계엄이 시행되었다. 사단장(이성가 대령)은 6월 25일 오전 6시경 부대장과 참모를 집합시켜 최초 작전회의를 개최하였으나, 전반적 상황을 알 수 없어 강릉을 중심으로 한 적의 저지와 지역 사수만을 결정하고, 육군본부에 병력과 연락기 증원을 요청하고자 하였으나 연락이 되지 않았다. 이에 다음과 같이 사단 차원의 작전을 수립하였다.

1. 사단의 군수품을 대관령으로부터 하진부리로 옮기고, 지구전에 대비한다.
2. 사태가 위급하면 군·경의 가족을 피난시킨다.

---

13) 제6사단 「작전명령 제42호(1950. 5. 18.)」는 육군본부 「작전명령 제38호(육군방어계획, 1950. 3. 25.)」에 의거해 수립된 것이다(국방부 전사편찬위원회, 『한국전쟁사』 1권, 1968, 633쪽).

14) 국방부 전사편찬위원회, 『한국전쟁사』 제2권, 1968, 156~157쪽.

3. 민사부를 편성하여 행정을 관장하고, 금융기관을 철수시킨다.
4. 기동력을 최대한으로 동원한다.[15]

이와 같은 작전 지시 직후 사단장은 오전 10시를 기하여 계엄을 선포함과 동시에 영월탄광에서 300대의 트럭을 징발하여 식량수송, 은행과 가족의 소개를 시작했으며, 제21연대에게 '민간인 차량을 징발하여 신속히 강릉으로 결집할 것'을 명령하였다.[16]

전쟁 이전 수립되었던 육군본부의 「작전명령 제38호」 방어계획에는 전쟁에 따른 계엄 운영이 포함되어 있지 않았다. 전국단위의 방어계획에는 없었지만 각 사단 차원의 전시 방어 계획에는 계엄 시행을 포함하고 있었다고 볼 수 있다. 전쟁 직후 춘천-원주-강릉을 연결하는 중부, 동부전선은 초기 전투를 담당했던 지역이었고, 북한군이 서울에 진입하기 이전까지 상대적으로 지연작전을 수행했던 지역이었다.

제6사단과 제8사단의 계엄 선포가 사단 작전 계획에 따른 사단장의 독자적인 판단에 따른 것인지, 육군본부의 지시에 따른 것인지에 대해서는 공식적인 지시 문서나 계엄 선포 관련 논의 내용이 발견되지 않아 명확하지는 않다. 제6사단의 경우 김백일 작전참모부장과의 통화를 통해 계엄에 대한 지시를 받았다 하더라도 이는 육본의 공식적인 지시로 보기는 어렵다. 강원도 지역은 제6사단과 제8사단이 동서로 나누어 방어하고 있어 제6사단장을 강원도 지역 계엄사령관으로 임명하였다는 것도 납득이 가지 않는 면이다. 제8사단의 경우 육군본부와 연락이 두절되어 지역적으로 고립된 상황에서 사단장의 판단에 따라 선포된 지역단위의 임시계엄이라고 볼 수 있다. 제8사단이 민사부를 편성하여 행정을 관장하고 기관 철수 업무를 수행하도록 하였다는 점도 특징적이다.

제6사단과 8사단의 계엄 시행은 모두 계엄법에 근거한 절차를 따르지 않았

---

15) 국방부 전사편찬위원회, 『한국전쟁사』 제2권, 1968, 186쪽.

16) 佐佐木春隆, 『한국전비사: 건국과 시련(상권)』, 병학사, 1977, 300~304쪽.

다. 제6사단의 경우 김백일 작전참모부장의 명령에 의한 것이라 해도 계엄법이 규정한 계엄선포 절차를 따르지 않은 것은 마찬가지였다. 제8사단의 계엄은 계엄법 제6조 '교통, 통신의 두절로 인하여 대통령의 계엄 선포를 기다릴 여유가 없을 때'에 임시로 선포하도록 규정한 임시계엄에 해당한다고 볼 수 있다. 그러나 임시계엄을 선포한 후 동법 제7조 규정에 따라 '지체 없이 국방부장관에게 상신하여 대통령의 추인'을 받아야 하며, '추인하지 아니할 때에는 즉시 해제를 선포'해야 했다. 그러나 임시계엄 이후 후속조치는 없었다. 두 지역에서의 계엄은 전면전에 따른 조치가 아니라 국방부와 육군본부 등과 연락이 두절된 상태에서, 북한의 국지공격이라고 판단한 사단장이 사단 방위 차원에서 계엄을 선포하였다고 볼 수 있다.[17]

당시 사단에서는 전면전이라고 판단하고 있지 않았다. 제8사단이 민사부를 구성하고 지역 차량 징발, 주민소개 등 체계적인 대응을 진행되었던 점을 볼 때 계엄 선포 과정의 위법성은 계엄법을 인지하지 못했기 때문이었다고 보기는 어렵다. 여순사건 당시 '내란의 상황'에서 전국 계엄이 아닌 지역을 단위로 전술사령관의 직권에 의해 임시계엄을 선포한 사례가 있었다.[18]

이러한 경험을 바탕으로 지역사령관은 '적의 대규모 공격' 상황에서 수비지역을 단위로 한 계엄 선포·운용 계획을 수립하였고, 전쟁 발발에 직면하여 최전선에서 지역방어를 수행해야 하는 상황에서 계엄을 선포하였다고 할 수 있다. 1950년 7월 8일 비상계엄 선포 이후에는 지역사령관에 의한 계엄은 선포되지 않았다. 이는 계엄사령부를 통한 계엄 기능의 수렴에 따른 결과라고 할 수 있다.

2. 긴급명령과 계엄

전쟁 발발 직후 정부의 초기대응에서 주목되는 것은 대통령 긴급명령의 선

---

17) 佐佐木春隆, 『한국전비사: 건국과 시련(상권)』, 병학사, 1977, 300~304쪽.

18) 김춘수, 「여순사건 당시의 계엄령과 계엄법」, 『여순사건 60주년 기념학술회의 자료집』, 2008, 참조.

포이다. 대통령 긴급명령은 계엄과 같은 국가긴급권으로, 이는 국가존립을 위해 취해지는 초헌법적인 예외 권력이라는 성격을 가지고 있다[19].

제헌헌법 제정 과정에서 대통령 긴급명령권에 대한 논의는 계엄과 마찬가지로 조항 자체에 내제된 권력의 과잉문제와 이에 대한 충분한 견제와 통제 문제를 논의하지 못하였다.[20] 제헌헌법 제정 당시 내각책임제에서 대통령중심제로 권력형태가 선회하면서 대통령 긴급명령과 계엄이라는 두 형태의 국가긴급권이 대통령의 권한으로 법제화함으로써 소위 '긴급사태'를 이유로 한 대통령 중심의 권력과잉이 예고되었다고 할 수 있다.[21]

제헌헌법 제정 과정에서 충분한 논의 없이 조문화됨에 따라 긴급명령과 계엄이라는 국가긴급권은 여순사건 당시 국회가 황두연 의원에 대한 불법 체포와 지역사령관에 의해 임의적으로 선포된 계엄에 대한 논의 과정에서도 논쟁이 있었다.[22] 당시 계엄과 대통령 긴급명령을 취할 수 있는 조건이나 절차는 물론 그 효과에 대하여 국회와 정부는 모두 혼란스러워하였다(제1장 2절 참조). 그러나 실제 계엄 수행 과정에서 계엄 선포의 효과와 더불어 대통령 긴급명령의 효과도 사전학습 되었다. 따라서 전쟁이 발발했을 때 군과 정부는 계엄과 긴급명령을 더 이상 혼란스럽게 선포하거나 사용하지 않았다.

한국전쟁 시기 대통령 긴급명령은 총 13차례에 걸쳐 공포되었는데, 그 현황은 〈표 2-1〉과 같았다.[23]

---

[19] 칼 슈미트 · 김효전 옮김, 『독재론: 근대 주권사상의 기원에서 프롤레타리아 계급투쟁까지』, 법문사, 1996, 271쪽.

[20] 제헌헌법 상의 국가긴급권 규정은 다음과 같았다. 헌법 제57조: 내우, 외환, 천재, 지변 또는 중대한 재정, 경제상의 위기에 제하여 공공의 안녕질서를 유지하기 위하여 긴급한 조치를 할 필요가 있는 때에는 대통령은 국회의 집회를 기다릴 여유가 없는 경우에 한하여 법률의 효력을 가진 명령을 발하거나 또는 재정상 필요한 처분을 할 수 있다. 전항의 명령 또는 처분은 지체없이 국회에 보고하여 승인을 얻어야 한다. 만일 국회의 승인을 얻지 못한 때에는 그때부터 효력을 상실하며 대통령은 지체 없이 차를 공포하여야 한다. 헌법 제64조: 대통령은 법률의 정하는 바에 의하여 계엄을 선포한다.

[21] 김학재, 「비상사태하범죄처벌에 관한 특별조치령의 형성과 성격」, 제노사이드연구회, 『전쟁, 법, 민주주의: 냉전의 극복과 전시법의 민주화를 위하여』, 2009, 45~47쪽.

[22] 『국회속기록』 제1회 제94호, 1948. 11. 2.

〈표 2-1〉 한국전쟁기에 공포된 대통령 긴급명령

번호	대통령 긴급명령	공포일	국회제출일	국회승인일	비고
1	비상사태하의 범죄처벌에 관한 특별조치령	(1950. 6. 25.) 1950. 6. 28.	1950. 7. 25.	1950. 7. 29.	실제 공포일은 6월 28일로 추정
2	금융기관 예금등 지불에 관한 특별조치령	1950. 6.28.	1950. 6. 28.	1950. 7. 30.	원안통과
3	철도 수송화물 특별조치령	1950. 7.16.	1950. 7. 16.	1950. 7. 30.	원안통과
4	금융기관 예금대불에 관한 특별조치령	1950. 7. 19.	1950. 7. 25.	1950. 7. 30.	원안통과
5	계엄하 군사재판에 관한 특별조치령	1950. 7. 26.	1950. 7. 25.	1950. 7. 29.	회기중 긴급명령 불가 원칙과 조건부 통과
6	징발에 관한 특별조치령	1950. 7. 26.	1950. 7. 25.	1950. 7. 29.	원안통과
7	비상시 향토방위령	1950. 7. 22.	1950. 7. 31.	1950. 8. 1. (부결)	정부에 반송, 비상시향토방위령 폐기 공포
8	비상시 경찰관 특별징계령	1950. 7. 22.	1950. 7. 30.	1950. 7. 31	원안통과
9	비상시 향토방위령(수정안)	1950. 8. 4.	1950. 8. 4.	1950. 8. 17.	국회, 개정안 별도 입법 (50. 9. 16.)
10	조선은행권의 유통 및 교환에 관한 건	1950. 8. 28.	1950. 8. 29.	1950. 9. 18.	회기 중 긴급명령불가 원칙 천명과 조건부 통과
11	지세에 관한 임시조치령	1950. 12. 1.	1950. 12. 11.	1950. 12. 13. (부결)	국회의 강력 반발로 부결
12	포획심판령	1952. 10. 4.			
13	통화에 관한 특별조치령	1953. 2. 15.			

총 13차례의 긴급명령 중 11번이 전쟁 발발 후 6개월 안에 공포되었다. 이러한 긴급명령 조치에 대하여 종래 '국가의 안위와 헌법수호라는 목적하에 (…) 적시에 적법한 절차에 따라 법령을 제정하였다[24]'고 평가되어 왔다. 그러나 전쟁 초기에 집중되어 있는 이러한 긴급명령은 헌법 제57조의 '국회의 집회를 기다릴 여유가 없는 경우에 한하여' 명령을 발할 수 있도록 한 선포 요건에 부합하지 않았다. 또한 최초로 선포되어 수많은 사람들이 처벌된 '비상사태하의 범죄처벌에 관한 특별조치령(이하〈범죄처벌특조령〉)'은 제정과 공포, 국회의 사후 승인 절차에 대한 불법성 의혹이 많은 법률이다. 〈범죄처벌특조령〉이 6월

---

23) 김득중, 「한국전쟁 전후 '정치범'관련 법제 운영의 실태」, 『사림』 제33호, 2009, 169쪽.

24) 백윤철·김상겸, 「6·25전쟁 전후 계엄업무 수행체계 연구」, 군사편찬연구소, 『민군 관계 사건 연구 논문집』, 2010, 265쪽.

25일 공포되었다는 것은 『관보』 등의 공식 문서상의 기록일 뿐이다. 6월 28일 공포된 것을 3일이나 소급하여 25일에 공포한 것으로 기록하였다는 것은 여러 자료에서 뒷받침된다.[25)]

6월 25일은 제2대 제7회 국회가 회기 중이었는데도 불구하고 국회를 소집하지 않은 것은 극도의 긴급 상황과 국회가 폐회되어 있거나 소집할 여유가 없을 때에만 발동될 수 있다고 규정한 헌법 제57조를 위반한 것이었다. 심지어 '군사재판에 관한 특별조치령(이하 〈군사재판특조령〉)'과 '조선은행권의 유통 및 교환에 관한 건'은 국회 회기 중에 제출되어, 회기 중 긴급명령 불가 원칙을 조건으로 국회의 승인을 얻기도 하였다. 대통령 긴급명령을 국회의 소집이 어려운 상황에서만 공포할 수 있도록 한 것은 행정부의 입법권 장악을 막기 위한 것이었으나, 당시 대통령 긴급명령 제정·공포 과정은 여전히 베일에 싸여있을 뿐만 아니라 국무위원은 물론 국회의 입법 기능을 무시한 반헌법적 행위였다. 특히 〈범죄처벌특조령〉은 소수의 장·차관급 관료와 대통령 등 국무회의의 핵심 구성원들 외에는 법의 존재를 알 수 없었고 국회를 통한 의견수렴이나 검토 절차는 고사하고 법 시행 이후 국회의 승인을 얻는 등 '비상사태'를 이유로 한 긴급명령의 초헌법적 발동 사례로 남았다.

이렇듯 정부는 전쟁 발발과 동시에 긴급명령을 통해 전시 범죄와 인민군에 협력 가능성 차단이라는 목적을 달성하고자 하였다. 계엄의 수행 주체는 군으로, 전면전에 대응하는 계엄 수행 계획이 수립되지 않은 상황에서 전쟁 발발과 동시에 계엄 선포를 고려하기는 어려웠다. 그러나 긴급명령은 대통령의 명령만으로 입법 조치가 가능했던 만큼 긴급명령 공포가 우선 취해졌다고 보인다.[26)]

---

25) 서중석은 "본령은 대전 천도시에 성안하여 공포 실시한 것으로 기억된다."라고 한 유병진의 서술과, 당시 합동수사본부 심사실장직에 있었던 정희택이 '6·25가 나고 대전으로 정부가 피난 갔을 때 이것을 발포하였다'고 증언한 점, 그리고 무초 주한미대사가 1950년 12월20일 미 국무장관에게 보낸 전문에도 〈범죄처벌특조령〉이 6월 28일에 만든 것으로 명시되어있다는 점을 통해 〈범죄처벌특조령〉의 공포 일자가 조작되었음을 논증하였다(서중석, 『조봉암과 1950년대(하)』, 역사비평사, 1999, 676~680쪽; 한인섭, 「한국전쟁과 형사법」, 『법학』 제41권 2호, 2000, 140~141쪽).

무엇보다 전쟁기간 동안 국민의 생명과 직결되어 가장 많은 영향을 미쳤다고 할 수 있는 〈범죄처벌특조령〉이 계엄 선포를 통해 창출된 계엄상태에서 어떻게 작동했는가와 그 효과에 주목할 필요가 있다. 〈범죄처벌특조령〉의 내용은 다음과 같았다.

제1조 본령은 비상사태에 있어서의 **반민족적 또는 비인도적 범죄를 신속히 엄중 처단함을 목적**으로 한다.

제2조 본령에 있어서 비상사태라 함은 단기 4283년 6월 25일 북한괴뢰집단의 侵寇에 인하여 발생한 사태를 칭한다. 전항 사태는 대한민국 정부기관에 의하여 치안이 완전히 회복되었을 때에 종료된다.

제3조 비상사태에 乘하여 左의 죄를 범한 자는 사형에 처한다.
　　1. 살인 2. 방화 3. 강간 4. 군사 · 교통 · 통신 · 수도 · 電氣 · 瓦斯 · 관공서 기타 중요시설 및 그에 속한 중요문서 또는 도면의 파괴 및 훼손 5. 다량의 군수품 기타 중요물자의 강취 · 갈취 · 절취 등 약탈 및 불법처분 6. 형무소 · 유치장의 재감자를 탈출케 한 행위.

제4조 비상사태에 승하여 좌의 죄를 범한 자는 사형 · 무기 또는 10년 이상의 유기징역에 처한다.
　　1. 타인의 재물을 강취 · 갈취 또는 절취의 행위.
　　2. 타인의 건조물을 파괴 · 훼손 또는 점거한 행위.
　　3. 관헌을 참칭하거나 또는 이적의 목적으로 체포 · 감금 · 향해 · 폭행한 행위.
　　4. 관권을 도용하거나 또는 **적에게 정보제공 또는 안내한 행위**
　　5. **적에게 무기 · 식량 · 유류 · 연료 · 기타의 물품을 제공하여 적을 자진 방조한 행위.**

제5조 정보제공 안내 또는 기타의 방법으로 前2조의 죄 범행에 가담한자는 주범의 예에 의하여 처단한다. (생략)

제9조 본령에 규정한 죄의 **심판은 단심으로 하고 지방법원 또는 동 지원의 단독판사가 행**한다.

---

26) 김득중은 전쟁 직후 계엄이 선포되지 않은 것에 대하여 〈범죄처벌특조령〉이 매우 광범위한 내용을 담고 있어서 이것만으로도 대민 통제를 충분히 수행할 수 있다는 판단 때문이라고 지적하였다(김득중, 「한국전쟁 전후 정치범 관련 법제의 성립과 운영」, 『사림』 제33호, 수선사학회, 2009, 173쪽).

제10조 본령에 규정한 죄에 관하여는 기소 후 20일 이내에 공판을 열어야 하며, 40일 이내에 판결을 언도하여야 한다.

제11조 본령의 규정한 죄에 관한 판결에 있어서는 **증거 설명을 생략**할 수 있다.

제12조 본령에 의한 사형의 집행은 교수 또는 총살로 한다.

제13조 본령에 규정한 죄에 본령 이외의 형사법에 규정한 죄가 병합될 경우에는 본령의 형사절차에 의한다.

부칙 본령은 **단기 4283년 6월 25일부터 시행**한다.[27]

〈범죄처벌특조령〉은 그 목적에서 '반민족적 비인도적 범죄를 신속하고 엄중하게 처단하기' 위함이라고 밝히고, 사형 · 무기 · 10년 이상의 유기징역 등 중형에 처할 수 있도록 하였다. 또 관헌 참칭, 이적을 목적으로 체포, 상해한 행위, 관권을 도용하거나 적에게 정보 제공, 안내한 행위, 적에게 무기 식량 유류 연료 기타의 물품을 제공하여 적을 자진 방조한 행위, 정보제공, 안내 또는 기타의 방법으로 앞의 범행에 가담한 자 등을 모두 사형이 가능한 처벌대상으로 하였다(제4조~제5조). 심지어 단심으로 지방법원과 지원의 단독판사가 증거 설명을 생략하고도 교수 · 총살의 사형에 처할 수 있도록 하였다(제9조, 제10조~제11조).[28]

〈범죄처벌특조령〉은 여하의 죄를 '반민족적, 반인도적' 행위로 우선 규정하고 '동조자, 협력자'를 처단하겠다는 경고였다. 또한 판결 언도를 40일 이내에 하도록 규정하고 있어 증거 설명 생략과 더불어 절차적으로도 신속한 재판을 수행할 수 있도록 하였다.

〈범죄처벌특조령〉은 제정 과정뿐만 아니라 법의 내용이 알려지는 과정도 모호했다. 〈범죄처벌특조령〉은 7월 6일에서야 이승만의 결재가 있었으며,[29] 국

27) 국방관계법령집발행본부, 『국방관계법령급예규집』, 1950, 94~96쪽; 국방부 정훈국 전사편찬회, 『앞의 책』, 1951, C48~49쪽.

28) 국방부 정훈국 전사편찬회, 『앞의 책』, 1951, C 48~49쪽.

29) 「그 때 그 일들: 김종삼(10) 전시경찰의 혼란」, 『동아일보』, 1976. 10. 20.(치안국 감찰계장이었던 김종삼의 회고에 따르면 1950년 7월 5일 장석윤 치안국장의 지시로 이승만에게 재가를 받을 서류를 가지고 7월 6일 부산에 도착했고, 바로 3시간 후 재가 받은 서류를 가지고 대구로 올라와 장석윤에게 전달하였다고 한다. 그 서류는 경찰관 징계령과 〈범죄처벌특조령〉이었다).

회에서 승인한 것은 7월 29일이었다. 이 기간에 〈범죄처벌특조령〉의 내용을 알 수 있는 자료는 단편적이다. 이 중 주목되는 것은 1950년 7월 12일 송요찬 헌병사령관의 포고이다. 송요찬 헌병사령관은 7월 8일 계엄 선포에 따라 충청도 지역에 영장 불필요, 예방구금 가능, 형사소송법의 정지를 내용으로 하는 계엄법 제13조의 계엄사령관 특별조치를 공고하는 동시에 다음과 같이 〈범죄처벌특조령〉의 공포를 언급하였다.

(1) 군작전상 필요에 의하여 계엄법 제13조 소정 조항 중 체포·구금·구속에 대하여 左記와 如히 특별조치를 취한다.

△記

1. 충청남도 및 충청북도에 있어서는 체포·구금·구속에 관하여 관할 법원의 영장을 필요로 하지 아니한다.
2. 전기 지역에 있어서는 구금 기간에 관한 현행 형사소송법의 규정은 이를 통용하지 아니한다.
3. 계엄 시행지역에 있어서는 예방 구금을 행할 수 있다.

단기 4283년 7월 12일 계엄사령관 命에 의하여 헌병사령관 육군대령 송요찬

(2) 비상사태 하의 범죄 처벌에 관하여는 **7월 7일부로 비상조치령이 공포**되었거니와 헌병 및 일반 군인(육해공군)과 경찰관이 권한을 남용하여 불법행위를 감행하거나 불법 징발 금품 요구 등으로 민폐를 끼치게 하는 자와 관공리로서 其 직장을 무단이탈하는 자는 극형에 처할 방침이오니 일반 국민은 如斯한 사실을 발견 시에는 즉시 헌병사령부 又는 헌병대에 제출하기를 요망함.

단기 4283년 7월 12일 계엄사령관 命에 의하여 헌병사령관 육군대령 송요찬[30]

(1)의 포고는 계엄법 13조에 따른 특별조치 관련 공고인데, 7월 11일 계엄사령관 명의로 하달된 '계엄 실시 사항에 관한 건'을 헌병사령관 명의으로 공고한 것이었다.[31] 이는 비상계엄 지역에서 군사상 필요할 때에는 체포·구금·수색,

30) 『부산일보』, 1950. 7. 18.

거주·이전, 언론·출판 또는 단체 행동에 관하여 계엄사령관은 특별조치를 취할 수 있다는 계엄법 제13조에 근거하였다. 이와 동시에 송요찬 헌병사령관은 (2)의 내용과 같이 국회의 동의 절차를 거치도 않고 대통령의 재가만 받았던 〈범죄처벌특조령〉이 '7월 7일부로 공포되었다'고 공고하였다. 계엄과 〈범죄처벌특조령〉이 동시에 발표되면서 두 가지 긴급권은 공포정치의 최정점을 이루었다. 즉 체포·구금·구속에 대한 특별조치는 계엄 선포에 따른 것이며, 계엄하에서 〈범죄처벌특조령〉에 입각하여 사소한 범죄행위도 극형에 처해질 수 있다는 것이었다. 이는 범죄의 내용이나 범죄 사실에 대한 입증 절차에 대해서는 침묵하고, 계엄상태를 이유로 '불복종'에 대한 극형을 정당화하는 것이었다.

같은 날인 7월 12일 허진 대구지방법원장은 '비상계엄하 중요 재판은 군법회의에서 재판할 것이며 그 외 사건은 계엄사령관의 지시하에 지방법원에서 재판할 것'이라고 언급하면서, 그 '양형(量刑)은 비상사태하의 처벌에 관한 특별지휘령 및 계엄법 또는 해당법규 등에 의법(依法)'할 것이라고 언급하였다.[32] 이어 7월 19일 강용권 부산지방검찰청 차장검사는 담화를 통해 〈범죄처벌특조령〉이 6월 25일부로 실시되었음을 알리고 내용을 상세하게 설명하면서 〈범죄처벌특조령〉의 범죄의 범위에 대하여 '형법에 규정된 예비죄 및 미수죄도 포함한 것으로 해석해서 운영한다'라고 밝혔다.[33] 강용권 부산지방검찰청 차장검사의 발언에 앞서 7월 18일 계엄사령관은 고등법원장, 대구·부산 지방법원장, 대구·부산 경찰국장, 헌병사령관 등에게 '미결사건 처리에 관한 건'을 하달하여 계엄 실시 이전의 범죄행위로써 미결 중인 사건에 대해서도 군법회의에서 다룰 것을 지시하였다.[34]

---

31) 「계엄 실시 사항에 관한 건(국방군내발(大)제16호, 1950. 7. 11.)」, 국방관계법령집발행본부, 『국방관계법규급예규집』, 1950, 437쪽.
32) 『경제신문』, 1950. 7. 13.
33) 『부산일보』, 1950. 7. 20.
34) 육군본부 법무감실, 『육군법무관계법령급예규집』, 1952, 359쪽.

<그림 2-2> 비상사태하의 범죄처벌에 관한 특별조치령 송부에 관한 건(국가기록원, 1950년 7월)

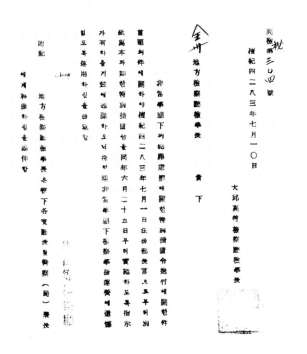

▲ 1950년 7월 10일 대구고등검찰청에서 전주지방검찰청으로 〈범죄처벌특조령〉을 송부한 문서.
1950년 6월 25일 대통령긴급명령 제1호로 공포되었다고 알려진 〈범죄처벌특조령〉은 7월 8일
계엄이 선포된 이후 일선 기관에 공포 사실과 그 내용이 전달되었다.

이렇듯 제정·공포 과정은 물론 법의 실체가 알려지지 않았던 〈범죄처벌특
조령〉은 7월 6일 대통령 재가를 얻은 이후 7월 12일 송요찬 헌병사령관을 시작
으로 하여 계엄사령부와 검찰을 통해 그 내용이 산발적으로 발표되기 시작했
다. 이러한 움직임은 7월 8일 선포된 계엄의 효과라고 보인다. 계엄이 선포됨
에 따라 전쟁 초기에 이미 자행된 예방구금과 즉결처형 등의 불법적 조치를
〈범죄처벌특조령〉에 따른 예비죄와 미수죄로 합법화하고 계엄 실시 이전의 범
죄까지 군법회의에서 처리하도록 하여,[35) 전쟁 발발과 동시에 저지른 보도연
맹원과 형무소 재소자에 대한 예비검속과 즉결처형에 대한 정당성을 확보하고

〈범죄처벌특조령〉을 일반법원이 아닌 군법회의에서 재판할 수 있도록 하였다. 그리고 계엄이 실시됨에 따라 군법회의 재판 이외에 일반 법원에서도 계엄사령관의 지휘하에 〈범죄처벌특조령〉에 근거하여 재판을 수행하도록 하였다. 송요찬 헌병사령관과 대구와 부산지방법원장의 언급은 모두 〈범죄처벌특조령〉이 '계엄령 실시에 따른' 것이라고 하여 극단적 사법 조치를 계엄으로 그 효과를 극대화하였다.

이렇듯 계엄상태에서는 사소한 범죄라도 〈범죄처벌특조령〉이 적용될 경우 군법회의에서 처리될 수 있었으며, 일반법원에서 재판을 받는다 하더라도 10년 이상의 중형을 선고받을 수 있었다.[36] 계엄의 실질적 내용은 긴급명령으로 달성된 것이 아니라 도리어 긴급명령(〈범죄처벌특조령〉)은 '계엄상태'에서 공포의 효과를 극대화할 수 있었다.

〈범죄처벌특조령〉이 예비죄 미수죄 등을 적용하여 이른바 '전시 범죄'에 대한 적용 범위를 확대시키고, 중형 선고라는 극단적 사법 조치를 가져왔다면, 전쟁 이전부터 폭증했던 '사상범을 신속하게 군법회의에서 처리하기 위해 1950년 7월 26일에는 '계엄하 군사재판에 관한 특별조치령(이하 〈군사재판특조령〉)'이 공포되었다.[37] 〈군사재판특조령〉의 목적은 계엄 선포 지역 내에서 군사재판을 신속하고 간략하게 진행하는 것이었다.[38] 남한 전역에 비상계엄이

---

35) 전쟁 직후인 6월 25일 전국 경찰국에 치안국장(장석윤)의 명으로 '전국 요시찰인 단속 및 전국 형무소 경비의 건'이라는 제목의 비상통첩을 경찰 무선전보로 보내, '전국 요시찰인 전원을 경찰에서 구금할 것'을 지시하였다. 치안국은 이 무선전보 추신에서, '인원 수용관계를 고려하여 각 지서에서는 요시찰인 중 특히 의식계급으로써 사찰대상이 된 자에 한하여 우선 구속하고 성명, 연령, 주소를 명기하여 보고할 것을 아울러 지시하였다. 이어 6월 29일 '불순분자 구속의건', 6월 30일 '불순분자 구속처리의 건'을 거듭 지시하였다. 그리고 7월 11일 치안국장 명의로 '불순분자 검거의 건'이 전국경찰서에 하달되었다(제주4·3사건 명예회복 및 진상규명위원회, 『제주4·3사건 진상조사 보고서』, 2003, 426~427쪽).

36) 목포형무소 출소 좌익수 명단을 통해 살펴보면 〈범죄처벌특조령〉 위반자들은 1950년 8월에서 11월 사이의 범죄 혐의로 구금되어 재판을 받고 1951년부터 52년 사이 형집행정지나 우량자 석방, 특사령 등으로 풀려나는데, 이들은 일반형사범과 달리 징역 12년, 15년 이상의 중형이 많았으며 대부분 부역혐의였다(『목포형무소 출소좌익수명단: 1948~54』).

37) 『관보』 제385호, 1950. 7. 27.

선포되고 이미 통첩을 통해 민간인에 대한 군법회의 회부할 수 있게 된 상황에서 국방경비법의 절차까지 간소화하여 군법회의를 신속하게 진행하고자 한 반헌법적 조치였다. 이러한 〈군사재판특조령〉은 계엄군법회의가 폐지된 1951년 8월 15일 이후에도 폐지되지 않고 있다가 1962년 1월 20일(시행일 1962. 6. 1.) 군법회의법과 군형법이 제정되어 국방경비법을 대체할 때까지 지속되었다.[39]

〈군사재판특조령〉은 총 6개항으로 구성되었으며 내용은 다음과 같았다.

> 제1조 본령은 계엄 선포 지역 내의 군사재판의 소송 수속을 간략히 함으로써 범죄사건 처리의 신속을 기함을 목적으로 한다.
>
> 제2조 계엄 선포 지역 내의 고등군법회의(이하 계엄고등군법회의라 약칭한다)는 장교 3인 이상의 심판관으로써 구성하고 그중 1인은 군법무관이어야 한다.
> 계엄고등군법회의의 설치장관은 필요하다고 인정할 때에는 판사로 하여금 군법무관의 직무를 행하게 할 수 있다.
>
> 제3조 계엄고등군법회의의 군검찰관은 형사소송법에 규정한 검사와 동일한 권한을 가진다.
> 계엄고등군법회의의 설치장관은 필요하다고 인정할 때에는 검사로 하여금 군검찰관의 직무를 행하게 할 수 있다.
>
> 제4조 계엄고등군법회의에 있어서는 판사 또는 검사로 하여금 변호인의 직무를 행하게 할 수 있다.
>
> 제5조 계엄고등군법회의의 설치·구성·관할·기타 본령에 규정하지 아니한 사항에 관하여는 고등군법회의에 관한 규정을 적용한다. 단 예심조사는 이를 생략할 수 있다.
>
> 제6조 계엄고등군법회의에서 언도한 판결의 집행은 당해 군법회의 설치장관의 승인으로써 이를 행할 수 있다.

---

38) 이에 앞서 육군본부에서는 '작전훈령 제12호'를 통해 '전장 이탈 시 즉결처분권을 7월 26일 0시부터 분대장급에게 부여하였다(국방부 정훈국 전사편찬회, 『앞의 책』, 1951, b22쪽, b27쪽).

39) 『관보』 제3054호, 1962. 1. 20.

이와 같이 〈군사재판특조령〉은 군사재판을 신속하게 처리하는 데 필요한 인적 자원을 확보하기 위하여 민간법원의 판·검사를 활용할 수 있도록 규정하였다. 즉 제2조에서는 판사가 군법무관 임무를 수행할 수 있도록 하였고, 제3조에서는 검사로 하여금 군 검찰관의 직무를 수행할 수 있도록 하였다. 사실상 군이 법원을 접수한 것이나 다를 바 없었다. 〈군사재판특조령〉 내용 중 가장 반헌법적 조항은 제4조였다. 계엄고등군법회의에 판사 또는 검사가 변호인의 직무를 행할 수 있도록 했다. 이는 피고인에 대하여 최소한의 변호도 정지시킨 심각한 기본권 침해였다. 제5조에 따르면 계엄고등군법회의의 설치, 구성, 관할에 대해 〈군사재판특조령〉이 규정하지 않은 사항은 고등군법회의에 관한 규정을 적용한다고 했지만, 예심조사를 생략할 수 있게 하였다. 제6조에서는 판결의 집행을 '당해 군법회의 설치장관의 승인'으로써 행할 수 있도록 규정하였다. 국방경비법 제96조(판결의 확인)에서는 장관급 장교에 대한 판결, 종신 수감형의 판결, 사형선고에 대하여 정부수석(대통령)의 확인이 있기 전에는 판결을 집행할 수 없도록 규정하였다. 신속한 처리를 명분으로 하여 사형과 무기형에 대한 형의 집행까지 군법회의 설치장관의 확인으로 처리하였던 것이다. 이러듯 '신속한' 형의 집행은 군법회의에 회부되었던 민간인들의 범죄 사실 여부를 규명할 최소한의 시간도 허용치 않았음을 의미하였다.

이러한 〈군사재판특조령〉의 문제가 다수의 피해자를 낳았음은 분명하였다. 〈군사재판특조령〉은 비상계엄 해제 이후에도 지속되었는데, 국민방위군사건을 계기로 1951년 5월에 가서야 경비계엄하에서의 〈군사재판특조령〉 적용의 위법성이 제기 되기 시작하였다. 그러나 이때는 이미 비상계엄하에서 〈군사재판특조령〉에 따른 억울한 죽음과 피해를 되돌리기 어려운 시점이었다.

이상에서와 같이 국가긴급권으로서 대통령 긴급명령과 계엄은 전쟁 초기 정부의 초기 대응의 혼란 속에서 선포 시기의 일관성을 담보하지는 않았다. 그러나 정부와 군의 후퇴 과정에서 '적 치하' 놓인 국민이 적에 협조할 가능성을 우려하여 국민을 무권리 상태로 만들어 최소한의 재판 절차를 거치지 않은 군법회의를 통해 무기·사형 등의 중형을 선고하여 처단하기 위한 조치였다고 할 수 있다. 뿐만 아니라 후퇴 과정에서 경찰과 군에 의해 자행된 집단학살을 합법화하고, 계엄상태를 이유로 정당화하는 수단이 되었으며, 서울 환도 이후 부역자 처벌의 근거법과 처벌 수단이 되었다.

제2절 1950년 계엄 선포와 해제

1. 비상계엄의 선포

대전으로 이동한 정부는 7월 1일 정일권을 한국군 총사령관 및 육군참모총장에 임명하였고, 제6사단과 제8사단을 주력으로 평택－음성－충주－제천 선을 방어하고, 그 엄호 아래 군 주력을 수습하고자 하였다. 7월 5일자로 군은 제1군단 체계로 재편하였다. 6월 30일 미 육군 참전이 결정된 후 선견대 스미스부대가 대전에 도착하였고, 이어 미군 제24연대가 딘 소장의 지휘하에 참전하였으나 7월 6일까지 미군은 평택－안성 지역의 방어선을 상실한 상황이었다.[40] 이러한 상황에서 7월 8일 정부는 비상계엄을 다음과 같이 선포하였다.

> 대한민국 대통령은 계엄법 제1조에 의하여 左와 여(如)히 계엄을 선포한다.
> 1. 이유: 북한 괴뢰집단의 전면적 불법무력 침구(侵寇)에 제(際)하여 군사상의 필요와 공공의 안녕질서를 유지하기 위함
> 2. 종류: 비상계엄
> 3. 지역: 전라남도·전라북도를 제외한 남한 전역
> 4. 계엄사령관: 육군총참모장 육군소장 정일권[41]

계엄 선포 당일 정일권 계엄사령관은 포고 제1호를 통해 '당면한 비상사태의

40) 佐佐木春隆, 『위의 책(하권)』, 1977, 128~135쪽.
41) 『관보』 제383호, 1950. 7. 8.; 국방부 정훈국 전사편찬회, 『앞의 책』, 1951, c49쪽.

수습에 있어서 군사상의 필요에 응(應)하고 공공의 안녕 질서를 유지'하기 위하여 계엄이 선포되었음을 밝히고 군 작전을 저해하고 질서를 문란케 하는 행위에 대해 엄벌주의로 처단할 것임을 경고하였다.[42] 비상계엄 선포와 동시에 이준식 수도사단장을 계엄사령관으로 하는 경상남북도 계엄사령부가 설치되었다.[43]

7월 9일 국방부장관 신성모는 '계엄실시 요령에 관한 건'을 육해공군총사령관에게 하달하였다. 신성모 국방부장관은 '계엄 선포 중의 운영은 민심의 동향과 국가 재정에 영향하는 바 막대하다'고 하여 계엄 선포의 주요 목적이 '민심통제'와 '전시하 경제 질서의 유지'에 있음을 분명히 하였다. 별도로 송부된 '계엄 실시 요령'은 총 9개 항으로 구성되었는데 주요 내용을 살펴보면 다음과 같다. 첫째 계엄사령관은 육군소장 정일권이며 계엄법에 의거한 모든 권한은 계엄사령관에게 있으며 각 지구 부대장은 계엄사령관의 지시를 받도록 명시하였다. 둘째 비상계엄의 실시에 따라 모든 행정 사무와 사법 사무가 '군 귀일(歸一)'되었음을 천명하였다. '군 귀일'의 의미는 해당기관의 조직과 절차를 유지·발휘하면서 '군에서 작전상 요청에 응하는 특별한 지시를 할 수 있다는 것'을 의미한다고 첨부하였다. 셋째 기관과 군의 연락을 위하여 관할 부대 관계부서에 기관의 간부를 연락관으로 파견할 것을 지시하였다. 넷째 계엄법 제14조에 규정된 군법회의 관할 사건은 당분간 내란에 관한 죄, 외환에 관한 죄 및 군사법규 위반죄에 국한됨을 명시하였다. 그 외 직권남용 금지, 무기탈취 금지, 유언비어 금지 등을 하달하였다.[44]

7월 9일 0시를 기하여 육군본부에는 계엄 선포 이후 민사관계 처리를 위한 민사부가 설치되었다.[45] 7월 11에는 계엄실시에 따르는 국방부 각 국의 사무를 계엄수행체계로 변경하였다.[46]

[42] 국방부 정훈국 전사편찬회, 『위의 책』, 1951, c5쪽; 『경제신문』, 1950. 7. 12.

[43] 『경제신문』, 1950. 7. 13.

[44] 「계엄 실시 사항에 관한 건(국방군내발(大)제11호, 1950. 7. 9.)」, 국방관계법령집발행본부, 『앞의 책』, 1950, 433~435쪽.

[45] 『경제신문』, 1950. 7. 15.

계엄과 관련하여 이승만 대통령의 담화가 발표된 것은 7월 15일이었다. 이승만 대통령은 정부의 피난과 국군의 퇴보에 대하여 '제갈량이 국무총리가 되었다 해도 막지 못했을 것이었다'고 일갈하고 정부에 대한 공격은 '복리를 잡거나, 명예를 내거나, 사람을 보복하자는 의도를 가진 자'라고 공격하였다. 무엇보다 '작전 지역에 계엄을 선언했으니 말을 삼가고 행동을 삼가 조그마한 범죄에 생명을 바꾸게 된 경우가 있을 수 있다는 것을 생각하라'고 경고하였다.[47]

비상계엄 실시에 따라 계엄법 제13조에 근거하여 체포·구금·수색 등'에 관한 특별조치와 언론·출판 등에 관한 특별조치가 내려졌다. 이상의 계엄법 제13조 사항은 제16조 '비상계엄 지역 내에서 25개 범죄에 대하여 군법회의에서 재판한다'는 규정과 더불어 비상계엄 조치의 핵심에 해당한다고 할 수 있다. 체포·구금·수색 특별조치는 7월 11일 계엄사령관에게 다음과 같이 하달되었다.

〈계엄 실시 사항에 관한 건〉
계엄의 원만한 실시를 도모하고 작전상 요청에 응하기 위하여 계엄법 제13조 소정 사항 중 체포, 구금, 수색에 관하여 좌기(左記)와 같이 특별조치를 취하고 이를 공고할 사.

△記

1. 충청남도 및 충청북도에 있어서는 체포·구금·구속에 관하여 관할 법원의 영장을 필요로 하지 아니한다.
2. 전기 지역에 있어서는 구금 기간에 관한 현행 형사소송법의 규정은 이를 통용하지 아니한다.
3. 계엄 시행지역에 있어서는 예방 구금을 행할 수 있다.[48]

---

46) 국방부의 계엄 수행 체계는 3국을 설치하여 제1국에서는 치안, 경비, 경제의 기획 감독 및 일반 행정, 사법 및 징발의 실시 감독에 관한 사항을, 제2국에서는 수송, 보도기관, 인쇄기관의 감독·동원을, 제3국에서는 물자 수송, 의료기관, 의사 및 의약품 동원 감독 사항, 예산 자금 조달, 금융기관 통제에 관한 사항을 담당하였다(「계엄 실시에 관한 건(국방군내발(大)제15호,1950. 7. 11.)」, 국방관계법령집발행본부, 『앞의 책』, 1950, 435~436쪽).

47) 국방부 정훈국 전사편찬회, 『앞의 책』, 1951, ᄃ5~6쪽.

48) 「계엄 실시 사항에 관한 건(국방군내발(大)제16호, 1950. 7. 11.)」, 국방관계법령집발행본부, 『앞의 책』, 1950, 437쪽.

위 지시는 7월 12일 송요찬 헌병사령관의 명의로 공고되었다.[49] 7월 16일 금강 방어선이 붕괴되고 북한군이 문경을 점령하자 정부는 대전에서 대구로 이동하였다.[50] 이에 따라 체포·구금·수색 특별조치를 충청남북도 지역에서 경상남북도 지역까지 확대하였고,[51] 7월 21일 0시를 기하여 전라남북도에 계엄이 선포되자 7월 22일 해당 지역에 대하여도 동일하게 체포·구금·수색 특별조치가 내려졌다.[52] 이 조치는 1950년 12월 7일 비상계엄이 실시될 때도 동일한 형식과 내용으로 12월 8일 공고되었다.[53] 체포·구금·수색 특별조치는 비상계엄의 실시와 변경에 맞추어 체계적으로 하달되고 포고·공고되었음을 알 수 있다. 계엄 운영에서 핵심적인 사항에 해당하기 때문에 계엄 지역 변경이나 재선포 때마다 일관되게 체포·구금·수색 특별조치를 취하였다고 할 수 있다.

한편 체포·구금·수색 특별조치와 더불어 7월 16일 국방부장관은 계엄사령관을 통해 언론·출판 관련 특별조치를 하달하였으며, 이는 7월 22일 정일권 계엄사령관 명으로 공고되었다. 체포·구금·수색 특별조치가 계엄 선포·변경 상황에 따라 지속적으로 개정 선포되었던 데 반해 언론·출판 관련 특별조치는 한 차례만 공고되었다.[54] 계엄사령관의 특별조치가 비상계엄하에서만 유효함에도 불구하고 7월 16일 하달된 언론·출판 관련 특별조치의 효력은 지속되었고, 1951년 1월 10일 국방부 훈령 제5호 〈군보도 취급 규정〉이 마련되었을 때도 이와 같은 특별조치의 효력은 유효하였다.[55]

---

49) 육군본부 법무감실, 『앞의 책』, 1952, 738쪽; 『부산일보』, 1950. 7. 18.

50) 국방부 정훈국 전사편찬회, 『앞의 책』, 1951, b18쪽.

51) 육군본부 법무감실, 『앞의 책』, 1952, 739쪽.

52) 「계엄 실시 사항에 관한 건(국방군내발(邱)제36호, 1950. 7. 22.)」, 국방관계법령집발행본부, 『앞의 책』, 1950, 449쪽.

53) 육군본부 법무감실, 『앞의 책』, 1952, 815쪽.

54) 「계엄 실시 사항에 관한 건(국방군내발(邱)제24호, 1950. 7. 16.)」, 국방관계법령집발행본부, 『앞의 책』, 1950, 441쪽.

55) 육군본부 법무감실, 「군보도 취급 규정 이행에 관한 건」, 『앞의 책』, 1952, 410쪽.

체포·구금·수색 특별조치 공포 과정은 군 당국이 특별조치를 계엄 업무의 핵심이라고 생각했음을 보여준다. 즉, 특별조치에 대해 '계엄사령관의 명(命)'에 의해 헌병사령관 송요찬'으로 공고하였는데, 이에 대하여 국방부장관 신성모는 여러 차례에 걸쳐 시정을 지시하였다. 7월 12일 체포·구금·수색 특별조치가 송요찬 헌병사령관의 이름으로 공고된 직후 신성모 국방부장관은 다음과 같이 지시하였다.

> 1950년 7월 12일자 국제통신 소재 기사 중 계엄법 제13조의 일부 소정 사항 '체포, 구금, 수사에 관한 특별조치'의 공고 및 '비상계엄하의 범죄 처벌에 관한 특별조치령'에 관한 포고문에 의하면 '계엄사령관 명에 의하여' 헌병사령관 명으로서 공고 또는 포고하였으나 이와 같은 권한위임은 법률상 물론 사무처리 상 부당할 뿐 아니라 **헌병사령관의 권한위임에 의한 권한행사는 추인의 방도 없는 무권 행위로서 계엄법의 실시 대상인 일반국민에 대하여는 무효**이므로 금후 계엄 소정 사항의 공고 또는 포고는 어떠한 경우를 막론하고 일절 **계엄사령관 명으로 행할 사**.[56] (강조는 필자)

이와 같이 헌병사령관의 명의의 특별조치 공고는 계엄법 제13조의 규정에 따라 계엄사령관의 권한으로, 이는 '무권 행위'이며, '무효'라고 하였다. 또한

> 헌법이 보장하는 국민의 권리를 제한 또는 정지하고 혹은 국민에 대하여 일정한 의무를 부담시키는 것과 같은 계엄의 실시 권한자로서 계엄사령관이 특정되어 있어 일반 국민도 계엄사령관의 정당한 권한행사에 대하여는 당연히 복종할 의무가 있으나 계엄사령관과 그 하부기관과의 **내부적 위임행위로서 수임자인 헌병사령관은 계엄 실시에 대하여는 국민은 이에 복종할 의무가 없는 것**으로 요컨대 계엄사령관은 대내적으로는 그 권한을 하부기관에 위임할 수 있으나 대외적으로는 권한위임은 허용되지 않음.[57]

56) 「계엄법 소정 사항의 공고 명의에 관한 건(국방군내발(大)제21호, 1950. 7. 13.)」, 국방관계법령집 발행본부, 『앞의 책』, 1950, 441쪽.

57) 「계엄법 소정 사항의 공고 명의에 관한 건(국방군내발(大)제21호, 1950. 7. 13.)」, 국방관계법령집 발행본부, 『위의 책』, 1950, 441쪽.

이라고 하여 헌법에서 보장하는 국민의 권리 제한 조치 등에 대해서는 계엄사령관의 공고가 아니면 복종할 의무가 없는 것으로 보았다. 이와 관련하여 7월 16일 국방부장관 신성모는 계엄사령관에게 언론·출판에 관한 특별조치를 '귀관의 명으로 공포할 사'라고 하여 다시 한 번 강조하였다.[58]

이러한 국방부장관의 지시의 핵심은 예비구금으로 대표되는 '국민의 권리 제한 또는 정지'는 계엄사령관만이 특별조치를 취할 수 있으므로 계엄사령관의 명으로 공포하라는 강도 높은 지시였다. 이 지시는 표면적으로는 계엄업무 수행에서 절차와 체계를 계엄법에 준하여 수행하기 위한 노력으로 볼 수 있다. 그러나 계엄사령관의 명에 의하여 특별조치를 공고하라는 주문은 전쟁 발발 직후 수행된 실제적인 예비구금을 사후 합법화하는 것이기도 하였다.

전쟁 발발 즉시 내려진 치안국장의 명에 의해 구속 구금된 사람들은 경찰서에서 파악하고 있던 '요시찰인'과 국민보도연맹원들이었다. 〈범죄처벌특조령〉을 6월 25일부로 소급 적용하고, 여하한 범죄에 대해 사형을 언도할 수 있으며, 단심으로 처벌할 수 있으며 지방법원 또는 동 지원의 단독판사가 행하도록 하였으며(제9조), 증거 설명도 생략할 수 있었다(제11조).

그러나 이승만은 〈범죄처벌특조령〉을 통해 예비검속을 실시할 수 있었으나, 〈범죄처벌특조령〉만으로 즉결처형 형태의 학살은 합리화할 수 없었던 것이다. 송요찬 명의의 7월 12일 포고에 대한 신성모 국방부장관의 지시, 즉 '특별조치는 계엄사령관만의 권한'으로 '어떤 경우를 막론하고 일절 계엄사령관 명의로 행할 것'이라고 명한 것은 이러한 조치를 합법화할 수 있는 계엄상태의 창출이며, 이는 계엄사령관의 특별조치 포고를 통해서만 가능했던 것이다. 계엄 선포는 이제까지의 헌법의 정지는 물론, 치안국장의 통첩, 〈범죄처벌특조령〉과 같은 새로운 입법적 조치를 승인하는 의미를 지녔다고 할 수 있다.

계엄 실시와 동시에 진행된 '특별조치'와는 별도로 계엄사령관은 계엄포고

---

[58] 「계엄 실시 사항에 관한 건(국방군내발(邱)제24호, 1950. 7. 16.)」, 국방관계법령집발행본부, 『위의 책』, 1950. 443쪽.

제1호에 대한 후속조치로서 사법 분야의 지침을 지속적으로 하달하였다. 7월 18일 고등법원장, 대구지방법원장, 부산지방법원장, 대구검사장, 부산검사장, 대구경찰국장, 부산경찰국장, 헌병사령관, CIC지부장, 법무감에게 「미결사건처리에 관한 건」이라는 제하의 지시를 내렸다. 그 내용은 다음과 같았다.

> 1. 계엄령 실시 이후의 형사사건은 계엄법 및 실시요령에 의하여 처리함. 단, 국가보안법위반 사건으로서 경한 것을 제외하고는 군사법규 위반인 이적죄 또는 간첩죄는 군법회의에서 처단함. 2. 계엄령 실시 이전의 범죄행위로서 당시 미결 중인 사건 역시 전항에 준하여 처리함. 즉 미결중인 국가보안법위반 사건은 비상조치령 또는 군법조규 위반으로서 처단가능(또는 처단 필요) 한 것은 즉시 군법회의에 이송 처리할 것.[59]

이로써 계엄사령부는 전국의 사법 사무를 관장하게 되었고, 특히 전시하의 국가 안위에 관련된 국방경비법상의 이적이나 간첩, 국가보안법 위반 사건, 〈범죄처벌특조령〉 위반 사건 등에 대한 재판 관할권은 계엄고등군법회의가 행사함을 분명히 하였다. 「국군 포로 귀한자 취급에 관한 건」을 통해서도 다소라도 이적 행위가 있을 시는 즉시 고등군법회의에 회부할 것을 지시하였다.[60] 7월 13일 「계엄 실시 사항에 관한 건」에서는 계엄법 제17조의 국회의원 불체포권을 자의적으로 적용하고자 하였음을 보여준다.

> 작전수행상 직접적으로 막대한 영향을 미치는 내란 또는 외환에 관한 죄 및 국가보안법 위반죄의 현행범은 용이하게 적발하기 곤란한 점이 있어 가장 중대한 범죄에 대하여 일견 국회의원에게 특권을 부여할 것 같이 오해할지 모르니, 이와 같은 범죄는 법률상 소위 상태범으로 인정되어 있음으로 즉시 현행범으로 취급하도록 군경수사기관에 명확히 실시하여 사건처리상 유념없기를 기할 것.[61]

---

59) 육군본부 법무감실, 「미결사건처리에 관한 건(육본민사외발제9호, 1950. 7. 18.)」, 『앞의 책』, 1952, 359쪽.

60) 육군본부 법무감실, 『위의 책』, 1952, 360쪽.

즉, 국회의원이라 할지라도 국가보안법 위반 등의 혐의가 있다면 상태범으로 인정, 현행범으로 취급할 것을 지시하였다.

이상에서와 같이 7월 8일 비상계엄 선포 운영의 핵심은 체포·구금·수색 및 언론·출판 관련 특별조치의 시행과 소위 '이적행위자'에 대한 군법회의 재판을 통한 신속한 처단에 있었다고 할 수 있다.

2. 비상계엄의 확대

1950년 7월 19일 전황의 변화에 따라 경남지구 계엄사령부가 신설되었고, 7월 20일에는 7월 21일 0시를 기해 전라남북도 지역에 대해 비상계엄이 확대·선포되었다. 선포된 계엄의 명칭은 '계엄 선포에 관한 건 중 개정 건'으로, 이는 7월 8일 선포된 계엄 지역 중 '전라남도 및 전라북도를 제외한 남한 전역'을 '남한 전역'으로 개정·공포한 것이었다.[62] 당시 전세는 북한군이 전주를 점령하고 미제24사단이 대전 방어선에서 후퇴하여 김제－이리－논산－대전－청주－예천－영주로 전선이 형성되어 전라남북도까지 전선이 확대된 상황이었다.

애초 비상계엄을 선포하면서 호남지역을 제외한 이유는 인민군의 남침을 지연하고 유인하려는 책략이었다. 인민군을 현혹하기 위해 전라도 지역에는 계엄을 선포하는 대신, 호남지구사령부를 설치하고 사령관에 신태영 소장을, 부사령관에 원용덕 준장을 임명하였다. 국군지휘부는 이들에게 충분한 병력을 지원하지 않았고, 신태영과 원용덕은 호남지역을 방어할 만한 적절한 전투지휘 능력을 가지고 있지 못하였다. 육본 작전명령 제61호에 의하면 적의 주력이 '서해안으로부터 남진하여 주력의 일부가 전주에 침입하고 임실 방면으로 남침을 기획하고 있는 상황'에서 남하하는 적을 저지하기 위한 지연전을 전개하였는데 그 방법은 다음과 같았다.

---

61) 「계엄 실시 사항에 관한 건(국방군내발(大)제19호, 1950. 7. 13.)」, 국방관계법령집발행본부, 『앞의 책』, 1950, 440쪽.

62) 『관보』 제384호, 1950. 7. 20.

가. 전남편성관구사령관은 예하 병력 500명을 남원에 급파 서해안지구전
　　투사령관의 지휘를 받도록 하라.

나. 경남편성관구사령관은 보병 완전 1개 대대를 편성하여 즉시 남원에
　　급진시켜 서해안지구전투사령관의 지휘를 받도록 하라.

다. 서해안지구 전투사령관은 전기병력을 통합·지휘하여 남하하는 적을
　　저지 강력한 지연전을 전개하라.[63]

라고 하여 남원을 축으로 하여 대구를 중심으로 한 경상도지역을 방어하는 형
국의 작전을 전개하고 있음을 알 수 있다.

이를 통해 보면 당시 군 지휘부는 경남지역을 중심으로 한 부산교두보를 구
축할 시간적 여유를 갖도록 주력을 편성하고, 사실상 호남지역은 북한군에 점
령되도록 방기한 상황이었음을 알 수 있다.[64] 특히 국방부에 따르면

대전을 점령한 적의 일 주력(一 主力)은 아군이 전략상 방기한 서남평야,
즉 전라도 방면으로 진격하여 전주·목포·구례 등 전라도를 단시일에 석권
한 후 서남해안을 통하여 진주 마산을 노리고[65]

라고 하여 전라도 지역에 대한 계획적 '방기전략'을 취했음을 알 수 있다. 7월
12일 육본작전명령 제42호 일일정보에 따르면, '제1군단과 미제24사단은 전 병
력의 집결을 기다려 강력한 지연전을 전개'하고 있었고, 7월 24일 육본작전명
령 65호에 의하면, 이때까지도 국군은 '후속 미군부대의 도착 시까지 현 위치를
확보'하는 데 전력을 다하였다.[66]

전라도 지역에 대한 군의 '방기전략'은 북한군 작전에 대한 이해와도 관련이

[63] 육군본부, 「작전명령 제20호(1950. 7. 20. 23.00)」, 국방부전사편찬위원회, 『한국전쟁사 제2권: 지
　　연작전기(50. 7. 5.~50. 7. 31.)』, 1979, 965쪽.

[64] 강문봉, 「심야파티에서 1·4후퇴까지」, 『신동아』 6월호, 1983, 152~153쪽.(박명림, 『한국전쟁
　　1950,전쟁과 평화』, 나남출판, 2002, 179쪽. 재인용).

[65] 국방부 정훈국전사편찬회, 『앞의 책』, 1951, a15쪽.

[66] 육군본부, 「작전명령 제42호(1950. 7. 12. 24.00)」·「작전명령 제65호(1950. 7. 24. 15.00)」, 국방부
　　전사편찬위원회, 『앞의 책』, 1979, 959·967쪽.

컸다. 6월 25일 오후 1시경 북한군 대위 이하 11명을 생포하여 파악한 북한군의 일반계획은 총 4단계로 구성되었으며 최종 목적지는 부산이었다.

〈표 2-2〉 북한군 작전 일반계획

단계	진출로	목표일	소요일 수
1단계	서울 점령과 횡성-이천-수원선 진출	7월 3일	9일
2단계	대전-안동 진출	7월 15일	12일
3단계	포항-대구-마산선 진출	7월 25일	14일
4단계	부산 점령	8월 13일	13일

〈표 2-2〉에서와 같이 북한군은 50일 간에 남한 전토를 석권하고 8월 15일 부산에서 해방 5주년을 축하할 예정이었다. 군은 부족한 인적 물적 자원을 분배하면서 경부도로를 중심으로 한 충청도, 경상도 지역에 방어선을 구축하는 전략을 수립하였던 것이다. 7월 13일부터 한국군을 통합 지휘한 미제8군의 워커(Walton Harris Walker) 준장은 작전명령 제1호로 금강-소백산맥 선의 고수를 꾀하였다. 그러나 북한군은 7월 11일 이미 천안에서 호남지방을 경유하고 부산으로 향하라는 명령을 받고 13일에 예산을 출발하고 있었다.[67] 전라남북도 지역에 병력을 편재하지 않은 것은 북한군이 이 지역을 경유하지 않을 것이라는 판단도 있었지만, 설사 경유한다 하더라도 북한군의 부산행을 지연시키는 효과를 노렸다고 할 수 있다.

7월 21일 전라남북도 지역에 비상계엄이 확대 실시되는 과정은 전쟁 초기 계엄 선포의 의도와 군·정부 관료의 계엄에 대한 이해를 잘 보여준다. 7월 8일 비상계엄 선포 시점에서 군은 미군의 지원을 기다리고 대전지역을 방어하기 위해 전라남북도 지역을 계엄 선포 대상에서 제외하고 방어선을 구축하였다. 금강방어선 붕괴와 정부의 대구 이전, 그리고 북한군이 전주와 임실을 향하고 있는 시점에서 경상남북도 방어를 위한 진용을 갖추고 전라도 지역에 비

---

[67] 佐佐木春隆, 『앞의 책(하권)』, 1977, 220쪽.

상계엄을 선포하였다. 이는 전라남북도 지역이 북한군 점령이 임박한 순간에 비상계엄을 선포한 것으로 '전쟁 수행의 효율성'보다는 점령지역 주민의 통제가 목적이었음을 잘 보여준다. 전라남북도까지 비상계엄이 확대되자 국방부장관은 정일권 계엄사령관에게 체포·구금·구속 특별조치를 공고하도록 지시하였다.[68] 이로써 전라남북도 지역은 '방기전략'에 따라 북한군의 수중으로 들어감과 동시에 헌법이 규정하는 바, 기본권이 제한되는 상황에 놓이게 되었다.

남한 전역으로 비상계엄이 확대된 후 7월 26일에는 '계엄하 군사재판에 관한 특별조치령(이하 〈군사재판특조령〉)'이 선포되었다. 앞서 살펴 본 바와 같이 〈군사재판특조령〉은 감당할 수 없이 늘어나는 군사재판 사건을 처리하기 위해 마련된 것으로 군법회의를 신속하고 간략하게 진행하기 위한 조치였다.[69]

1950년 9월 28 환도 이후에도 비상계엄은 유지되었다. 유엔군이 원산을 탈환한 10월 10일 이북 전 전역에 비상계엄을 선포하였다.[70] 10월 10일 북한지역에 선포된 계엄은 7월 8일 남한지역에 선포되었던 계엄과는 다른 차원의 것이었다. 1950년 10월 7일 UN총회 결의에 의해 소집된 소총회(10월 12일)에서 대한민국의 행정권은 북한에 미치지 못한다고 결의하였기 때문이다.[71] 북한 지역이 유엔군에 의해 점령되어 한국의 통치권은 인정되지 않았다. 이에 따르면 북한지역은 유엔군의 점령에 의해 군정이 실시되어야 하며 계엄이 선포될 수 없는 지역을 의미하였다. 그러나 이승만은 원산탈환을 기화로 10월 10일 북한지역에 비상계엄을 선포하였다.

북한지역 통치에 대한 미국의 입장은 유엔위원단이 도착할 때까지 유엔군 사령관이 점령 통치 권한을 가지며, 이후 유엔위원단이 선거를 감시하고 시행하여, 선거 이후 대한민국이 한반도 전체에 대해 통치권을 갖는다는 내용이었

---

68) 「계엄 선포에 관한 건 중 개정의 건」, 국방군내발(邱)제36호, 1950. 7. 22., 국방관계법령집편찬회, 『앞의 책』1950, 447~449쪽.
69) 국방부 정훈국 전사편찬회, 『앞의 책』, 1951, c53쪽.
70) 『관보』제396호, 1950. 10. 10.
71) 국방군사연구소, 『한국전쟁(중)』, 1996, 163쪽.

다. 이러한 입장은 9월 22일 국무성에서 작성되었으며, 10월 3일 육군성에 하달되었고 이를 바탕으로 유엔군 사령관에게 보내는 구체적인 지침이 작성되었다.[72] 10월 7일 예하 부대에 하달된 세부지침은 유엔사령부 작전명령 제2호 중 부록1의 민사문제에 반영되었다.[73] 이를 살펴보면,

> 38도선 이북지역을 통한 통일국가를 달성할 시기와 방법을 결정할 때까지
> 군작전간 북한지역의 모든 법령과 질서의 유지는 그 지역에 진주하는 유엔군
> 의 지도 관할하에 북한 민간기관이 책임질 것이다.

라고 하여 유엔군의 지도하에 북한 민간기구를 통한 통치 원칙을 천명하였다. 이하 세부지침으로는 첫째, 민간 주민의 응급 구호 등 보건 업무에 관한 임무 집행을 지원하고 둘째, 인권적 처우 상 필요한 정도의 식량, 주택, 피복 및 식료품을 배급하며 셋째, 현지 민간기관은 후방 부대장의 지휘하에 법령의 실시권을 보유하여 운용에 대한 책임을 지며 넷째, 점령재판소를 두어 국제연합 가입국민 또는 대한민국 군인을 제외한 북한 주민에 대해 재판권을 부여했으며 군사위원회를 설치·유지하며 다섯째, 신문 및 보도 혹은 통신이 군, 대한민국 또는 유엔의 목적에 배치되는 보도를 하지 않도록 조치할 것 등을 제시하였다. 또한 이 명령서에는 유엔군의 목적이 복수에 있지 않고 해방에 있다는 것, 평화를 위하여 작전하는 일시 주둔이라는 인상을 주어야 한다고 규정하였다.

반면 남한정부는 북한지역을 '미수복지'로 규정하고 도지사를 임명하고 100석의 국회의원을 비워 놓아 통치권이 행사되는 영역으로 규정하였다. 대한민국 헌법 제4조 영토 규정은 '한반도와 그 부속도서로 한다'라고 하여 북한지역이 남한 영토임을 분명히 하였다. 유엔총회와 소총회의 결의에 대해 이승만은 즉각 반발하여 10월 12일 국무회의를 거쳐 '북한에 대한 시정 방침'을 내무부장

---

72) 이에 대해서는 박명림, 「북한의 붕괴와 남한 통치, 1950년 가을」, 『한국전쟁과 휴전체계』, 집문당, 1998, 58~61쪽.

73) 제8군사령부는 1950년 10월 9일 행정명령 제26호를 통해 동 명령을 예하부대에 하달하였다(「행정명령 제26호 부록제1 민사(1950. 10. 9.)」, 육군본부 법무감실, 『앞의 책』, 1952, 476~782쪽).

관 명의로 공포하였다.[74] 10월 13일 발표된 이북지역의 행정 복구 방침은 '국군이 공산군을 평정한 뒤 그 지역에 대하여 계엄령을 선포하고, 군이 각 도의 계엄사령관을 임명하면 전시 기구로서 주민자치위원회를 구성, 자체적으로 치안유지와 질서회복에 노력한다'는 것이었다. 또한 북한 수복지역의 치안이 확보되는 즉시 도지사, 군수, 경찰서장 등의 내무 행정관리를 임명·파견하고, 시·군 단위의 행정이 일단 회복된 후에 도지사로 하여금 계엄사령부의 지휘하에 통일적으로 행정을 운영한다는 내용이었다.[75] '시정방침'에 따라 군은 10월 13일 3군 참모총장회의를 통해 내무부 행정관이 북한지역의 도·시·군에 파견될 때까지 군이 그 지방의 주민자치기구를 임시 편성키로 결정했고, 육군본부는 정일권 참모총장의 지휘하에 군단과 사단에 있는 민사부로 하여금 수복지구마다 시·군 단위로 자치기구를 편성토록 지시하였다.[76] 이승만은 10월 14일 AP통신과의 회견에서도 유엔 총회의 결의에 대해 공식적으로 반발하였다.[77] 이승만은 10월 21일 '남북 동포는 협조하여 국토통일에 매진하라'라는 담화를 통해 행정체계, 치안문제, 세제, 선거, 농지개혁 등에 관한 정책을 제시하였다.

> (1) 임명된 5도지사는 해방된 도마다 들어가 치안 후생을 주관하여 지사의 책임을 이행할 것이며… (2) 도민의 민심이 정돈되는 대로 각 해당 도민들은 자유분위기 속에서 UN 감시하에 도지사 선거를 행할 것이요… (3) 속히 국회의원을 인구비례로 10만 명에 한 사람씩 선거에서 국회의 자리를 채우게 할 것이며… (4) 서북청년단은 통일촉진과 반공투쟁에 다대한 공적을 가진 단체인바 전선 뒤로 들어가서 치안과 계몽과 조직 등에 군경을 도와 적극 협력할 것이며… 불충불의한 분자를 일일이 적발할 것이며… 범행 행위는 계엄 군법으로 처리하게 될 것이며…[78]

---

74) 국방부 정훈국 전사편찬회, 『앞의 책』, 1951, a77쪽.
75) 『동아일보』, 1950. 10. 14.
76) 정일권, 『전쟁과 휴전』, 동아일보사, 1986, 198~200쪽.
77) 국방부 정훈국 전사편찬회, 『앞의 책』, 1951, c17~18쪽.
78) 국방부 정훈국 전사편찬회, 『위의 책』, 1951, c18쪽.

이승만의 담화는 평양시에 미제1군단 소속의 군행정부가 설치된 날짜인 10월 13일에 맞추어 발표되었으며 '북한지역에 대한 시정방침'을 뒷받침하였다. 우선 유엔 감시하의 재선거를 실시한다는 단서를 달기는 하였지만 각 도에 지사를 파견·임명한다는 입장을 재확인하였다. 또 서북청년단으로 하여금 경찰과 함께 치안과 계몽을 실시하도록 하였으며, 범죄행위를 계엄군법회의에서 다룰 것을 명시하였다. 계엄사령관을 중심으로 일원적 지휘체계를 갖추고, 군·경 그리고 서북청년단까지 동원하여 '불순분자'의 신속한 처리를 통해 북한지역에 대한 행정·치안을 장악하고자 하는 계획이었다.

미국은 이승만의 반발에 대하여 다양한 수준에서 대응하였다. 미국과 이승만의 북한지역 통치에 대한 갈등은 10월 30일 이승만이 담화를 통해 '한국 정부는 10월 7일 유엔총회의 결의에 따라 행동할 것이며, 유엔한국통일부흥위원회(UNCURK: United Nations Commission for Unification and Rehabilitation for Korea)에 적극 협력하겠다'[79]는 입장을 밝힘으로서 표면적인 합의를 이루었다.[80]

서부지역인 황해도와 평안남북도에서는 미제8군의 예하부대가 평양을 점령하기 시작한 때부터 군정이 설치되었다. 미제1군단은 평양시에 10월 21일 군정을 설치하였다.[81] 한국군도 점령지역에서 별도의 군정을 실시하고자 하였다. 그러나 평양시에서는 김종원 대령을 계엄사령관으로 하여 비공식적 행정관리가 참여하였다. 치안대를 조직하여 '적색분자' 색출 활동을 담당했으며, 서북청년단을 근간으로 한 대한청년단 북한 총무부를 조직하여 민정조사 등에 활용하였다. 또 한국군은 평양시에 약 1,000명의 경찰을 모으는 일에 착수하여 약 500여 명을 고용했다.[82] 미군 상륙 이전 국군에 의해 먼저 점령된 함경도지역

---

79) 국방부 정훈국 전사편찬회, 『위의 책』, 1951, c23~24쪽.

80) 이승만은 북한지역에 대한 통치권 주장을 철회하는 대신 남한 정부와의 상의, 군정 실시 반대, 기존 관리 인정, 북한 관리 사용 반대 등을 주장하다가 미국은 북한지역의 점령 정책 실시 과정에서 한국 정부가 추천하는 인사를 쓰기로 타협하고 한국 정부가 이북지역에 대한 유엔군의 관할권을 인정하는 선에서 타협하였다(서용선, 「한국전쟁 시 점령정책 연구」, 국방군사연구소 편, 『한국전쟁연구: 점령정책, 노무운용, 동원』, 1995, 85쪽). 이는 이승만이 반대하더라도 미국은 북한지역에서 유엔군의 군정이라는 정책을 포기하지 않을 것이라는 현실적인 판단에 따른 타협이라고 볼 수 있다.

81) 국방부 정훈국 전사편찬회, 『앞의 책』, 1951, a77쪽.

은 국군 제1군단 민사부에서 군정을 담당하였는데 지역자치위원회를 조직하고 내무부에서 민정관을 파견하였으며 경찰과 함께 치안유지를 담당하기도 하였다.[83] 그러나 유엔군의 진주 확대에 따라 10월 말 이후부터는 북한에 진출했던 한국 정부의 행정 직원은 귀환하거나 그렇지 않으면 유엔 군정기구로 편입되었다.[84] 미제8군 민사부장으로 평남지구의 UN군 민사부장을 겸한 민스키 대령은 11월 3일 회견을 통해 '평남지역에서 실시되고 있는 행정형태는 절대로 군정이 아니라'고 언명하고, 평양시에 임시적인 행정기구를 설치할 것이라고 말하였다. 또한 평남지구 계엄사령부에 대해서는 앞으로 UN군 민사부의 사업을 보조하는 것을 목적으로 할 것이라고 했다.[85] 정부는 평남지구 시정위원회를 통해 전체 행정을 담당케 할 계획이었으나, UN 민사부에 의한 통치가 진행되었다. 미군은 점령지 북한지역에서의 통치 형태를 형식적으로는 군정이 아니라고 표방하여, 이승만의 계엄 선포를 묵인하는 선에서 점령지 북한에 대한 통치권이 국제 분쟁화하는 것을 막고 이승만을 설득하고자 하였다고 볼 수 있다.

3. 국회의 비상계엄 해제 요구와 정부의 대응

1950년 10월 10일 어업 선박 항해 금지가 해제되면서 제주도 지역의 계엄이 해제되었다.[86] 이는 제주 지역 어민들의 요청에 의한 것으로 7월 8일 비상계엄 선포 이후 첫 계엄 해제 조치였다. 그러나 제주도를 제외한 남한 전역의 비상계엄은 유지되었다. 북한에 비상계엄이 선포되고 국군 제1사단이 평양을 탈환한 10월 13일, 치안국장은 '전국 치안상황이 완전 복구됐다'고 선언했음에도 불구하고,[87] 10월 15일 3·8 이남에는 계엄법 제13조에 따른 특별조치가 공포되었다.[88]

82) 중앙일보사,『민족의 증언』제3권, 1983, 222쪽.

83) 국방군사연구소,『한국전쟁(중)』, 168~169쪽.

84) 국방부 정훈국 전사편찬회,『앞의 책』, 1951, a77쪽.

85)『서울신문』, 1950. 11. 7.

86)『관보』제396호, 1950. 10. 10.

- 38도선 이남을 통한 전 지역에서는 체포, 구금 수사에 관하여 관할 법원의 영장을 필요로 하지 않는다.
- 전기 지역에 있어서는 구금에 관한 현행 형사소송법의 규정은 이를 통용하지 않는다.
- 전기 지역에서는 예방구금을 할 수 있다.[89]

이러한 특별조치는 앞서 살펴본 바와 같이 1950년 7월 11일 '계엄 실시 사항에 관한 건'으로 충청남북도 지역을 시작으로, 11월 16일에는 경상남북도 지역까지 확대 시행되었던 것이다. 그러나 10월 15에 발표된 '38도선 이남을 통한 전 지역'에 대한 체포 · 구금 · 수색 특별조치는 전황과 무관하게 남용되었음을 알 수 있다. 9월 28일 환도 이후 10월 3일 경인지구 계엄사령부가 설치되면서 이준식 경인지구 계엄사령관은 전시 범죄 처벌에 관한 포고를 발하였고, 10월 4일 군 · 검 · 경 합동수사본부가 설치되었다. 이어 경인지구 계엄고등군법회의가 설치되어 '부역자' 색출 광풍이 불었다. 10월 15일 특별조치는 수복 이후 '부역자' 색출을 위한 필수조건이었다.

남한 전역에 대한 비상계엄 해제 요청은 10월 하순부터 국회와 각 지역에서 시작되었다. 10월 28일 국무회의에서는 '계엄령을 우선 서울 · 부산 · 대구 · 인천 등지만이라도 해제하기를 희망한다는 요청'이 있음을 보고하였다.[90] 이어 10월 31일 국무회의에서 이승만은 '계엄령 해제 요청이 있었으나 국방부장관이 외국사령관과 상의하도록 하라'고 주문하였다. 그러나 내무부장관은

치안사태가 혼란해서 치안문제라기보다는 군대문제라 할 수밖에 없고, 예컨대 양평(공비 3,000명), 논산(300명), 전남 함평, 장흥, 지리산 등 지궁 합 4만 명의 공비가 있다고 추측하고 있다.[91]

87) 국방부 정훈국 전사편찬회, 『앞의 책』, 1951, b53쪽.
88) 국방부 정훈국 전사편찬회, 『위의 책』, 1951, b54쪽.
89) 국방부 정훈국 전사편찬회, 『위의 책』, 1951, b54쪽.
90) 『국무회의록』 제112회, 1950. 10. 28.
91) 『국무회의록』 제115회, 1950. 10. 31.

라고 하여 치안문제가 아니라 군제라고 해제 요구에 대한 답을 회피하였다. 11월 2일 비공개로 개회된 국회 제41차 임시본회의에서는 3·8 이남 전역에 걸쳐 계엄을 해제할 것에 대한 동의를 재석 114인 중 63 대 33으로 가결하였다. 즉 이 의안은 10월 30일 서민호 의원 외 36인으로부터 제안되었던 것인데, 11월 1일 개최된 외무국방위원회(위원장: 지청천)에서는 이를 보류키로 결의한 후 11월 2일 국회 본회의에 보고하였던 것이다. 국회 본회의에서는 외무국방위원회 결의를 부결시키고 계엄해제 동의 원안을 가결시켰다.[92]

애초 외무국방위원회에서 제출한 비상계엄 해제 요구는 서민호 의원 등의 '38도선 이남 전 지역의 비상계엄 해제 요구안'과 조주영 의원 등이 제출한 '지역적 계엄 해제안' 두 가지였다. 외무국방위원회에서는 조주영 의원 등의 안을 폐기하고, 서민호 의원 등의 안을 채택하였으나, '작전상 필요와 국제정세의 변동'을 이유로 당분간 이를 보류할 것'을 의결하였다.[93] 국방부와 국방위원회는 계엄 해제 보류 이유를 '군작전상 필요'라고 주장하였다.

11월 7일 경비계엄으로 계엄이 전환된 시기는 중공군의 개입이 진행되고 있을 무렵이었다. 중공군이 압록강을 건넜다는 소식은 10월 25일부터 포로를 통해 전해졌고, 10월 26일에는 국군 제2군단과 중공군 4만 명 사이에 접전이 있었다. 그러나 미군 측은 '중공군 수명을 사살했으나 이는 중공군 부대의 개입을 의미하는 것은 아니다'라고 하여 중공군 부대의 조직적 참전을 부인하고 있는 상황이었다. 11월 5일 북한군은 압록강을 넘었고, 중공군은 박천에 도착하였다. 유엔군은 11월 6일 운산지역, 7일에는 유엔군이 청천강 지역에서 교두보를 확대하였으며, 중공군은 덕천 등지에 진입하였다. 추산되는 중공군의 수는 2만~3만 정도였다.[94] 그러나 중공군의 개입이 있었음에도 불구하고 전황은 미군을 비롯한 유엔군의 공중전으로 기세를 잡고 있는 상황이었다.

92) 『국회속기록』 제8회 제41차, 1950. 11. 2.
93) 『국회속기록』 제8회 제41차, 1950. 11. 2.
94) 국방부 정훈국 전사편찬회, 『앞의 책』, 1951, b61~64쪽.

국회 입장에서는 소위 '공비의 준동'과 '중공군의 합작'이 진행된다 하더라도, 계엄지구 외의 지역에서 행해지고 있는 것이므로, 필요하다면 이북지역에 계엄을 내려 목적을 완수해야 한다고 주장하였다.[95] 국회에서는 '전국(戰局)의 호전'[96]과, 비상계엄에 따른 권력 남용에 대한 경계심, 비상계엄으로 인한 인민의 불안 제거라는 측면에서 해제를 강하게 요구하였다.[97]

더불어 국방부와 국방위원회 측은 일반민과 사법기관에 대한 사정 활동의 필요, '부역자' 처리의 어려움을 들어 비상계엄을 즉시 해제하는 데 반대하였다. 의결 전 국방부차관 장경근은 계엄 해제 반대의 가장 큰 이유로 '부역자' 처단 문제라고 하여 다음과 같이 지적하였다.[98]

> 중요하게 고려할 점이 두 가지 있습니다. 하나는 부역자를 단기간 내에 처단하는 문제입니다. (⋯) **악질적인 부역자는 단기간 내에 강력히 처단해야 될 것입니다.** 여기에 대해 군과 경찰과 검찰과 이렇게 합동해가지고 3자가 합동조사해가지고 공정한 방침으로서 이것을 처단하는 것입니다. (⋯) **합동 수사본부를 운영하는데 이 합동조사본부의 법적 근거는 오로지 계엄 실시에 있는 것입니다. 계엄 실시가 없다고 할 것 같으면 군과 경과 검과 이것이 합 동해가지고 일을 할 수가 없는 것입니다.** (강조 필자)

이와 같이 장경근 국방부차관은 '계엄이 없어도 합법적으로 징용·징발할 수 있다'라고 하여 계엄의 실제적인 목적이 징용·징발에 있지 않음을 명확히 하였다. 비상계엄의 목적은 단기간 내에 부역자를 합동수사본부를 통해 처단하는 것이라고 명확히 밝히고 있다. 그 방도는 '계엄하 군사재판에 관한 특별조치령'에 따라 군인 법관과 일반 판사·검사를 군법회의에 복무하도록 하여 군법

---

95) 『국회속기록』 제8회 제41차, 1950. 11. 2.

96) 『부산일보』, 1950. 11. 27.

97) 이미 10월 10일 이북지역에 비상계엄이 선포되면서 어업 선박항해금지가 해제되었는데, 이때 제주도 지역의 계엄이 어업금지에 대한 어민들의 항의로 해제되었다.

98) 『국회속기록』 제8회 제41차, 1950. 11. 2.

회의를 신속하게 진행하는 것이라고 언급하였다. 더불어 비상계엄 해제가 시기상조임에 대하여는 보다 현실적인 이유를 제시하였다.

> 지금 점차적으로 단계적으로 한 1개월 이후에는 합동수사본부에서 일단락을 짓고 합동수사본부를 해체함으로 따라서 계엄지대에 있어서도 지금의 예상과 같은 상황으로 진전해나간다고 할 것 같으면 (…) 4천여 건을 불과 지금 이백 여건 밖에 처리를 못하고 있습니다. 지금 **일반재판 형식 가지고는 도저히 이것을 소화를 못하고 있습니다.** (…) 만일 이 계엄을 해제한다고 하면 부역자 처단의 방도가 거의 두절된다고 해도 과언이 아닙니다. 잡아 드리고 처단한 기관이 없어집니다. 도저히 소화할 능력이 없습니다.

장경근의 비상계엄 해제 반대 주장의 핵심은 '부역자' 처단이었다. 합동수사본부를 통한 '신속하고 과감'한 처단은 계엄하에서만 법적 근거를 갖기 때문에 '부역자' 처단이 완료되는 한 달여 기간 동안 계엄 해제를 보류할 것을 요청하였던 것이다. 서울을 탈환한 지 한 달여가 지났음에도 불구하고 전국 계엄이 유지된 것은 계엄상태를 이용한 '부역자' 처단의 효율을 높이기 위함이었음을 장경근의 발언은 잘 보여주고 있다.

11월 7일 비상계엄 해제가 공포되었지만, 국회와 외무국방위원회는 같은 날 신성모 국방부장관이 '계엄 해제는 시기상조이며 중공군 침입에 멸공일점으로 총진격 중'이라고 언급하면서 다시 표면화하는 듯하였다.[99] 국회에서 계엄 해제안이 가결된 것은 11월 2일이지만 해제 고지는 11월 7일에 이루어졌으며, 해제 시점은 11월 10일 0시였다.[100] 비상계엄 해제에 대한 반대에 부딪히면서, 비상계엄 해제는 국회에서 계엄 해제안이 가결되고 약 일주일이 지나서야 가

99) 국방부 정훈국 전사편찬회, 『앞의 책』, 1951, b65쪽.
100) 『관보』 제406호, 1950. 11. 7.; 국방부 정훈국 전사편찬회, 『앞의책』, 1951, b66쪽(일지에는 11월 7일로 명기되어 있고 본 글에는 10일 0시로 명기되어 있다. 또 검찰 사무 예규철, 목포지청 「피의자 구속 절차에 관한 건」(1950. 11. 10.)과 목포지청, 「비상계엄 해제에 관한 건」(1950. 11. 24.)에는 " 11월 10일 0시를 기해 계엄령이 해제되었는바, 피의자 구속 및 구속기간에 관하여는 10일 이후는 종전과 같이 형사소송법의 규정에 의하여 처리"하라고 지시하고 있다).

능하였다. 이는 가능한 비상계엄 해제를 미루고자 했던 정부와 군의 의도가 반영되었다고 보인다.

비상계엄을 해제하는 동시에 11월 10일 오전 0시를 기하여「계엄 선포에 관한 건」을 통해 경비계엄이 선포되었다. '정일권을 계엄사령관으로 하는 북한지역에 있어서의 작전과 호응하여 남한지역 내에서 준동하는 괴뢰집단의 잔재병력을 완전 소탕하고 반국가적 제 요소를 과감히 삼제(芟除)하기 위한 군사상의 필요와 공공의 안녕질서의 신속한 회복을 기하기 위하여'라고 경비계엄 선포 목적을 밝혔다. 전쟁 중 처음 선포되었던 비상계엄은 '공비소탕과 반국가적 요소'를 제거한다는 명분으로 경비계엄으로 전환되어 유지되었다.

이로써 제주도와 경상남도 중 부산시, 마산시, 의령군, 함안군, 창녕군, 밀양군, 양산군, 울산군, 동래군, 김해군, 창원군, 통영군, 고성군을, 경상북도 중 대구시, 금천시, 포항시, 달성군, 영일군, 경주군, 영천군, 경산군, 청도군, 칠곡군, 금릉군, 선산군, 울릉군을 제외한 남한 전역에 경비계엄이 선포되었다.[101] 결국 국회의 압력으로 형식적으로 비상계엄은 해제되었으나, 제주도 경상남도 경상북도 일부 지역을 제외하고 경비계엄이 선포되었다.

비상계엄의 해제와 경비계엄의 효력이 발생하는 11월 10일, 계엄사령부는 육해공군 합동헌병대(본부장: 장창국 헌병사령관)를 설치하였다. 계엄사령부 부사령관 이호 준장은 합동헌병대 설치 목적을 다음과 같이 밝혔다.

> 비상계엄령은 해제되고 경비계엄이 실시되었다. 그 차이에 있어서는 비상계엄 시에는 모든 행정 사법 등의 운영을 계엄사령부에서 통할하게 되고, 경비계엄 시에는 군사에 관한 행정과 사법 운영에만 군에서 통할하게 된다. 앞으로 사무운영에 별다른 차이는 없는 것이고 다만 사법 운영에 있어서 계엄고등군법회의의 사물 관할이 축소되어 군사에 관한 범죄만을 취급하게 되고 일반에 대한 구속도 재판소 판사의 영장을 얻어야 된다는 등의 차이를 두게 된다. (…) 군인의 비행과 기타 이적행위를 하는 자 처벌에 더 한층

---

101)『관보』제406호, 1950. 11. 7.

노력하고자 당부에 동 합동헌병대를 설치하게 되었다.102)

비상계엄이 해제됨에 따른 군의 대응은 육해공군 합동헌병대를 통해 '이적행위자'를 처벌하고자 하였다. 이에 대해 이승만은 11월 13일 기자회견을 통하여 '부역자' 처단을 강도 높게 지시하였다.

> 대구·부산으로 천도하였을 때부터 철저히 단속할 것을 내가 역설한 바 있어 그간 김(김종원) 헌병부사령관 지휘하에 잘 처리되어 있다고 생각하는 바이다. 계엄령을 해제하면 이러한 문제는 자연적으로 해결되겠지만 아직도 공비잔도들이 남한 각처에서 준동하고 있고, 또 중공군의 불법 침입으로 치열한 전투가 벌어지고 있는 이 때 이만큼 **역도들을 일일이 평상시와 같이 일반재판소에서 처리할 수 없을 것이다. 그러므로 정부로서는 앞으로 더욱 군율을 엄하게 하여 군경의 비행을 철저히 단속할 생각**인데(…)103)

라고 하여 표면적으로는 육해공군헌병대 설치 등이 군경모리배의 단속을 목적으로 하는 것으로 보이나 실제적으로 이는 계엄 해제에 따른 대응책이었다. 합동헌병대를 통해 '군사에 관한 범죄', '이적행위'에 대한 구속을 신속히 처리하고자 하였다.

이와 동시에 신속한 재판 처리를 유지하기 위하여 계엄이 해제되었음에도 불구하고 11월 10일부로 '군법회의 재판권 연기에 관한 건'을 공포하여 계엄 해제 후에도 군법회의 재판권한을 1개월 연장하는 조치를 취하였다.104) 이는 비상계엄 해제 당시 군법회의에 회부된 사건의 경우 군법회의에서 재판할 수 있도록 군법회의 재판권을 1개월 연기하는 것을 내용으로 하였다.

---

102) 『경향신문』, 1950. 11. 11.
103) 『경향신문』, 1950. 11. 15.
104) 『관보』 호외, 1950. 11. 10.(민간인에 대한 군법회의 회부는 비상계엄 상황에서만 가능하도록 규정하고 있어, 비상계엄이 해제되거나 경비계엄으로 전환될 경우 군법회의 계류 중인 재판은 일반법원으로 이송해야 했다. 그러나 '군법회의 재판권 연기에 관한 건'을 통해 비상계엄 해제 이후에도 1개월간 군법회의를 유지하도록 특별법을 제정 공포한 것이다).

비상계엄이 해제된 직후에도 '부역자' 처벌을 위한 군법회의는 지속되었다. 계엄 해제 다음날인 11월 8일 제5사단 계엄고등군법회의가 처음 개정되었다. 제5사단은 영남지역 관할 부대로 개정 당일 '부역자'에 대한 공판을 진행했는데, 김성구 중령 등을 비롯한 군법회의 관계자들은 장병철 외 3명에 대하여 북한군 환영과 쌀 갹출·제공, 인민위원장 역(役) 수행 등의 범죄 사실로 국방경비법 제32조 위반을 들어 각각 사형과 5년 형을 언도하였다. 제5사단의 계엄고등군법회의 후 이성구 중령은 '부역행위 혐의에 대한 군법회의는 이것이 시초이나 금후도 계속될 것'을 언명하였다.[105]

이렇듯 비상계엄이 해제될 경우 영장 없는 체포·구금 등을 할 수 없고, 민간인을 군법회의에서 재판하는 것이 어려워질 것이 예상되자, 정부와 군은 계엄 해제에 따른 방책을 세웠다고 할 수 있다. 그 첫 번째 방책이 비상계엄을 경비계엄으로 전환하는 것이었고, 두 번째는 이적행위자 구속과 처리를 위해 합동헌병대 등의 기구를 강화하는 것이었으며, 세 번째는 법제적으로 '군법회의 재판권 연기에 관한 건' 등을 통해 검거한 '부역자'를 신속히 처단할 수 있는 방법을 마련하는 것이었다.[106] 이러한 조치들은 계엄상태 유지를 위한 방편이었다. 경비계엄 상황에서도 '군사에 관한 범죄'의 해석상 애매함을 통해 관할법원에서 영장을 발부받아야 하는 절차를 생략하고, 민간인을 군법회의에 회부할 수 있도록 하는 두 가지 목적을 비상계엄 상황과 동일하게 모두 달성할 수 있었다.

중공군의 인해전술에 따라 유엔군 등이 철수하는 것에 맞추어 12월 7일 '계엄 선포의 건 중 개정의 건'을 통해 3·8선 이남 전역에 비상계엄이 다시 선포되었다.[107] 비상계엄이 선포됨에 따라 남한 전역은 다시 특별조치에 따라 '체포 등에 영장이 불필요'한 상태가 되었고,[108] 유숙계 조사를 통해 서울에서만

---

105) 『대구매일신문』, 1950. 11. 11.
106) 군법회의에서 사형언도를 받은 161명에 대하여 '공식적'인 형집행이 11월 23일 진행됐다(『경향신문』, 1950. 11. 25.).
107) 『관보』 호외, 1950. 12. 7.

617명이 검속되었다.[109] 이상에서와 같이 1950년 전쟁 발발 이후 시행된 계엄 선포 또는 해제 사례는 다음 〈표 2-3〉과 같았다.

〈표 2-3〉 1950년 계엄의 선포와 해제 사례

번호	건명	지역	계엄 종류	공포일	참고
1	계엄선포 – 계엄	남한전역 (전라남·북도제외)	비상계엄	『관보』 제383호 (1950년 7월 8일)	전쟁 발발
2	계엄선포개정의건	남한전역	비상계엄	『관보』 제384호 (1950년 7월 20일)	
3	비상계엄선포	이북전지역	비상계엄	『관보』 제396호 (1950년 10월 10일)	원산탈환
4	계엄해제에관한건	제주도	-	『관보』 제396호 (1950년 10월 10일)	
5	계엄선포에관한건	제주도, 경상남·북도를 제외한 남한전역	경비계엄	『관보』 제406호 (1950년 11월 7일)	비상계엄 해제 에 따름
6	비상계엄해제에관 한건	남한전역	-	『관보』 제406호 (1950년 11월 7일)	국회요구
7	계엄선포의건중개 정의건	남한전역	비상계엄	『관보』 호외 (1950년 12월 7일)	중공군 참전

〈표 2-3〉에서 보는 바와 같이 전쟁 발발 이후 1950년 12월까지 약 6개월 동안 정부는 총 6차례에 걸쳐 계엄을 선포하거나 확대, 계엄 종류를 변경하는 조치를 취하였다. 이러한 계엄의 선포와 해제는 표면적으로 후퇴와 진격, 소강 그리고 다시 후퇴라는 전쟁 상황에 따른 결과로 보여 진다. 그러나 앞서 살펴본 바와 같이 계엄 선포와 해제는 전시 군작전의 효율성을 기하기 위한 조치가 아니라 비상계엄 해제 요구에 대한 대응이었다고 할 수 있다. 당초 전시 계엄 선포의 목적은 〈범죄처벌특조령〉의 입법과 병행하여 전쟁 발발 직후부터 '북한군에 협조 가능성이 있는 자'를 불법적으로 처단했던 상황을 합리화하고, 이후 '부역자' 처단을 합동수사본부와 군법회의를 통해 신속히 추진하고자 하는 데 있었다. 환도 이후 국회와 국민의 계엄 해제 요구에 대하여 경비계엄으로 전환

108) 육군본부 법무감실, 『앞의 책』, 1952, 815쪽.
109) 국방부 정훈국 전사편찬회, 『앞의 책』, 1951, b75쪽.

하여 계엄상태를 유지하고자 했던 군과 정부의 태도는 이를 잘 보여준다고 할 수 있다.

제3절 1951년 전쟁의 교착과 계엄

1. 1951년 계엄의 전개

군과 정부는 국회의 강력한 요구에 따라 어쩔 수 없이 비상계엄을 해제하였으나, '부역자'와 정치범 처단을 위해 비상계엄을 경비계엄으로 전화하여 계엄상태를 유지했다. 그러나 중공군의 침투로 1950년 12월 7일 남한 전역은 다시 비상계엄 상태에 놓이게 되었다.

1·4후퇴를 기점으로 퇴각을 거듭하던 유엔군과 국군이 1951년 2월 10일경 인천을 탈환하고, 3월 15일경 서울을 탈환하여 전선은 교착상태에 들어가자 유엔에서의 정전안(停戰安) 논의가 활발해지기 시작했다.[110] 이러한 전황의 변화에 따라 국회를 중심으로 계엄 해제에 대한 요구가 일어났다. 국회의 비상계엄 전면 해제에 대해 군과 정부는 '공비소탕'과 '반국가적 공산세력 침투 봉쇄'를 명분으로 계엄의 지역적 해제와 경비계엄을 반복적으로 선포하는 것으로 대응했다. 1951년 계엄 선포 또는 해제 사례는 다음 〈표 2-4〉와 같았다.

〈표 2-4〉 1951년 계엄의 선포와 해제 사례

번호	시행일	공포일	건명	계엄 종류	지역
1	1951. 2. 22.	『관보』호외 (1951. 2. 22.)	계엄일부해제에관한건	-	제주
2	1951. 3. 23.	『관보』제442호 (1951. 3. 20.)	계엄일부해제	-	전라남·북, 경상남·북 36개 시군

---

110) 국방부 정훈국 전사편찬회, 『앞의 책』, 1951, b119쪽.

3	1951. 4. 8.	『관보』 호외 (1951. 4. 4.)	비상계엄해제	-	충청북도, 전라남·북도, 경상남·북도 62개 시군
4	1951. 4. 8.	『관보』 호외 (1951. 4. 4.)	계엄선포	경비계엄	충청북도, 전라남·북도, 경상남·북도 62개 시군
5	1951. 8. 13.	『관보』 제515호 (1951. 8. 11.)	비상계엄일부해제	-	충주, 제천, 단양
6	1951. 8. 13.	『관보』 제515호 (1951. 8. 11.)	경비계엄선포	경비계엄	충주, 제천, 단양
7	1951. 12. 1.	『관보』 제563호 (1951. 12. 1.)	계엄선포에관한건	비상계엄	영동, 전라남북(고흥, 도 서 제외), 고령, 금릉, 진 양, 하동, 산청, 함양, 거 창, 합천

〈표 2-4〉에서 보는 바와 같이 1951년 계엄의 선포·해제는 시차를 두고 지역적으로 진행되었다. 우선 1951년 2월 22일 가장 먼저 제주도 지역의 비상계엄이 해제되었고,[111] 3월 20일에 '3월 23일 0시를 기하여' 전라북도, 전라남도, 경상북도, 경상남도 일부 지역(36개 시·군)의 비상계엄이 해제되었다.[112] 1951년 4월 4일에는 '4월 8일 0시를 기하여' 충청북도, 전라북도, 전라남도, 경상북도, 경상남도 일부 지역(62개 시·군)의 비상계엄을 해제함과 동시에 경비계엄을 선포하였다.[113] 경비계엄 선포의 이유는 다음과 같았다.

> 공산괴뢰군에 대한 작전에 호응하여 후방지역에 잔존하는 북한공비를 소탕하고 반국가적 공산세력의 침투를 완전히 봉쇄하기 위한 군사상의 필요와 공공의 안녕질서를 기하기 위함.[114]

이와 같이 경비계엄의 선포 이유는 '공비소탕'임을 명확히 하였다. 그리고 1951년 4월 8일 비상계엄이 해제되자 '비상계엄 해제 후의 군법회의 재판권 연기에 관한 건'을 발표하여 기소 중 재판 사건에 대해 5월 7일까지 군법회의 관할권이 연장되었다.[115]

111) 『관보』 호외, 1951. 2. 22.
112) 『관보』 호외, 1951. 3. 20.
113) 『관보』 호외, 1951. 4. 4.
114) 『관보』 호외, 1951. 4. 4.(해당 지역은 비상계엄 해제지역과 동일).

1951년 6월 23일 정일권에서 이종찬으로 계엄사령관이 교체된 후[116] 1951년 8월 11일 충청북도의 충주군, 제천군, 단양군의 비상계엄이 '8월 13일 0시를 기하여' 해제되고, 경비계엄이 선포되었다.[117] 경비계엄의 선포 이유는 '공비소탕'과 '반국가적 공산세력 침투 봉쇄'로 앞서 비상계엄이 해제되고 경비계엄이 선포되었던 사례와 동일하였다.

1951년 계엄 운용은 1951년 12월 1일 선포된 비상계엄을 제외한다면 1950년 12월 7일 선포된 비상계엄의 지역적으로 해제하고 경비계엄을 선포 과정이었다고 할 수 있다. 4월 8일과 8월 13일 국회의 요구에 따라 비상계엄이 해제되었지만, 같은 날 경비계엄을 동시에 공포하였다. 3월 23일 전라남북도와 경상남북도 36개 시·군에 대한 비상계엄 해제 조치는 한동안 유지되는 듯하였으나 1951년 12월 1일 비상계엄 선포로 전라남북도 지역과 경상남북도 지역의 일부는 다시 비상계엄 상태로 들어갔다.[118] 이것은 이른바 '백야전전투사령부'의 호남지역과 지리산 일대 '공비소탕' 작전을 이유로 하였다.

1951년 12월 1일 비상계엄 선포에 즈음하여 이종찬 계엄사령관은 다음과 같은 특별 포고를 발표하였다.

> 서남 일대에는 공비의 만행이 점증하여 가매 국민생활에 적지 않은 위협이 되어 있음으로 차제 그들 공비에 대하여 철퇴를 가하므로서 이를 완전 잔멸하고 그 화근을 일소하여 후방치안을 확보하고저 대통령명에 의하여 금반 대규모적인 공비소탕작전을 기도한 바 본 작전을 최단기일 내에 철저하고도 효과적으로 수행하기 위하여 정부는 부득불 **군작전상 필요**에 의한 비상조치로서 단기 4284년 12월 1일 오전 0시 작전상 요청되는 최소한 지역에 비상계엄을 선포하게된 것입니다.[119]

115) 『관보』 호외, 1951. 4. 8.

116) 『관보』 호외, 1951. 6. 23.

117) 『관보』 호외, 1951. 8. 11.

118) 『관보』 제563호, 1951. 12. 1.

119) 「이종찬 계엄사령관의 일부 비상계엄 선포에 관한 특별 포고문(1951. 12. 1)」, 국방부 정훈국

후방치안 확보를 위하여 대통령명에 의하여 군사작전상의 필요로 계엄을 선포하게 되었음을 포고에서는 밝히고 있다. 그러나 '공비 토벌작전'과 계엄이 어떤 관련이 있는지 알 수 없다. 단순히 군 작전을 수행하기 위하여 비상계엄을 선포한다는 것은 계엄법상 비상계엄 선포 요건에 해당하지 않을 뿐만 아니라 '군사상 필요'라는 애매하고 자의적으로 해석 가능한 상황을 이용하여 계엄 지역 주민들의 기본권을 정지시키는 조치들이 예고된 포고라고 할 수 있다. 이는 군과 정부가 폭력을 통해 국민들의 사상과 기본권을 억압함은 물론 해당 지역 주민에 대하여 '협력자'·'반도 은닉자'로 규정하여 최소한의 법적 보호 없이 군 법회의에 회부하여 중형을 선고하거나, 처단하는 직접적인 방편이 되었다. 따라서 기존 연구자들의 한국전쟁 당시 계엄 운영에 대한 평가는 계엄의 시기적 지역적 해제·선포에 대한 일면적 고찰이며, 실제 계엄이 자국민들의 기본권을 억압하고, '공비소탕'을 명분으로 한 산간지역 주민들의 고통과 투옥, 살상에 대해 눈을 감는 평가일 뿐이다.

종래 군사 연구자들은 한국전쟁 당시 계엄이 전황에 따라 선포·해제하여 합리적으로 운영되었다고 평가하여 왔다. 그러나 3월과 4월 두 달 동안 비상계엄이 해제된 지역은 총 98개 시·군으로 3·8선 인근 및 서울·충청남도 지역을 제외한 전 지역에 이르고 있었다. 그러나 이렇게 해제된 지역은 '공비소탕' 등을 이유로 다시 비상계엄을 선포하거나 경비계엄으로 전환되었다. 경비계엄으로 계엄의 종류가 전환되었다고 하더라도 해당 지역에서는 비상계엄과 다르지 않은 상황이 지속되었다. 이러한 계엄의 선포와 해제는 군에 의해 추진되었으며, 해제 지역과 해제 일시 또한 군에 의해 결정되었다. 이는 계엄에 대한 국민과 국회의 저항에 맞선 조치로서, 계엄상태를 유지하여 정부와 군의 공포 정치를 유지하는 방편에 지나지 않았다.

1951년 당시 계엄 해제와 선포, 계엄 종류의 변경, 이에 따른 지역의 상황을 정리해보면 〈표 2-5〉와 같다.

전사편찬회, 『한국전란 2년지』, 1952, c195쪽.

〈표 2-5〉 1951년 계엄실시 지역의 변동과 사유

시행일	조치 내용	해당 지역	조치 사유
1951. 2 .22	비상계엄 해제	제주도	어업활동 요구
1951. 3. 23	비상계엄 해제	(전라북도)-전주시, 군산시, 이리시, 완주군, 부안군, 옥구군, 익산군 (전라남도)-여수시, 순천시, 여천군, 승주군, 완도군, 진도군 (경상북도)-김천시, 포항시, 달성군, 군위군, 영일군, 경주군, 영천군, 경산군, 청도군, 칠곡군, 금릉군, 울릉군 (경상남도)-마산시, 함안군, 창령군, 밀양군, 양산군, 울산군, 동래군, 김해군, 창원군, 통영군, 고성군	국회의 요구
1951. 4. 8	비상계엄 해제	(충청북도)-청주시, 청원군, 보은군, 옥천군, 영동군, 진천군, 금산군, 음성군 (전라북도)-진안군, 금산군, 무주군, 장수군, 임실군, 남원군, 순창군, 정읍군, 고창군, 김제군, (전라남도)-광주시, 목포시, 광산군, 담양군, 곡성군, 구례군, 광양군, 고흥군, 보성군, 화순군, 장흥군, 강진군, 해안군, 영암군, 무안군, 나주군, 함평군, 영광군, 장성군 (경상북도)-대구시, 의성군, 안동군, 청송군, 영양군, 영덕군, 고령군, 성주군, 선산군, 상주군, 문경군, 예천군, 영주군, 봉화군 (경상남도)-부산시, 진주시, 진양군, 의령군, 사천군, 남해군, 하동군, 산청군, 함양군, 거창군, 합천군	국회의 요구
1951. 4. 8	경비계엄 선포	(충청북도)-청주시, 청원군, 보은군, 옥천군, 영동군, 진천군, 금산군, 음성군 (전라북도)-진안군, 금산군, 무주군, 장수군, 임실군, 남원군, 순창군, 정읍군, 고창군, 김제군, (전라남도)-광주시, 목포시, 광산군, 담양군, 곡성군, 구례군, 광양군, 고흥군, 보성군, 화순군, 장흥군, 강진군, 해안군, 영암군, 무안군, 나주군, 함평군, 영광군, 장성군, (경상북도)-대구시, 의성군, 안동군, 청송군, 영양군, 영덕군, 고령군, 성주군, 선산군, 상주군, 문경군, 예천군, 영주군, 봉화군, (경상남도)-부산시, 진주시, 진양군, 의령군, 사천군, 남해군, 하동군, 산청군, 함양군, 거창군, 합천군	공비소탕, 반국가적 공산세력 침투봉쇄(비상계엄 해제에 따름)
1951. 8. 13	비상계엄 해제	충청북도 청주군, 제천군, 단양군	국회의 요구
1951. 8. 13	경비계엄 선포	충청북도 청주군, 제천군, 단양군	공비소탕, 반국가적 공산세력 침투봉쇄(비상계엄 해제에 따름)
1951. 12. 1	비상계엄 선포	충청북도 영동군, 전라남북도(고흥군 및 도서지역 제외), (경상북도)-고령군, 금릉군, (경상남도)-진양군, 하동군, 산청군, 함양군, 거창군, 합천군	공비소탕

국회의 계엄 전면 해제 요구가 거부되고, 지역별 부분 해제로 가닥이 잡히면서 1950년 12월 7일 3·8 이남에 내려졌던 비상계엄은 국회의 해제 건의가 높았던 지역에 대해 일차적으로 조치가 취해졌다. 해당 지역은 전라남북도, 경상

남북도, 충청북도 지역이었는데, 상대적으로 전투가 3·8선을 중심으로 교착되면서 서울, 경기, 강원 지역은 비상계엄 해제 논의의 대상조차 되지 못했다. 이승만과 군당국은 국회의 계엄해제 요구에 국회 논의가 집중되었던 1951년 3월과 4월에 지역적 해제와 경비계엄으로의 전환으로 대응하였을 뿐 그 이후 계엄은 유지되었다. 뿐만 아니라 시·군 단위로 한 계엄 선포와 해제는 해당 지역에 내려진 계엄이 어떤 종류인지, 계엄이 해제되었는지 조차 도저히 알 수 없게 되어 있었다.

1951년 12월 말 현재, 계엄 선포 지역과 해제지역은 〈표 2-6〉과 같다.

〈표 2-6〉 1951년 12월 말 계엄 선포·해제지역

내용	지역
비상계엄 지역	서울특별시, 경기도, 강원도, 충청남도, 전라남북도 전역(고흥군 도서지역을 제외), 경상남도 6개군(진양군, 하동군, 산청군, 함양군, 거창군, 합천군), 경상북도 2개군(고령군, 금릉군), 충청북도 영동군
경비계엄 지역	충청북도 8개 시군(청주시, 청원군, 보은군, 옥천군, 영동군, 진천군, 금산군, 음성군), 경상북도 13개 시군(대구시, 의성군, 안동군, 청송군, 영양군, 영덕군, 성주군, 선산군, 상주군, 문경군, 예천군, 영주군, 봉화군), 경상남도 5개 시군(부산시, 진주시, 의령군, 사천군, 남해군), 충청북도 3개군(청주군, 제천군, 단양군)
계엄해제 지역	경상북도 11개 시군(김천시, 포항시, 달성군, 군위군, 영일군, 경주군, 영천군, 경산군, 청도군, 칠곡군, 울릉군)과 경상남도 11개 시군(마산시, 창령군, 밀양군, 양산군, 울산군, 동래군, 김해군, 김천시, 통영군, 고성군, 창원군)

〈그림 2-3〉에서 보는 바와 같이 국회와 국민의 계엄 해제 요구에도 불구하고 군은 경상남북도 일부 지역을 제외한 3·8 이남 전역에서 계엄상태를 유지할 수 있었다. 1951년 12월 현재 계엄 상황은 1950년 12월 7일 선포된 비상계엄에서 해제되지 않은 서울특별시와 경기도 강원도 충청도지역을 포함하여, 12월 1일 공비소탕을 명분으로 비상계엄이 선포됨에 따라 고흥군 도서지역을 제외한 전라남북도 전역, 경상남도 6개군(진양군, 하동군, 산청군, 함양군, 거창군, 합천군), 경상북도 2개군(고령군, 금릉군), 충북 영동군이 비상계엄 상태에 있었다.

〈그림 2-3〉 1951년 12월 말 계엄 지역 현황도

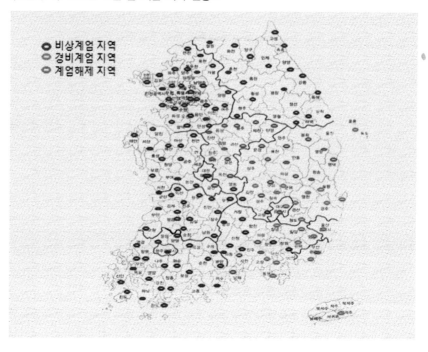

　또한 경비계엄 지역은 충청북도 8개시군(청주시, 청원군, 보은군, 옥천군, 영동군, 진천군, 금산군, 음성군), 경상북도 13개시군(대구시, 의성군, 안동군, 청송군, 영양군, 영덕군, 성주군, 선산군, 상주군, 문경군, 예천군, 영주군, 봉화군), 경상남도 5개시군(부산시, 진주시, 의령군, 사천군, 남해군), 충청북도 3개군(청주군, 제천군, 단양군)이었다.

　명시적으로 계엄이 해제된 지역은 경상북도 11개 시군(김천시, 포항시, 달성군, 군위군, 영일군, 경주군, 영천군, 경산군, 청도군, 칠곡군, 울릉군)과 경상남도 11개 시군(마산시, 창령군, 밀양군, 양산군, 울산군, 동래군, 김해군, 김천시, 통영군, 고성군, 창원군)이었다.

　결과적으로 3·8 이남 지역은 경상남도 11개 시군과 경상북도 11개 시군을 제외하고 모두 비상계엄 또는 경비계엄 상태에 있었다고 할 수 있다.

2. 가상의 포위상태로서의 계엄

군과 정부가 계엄상태를 유지했던 방법은 두 가지였다. 하나는 비상계엄 지역에 경비계엄 선포을 선포하여 비상계엄 해제의 효과를 상쇄시키는 것이며, 둘째는 '공비와 제5열 소탕'이라는 명분으로 계엄상태를 유지하는 것이었다. 1951년 3월 비상계엄 해제 요구와 관련한 국회와 군·정부의 논쟁과 대립은 군과 정부가 계엄상태를 유지하려는 목적이 무엇이었는지 잘 보여주는 사례이다.

전투 상황이 교착상태에 들어간 직후 국회의 요구로 제주도의 계엄이 해제되었고 1951년 3월 20일 경상남북도, 전라남북도 36개 시·군의 경우 국회의 전면 해제 요구가 이미 국방 외교 분과위원회에 회부된 상황에서 36개 시·군만 부분적으로 비상계엄을 해제하였다. 계엄의 전면 해제를 주장해 온 김종순 의원은 36개 시·군에 대해서만 부분적으로 계엄을 해제하는 결정에 대해 국회는 어떠한 보고도 받지 못했으며, 분과위원회에서 전면 해제안이 어떻게 논의되고 있는지에 대한 설명을 요청했다.[120]

이에 대해 국방위원장 김종회 의원은 다음의 세 가지를 들어 비상계엄 해제 요구를 반대하였다. 첫째 국군 제11사단과 제2사단을 중심으로 태백산 지역과 지리산 지역의 '공비소탕' 작전을 진행하고 있는데, 만일 계엄을 해제할 정도로 후방치안이 확보되었다고 판단되면 미8군 측에서는 이들 부대를 전방으로 배치할 것이며, 이렇게 되면 공비 토벌작전을 경찰력만으로 진행해야 하고, 후방의 치안확보가 곤란해진다는 것이다. 둘째 전선에서 떨어진 대구와 부산을 비상계엄 해제지역에서 누락한 이유는 해당 지역이 국군과 유엔군의 병참기지이기 때문이며, 셋째 '공비소탕' 지역과 '병참기지'인 대구와 부산 이외의 지역에 비상계엄을 유지한 이유는 계엄을 해제하려고 하였으나, 소위 '작전 당국'에서 언제 전선이 어떻게 이동할지 모른다고 해제는 곤란하다는 요청이 있어 김제, 정읍 외 전라남도 11개 지역이 제외되었다고 해명하였다.[121]

---

120) 『국회속기록』 제10회 제48차, 1951. 3. 22.

이에 대해 김종순 의원은 다음과 같이 비상계엄 해제 요구 이유를 밝혔다. 첫째 비상계엄 해제 지역에서 제외된 시·군은 비상계엄을 유지할 만한 상황이 아니라는 점 둘째, 공비토벌을 이유로 비상계엄을 유지하는 것은 납득하기 어려우며, 잔비소탕은 계엄의 근본목적이 아니라는 점 셋째, 비상계엄 지속에 따라 군의 일반 행정, 민간인에 대한 폐해가 심각하다는 점 넷째, '군사상 필요'에 의한 특별조치가 자의적으로 운영되고 있다는 점을 들었다.[122] 김종순 의원이 주장한 네 가지 이유는 비상계엄 해제 요구의 핵심을 이루었다. 이충환 의원도 '공비소탕'을 이유로 한 계엄 유지에 대하여 다음과 같이 반대하였다.

> 비상계엄이 있으면 공비소탕을 하고 비상계엄이 해제가 되면, 공비소탕을 중지한다는 것은 이것은 이론상 합당성을 발견할 방도가 없는 것이에요. 군사행동은 독자적인 입장에서 행동을 하는 것이지 이 비상계엄이라고 하는 행정 체계와는 별개로 움직여야 한다는 것을 저는 여러분 앞에서 말씀드리고 싶습니다.[123]

즉, 계엄과 군사적전과는 별개이며, 공비소탕은 비상계엄과 무관하여 군사행

---

121) 『국회속기록』 제10회 제48차, 1951. 3. 22.

122) 『국회속기록』 제10회 제48차, 1951. 3. 22.(김종순 의원의 계엄 해제 요구 내용은 다음과 같았다. ① 현재 우리가 지적한 4개도의 요구하는 지역은 비상계엄의 그 필요를 느끼지 않는 것을 능히 감지할 수 있고 경비계엄 정도로 해도 좋다는 것입니다. ② 계엄은 잔비소탕이 근본목적이 아닙니다. (…) 계엄이 해제되면 오열 등에 못살 것이라는 설이 있으나 계엄 해제라고 해서 군의 수사기관인 헌병대, CIC, G2, 기타 정보기관이 해체되는 것이 아닙니다. 그 임무는 그대로 활동해질 것이오, 그 외의 경찰기관, 사법기관의 활동이 독립적 입장에서 일을 맡아 가지고 하기 때문에 도리어 효과가 많이 날 것으로 믿고 있습니다. ③ 계엄상태가 장구한 관계로 그 폐해가 심하니, 후방 계엄 담당자들은 작전의 통일을 기하기보다는 일반 행정 또는 물자 방면 일반을 위협하는 권력 방면에 관심을 가지게 되었다는 것입니다. 일예로 선박 추력 등을 징발하여 후생이라는 명칭하에 모리간상배의 폭리행위를 조장케 하는 것, 생활 필수품 등을 매점하게 두는 것, 계엄 하에서는 인권확보가 극도로 무시되어도 무방하다, 계엄하에 군부에서 주관적으로 범인이라 지목만하면 무기한하고 구속을 하는 것. 계엄사령부 본부 외에 군부에 지부와 같은 것을 만들어 거기에서 딴 별개 사령부가 생겨서 (…) 권력기관으로 모이게 하는 것 ④ 「비상계엄 지역 내에서는 계엄사령관은 군사상 필요할 때에는 체포, 구금, 수색, 주민이전, 언론, 출판, 집회 등 단체행동에 관하여 특별한 조치를 할 수 있다」는 규정이 있는 까닭에 국민은 군사상이라면 얼마라도 참겠는데 그것이 그렇지 않고 (…) 일반행정 방면은 입장과 자유로운 계획을 수립할 수 없는 현실이 있습니다).

123) 『국회속기록』 제10회 제48차, 1951. 3. 22.

동은 독자적인 입장에서 비상계엄이라는 행정 · 사법 사무와는 별도로 운영되어야 함을 주장하였다. 실제 군과 정부가 주장하는 것처럼 비상계엄 선포가 '공비토벌' 작전과 직접적으로 관련되어 있는지 살펴보기 위해 한국전쟁 시기 공비토벌 작전 시기와 지역을 정리해 보았는데, 그 결과는 다음 〈표 2-7〉과 같았다.

〈표 2-7〉 한국전쟁기 공비토벌 작전

번호	기간	수행 부대	지역
1	50. 10. 4.~51. 3. 30.	제11사단	호남, 지리산 일대 *거창사건 발생: 51. 2. 10.~11.
2	50. 10. 16.~50. 11. 22.	제5사단	영남지역(경남서부 및 지리산지역) -포항 · 영주지역, 김천 · 거창 · 영동지역
3	50. 11. 23.~50. 12. 17.	제9사단	충남 대둔산 지역, 경북 김천 · 왜관지역, 영주 · 문경지역
4	51. 1. 14.~51. 3. 31.	해병	제주
5	51. 1. 23.~51. 2. 23.	독립제5해병대대	안동, 영덕지구
6	51. 2. 17.~51. 4. 25.	제2사단	안동, 보현산 · 일월산 지역
7	51. 3. 12.~51. 3. 18.	제9사단	정선 · 송계리 지역
8	51. 11. 30.~52. 3. 15.	백야전 전투사령부	호남지역, 지리산 일대
9	52. 7. 13.~52. 8. 4.	제1사단	지리산 · 회문산 · 덕유산 등 호남지역 일월산 · 신불산 등영남지역
10	53. 2. 3.~53. 5. 1.	무지개부대	제주도
11	53. 12. 11.~54. 5. 25.	박전투사령부	지리산 · 회문산 · 덕유산 · 모후산 · 조계산 · 백운산 지역의 호남지방

〈표 2-7〉에서 보는 바와 같이 1951년 공비토벌 작전 지역은 안동 영덕과 정선 송계리 일대를 중심으로 하고 있었다. 1951년 12월의 백야전투사령부의 작전도 지리산 일대에 국한되어 수행되었다. 한국전쟁 전 기간 동안 비상계엄 선포와 토벌작전이 시기와 지역적으로 일치하는 것은 1951년 말부터 1952년 3월까지 수행된 백야전전투사령부의 작전과 1953년 말부터 1954년 5월까지 진행된 박전투사령부의 작전뿐이었다. 그러나 두 경우도 작전상 계엄이 반드시 필요했는가에 대해서는 논쟁의 여지가 있다.[124]

---

[124] 합동참모본부에서 발행한 계엄 실무 지침서인 『계엄실무편람』(2010)도 이 시기 계엄 선포를 부산정치파동 당시의 계엄과 함께 '정치적 목적의 것으로 평가되고 있다'라고 서술하였다(합동참모본부, 『계엄실무편람』, 2010, 58쪽).

두 경우를 제외하면 공비토벌 작전 지역은 경비계엄 선포 시기, 지역과는 무관하게 진행되었음을 알 수 있다. 뿐만 아니라 '공비소탕' 작전을 위해 실제적으로 계엄이 선포한 경우 해당 지역은 경비계엄이 아닌 비상계엄이 선포되었다. '공비소탕' 작전을 위해 비상계엄을 선포하는 것이 타당한가의 문제점은 별개로 하더라도, 경비계엄 선포 지역·시기는 '공비소탕' 작전과 실제적으로 관련이 없었다고 할 수 있다. 그럼에도 불구하고 군과 정부는 '공비와 반국가세력 침입'이라는 '가상의 포위상태'를 유포하며 계엄상태를 1951년 내내 계속 유지하였다고 할 수 있다.

이렇듯 국회에서는 '공비소탕'을 이유로 비상계엄을 유지하려는 입장에 반대하는 한편 당시 계엄 운용의 폐해와 자의적 운영 등을 이유로 해제를 요구하였다. 이충환 의원은 행정 경험이 적고 소수인 일부 민사부의 직원으로 커다란 도정 전체에 대한 행정, 사법 체계 운영을 기대하기 어려우며, 도 행정을 정상화시켜야 한다고 계엄 해제의 필요성을 주장하였다. 그리고 계엄사령부 산하 민사부를 통한 행정 사무 관장을 다음과 같이 비판하였다.

> 행정당국이 민사부에서 하는 일이 민사부에서 잘못하는 일이나 민사부에서 부당하게 처리하는 일이나 여기에 대하여 군의 총칼이 무섭기 때문에 복종하고 함구불언(緘口不言)하는 이러한 태도를 가지고서는 우리가 행정이 수복되드라도 그 수복은 큰 효과를 나타내기가 어려울 것이에요.[125]

즉, 행정당국이 민사부의 권위에 눌려 민사부의 잘못이나 부당한 처리에도 침묵하여 행정 기구로서의 기능을 제대로 수행하지 못하고 왜곡되었던 현실을 들어 계엄해제의 필요성을 제기하였다고 할 수 있다. 계엄민사부는 1950년 10월 3일부로 지구계엄사령부를 대체하여 각 도를 단위로 하여 지구계엄민사부 체계로 개편되어 대민 행정·치안 업무를 수행했다.[126] 지구계엄민사부의 활동은 전쟁의 교착으로 지방에서의 치안이 어느 안정되는 1951년 이후부터 행

---

125) 『국회속기록』 제10회 제48차, 1951. 3. 22.
126) 국방부, 『한국전쟁지원사』, 1997, 225쪽.

정·치안 기구를 수렴하여 미곡수집, 농지개혁추진, 각종 물가 결정, 생필품 반출입 관할, 밀도살 단속에 이르는 민생 전반에 대한 정책을 추진하였다. 이러한 지구계엄민사부를 통한 군의 행정기구 장악은 현실적인 폐해를 낳았을 뿐만 아니라 행정·사법 기구가 제 기능을 하지 못하도록 하였다는 점에서 국회는 계엄 해제를 강력히 요구했다.

한편 군 당국의 지역적 계엄 해제 요구의 불합리성도 비판의 대상이 되었다. 이충환 의원은 지역적 계엄 해제에 대하여 다음과 같이 비판하였다.

> 단순한 작전상 이유로서만 비상계엄이 존재한다는 것은 이해하기 곤란합니다. 충청남도 전 군에 대하여 비상계엄을 해제하면서 충청남도보다도 훨씬 남쪽에 있고 훨씬 비교적 평온한 영동, 옥천에 한해서만 비상계엄을 존속한다는 것은 그 이유가 어디 있는 것인지 이것은 행정적으로 행정구역을 단위로 해서 일률적으로 모모 지방은 해제하고, 어떤 지방은 그냥 그대로 존속한다는 이러한 관료적인 조치에서 했다고 볼 수밖에 없습니다. (…) 충북 전체가 지금 **비상계엄을 실시하지 않으면 안될 만큼 치안이 혼란되고 적의 포위상태에 지금 임하고 있는 것은 절대로 아니에요.**[127]

이충환 의원은 비상계엄 해제지역과 비상계엄 유지지역 구분이 행정구역을 단위로 일률적으로 결정되었음을 강하게 비판하고, 3월 20일 계엄에서 제외된 지역 중 태백산지구의 충주, 제천, 단양을 제외한 나머지 시·군의 비상계엄 해제를 요구하였다. 해당 지역이 '적의 포위상태'에 있지 않음에도 비상계엄을 유지하는 근거를 따져 물었다.

이상과 같은 국회의 비상계엄 해제요구는 한국전쟁 발발 직후부터 진행된 계엄 운용에 대한 비판이었을 뿐만 아니라 군과 정부가 계엄을 군사작전이라는 명목으로 국회와 국민을 억압하는 데 사용하고 있음을 꿰뚫는 비판이었다. 이는 제주 4·3사건, 여순사건은 물론 계엄법 제정 당시에도 계엄의 본질에 대

---

127) 『국회속기록』 제10회 제48차, 1951. 3. 22.

해 피상적으로 이해했던 것과는 사뭇 대조적인 논쟁이었다(제1장 제3절 참조). 무엇보다 '공비소탕'을 이유로 비상계엄을 유지하는 것은 계엄법의 본래적 취지에 맞지 않다고 지적하고, 비상계엄 상태에서 군에 의해 자행된 민간인과 행정·사법 분야의 폐해를 강도 높게 지적하였다. 뿐만 아니라 지역적으로 계엄을 해제하는 것이 군작전과는 별 관련이 없는 관료적 조치임을 들어 4개도의 비상계엄 해제를 주장하였다.

그렇다면 군과 정부는 이러한 비상계엄과 경비계엄을 교차 선포하면서 계엄 상태를 유지한 이유는 무엇이었을까. 이에 대해 당시 장경근 국방부차관은 다음과 같이 밝혔다.

> 지금 CIC와 합동수사본부가 불철주야하고 지금 제5열과의 전쟁을 합니다. 더군다나 근대전에 있어서 비상계엄이라는 것은 조문에 '포위공격을 당하는 지역을 한다' 이렇게 되어 있지마는 이것은 지금 비상 근대전, 특별히 후방을 혼란하는 제5열을 보내가지고 후방혼란을 책동하고 있는 공산주의자와의 전쟁에 있어서는 지금이 포위공격이라는 것으로서 표명할 수 없는 것입니다. **지금 포위 공격을 받은 지역보다도 지금 후방의 병참기지를 이러한 곳에 비상계엄이 근대전쟁에 있어서는 가장 필요한 것입니다. 계엄에 있어서 포위공격이라는 문구가 이미 근대전에 있어서는 비상계엄의 절대적으로 아니라는 것**을 단언하고 싶습니다.[128]

장경근 차관은 근대전에서 계엄은 후방의 적 5열을 제거하기 위해 필요한 것이며, 계엄법에서의 비상계엄을 규정하고 있는 조문은 근대전에 맞지 않는다고까지 설명하였다. 그는 계엄 선포의 본질을 '내부의 적 제거'라고 명확히 인식하고 있었다. 뿐만 아니라 장경근 차관은 계엄법 제21조에 대해서도 미국의 사례를 들어 국회 요구에 의한 계엄 해제는 각국의 예가 없다고 지적하고, 계엄법 동 조항은 헌법 제64조의 대통령의 계엄선포권에 대한 위헌이라고까지 주장하였다. 특히 계엄 해제 시기와 지역을 비전문가의 의견으로 국회에서 결정한다는 것은 사실상 작전당

---

[128] 『국회속기록』 제10회 제48차, 1951. 3. 22.

국으로서는 전쟁 수행의 책임을 완수할 수 없다고 다음과 같이 경고하였다.

> 오늘 아침 작전당국으로부터 전보가 왔습니다. 이것을 만일 이 이상 해제
> 할 것 같으면 작전당국으로서는 책임 있는 작전을 수행할 수 없어요. 국회에
> 이러한 말을 전해달라는 부탁이 있습니다.[129]

이에 대해 장택상 의원은 '치안을 유지할 수 있는 데도 불구하고 계엄법을 실시해가지고 이렇군 저렇군 국회에서까지 말썽을 일으키는 그것은 당연히 해제해야 한다'고 비판하였다. 그리고 설전의 설전을 거듭하는 과정에서 장경근 차관은 군과 정부가 생각하는 계엄의 목적과 필요성을 설명하였다.

> 계엄법 제13조에 '비상계엄 시에만 영장을 불요(不要)하다' 그렇게 되어 있습
> 니다. 그러니까 경비계엄에는 영장이 필요합니다. 제5열을 잡는데 영장을 가지
> 고 잡으려고 할 것 같으면 이것은 사실상 불가능한 일입니다. (…) 비상계엄과
> 경비계엄의 차이점은 비상계엄에는 세 가지 요소가 있습니다. 첫째는 인권보호
> 를 정지한다는 것 다시 말하면 영장을 요치 않는다는 것 둘째로는 군사기관에
> 의하여 행정권 사법권을 일정한 한도 내에서 그것을 장려하는 것입니다. 여기에
> '탓치'하는 것입니다. 셋째로는 민간인에 대한 군사재판권의 확장입니다. (…) 우
> 리의 현실에서는 '군사기관이 행정권 사법권을 간섭하는 것은 경비계엄에는 군
> 사에 관한 사항에만 한다' 이렇게 한계가 있는데도 사실 실시해 본 결과 별 차이
> 가 없는 것 같다고 하셨습니다. (…) **군사상 다른 점은 영장이 비상계엄에서는
> 필요치 않는다는 이것이 가장 중요한 차이점**이라 하겠습니다.[130](강조는 필자)

장경근 차관은 비상계엄의 핵심 요소를 인신보호의 정지, 군사기관에 의한 행정 사법의 관장, 민간인에게로 군사재판의 확장이라는 세 가지로 정리하고, 이 가운데 가장 중요한 것은 비상계엄에서만 영장이 불필요하다는 점이라고 하였다. 즉 비상계엄 유지의 핵심은 '적의 공격으로 인한 포위' 상태 때문이 아니라 신속하게 반대

---

129) 『국회속기록』 제10회 제48차, 1951. 3 .22.
130) 『국회속기록』 제10회 제48차, 1951. 3. 22.

제2장 한국전쟁 시기 계엄의 선포와 전개   201

세력을 제거하기 위한 것이었다. 이는 후방에서의 '보이지 않는 전쟁'이었다.

장경근 차관의 주장에 대하여 이종형 의원과 서민호 의원은 제5열을 꼭 군에서만 잡으라는 법이 없으며, '5열 잡는 일은 경찰이 하고 행정은 행정기관이 해야 한다'고 반박하였다. 서민호 의원은 '5열의 잠복이 있다고 해서 계엄을 실시해야 한다는 그런 이론은 이론을 위한 이론이지 현실에 너무 거리가 있다'고 주장하였다.[131] 그러나 이러한 주장에도 불구하고 이승만이 제거하려는 '내부의 적'에는 제5열뿐만 아니라 이승만을 반대하는 모든 세력이 포함되어 있다는 점까지는 헤아리지 못하였다. 계엄 해제를 강력히 주장한 의원 중의 하나인 서민호 의원은 1년 뒤인 1952년 5월 부산정치파동 과정에서 비상계엄 상황을 이유로 체포·구금 되어 군법회의에 회부되기에 이른다.

이상의 논의를 통해 제48회 본회의에서는 김종순 의원이 제출한 경상남북도와 전라남북도 각 지구의 계엄해제 요구와 이충환 의원의 충청북도의 제천·단양·충주를 제외한 지역에 대한 계엄 해제안이 각각 가결되었다. 1951년 3월 국회에서 '공비소탕'을 위한 계엄의 불필요와 계엄에 따른 군의 폐해 등이 집중 논의되었음에도 불구하고 충청북도 지역의 비상계엄은 8월에 가서야 경비계엄으로 전환되었으며, 12월 '공비소탕'을 목적으로 전라도 지리산 일대에 비상계엄이 선포되었다. 군과 정부는 국회의 요구와 비판에 따라 비상계엄 유지를 위한 명분을 상실함에 따라 경비계엄을 통해 계엄상태를 유지해나갔다고 할 수 있다.

제4절 1952년 이후 계엄과 부산정치파동

1. 1952년 이후 계엄의 전개

전투가 소강상태로 들어갔음에도 불구하고 3·8 이남 지역의 계엄은 해제되

---

131) 『국회속기록』 제10회 제48차, 1951. 3. 22.

지 않고 지역별로 부분 해제하거나 경비계엄으로 전환하는 방식으로 1951년 내내 유지되었다. 계엄 유지의 명분은 '공비소탕'과 '반국가적 공산세력 침투봉쇄'라고 하였으나 이는 '부역자' 처리와 정치적 반대파 제거를 위한 가상의 포위상태일 뿐이었다. 1952년에 들어서도 '공비소탕'을 이유로 한 가상의 포위상태는 유지되었으며, 동시에 계엄의 성격은 지방선거와 대통령 선거를 위해 계엄상태를 유지하는 전형적인 정치적 계엄의 모습을 보였다.

1952년에는 정부수립 이후 최초로 지방선거가 시행되었다. 지방선거는 1952년 4월 25일 시·읍·면의회 의원선거와 5월 10일 도의회 의원선거가 별도로 진행되었고, 1952년 2월 5일에는 8개 선거구(충청남도 연기군·공주군·서산군, 전라북도 김제군·담양군·구례군, 경상북도 달성군, 경상남도 부산시)에서 보궐선거가 진행되었다. 국회와의 갈등으로 국회를 통한 재선이 어렵다고 판단한 이승만은 1951년 11월 30일 직선제 개헌안을 제출하였으나 1952년 1월 18일 국회가 이를 부결시키자 국회와의 갈등이 표면화되었다. 이승만은 이에 관제민의(官製民意)를 동원하여 국회를 압박하였고, 지방의회를 자신의 지지세력으로 구축하기 위해 선거에 총력을 기울였다. 선거 결과는 이승만의 의도대로 자유당, 대한국민당, 대한청년당, 대한독립촉성국민회 등 친 이승만 세력이 절대 다수를 차지하였으며 이승만은 이를 배경으로 직선제 개헌을 위한 발췌개헌안을 통과시키고자 5월 25일 계엄을 선포하고 현역 국회의원들을 강제로 연행 감금하는 등의 이른바 부산정치파동을 일으켰다.

5월 25일 계엄 선포 이후 6월 내내 국제구락부사건, 이승만 암살미수사건 등으로 반대 세력을 공산당으로 몰아가는 여론을 형성하였고, 6월 30일에는 이른바 민중자결단이 국회를 포위하여 국회의원을 감금하는 사태까지 발생하였다. 이는 여론과 관제민의를 동원한 이승만의 국회 압박 전술이었다. 장택상 등의 신라회가 중심이 되어 내각제개헌안과 대통령중심제를 혼합한 발췌개헌안이 제출되어 7월 4일, 군경(軍警)이 국회의사당을 포위한 가운데 국회의원들은 기립하는 방식으로 투표하여 출석 의원 166명 중 찬성 163표, 반대 0표, 기권 3표로 발췌개헌안을 통과시켰다. 1951년 11월 이후부터 시작된 국회에 대한 폭력과 압박, 여론몰이, 불법 관제 선거의 진행은 이승만이 대통령에 재선하기 위한 일련의 과정이었으며, 1952년 8월 5일 제2대 대통령으로 이승만이 당선되면서 이승만 독재정권이 다시 출범하였다.[132] 이승만은 재집권을 위해 1952년 내내 계엄상태를 유지하였으며, 이는 선거 국면에서의 지역적인 계엄의 해제와 재선 포, 부산정치파동을 통해 가능하였다.

우선 1952년 2월 5일에 있을 8개 시군의 보궐선거를 위해 1952년 2월 1일 전라북도 김제군, 전라남도 구례군, 담양군의 비상계엄이 해제되었다.[133] 이 지역의 비상계엄 해제 이유를 국방부장관 이기붕은

> 2월 5일에 실시될 국회의원 보궐선거에 제(際) 하여 자유분위기하의 진정한 민의의 반영을 담보하기 위한 조치(…)[134]

라고 하여 선거에 따른 계엄해제 조치였음을 알 수 있다. 주목되는 점은 이 지역에 대한 계엄해제와 비상계엄 선포가 같은 날 상정되었다는 점이다. 2월 1일 계엄 해제에 앞선 1952년 1월 30일, 국무회의 상정안건철에 따르면 전라북도 김제군, 전라남도 구례군, 담양군은 계엄 해제 대상지역으로 건의됨과 동시에 '선거 종료와 더불어' 다시 2월 7일 부로 비상계엄 선포지역으로 명기되어 상정되었다.[135]

더불어 다음날인 1월 31일 서울특별시, 경기도, 강원도 일부 지역에 대하여 '비상계엄 일부 해제와 경비계엄선포의 건'이 국무회의에 상정되었다. 상정 사유에 대해 국방부장관 이기붕은 다음과 같이 밝혔다.

---

132) 서중석, 『조봉암과 1950년대(상)』, 역사비평사, 1999, 48~54쪽.

133) 『관보』 호외, 1952. 2. 1.

134) 「비상계엄 일부 해제에 관한 건(국방군법외발제38호, 1952. 1. 30.)」, 『국무회의상정안건철』, 국가기록원 소장자료.

135) 「계엄안 상정에 관한 건(국방군법외발제39호, 1952. 1. 30.)」, 『국무회의상정안건철』, 국가기록원 소장자료

> 서울특별시를 위시하여 경기 강원 양도 중 일부 지역에 대한 비상계엄
> (1952년 2월 7일 선포)은 현 정세하에 있어서 이를 계속 실시할 필요가 없다
> 고 사료되는 바, 전국의 유지와 공산잔비 기타 반국가적 공산세력의 침투에
> 대비하여 해당 지역에 대한 비상계엄을 해제하는 동시에 경비계엄을 선포코
> 자(…)136)

이 지역에 대해서는 비상계엄을 계속할 사유는 없으나, 공산잔비와 반국가적 공산세력의 침투에 대비한 경비계엄은 필요하다는 것이다. 즉 1952년 보궐선거를 앞두고 1월 30일, 보궐선거 지역에 내려진 비상계엄 해제와 선거 직후 비상계엄 재선포 안건을 동시에 상정하고 하루 뒤인 1월 31일 서울과 경기, 강원 일부 지역에 대한 경비계엄으로의 전환을 내용으로 하는 안건이 상정된 것이다.137) 그러나 서울특별시와 부천시 그리고 영월군은 당초 비상계엄 해제지역으로 국무회의 상정되었으나 의결 과정에서 제외되었다.

1952년 2월 3일에는 경상북도 4개군, 경상남도 5개군에 돌연 비상계엄을 선포했는데138) 이 지역은 1951년 3월 23일 국회의 요구로 비상계엄이 해제되었던 지역이었다. 이곳의 계엄은 약 한 달 후인 3월 6일에 해제되었다.139)

1952년 4월 6일에는 1951년 12월 1일과 1952년 2월 7일에 선포한 비상계엄 지역 중 전라남·북도와 경상남·북도, 충청북도 지역의 계엄을 해제하였으며,140) 1951년 4월 4일 선포한 경비계엄 지역 중 전라남도, 경상북도, 경상남도 지역의 계엄을 해제하였다.141) 다시 1952년 4월 20일에는 4월 25일과 5월 10일에 있을 선거를 맞아 '최대한의 자유분위기를 보장하기 위하여' 일부 지역에 대

---

136) 「비상계엄 일부 해제와 동경비계엄 선포의 건(국방군법외발제43호, 1952. 1. 31.)」, 『국무회의상정안건철』, 국가기록원 소장자료.

137) 『관보』 제595호, 1952. 2. 6.; 국방부 정훈국 전사편찬회, 『한국전란 2년지』, 1952, c196쪽.

138) 『관보』 제593호, 1952. 2. 3.

139) 『관보』 호외, 1952. 3. 5.

140) 1951년 12월 1일과 1952년 2월 7일 선포된 비상계엄 지역 중 일부를 해제한다고 밝혔으나, 이 중 1952년 2월 7일 비상계엄 선포는 2월 7일자 관보에서 확인되지 않았다.

141) 『관보』 호외, 1952. 4. 6.

한 비상계엄 해제를 단행하였다.[142]

선거가 끝나자 1952년 5월 24일에는 다시 '공비소탕'을 이유로 전라남·북도와 경상남도 지역에 비상계엄이 선포되었다.[143] 비상계엄 선포 이유를 '후방지역 내 준거하는 공비를 완전 소탕하고 반국가적 공산세력의 침투를 온전히 봉쇄하여 급속한 후방치안을 확보하기 위하여'라고 하였으나, 이는 부산정치파동을 위한 계엄 선포였다. 통상 계엄 선포는 선포 이유, 시행 일자, 계엄사령관, 계엄 지역을 공고하도록 되어 있으나, 1952년 5월 24일 『관보』에 따르면 계엄사령관을 명기하지 않고, 계엄 지역과 지역별 계엄사령관을 명기하는 방식으로 공포되었다.

즉, 전라북도 중 진안군·장수군·임실군·남원군·순창군·정읍군, 전라남도 중 순천군·담양군·곡성군·구례군·광양군·승주군·화순군·보성군은 육군중령 이종찬으로, 경상남도 중 부산시·동래군·밀양군·양산군·울산군·하동군·산청군·함양군·거창군은 육군소장 원용덕으로 공포하였다. 당시 이승만은 육군참모총장 이종찬에게 계엄 선포를 요구했으나 이종찬이 '군의 정치적 중립'을 이유로 거부하자 원용덕을 통해 계엄을 실시하였다. 계엄 선포와 동시에 신태영 국방부장관은

> 지방자치법에 의한 국민 초유의 지방선거 실시에 제하여 최고도의 자유분위기를 조성 보장하기 위하여 계엄의 대포 해제를 행한 바 있거니와 그간 선거도 소기의 성과를 거두고 순조로히 종료되었을 뿐만 아니라 일부 지역에 있어서는 계엄의 해제를 기화로 공산잔비의 출몰이 빈번하여 후방 치안을 교란하고 (…) 복잡다난한 현시국은 최단 기간 내에 후방 치안의 완전 확보를 절대적으로 요청하고 있는 실정에 鑑하여 5월 25일 오전 0시를 기하여 비상계엄을 선포케 되었으니(…)[144]

---

142) 『관보』 호외, 1952. 4. 20.
143) 『관보』 제661호, 1952. 5. 24.
144) 「계엄선포에 관한 신국방장관담(합동통신)」, 국방부 정훈국 전사편찬회, 『앞의 책』, 1952, c198쪽.

라고 하여 '후방치안 확보'를 위해 비상계엄 선포 이유를 밝혔다. 1952년 5월 27일 영남지구 계엄사령관 원용덕은 부산정치파동의 경위를 발표하였고,[145] 5월 28일 공보처에서는 '이번 계엄령 선포는 공산잔비의 요동과 시위 행렬 운동의 난폭한 행동을 방지하기 위함'이라고 하여 비상계엄 선포의 목적을 밝혔다.[146]

이어 7월 17일 전라남북도의 '공비소탕'을 이유로 전라북도 무안군에 추가로 비상계엄이 선포되었다.[147] 10일 후인 7월 27일에는 '8월 5일에 실시되는 대통령 선거로 가능한 자유분위기를 조장하기 위하여' 5월 24일과 7월 17일에 선포되었던 비상계엄을 해제하였으나,[148] 군법회의 재판권도 8월 27일까지 연장되었다.[149]

1953년 12월 1일 '공비소탕'을 이유로 한 비상계엄(계엄사령관: 백선엽)이 경상남·북도, 전라남·북도에 선포되었다.[150]

1954년 4월 11일 '5월 20일 시행되는 민의원선거의 자유분위기를 조장하기' 위해 계엄 해제를 단행하였다. 지역은 서울·경기·강원·전라남북도, 경상남북도 일부 시·군이었다.[151] 비상계엄 해제 이후 군법회의 재판권 연기 조치에 따라 1954년 5월 10일까지 군법회의가 연장 존치되었다.[152] 이로써 '공비토벌'을 위해 1953년 12월 1일에 계엄이 선포된 전라남·북도와 경상남·북도 지역과 서울·경기·강원 지역의 계엄이 해제되어 실제적으로 전쟁시기 계엄 선포가 종결되었다고 할 수 있다. 1952년부터 1954년까지 계엄 선포 또는 해제 사례는 다음 〈표 2-8〉과 같았다.

---

145) 「국회의원 사건 진상에 관한 영남지구 계엄사령관 발표(합동통신)」, 국방부 정훈국 전사편찬회, 『앞의 책』, 1952, c198쪽.
146) 「계엄령 선포에 관한 공보처 발표(대한통신)」, 국방부 정훈국 전사편찬회, 『앞의 책』, 1952, c199쪽.
147) 『관보』 제696호, 1952. 7. 17.
148) 『관보』 제704호, 1952. 7. 27.
149) 『관보』 제705호, 1952. 7. 28.
150) 『관보』 제1018호, 1953. 12. 1.
151) 『관보』 호외, 1954. 4. 10.
152) 『관보』 호외, 1954. 4. 11.

〈표 2-8〉 1952년 이후 계엄 선포 · 해제 사례

번호	시행일	공포일	건명	계엄 종류	지역
1	1952. 2. 1.	『관보』 제592호 (1952. 2. 1.)	계엄해제에관한건		김제, 구례, 담양
2	1952. 2. 3.	『관보』 제593호 (1952. 2. 3.)	계엄선포에관한건	비상계엄	경상남 · 북도 9개 시군
3	1952. 2. 7.	『관보』 제595호 (1952. 2. 6.)	계엄선포	비상계엄	김제, 구례, 담양
4	1952. 2. 7.	『관보』 제595호 (1952. 2. 6.)	계엄해제	-	경기도 9개 시군, 강원도 원주군
5	1952. 2. 7.	『관보』 제595호 (1952. 2. 6.)	계엄선포	경비계엄	경기도 9개 시군, 강원도 원주군
6	1952. 3. 6.	『관보』 제612호 (1952. 3. 5.)	비상계엄해제	-	경상남 · 북도 9개 시군
7	1952. 4. 7.	『관보』 호외 (1952. 4. 6.)	계엄해제	-	비상계엄 선포 지역 중 전라북도 11개 시군, 전라남도 14개 시군, 경상북도 2개군, 경상남도 2개군, 충청북도 일부군
8	1952. 4. 21.	『관보』 제639호 (1952. 4. 20.)	계엄해제	-	비상계엄 전포지역 중 강원도 8개, 전라북도 6, 전라남도 4개 시군, 경비계엄 지역 중 경기도 9, 강원도 1, 충청북도(영동제외) 전역, 경상북도 12, 경상남도 1개 시군
9	1952. 5. 25.	『관보』 제661호 (1952. 5. 24.)	비상계엄선포	비상계엄	전라북도 5개, 전라남도 8개, 경상남도 9개 시군
10	1952. 7. 17.	『관보』 제696호 (1952. 7. 17.)	비상계엄선포	비상계엄	무안군
11	1952. 7. 28.	『관보』 제704호 (1952. 7. 27.)	계엄해제	-	전라북도 7개, 전라남도 8개, 경상남도 9개 시군
12	1952. 12. 1.	『관보』 제1018호 (1953. 12. 1.)	계엄선포	비상계엄	경상북도 1개, 경상남도 8개, 전라북도 7개, 전라남도 8개 시군
13	1952. 4. 11.	『관보』 제1089호 (1954. 4. 10.)	계엄해제		서울, 경기도 10개, 강원도 2개, 전라남도 8개, 전라북도 7개, 경상북도 1개, 경상남도 8개 시군

1952년 이후에도 계엄 선포는 전쟁이 장기간 교착상태에 들어가 비상계엄을 유지할 명분이 약해지면서 선거와 정치적 상황과 관련하여 일부에 대해서만 비상계엄을 해제하지만, 공비소탕을 이유로 지역적으로 비상계엄을 다시 선포

하는 형식으로 나타났다. 1952년에는 총 11차례의 계엄이 선포 또는 해제 조치
가 있었다. 1952년 이후 계엄 상황과 사유는 〈표 2-9〉와 같았다.

〈표 2-9〉 1952년 이후 계엄 실시 지역의 변동과 사유

번호	시행일	조치 내용	해당 지역	조치 사유
1	1952. 2. 1.	비상계엄 해제	전라북도 김제군, 전라남도 구례군 담양군	2. 5. 보궐선거 대비 자유분위기 조성
2	1952. 2. 3.	비상계엄 선포	경상북도 경산군, 청도군, 영천군, 경주군, 경상남도 울산군, 밀양군, 양산군, 김해군, 창령군	공비소탕과 반국가적 공산세력 침투 봉쇄
3	1952. 2. 7.	비상계엄 선포	전라북도 김제군, 전라남도 구례군, 담양군	2. 5. 지방선거 종료
4	1952. 2. 7.	비상계엄 해제	경기도 수원시, 광주군, 여주군, 이천군, 용인군, 안성군, 평택군, 화성군, 시흥군, 강원도 원주군	공산잔비 반국가적 세력 침투대비를 위해 경비계엄으로 전환
5	1952. 2. 7.	경비계엄 선포	경기도 수원시, 광주군, 여주군, 이천군, 용인군, 안성군, 평택군, 화성군, 시흥군, 강원도 원주군	계엄유지 불필요, 공산잔비 반국가적 세력 침투대비를 위해 경비계엄으로 전환
6	1952. 3. 6.	비상계엄 해제	경상북도 경산군, 청도군, 영천군, 경주군, 경상남도 울산군, 밀양군, 양산군, 김해군, 창령군	2. 3. 선포된 비상계엄 지역–해제사유 밝히지 않음
7	1952. 4. 7.	비상계엄 및 경비계엄 해제	(비상계엄분)전라북도 전주시, 군산시, 이리시, 완주군, 금산군, 무주군, 고창군, 부안군, 김제군, 옥구군, 익산군, 전라남도 광주시, 목포시, 여수시, 광산군, 여천군, 임실군, 장흥군, 강진군, 해남군, 영암군, 무안군(도서 제외), 나주군, 함평군, 영광군(도서 제외), 장성군, 경상북도 고령군, 금령군, 경상남도 진양군, 합천군, 충청북도 영동군 (경비계엄분)전라남도 고흥군, 무안군(도서),영광군(도서), 경상북도 성주군, 경상남도 의령군, 사천군, 남해군	51. 12. 1. 및 52. 2. 7. 선포한 비상계엄 중 일부와 51. 4. 4. 선포한 경비계엄 중 일부 지역
8	1952. 4. 21.	비상계엄 해제	(비상계엄 지역) 강원도 홍천군, 횡성군, 영월군, 평창군, 정선군, 강릉군, 삼포군, 울진군, 전라북도 진안군, 장수군, 임실군, 남원군, 순창군, 정읍군, 전라남도 순천군, 담양군, 곡성군, 구례군, 광양군, 승주군, 화순군, 경상남도 하동군, 산청군, 함양군, 거창군, (경비계엄 지역) 경기도 수원시, 광주군, 여주군, 이천군, 용인군, 안성군, 평택군, 화성군, 시흥군, 강원도 원주군, 충청북도 영동군을 제외한 전지역, 경상북도 대구시, 의성군, 안동군, 청송군, 영양군, 영덕군, 선산군, 상주군, 문경군, 예천군, 영천군, 봉화군, 경상남도 부산시	4. 25., 5. 10. 지방선거 대비 자유분위기 조성

9	1952. 5. 25.	비상계엄 선포	**(이종찬 사령관)** 전라북도 진안군, 장수군, 임실군, 남원군, 순창군, 정읍군, 전라남도 순천시, 담양군, 곡성군, 구례군, 광양군, 승주군, 화순군, 보성군, **(원용덕 사령관)** 경상남도 부산시, 동래군, 밀양군, 양산군, 울산군, 하동군, 산청군, 함양군, 거창군	공비소탕, 반국가적 공산세력 침투 봉쇄
10	1952. 7. 17.	비상계엄 선포	전라남도 무안군	전라남도 중 일부 지역 공비소탕, 반국가적 공산세력 침투 봉쇄
11	1952. 7. 28.	계엄해제	전라북도 진안군, 무주군, 장수군, 임실군, 남원군, 순창군, 정읍군, 전라남도 순천시, 담양군, 곡성군, 구례군, 광양군, 승주군, 보성군, 화순군, 경상남도 부산시, 밀양군, 울산군, 양산군, 동래군, 하동군, 산청군, 함양군, 거창군	대통령 선거 대비 자유분위기 조성, 발췌개헌 통과
12	1953. 12. 1.	비상계엄 선포	경상북도 청도군, 경상남도 밀양군, 울산군, 양산구, 동래군, 하동군, 산청군, 함양군, 거창군, 전라북도 진안군, 장수군, 임실군, 남원군, 순창군, 정읍군, 무주군, 전라남도 순창군, 담양군, 곡성군, 구례군, 광양군, 승주군, 화순군, 보성군	공비소탕과 반국가적 공산세력 침투봉쇄, 호남지역 공비토벌
13	1954. 4. 11.	계엄해제	서울특별시, 경기도 인천시, 부천시, 김포군, 강화군, 고양군, 양평군, 양주군, 포천군, 가평군, 파주군, 강원도-춘천시, 간성군(현 고성군), 전라북도 무주군, 무안군, 장수군, 임실군, 남원군, 순창군, 정읍군, 전라남도-순천시, 담양군, 곡성군, 구례군, 광양군, 승주군, 화순군, 보성군, 경상북도 청도군, 경상남도 밀양군, 울산군, 양산군, 동래군, 하동군, 산청군, 함양군, 거창군	4. 20. 민의원선거 자유분위기 조성

1952년 계엄 운용의 특징은 선거 지역의 비상계엄 해제, 그리고 정치적 상황과 공비 토벌을 명분으로 한 비상계엄의 선포라고 할 수 있다. 1952년 2월 5일 국회의원 보궐선거, 4월 25일과 5월 10일의 지방선거, 8월 정부통령 선거, 그리고 1954년 4월 20일 민의원 선거로 이어지는 선거 국면에서 일부 지역의 계엄은 해제되었다. 이와 동시에 2월 3일 경상남북도 지역에 대한 비상계엄 선포, 부산정치파동 당시 전라남북도, 경상남도 지역에 대한 비상계엄 선포, 그리고 1953년 12월 1일 전라남북도, 경상남북도 산간지역에 대한 비상계엄 선포 사례에서 보는 바와 같이 비상계엄을 선포하여 1954년까지 계엄상태를 유지하였다.

특히 1951년의 경우 지역적으로 비상계엄을 경비계엄으로 전환하면서 계엄상태를 유지하였지만, 1952년 이후 부터는 이러한 계엄 유지 명분이 더 이상

〈림 2-4〉 1952년 12월 말~1953년 계엄 지역 현황도

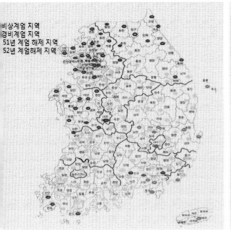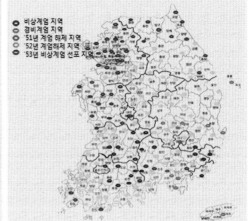

효력이 없음으로 해서 '공비토벌과, 반국가적 세력의 침투봉쇄'를 명분으로 지역적으로 비상계엄을 선포하는 식이었다. 더불어 서울특별시와 경기도의 경우 이미 1951년부터 비상계엄 실행의 사유가 없다는 이유로 국무회의에서 계엄해제안이 상정되기도 하였으나 1952년 2월 7일 경기도 일부 지역에 대해 경비계엄으로 전환한 후 1954년에 가서야 해제하는 등 가능한 계엄상태를 지속하고자 했던 당국의 태도를 엿볼 수 있다.

1951년 12월 1일 공비토벌을 이유로 전라남도와 전라북도 전 지역은 비상계엄 상태에 있었는데, 1952년 이 지역에 대한 계엄 해제는 4월 7일과 4월 21일로 나누어 해당 지역 전역이 아니라 지역적으로 행하고 있어, 계엄 해제 지역과 유지 지역을 분간하기 어려울 정도였다. 이러한 혼란으로 1951년 당시 경비계엄 지역이었던 진주시, 신안군, 완도군과 1952년 12월 1일 비상계엄이 선포되었던 진안군의 경우 계엄 해제 지역에서 누락되어 문서상 1954년 이후에도 계엄이 계속되는 모순을 보였다. 또한 애초 계엄 해제 논의에서 누락되어 있던 충청남도 지역은 1950년 12월 7일 비상계엄 선포 이래 대부분의 계엄이 해제되는 1954년 이후에도 명시적인 계엄 해제 조치가 없었다.

1952년 말, 또는 1953년까지의 계엄 지역 현황은 〈그림 2-4〉와 같았다.

이상에서와 같이 서울시, 경기도, 강원도, 충청남도 대부분의 지역은 1954년까지 비상계엄 상태에 있었으며, 1952년 말까지 명시적으로 비상계엄과 경비계엄이 선포된 지역에 대하여 계엄이 해제되는 것 같았으나 공비토벌을 이유로 하여 1953년 12월 1일 경상남북도과 전라남북도 지역에 비상계엄이 선포되어 1954년까지 지속되었다.

2. 부산정치파동과 계엄

앞서 살펴본 바와 같이 한국전쟁 기간 계엄의 성격은 군사적 이유와는 별개로 내전 상황에서 신속한 적 제거를 목적으로 하는 정치적 계엄이었다. 이러한 성격은 1952년 정부통령 선거를 둘러싼 정치 과정에서 더욱 노골적으로 드러났다. 부산정치파동 과정에서 계엄은 이승만이 집권을 위해 국회를 내부의 적으로 규정하고 국회를 무력화하여 재집권하고자한 친위쿠데타였다는 점에 주목할 필요가 있다.

1952년에 있을 정부통령 선거에 대한 대비하여 1951년 5월 이후 김성수가 부통령 으로 선출된 것을 계기로 공화민정회(전신: 공화구락부)를 중심으로 신당 조직은 구체성을 띠고 추진되었고, 이들에 의해 내각책임제 개헌이 추진되었다.[153] 당시 국회 다수파를 차지했던 공화민정회와 내각책임제 개헌 세력을 저지하기 위한 방편으로 이승만은 1951년 봄부터 신당 결성 작업을 추진하였던데, 8월 15일 신당 조직 성명을 발표하여 원외자유당을 창당하였다.[154]

국회에서 당선 가능성이 없었던 이승만은 원외자유당 창당과 더불어 1951년 11월 30일 직선제 개헌안을 제출했으나 개헌안은 1952년 1월 18일 가 19표, 부

153) 연정은, 『제2대 국회내 공화구락부: 원내자유당의 활동에 관한 연구』, 성균관대 사학과 대학원 석사논문, 1997, 40~55쪽.

154) 1951년 이승만은 원외자유당 창당과 더불어 조봉암의 신당조직을 압살하기 위하여 육군특무대를 통해 12월 초 이영근을 체포하고 관련자 50여 명을 연행하여 이른바 '대남간첩단 사건'을 조작·날조하여 창당을 방해하였다(박태균, 『조봉암연구』, 창작과 비평사, 1995, 206쪽).

143표, 기권 1표로 부결되었다. 이 표결로 국회에서 이승만이 대통령으로 당선되기는 어렵다는 점이 명확해졌다. 이에 이승만은 4월 25일 시읍면의회 선거와 5월 10일 도의원 의회선거에서 관제선거로 압승한 기세를 몰아 지방의회 의원과 백골단, 땃벌떼, 민중자결단 등에 의한 관제데모가 시작되었다. 1952년 4월 17일 민국당이 중심이 되어 곽상훈 의원 등 122명의 의원이 내각책임제 개헌안을 국회에 제출하였다. 이승만은 부결된 개헌안을 다소 수정하여 5월 14일 다시 국회에 제출하였다. 이로써 두 개의 개헌안이 국회에 상정, 공고되었다. 개헌안을 둘러싼 이승만과 국회의 대립이 본격화되었다.[155]

〈그림 2-5〉 부산정치파동/데모대(민족문화대백과사전, 1952년 5월)

▲ 이승만은 직선제 개헌안을 통과시키기 위해 관제 민의 조작을 시도하였고, 1952년 5월 25일 부산 경남 등 23개 시군에 계엄을 선포했다.

---

155) 서중석, 『조봉암과 1950년대(상)』, 1999, 48~49쪽.

5월 24일 이승만은 내무부장관 장석윤, 내무부차관, 그리고 치안국장을 해임하였다. 내무부장관은 이범석으로, 내무부 차관은 족청계의 홍범희로, 치안국장은 윤우경으로 대체되었다.[156] 같은 날 부산과 경상남도, 전라북도, 전라남도 일대에 비상계엄이 5월 25일 0시를 기해 선포되었다.[157] 뒤이어 5월 26일에는 국회의원 약 50명이 버스에 탄 채 견인차에 끌려 헌병대로 연행되었으며, 이 중 임흥순, 서범석 등 9명의 국회의원이 국제공산당 관련 혐의로 구속되었고, 그 뒤 곽상훈 의원 등이 같은 혐의로 구속되었다.[158]

〈그림 2−6〉 부산정치파동 국회의원 통근버스 연행(민족문화대백과사전, 1952년 5월 26일)

▲ 1952년 5월 25일 계엄 선포 이후 경남도청 정문에서 헌병대에게 제지 받던 국회의원 통근버스가 공병대 크레인에 들려 헌병대에 끌려갔다.

156) 「대한청년단 등의 반국회 데모와 내각 경질에 관한 보고」, 『주한미국대사관 주간보고서 Joint Weeka』 4, 1952. 5. 23(정용욱 편, 영진문화사, 1993, 79~83쪽).

157) 『관보』 제661호, 1952. 5. 24.

158) 『대구매일』, 1952. 5. 30.

이승만이 계엄을 선포하고 연이어 국회의원을 연행·구속하는 일종의 쿠데타를 일으킨 것은 5월 25일 국회에서 비밀투표로 대통령을 선출한다는 허위 정보 때문이었다는 주장이 있기도 하지만[159] 계엄 선포의 본질적인 이유는 1951년 시작되어 5월 본격적으로 대립해 온 개헌안을 둘러싼 갈등의 연속선에서 보아야 한다.

계엄 선포 과정과 관련하여 5월 23일 이승만은 무초 대사와의 대담에서 국방부장관이 동래 등 인근 두 개 지역에 계엄을 선포해야 한다고 요청하여 이를 승인했으며, 부산지역까지 계엄 확대를 요청했다고 말하였다. 아울러 이승만은 '반민족주의자의 영향력하에 있는 대법원장도 믿을 수 없기 때문에, 이에 대한 조치를 취할 예정'이라고 언급하였다.[160] 한편 5월 27일 미8군사령관 밴플리트(James A. Van Fleet)와의 면담에서 이승만은 계엄 선포 결정 경위에 대해 다음과 같이 설명하였다.[161]

> 이승만 대통령은 **계엄 결정은 내각이 지난 주말에 결정**했고 자신 역시 그 결정을 수락했는데, 수백, 수천 명의 순박한 민주 시민들이 부상을 당한 **데모 때문에 불안해진 도시상황을 이유로 부산지역에까지 확대할 것을 자신이 제안**했다고 답했다. 그 무렵 대통령은 더 이상 계엄선포를 늦출 수 없다고 느끼는 지경에 이르렀고 결국 참모총장의 공식명령서 없이 시행할 수밖에 없었다고 했다. 대통령은 그 다음 이장군에게 전화를 걸었고, 이 장군은 장관이 포고령을 발포하는 데에 동의했다. 원용덕 소장을 계엄사령관에 임명하고 대통령으로부터 직접 명령을 하달 받게 될 것에 대해서도 동의했다.

1952년 5월 23일 무초 대사에게는 국방부장관이 계엄 선포를 요청했고, 부산

159) 『사실의 전부를 기술한다』(이재학 편), 희망출판사, 1966, 141쪽(서중석, 『앞의 책』, 1999, 50쪽 재인용).

160) Memorandum of Conversation, by the Ambassador in Korea(Muccio), May 23, 1952, FRUS, 1952~1954, Vol.15: Korea, Part 1, pp.228~231.

161) The Charge' in Korea(Lightner) to the Department of State, May 27, 1952, FRUS, 1952~1954, Vol.15: Korea, Part 1, pp.252~256.

지역까지의 확대도 국방부장관이 요청하였다고 말하였다. 그러나 밴플리트에게는 부산지역으로의 확대를 이승만 자신이 제안했다고 언급하였다. 참모총장인 이종찬이 계엄 선포에 부정적이자[162] 원용덕 소장을 계엄사령관에 임명하였고, 이종찬 참모총장을 전라남북도 지역 계엄사령관에, 경남지역 계엄사령관은 원용덕 소장이 맡도록 하는 기형적 형태를 띠었다.[163] 이어서 이승만은 다음과 같이 계엄 선포 배경을 밝혔다.

> 그(이승만)에 따르면 깡패집단이 국회에서 다수를 차지했고, 한국의 적대세력과 연관된 반역적 무리들로부터 뇌물을 받아서 그리고 반민족적인 민국당과 공모하여 결국에 정부를 장악하려 한다는 것이다. (…) 지금까지는 이들에게 타격을 가해야 할지를 주저해왔는데, 그 이유는 특단의 조처 없이도 이들의 권력탈취를 막아보려는 희망 때문이었다고 한다. 이제는 그 같은 조치가 한국을 구하기 위해서 불가피하다고 절감하게 되었으며(…)[164]

계엄을 선포할 수밖에 없었다는 이승만의 주장은 '한국을 구하기 위해' 어쩔 수 없었다고 했으나 결국 개헌안을 둘러싸고 정상적인 방법으로는 재선이 불가능했기 때문에 취해진 이승만 개인의 권력욕의 결과였다. 면담 결과 미대사관은 이승만이 '어떠한 비용을 치르더라도 적을 제거하고 권좌에 복귀할 결심을 갖고 있으며, 미국과 유엔이 자신의 행동을 가로막을 정도로 충분히 강력하게 개입하지 않을 것이란 사실에 근거하고 있다'고 평가하였다. 당시 이승만이

---

162) 이승만은 밴플리트에게 이종찬이 자신을 제거하려는 계획을 세우고 있다고 설명하고, 이종찬이 원용덕에게 보낸 문서를 제시하였는데, 이종찬 참모총장은 원용덕 계엄사령관에게 자신의 지시 없이는 어떤 행동도 취하지 말 것을 명령했다고 말했다. 이승만의 이러한 언급은 이종찬이 5월 26일 전부대장 앞으로 '계엄 실시 지역 내에 있어서 각 부대는 총참모장(이종찬) 명령 없이 출동할 수 없다'는 훈령을 보낸 것과 관련되었다(「국가 비상시의 각 부대 행동(육군본부 훈령 제216호, 1952. 5. 26)」, 『한국전쟁사료』 제65권, 638쪽). 이종찬은 1952년 7월 23일 참모총장직에서 물러났다.

163) 계엄 공고 『관보』에는 계엄사령관을 별도로 명기하지 않고, 계엄 지역을 열거하고 전라남북도 지역의 계엄사령관에 이종찬, 경상남도 지역의 계엄사령관에 원용덕이라고 명기하였다.

164) The Charge' in Korea(Lightner) to the Department of State, May 27, 1952, FRUS, 1952~1954, Vol.15: Korea, Part 1, p.252

자신의 재집권을 위해 계엄 선포를 이용한 부산정치파동의 경험은 정치적 위기 국면에서 계엄이 언제든 꺼내 쓸 수 있는 마술지팡이라는 점을 보여주는 사례였다. 당시 상황이 계엄 선포 요건에 해당하는가의 여부는 애초 고려되지 않았으며, 국회를 무력화하고 정적을 제거하기 위한 방안으로 계엄은 작동하였다.

계엄 선포 공고 직후인 1952년 5월 24일 신태영 국방부장관은 '후방치안 완전 확보'를 목표로 비상계엄이 선포되었다는 담화를 발표하였고, 동시에 영남지구 계엄사령관 원용덕도 '일반의 협력을 요망'한다는 포고를 발하였다. 이어 이강우 대검찰청 검사가 계엄사령부의 연락책임자로 파견되었고, 영남지구 합동헌병대에 영남지구 계엄사령부 본부가 설치되었다.[165] 원용덕 계엄사령관은 5월 27일에 연이은 담화를 통해 계엄 선포 이유를 다음과 같이 밝혔다.

1. 근간 각지에 공비 출몰이 빈번하여 치안 확립 상 부득이 비상계엄을 실시하게 된 것이다.
2. 작금 부산 시내에서는 각종 사건이 빈번하고 그리하여 적색분자의 준동으로 치안을 교란할 징조가 현저하기 때문에 특히 부산은 작전상 유일무이 한 중요 병참기지이기 때문에 적색 오열의 파괴공작을 미연에 방지할 필요를 느끼기 때문이다. (…)[166]

현 상황이 비상계엄을 선포할만한 요건에 충족되는 것이 아니라 '치안 교란의 징조'에 따른 '미연 방지책'으로 계엄을 선포했다. 또한 '부산에 준동하는 적색분자'는 반이승만, 내각제 개헌 추진 세력임은 말할 필요도 없었다.

부산정치파동 관련 계엄 선포 이후 포고는 모두 4차례 시행되었으며, 포고문은 모두 영남지구 계엄사령관 원용덕 명의로 발표되었다. 계엄 선포와 목적을 밝힌 제1호 포고를 시작으로, 5월 28일 발표된 제2호는 중앙청, 국회, 시청, 기

165) 『동아일보』, 1952. 5. 26.
166) 『경향신문』; 『동아일보』 1952. 5. 29.

타 중요 시설 출입 차량은 검문소의 검문을 받을 것을 내용으로 하였으며, 동시에 계엄법 제13조에 따른 특별조치를 공고하여 간행물, 방송, 공연, 신문잡지 등 일절 간행물은 물론 방송은 보도과의 검열을 받을 것을 공고하였다.[167) 포고 3호는 '사실무근한 보도를 하거나 사실을 왜곡하여 보도하는 자' 등을 질서 파괴자로 규정 엄단할 것을 발표하였고, 포고 제4호에서는 총기 가영치를 내용으로 하여 '위반 시 즉결 처형'하겠다고 발표하였다.[168) 관련 포고는 중앙청, 국회, 시청 등 주요 건물에 대한 출입 통제와 검문, 언론 출판 관련 검열을 주요한 내용으로 하였다. 이는 5월 26일의 국회의원 연행사건과 이에 대한 보도를 통제하기 위한 것이었다. 5월 26일 2건의 기사가 '비상계엄령 선포에 따른 군당국의 지시'와, '군검열 재개에 따른 검열 저해에 의하여' 삭제되는 일명 '동아일보 필화사건'이 발생하였다.[169) 국회의원 연행사건과 신문 검열이 앞서 행해졌으며, 영남지구 계엄사령관 명의의 포고가 사건 이후 발표되었던 점은 〈범죄처벌특조령〉의 사례와 동일한 전형적인 이승만의 정치공작 수법이었다. 즉 포고는 계엄 선포일자인 5월 25일부터 소급 적용되는 것으로 발표하여, 불법적인 국회의원 연행과 신문검열 등을 계엄에 따른 조치로 위장하였던 것이다.

이승만의 계엄 선포와 국회의원 연행·구금이라는 쿠데타에 대하여 유엔한국통일부흥위원회(UNCURK)는 5월 27일 한국 정부에 대하여 비공식적인 메시지를 전달한데 이어 5월 28일 이승만 대통령에게 추가 성명서를 보냈다. 5월 28일 국회에서는 계엄 해제와 체포·구금 중인 국회의원 석방을 요구하였다. 특히 계엄 선포와 관련하여 '헌법 제49조와 계엄법 제17조가 준수되지 않은 점'을 지적하였다.[170) 헌법 제49조는 현행범 외 회기 중 국회의원 체포 또는 구금을 금지하고 있으며, 회기 전 체포 구금 시에는 국회의 요구가 있으면 회기 중 석방해야 할 것을 명시하였다. 계엄법 제17조도 계엄 선포 중이라도 현행범을

167) 『동아일보』 1952. 5. 29.
168) 『동아일보』, 1952. 5. 31.
169) 『동아일보』, 1952. 5. 28.
170) 『동아일보』, 1952. 5. 31.

제외한 국회의원 체포·구금을 금지하고 있었다. 5월 28일 국회에서 비상계엄 해제 요구안이 가결되었고 구속 의원 석방 동의안을 상정했던 것을 들어 유엔 한국통일부흥위원회는 구속 국회의원들의 석방을 요구했던 것이다.[171]

라이트너(Edwin A. Lightner, Jr.) 미대리대사와 클라크(Mark W. Clark) 유엔 군사령관을 중심으로 부산정치파동이 발생한 이후 해결방안을 두고 의견이 대립되었다. 전자는 한국군을 통한 직접적인 군사적 개입안을 주장하였고 후자는 국무부를 중심으로 한 외교적 채널을 이용할 것을 주장하였다.

미국무부의 지시는 5월 29일 미 대사관에 전달되었는데, 트루만 대통령은 무초 대사에게 한국의 정치 위기에 대한 우려를 이승만에게 전달할 것을 지시했으며, 유엔한국통일부흥위원회, 클라크 유엔군사령관, 밴플리트 미제8군사령관으로 하여금 헌법적 질서가 지켜지지 않은데 대한 우려와 부산지역 계엄 조기 해제에 대한 공식·비공식 의사를 표현하도록 지시하였다.[172] 국무부의 지시는 5월 30일 라이트너 대리대사가 이승만과 면담하면서 전달되었다. 그러나 이승만은 계엄 해제와 국회의원 석방 요구에 대하여 종전의 견해를 굽히지 않았다.

국무부는 유엔군사령부에 타협책을 찾기 위한 방안을 지시하는 동시에 유엔사령부에 의한 계엄 접수의 타당성과 지역, 방법 그리고 유지 방법을 검토하도록 하였다. 이에 대하여 유엔군사령관 클라크는 미합참의장 콜린스(J. Lowton Collins)에게 이승만이 계엄 해제를 거부하고, 한국군을 유엔군 통제 아래에 두는 협정을 무시할 경우 이종찬 참모총장을 이용하여 유엔군 사령부의 한국군 지휘권을 유지하고, 만일 한국군 부대의 개별적인 이탈이 있을 경우 부대에 대한 병참 지원 철회와 부대 이동을 저지하고 경찰의 수송도 거부하겠다고 보

171) 『경향신문』, 1952. 5. 30.(비상계엄 해제 요구안은 김종순 외 17인으로부터 제출되어 재적 139명 중 96 대 3으로 가결되었고, 구속된 9명의 국회의원 석방 결의안은 소선규 의원에 의해 제출하였으나, '국제공산당' 관련 혐의를 조사 중에 있으므로 정부 측의 설명을 듣자는 의견이 우세하여 보류되었다).

172) The Acting Secretary of State to the Embassy in Korea, May 30, 1952, FRUS, 1952~1954, Vol.15: Korea, Part 1, pp.269~270.

고하였다. 그러면서도 미군은 '군사적 활동이 위협받기 전까지 외교적 방법'을 고수해야 하며, 미군에 의한 계엄 선포 등 군사적 상황을 위협할 행동을 해서는 안 된다는 점을 강조하였다.[173] 유엔군사령부는 계엄에 대신해서 경제원조의 중단, 해군함정의 부산항 이용, 유엔군 사령부의 부산 인근 지역으로의 이동, 법정소환 등을 포함한 일반적 외교적 접근방식을 시도하였다. 그러나 이러한 모든 조치가 효력이 없을 때 취할 내용들은 미리 마련해야 한다는 데 동의하였다.[174]

국무부는 미국정부가 한국의 내정에 직접적이고 능동적으로 개입하는 것을 우려하였다. 제한된 개입은 결국 전면적 개입과 유엔군 사령부의 계엄 선포로 이어질 수밖에 없다고 보았으며, 이승만은 절대 포기하지 않을 것이라고 분석하였다.[175]

6월 3일 클라크 유엔군사령관, 밴플리트 미8군사령관, 무초 대사 등이 참석한 이승만과의 면담은 도리어 이승만에게 유엔과 미군의 불개입을 확인하는 자리가 되었다.[176] 6월 4일 애치슨(Dean G. Acheson) 미국무장관은 계엄을 해제하고 서민호를 제외한 국회의원을 석방하라는 부흥위원회의 성명을 미국이 지지한다는 것을 이승만에게 전달하도록 미대사관 측에 하달하지만,[177] 직접

173) The Commander in Chief, United Nations Command(Clark) to the Chief of Staff, United States Army(Collins), May 31, 1952, FRUS 1952~1954, Vol.15, Part 1, pp.274~276.

174) 반면 플림솔(James Plimsoll) 유엔한국통일부흥회 의장은 미국정부와 유엔사령부가 군사작전의 도입까지 고려하게 되면, 유엔한국통일부흥위원회는 유엔군사령부에 의한 계엄 선포를 미대사관측은 즉각적인 계엄 선포보다는 클라크 유엔군사령관의 '외교적 방법'을 지지했다(The Charge' in Korea(Lightner) to the Department of State, May 30, 1952, FRUS, 1952~1954, Vol.15: Korea, Part 1, pp.279~281).

175) Memorandum by the Deputy Assistant Secretary of State for Far Eastern Affairs(Johnson) to the Secretary of State, June 2, 1952, FRUS 1952~1954, Vol.15: Korea, Part 1, pp.81~285.

176) "한가지는 분명해졌다; 오늘 우리의 활동은 그 영향력이 거의 없을 것이라는 사실이다. 우리가 우려하는 것은 자신이 무슨 짓을 하건 미국·유엔은 무관심할 것이라는 점으로 인해 그가 자신의 행동에 더 많은 확신을 갖게 될지도 모른다는 점이다. 현 시점에서 우리가 보이는 우유부단함은 오직 이승만을 고무시키기만 할 뿐이고 그가 위축될 가능성은 더욱 멀어질 것이다."(The Charge' in Korea(Lightner) to the Department of State, May 30, 1952, FRUS, 1952~1954, Vol.15: Korea, Part 1, pp.287~290).

적인 군사적 개입을 제외한 미국과 유엔의 항의는 이승만을 설득할 수 없었다. 계엄의 유지는 국회의원을 구금함으로써 국회를 협박하여 자신의 개헌안을 관철시키고자 했던 이승만의 승부수였기 때문에 6월 6일 외신과의 회견에서 국회의원 구금의 불법성이 거론되자, 이범석 내무부장관을 통해 경찰은 법에 따라 '24시간 내에 계엄사령부로 넘겼다'라고 응수했던 것이다.[178] 국회의원 즉시 석방 요구는 계엄 상황을 이유로 쉽게 거부되었다.

이렇듯 미군은 불개입으로 이승만의 쿠데타를 방조하고 묵인하면서도 한편으로 군사적 직접 개입이 필요한 상황에 대비하였다. 1952년 6월 25일 미합동참모본부는 클라크 유엔군사령관에게 유엔한국통일부흥위원회를 통해 유엔의 행정대리로 미국정부가 개입할 수 있는 권한이 위임된 경우 다음과 같은 조치를 취할 것을 지시하였다.

1. 한국 육군참모총장에 한국 육군 병력, 유사 군사병력과 전국 및 지역 경찰 세력 등 유엔군사령관이 필요하다고 생각하는 모든 세력에 대한 명령권을 확보하고 그에 따라 부산 지역의 계엄을 관리하고 지휘하라고 지시한다.

2. 계엄의 관리는 한국 주권의 상징으로 한국 정부 기구의 권위와 기능을 가능한 최대로 보존하는 것이어야 한다. 이러한 환경에서 한국 육군 참모총장에 내려지는 지시는 부산 지역의 계엄을 파악하는 특성을 가지고 있어야 하며 계속 기능할 수 있는 한국 민간 정부 기관에 의해 보충되어야한다. 이러한 지시는 명확하게 **합법적 정부의 보존과 시민세력이 불가피하게 정지되어 있는 곳에서 시민세력의 조속한 회복을 준비**하는 것이어야 한다.[179]

177) The Secretary of State to the Embassy in Korea, June 4, 1952, FRUS 1952~1954, Vol.15: Korea, Part 1, pp.302~305.

178) 『대구매일』, 1952. 6. 11.

179) The Joint Chiefs of Staff to the Commander in Chief, Far East(Lark), June 25, 1952, FRUS 1952~1954, Vol.15: Korea, Part 1, pp.358~360.

미군은 1차적으로 한국군을 통해 계엄을 인수하고 계엄하의 기본권 정지 상황에서 새로운 '시민세력의 조속한 회복'이라는 새로운 권력을 창출하고자 하였다. 이는 계엄을 통해 이승만을 제거하여 새로운 권력의 추대로 이어지는 구상이었다. 미군은 1950년 7월 15일 한국군의 유엔군에의 작전권 이양을 근거로 하여 한국군에 대한 지휘권을 관철하고자 했으며, 이승만이 이를 파기할 경우 유엔병력을 이용한 계엄 인계를 고려하였던 것이다.[180] 이에 대해 유엔군사령관 클라크는 '한국군만 이용한다면 내전 형태를 초래할 수 있기 때문에 유엔군사령부 휘하의 미군부대에 의해 증강된 다수의 한국군 부대를 이용할 것'을 제안하고 세부계획을 다음과 같이 보고하였다.[181]

1. 이승만 대통령을 서울이나 다른 지역—그를 부산에서 끄집어낼 아무 곳이나—을 방문하도록 초대한다.
2. 정해진 시간에 유엔군사령관이 부산지역에 들어가서 이승만 독재체제의 지도자인 5명 내지 10명의 핵심적인 한국군 장교를 체포하고, 필요하다고 판단되는 유엔군과 한국군의 군사기지를 방어하며, 계엄이 철폐될 때까지 한국군 참모총장을 매개로 계엄통제권을 행사한다.
3. 이승만은 취해진 조치가 "기정사실"임을 통보받는다. 계엄을 해제하고, 국회에 자유를 허용하며 신문과 라디오가 자신의 강력한 무장 기관으로부터 간섭받지 않고 자유를 확립한다는 성명에 서명하도록 이승만에게 요구한다.
4. 이승만이 거부한다면 외부와 차단된 보호구금에 처해지며 국무총리 장택상에게 제출한다.
5. 국무총리는 이에 동의할 것으로 판단된다. 그러나 그가 동의하지 않는다면, 다음 조치로써 유엔군사령부의 임시군정을 실시할 것이다.

이러한 미군의 계획은 실행에 옮겨지지는 않았지만, 한국정치의 위기상황에

180) The Joint Chiefs of Staff to the Commander in Chief, Far East(Lark), June 25, 1952, FRUS 1952~1954, Vol.15: Korea, Part 1, pp.358~360.
181) The Commander in Chief, United Nations Command(Clark) to the Joimt Chiefs of Staff, July. 5, 1952, FRUS 1952~1954, Vol.15: Korea, Part 1, pp.377~378쪽.

서 미군의 대응방침의 일단을 형성하였다고 할 수 있다. 공교롭게도 미합동참모본부의 지침은 6월 20일 발췌개헌안이 국회에 제출되고,[182] 이어 6월 25일 '이승만 저격 미수사건'이 발생하면서 야당은 이미 저항을 포기한 상황에서 마련되었으며, 이 제거계획은 7월 4일 발췌개헌안이 국회를 통과한 상황에서 다음날, 7월 5일 보고되었다. 보고서에 명기되어 있는바, 이 계획은 '필요한 장래에 사용되기 위해 완성되어 보존'하게 되었다.

발췌개헌 통과 후 7월 5일 국회는 130명의 연서로 이승만에게 서민호 의원 재심을 요청하여 재심이 결정되었다.[183] 5월 25일 계엄 선포 이후 서민호 의원에 대한 군법회의 회부는 계엄법 제16조에 근거한다고 밝히고 있으나, 제16조에 열거된 죄목과 서민호 의원은 어떠한 관련도 없었다. 비상계엄하 군사재판 회부 범죄는 25개항으로 규정하고 있고, 계엄 상황에서도 일반법원이 기능하고 있는 상황에서 국회의원을 군법회의에 회부한 것은 명백히 계엄을 이용한 정치탄압이었다. 발췌개헌안이 국회를 통과했음에 불구하고 이승만은 계엄을 해제하지 않았다. 국제구락부사건으로 구속된 29명은 7월 9일 경남지구 계엄고등군법회의로 이송하였다.[184] 부산은 여전히 계엄 상황이었으며, 국회의원에 대한 재판도 비정상적이었고 공포분위기는 지속되었다. 계엄 해제에 대한 기대와는 반대로 계엄사령부는 '해제 운운은 하나의 모략적 유언이라고 지적하고 앞으로 있을 대통령 선거 및 상원의원 선거 등 중요한 국사를 맞이하여 또 다

---

182) 발췌개헌안은 유엔한국재건위원회 사무총장 메듀와 주한미대사 무초가 여야 간의 마찰을 조정하기 위해 고안해 허정에게 제출했으나 거절당하자 장택상 국무총리에게로 넘어 갔던 것이라는 설(허정,『내일을 위한 증언』, 샘터사, 1979, 184~185쪽; 허정,『우남이승만』, 태극출판사, 1970, 339쪽)과 장택상 국무총리가 이끄는 신라회가 직접 마련한 것이라는 설(장택상·이재학 (외),『사실의 전부를 기술한다』, 희망출판사, 1966, 124쪽·143쪽) 외에 무초 대사가 김성수를 중심으로 한민국당 등이 개헌안을 만들어 이박사와 타협하도록 막후 조정했다는 설(박실,『한국외교비사』, 기린원, 1980, 374쪽)이 있다(이완범,「한국 정권교체의 국제정치: 1950년대 전반기 미국의 이승만 제거 계획」,『세계정치』제28집 2호, 2007, 142쪽).

183)『경향신문』, 1952. 7. 10(서민호 의원은 1952년 4월 24일 사건 빌성으로 5월10일 부산지방법원에 기속되었다가 석방된 서민호 의원은 5월 25일 계엄선포와 동시에 재차 구속되었다. 6월 7일 1차 고등군법회의를 시작으로 15회에 걸친 공판이 진행되었으며, 7월 2일 사형이 선고되었다).

184)『서울신문』, 1952. 7. 20.

시 공비가 준동할 우려가 있을 뿐만 아니라 이를 방해하려는 오열분자의 행동을 방지하기 위하여 계엄이 당분간 계속될 것'이라고 공고하였다.[185] 이승만은 7월 4일 발췌개헌의 통과로 소기의 목적을 달성했음에도 불구하고 정국 주도권에 대한 위협을 방지하기 위해 계엄을 계속 유지하였다.

1952년 7월 7일 개정 헌법이 공포되고, 7월 18일 대통령 및 부통령 선거법이 공포된 후에야 계엄 해제 조치가 있었다. 7월 26일자로 공고된 해엄 조치는 7월 28일 0시를 기해 이루어졌다. 그러나 '군법회의 재판권 연기에 관한 건'이 동시에 공포되었다. 국가보안법 위반혐의로 구속된 김의준 등 7명의 의원은 기소 취소로 석방되고, 국제구락부사건으로 기소된 30명은 일반법원으로 이관되었다.[186] 그러나 서민호 의원을 일반재판으로 이관하기 위한 '재판권에 대한 쟁의' 신청은 각하되었으며 군법회의에 잔류되었다.[187] 8월 1일 계엄사령부는 서민호 의원에 대해 8년형을 선고하였다.[188]

이렇듯 부산정치파동 시기 이승만의 계엄 선포는 국회와 내각제 개헌 세력을 폭력적으로 제압하기 위한 방법으로 이용되었으며, 법집행 기관에 대한 장악력을 완전하게 만들기 위해 계엄을 선포하였다고 할 수 있다. 국회의원의 면책권을 무시하면서 연행, 구속할 수 있는 가장 좋은 방법은 계엄상태를 창출하는 것이었다. 이러한 이승만의 쿠데타에 대하여 미국은 유엔군 내 한국군을 이용하여 계엄을 선포하여 이승만을 제압한 후 새로운 권력을 창출하고자 하였다. 국회를 내부의 적으로 규정하고 정치적 반대자를 제거하는 수단으로 기능했던 계엄은 역으로 기성 권력을 제거하고 새로운 권력을 만드는 수단으로서 기능할 가능성을 동시에 보여주었다.

---

185) 『연합신문』, 1952. 7. 10.
186) 『동아일보』, 1952. 7. 30.('국제구락부사건'은 8월 14일 관련자 전원 불기소 처분되어 석방되었다 (『부산일보』, 1952. 8. 15.).
187) 『동아일보』, 1952. 7. 26.
188) 『민주신보』, 1952. 12. 23.(서민호 의원은 7년간 복역 후 4 · 19 이후 석방되었다).

제3장

한국전쟁 시기
계엄 수행 체계와
계엄의 일상화

▲ 피난민(미국국립문서기록관리청, 1950년 7월)

경북영덕의 피난민 행렬. 피난민은 보호의 대상이 아니라 적과 아로 분류하고 처리해야 할 대상이었다.

▶ 수색과 처벌(미국국립문서기록관리청, 1951년 9월)

폐허가 된 마을에서 부상당한 공산주의자를 끌고 가고 있다.

▲ 신분증 조사(미국국립문서기록관리청, 1950년 10월)

경기도 금촌의 유엔군 저지선으로 가려는 한국의 시민들이 미군의 검문에 신분증을 보여주고 있다.

한국전쟁 시기 계엄 수행 체계와 계엄의 일상화

제1절 계엄 수행 체계와 기능

1. 계엄사령부의 구성과 변화

국군조직법은 1948년 11월 30일 제정되었다. 이에 따라 대통령을 군통수권자로 하여, 최고국방위원회와 그 소속 중앙정보국, 국방자원관리위원회, 군사참의원을 두도록 하였다. 또 국방부에는 장관과 차관, 국군참모총장과 참모차장을 두었다. 그리고 국군참모총장과 참모차장 밑에 육·해군본부(총참모장)을 두었다. 이러한 편성은 한국전쟁까지 지속되었다.

국방부 본부의 조직과 임무를 살펴보면, 제1국인 군사국은 국군의 인사·통제, 동원, 병무 등 일반 군 행정업무를 담당하고 있었고, 제2국은 정훈업무를, 제3국은 국군의 복지와 후생업무를, 제4국은 정보국 업무를 담당하였다. 항공국은 1949년 10월 1일 공군본부 직제령에 의해 육군 항공사령부와 통합하여 공군이 창설되면서 공군본부에 통합되었다.[1] 정부 수립 직후 국방부 본부

---

[1] 국방부 군사편찬위원회, 『6·25전쟁사』 1권, 2004, 366쪽.

편성은 〈그림 3-1〉[2] · 았다.

〈그림 3-1〉 국방부 본부 편성(1948. 12. 1.)

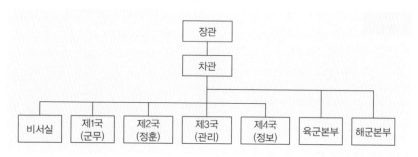

전쟁이 발발하자 육군본부는 6월 28일 수원으로 이동하면서 전시체제로 개편하였다. 육군의 조직과 임무는 총참모장이 작전참모부장을 통하여 일반참모부를 통제하였고, 행정참모부장을 통하여 각 병과의 각 감실을 통제하였다. 또한 각 부대를 창설하기 위한 편성관구가 각 지구별로 편성되어 신병보충을 담당하였다.[3] 이 중 계엄 업무와 관련된 부서인 법무감실은 1950년 7월 8일 계엄선포 이후 계엄고등군법회의 설치와 운영을 담당하였다. 헌병감실은 민간인의 관리와 낙오병 수습의 의무를 지고 있었으며, 군의 주보급로에 대한 교통 관리, 적군 포로 수합과 관리 업무를 수행하였다. 또한 육군본부는 7월 9일 계엄 선포와 함께 민사부를 설치하였으며, 7월 10일 초대 민사부장으로 이지형 법무감이 임명되었다. 육군의 각 사단과 해군의 진해통제부 사령부에 민사과를 두어 업무를 수행하였다.

[2] 국방부 전사편찬위원회, 『국방사2』, 1987, 90쪽(1948년 12월 7일 기구표 중 총참모장 제도와 연합참모회의는 1949년 5월 9일부로 폐지되었고, 제4국과 항공국은 조직이 편제되었으나 실제로는 운영되지 않았다).

[3] 국방부, 『국방부사』 2, 1987, 110쪽(1950년 7월에 4개 지역(전라남·북도와 경상남·북도)에 병력보충을 위한 편성관구사령부를 설치하고, 제1훈련소: 대구, 제2훈련소: 부산, 제3훈련소: 구포, 제5훈련소: 제주, 제6훈련소: 삼량진, 제7훈련소: 진해 등을 각각 설치하였다).

전쟁 이전 국군은 6월 20일 제8사단과 수도경비사령부를 추가 창설하여 총 8개 사단, 22개 연대 체계를 갖추고 있었다. 전쟁 초기 육군은 1950년 7월 5일과 15일에 제1·2군단을 각각 창설하였고, 개전 초인 8월부터 11월 사이에 편성되었던 제2·제5·제7사단 등 3개 사단을 재창설한 데 이어 제9·제11사단도 창설하였다. 10월 16일에는 제3군단을 창설하였다. 수원에서 대전으로, 그리고 대구로 이동할 때까지 전투부대 재편성 계획이 수립되었다.[4]

이와 같이 전쟁 당시 국방부와 육군본부는 계엄 업무를 담당하는 별도의 조직이나 체계를 갖추고 있지 않았다. 계엄과 관련해서는 헌법 제64조를 통해 대통령의 선포권을 규정하고 1949년 계엄법이 제정되기는 하였지만 시행령이나 직제 등을 마련하지지 못한 상태였다. 한국전쟁 당시 국방체계는 국방부장관이 직접 각 군의 총참모장을 지휘하는 형태였으며, 각 군 통합 지휘체계도 마련되어 있지 않았다. 따라서 1950년 7월 8일 비상계엄이 선포되자 육군은 민사부를, 해군은 민사과를 설치하여 계엄 업무를 시작했던 것으로 보인다. 계엄사령부가 설치되었다고 하나 그 구체적인 편제는 전해지지 않는다.[5] 다만 1950년 7월 11일 국방부장관은 계엄 실시와 관련하여 계엄법 제9조에 따라 계엄 기본 방침과 중요사항에 관하여 국방부의 지시를 받도록 하고, 기존의 편제를 유지한 상태에서 국방부 계엄 사무 관장과 관련하여 다음·이 지시했다.

1. 제1국 소관   ① 치안, 경비, 경제의 기획 감독에 관한 사항
             ② 일반 행정, 사법 및 징발의 실시 감독에 관한 사항
2. 제2국 소관   ① 수송, 보도기관, 인쇄기관의 감독 동원 기타에 관한
             사항

4) 국방부, 『한국전쟁 요약』, 1986, 75~76쪽.
5) 합동참모본부 편찬 『계엄실무편람』 2010·2016판 모두는 '1950년 7월 9일 육군본부에 계엄사령부가 편성되었다'고 서술하고, 그 근거를 일반명령(육)제40호의 계엄사령부 편성표를 제시하였으나, 인용된 『한국전란 1년지』(1951)에서는 내용이 확인되지 않으며, 일반명령(육) 제40호는 부산지구 계엄사령부 편성 문서이다. 현재까지 계엄사령부의 구체적인 편성 내용은 확인되지 않았다.

3. 제3국 소관　① 전쟁 수행상 필요한 일체의 군수물자와 일반물자에
　　　　　　　　　관한 사항
　　　　　　　② 군수물자의 수송 및 이에 부대하는 사항
　　　　　　　③ 의료기관, 의사 및 의약품의 동원에 관한 사항
　　　　　　　④ 예산자금 조달, 금융기관의 통제에 관한 사항[6]

　이상과 같이 종래 국방부 제1국~제3국에서 담당했던 사무와는 달리 제1국을 중심으로 총괄·기획 업무를 두어 치안, 경비, 경제 관련 사항을 기획·감독함은 물론 행정, 사법, 징발에 대한 업무를 감독하도록 하였다. 제2국에서는 수송, 보도 관련 사항을 관장했고, 제3국에서는 물자 수송, 의료 동원, 자금 통제 업무를 수행했다. 이는 체계적인 편성이라고 보기는 어려우나, 급박한 상황에서 시급히 추진해야 할 내용을 중심으로 각 3국의 업무를 개편했음을 알 수 있다.

　계엄사령부가 설치되었다고는 하나 조직편제가 전해지고 있지 않고, 계엄사령부 조직으로 유일하게 계엄민사부만 확인되었다. 전쟁 수행을 위한 통합사령부의 부재와 육군본부의 계엄 수행 체계가 미비했던 점을 볼 때 전쟁 초기 계엄 업무는 국방부를 중심으로 진행되었을 것으로 생각된다. 즉 전쟁 초기 계엄 관련 업무는 국방부장관의 지휘 아래 국방부 내 3국을 중심으로 편성되었고 육군총참모장 정일권이 계엄사령관을 겸하여 지휘하였다. 계엄법 시행령과 직제가 마련되지 않음에 따라 계엄 업무와 계엄사령부 조직은『관보』나 언론을 통해 고시되지 않았고 군의 명령·훈련 등을 통해 수행되었다.

　계엄법 시행령과 계엄사령부 직제는 1952년 1월 28일에 가서야 공포되었다.[7] 1951년에 작성된『대통령급정부개혁안철』에 따르면, 계엄법 시행령과 계엄사령부 직제는 1950년 말부터 검토되었으며 1951년 1월 1일에 초안이 이미 마련되었다.[8] 전쟁발발 이후 계엄 운용과 체계의 혼란으로 시행령과 직제 마

6)「계엄 실시에 관한 건(국방군내발(大)제15호, 1950. 7. 11.)」,『국방관계법령급예규집』, 1950, 436쪽.
7)『관보』제590호, 1952. 1. 28.
8) 국무총리비서실,「계엄법시행령, 계엄사령부 직제」,『대통령령급정부개혁안철(1951. 1. 1.)』, 국가기록원 소장자료.

련이 요구되었고, 초안이 이미 1951년에 마련되었음에도 불구하고 1952년에 가서야 시행·공포되었다. 계엄이 한창 시행 중인 상황에서 제기된 문제점을 시급히 법규화하는 데 어려움이 있었다는 점을 감안하더라도 이미 마련된 계엄법 시행령과 직제 제정안이 입법화하는 데 1년 가까이 지연된 것은 계엄사령관의 권한을 유지하고자 한 정부의 의도가 반영된 것으로 해석할 수 있다. 이는 계엄법 시행령과 직제는 계엄사령관의 권한과 범위를 구체화시키는 방향에서 제정될 수밖에 없기 때문이었다.

1952년 1월에 마련된 계엄법 시행령은 총 14조로 구성되었다.[9] 시행령의 내용은 다음의 〈표 3-1〉과 같았다.

〈표 3-1〉 계엄법 시행령 주요 내용(1952. 1. 28.)

조	내용	계엄법 관련조항
1조	국방부장관과 내무부장관은 국무총리를 거쳐 계엄 선포 또는 해제를 대통령에게 요청할 수 있다.	-
2조	계엄사령관은 현역 장관 중에서 국방부장관이 상신한 자를 국무회의의 의결을 거쳐 대통령이 명한다.	제1조
3조	질서가 교란된 지역이라 함은 일반의 행정기관만으로서는 치안을 확보할 수 없는 상태의 지역을 말한다.	계엄법 제3조 경비계엄
4조	포위공격으로 사회질서가 극도로 교란된 지역이라 함은 적의 포위공격으로 인한 전투지역 또는 그 인접지대로서 민심이 동요하고 치안이 혼란되어 정상적인 행정 또는 사법을 시행할 수 없거나 또는 당해지역의 행정기관이나 사법기관이 그 기능을 상실한 지역을 말한다.	계엄법 제4조 비상계엄
5조	대통령이 비상계엄을 추인하고저 할 때에는 국무회의의 의결을 거쳐야 한다.	계엄법 제5조
6조	제1조 및 전조의 규정은 계엄법 제8조의 규정에 의한 계엄 지역 또는 종류의 변경에 이를 적용한다.	계엄법 제1조, 제7조, 제8조
7조	대통령 또는 국방부장관이 계엄사령관을 지휘 감독함에 제하여 국책에 관계되는 사항은 국무회의에 부의하여야 하며 각 부처의 소관 사무 중 주요한 사무와 관련 있는 사항은 그 주관부처의 장의 의견을 듣거나 또는 협의하여야 한다.	계엄법 제9조

[9] 계엄법 시행령은 1952년 제정되어 1970년 개정까지 그 틀을 유지했으며, 1981년 개정으로 재산파괴 등에 대한 보상 조항이 추가되었고, 2007년 개정으로 해당 부분이 구체화되어 오늘에 이르고 있다.

8조	계엄사령관이 당해 지역 내의 행정기관 또는 사법기관을 지휘감독함에 있어서 그 지역이 1지방에 국한될 때에는 그 지방소관 최고책임자를 통하여 전국일 때에는 주무부처의 장을 통하여 행하여야 한다.	계엄법 제10~12조
9조	계엄사령관은 계엄 지역 내의 헌병기관을 지휘감독하며 필요한 때에는 군기관에 협력을 요구할 수 있다.	-
10조	계엄사령관이 특별조치를 할 때에는 사전에 국방부장관의 승인을 얻어야 한다. 만일 전국 계엄인 때에는 대통령의 승인을 얻어야 한다. 전항의 경우에 있어서 사태가 긴급하여 승인 없이 조치한 때에는 즉시 추인을 받아야 하며 추인을 받지 못한 때에는 지체 없이 그 조치를 취소하여야 한다.	계엄법 제13조
11조	계엄사령관이 군수에 공할 물품의 조사 등록과 반출 금지를 할 때에는 사전에 물품 목록과 함께 그 취지를 공고하여야 한다.	계엄법 제14조
12조	계엄사령관의 계엄 시행을 보좌하기 위하여 계엄사령관 소속하에 계엄사령부를 둘 수 있다. 계엄사령관은 계엄사령부의 장이 된다. 계엄 지역이 1도 이상에 긍하는 경우에 당해 지역의 행정 및 사법기관과 연락하기 위하여 특히 필요한 때에는 계엄사령관의 명의로써 그 지시한 직무를 보조하는 지방계엄사무소를 둘 수 있다.	-
13조	계엄사령부의 직제는 따로 대통령령으로 정한다	-
14조	계엄사령부와 지방계엄사무소의 설치와 폐지는 그때마다 국무원에서 공고한다.	

〈표 3-1〉에서와 같이 계엄법 시행령의 주요 내용 및 구성을 살펴보면, 먼저 제1조에서 국방부장관 또는 내무부장관의 계엄 선포 또는 해지 요청권을 규정하여 내무부장관도 계엄 선포와 해지 요청을 할 수 있도록 하였다.

둘째, 제3조~4조에서는 경비계엄과 비상계엄과 관련하여 계엄법 제3조와 제4조의 정의를 구체화하고자 하였다. 경비계엄이 선포되는 질서 교란 지역은 행정기관으로 치안을 확보할 수 없는 상태의 지역이며, 경비계엄이 선포되는 사회질서가 극도로 교란된 지역은 적의 포위 공격에 따라 행정기관은 물론 사법기관도 기능을 상실한 상태의 지역이라고 정의하였다. 그러나 경비계엄의 '질서교란 지역'과 비상계엄의 '사회질서가 극도로 교란된 지역'은 적의 포위 공격 유무를 제외하면 구분이 명확하다고 보기 어렵고, 질서 교란을 명분으로 계엄 선포를 남용할 수 있는 조항이었다.

셋째, 제5조와 제6조에서는 비상계엄 추인과 종류의 변경을 위해서는 국무회의 의결을 거치도록 하였다.

넷째, 제7조에서는 국방부장관(또는 대통령)이 계엄사령관에 대해 지휘 감독을 수행할 때는 주관부처와 협의하도록 하였고, 제8조에서는 계엄사령관의 지휘 감독과 관련하여 1개 지방의 경우 지방소관 최고책임자와 전국일 경우 주무부처의 장과 협의하도록 규정하였다. 이 뿐만 아니라 제10조에서는 계엄사령관이 특별조치를 하기 위해서는 사전에 국방부장관의 사전 승인(전국의 경우 대통령)을 받도록 하였다.

이 중 계엄법 시행령 제정 과정에서 가장 논쟁이 되었던 것은 계엄법 시행령 중 제7조~8조의 계엄사령관의 지휘 감독 방법과 제10조의 계엄사령관 특별조치 사전승인에 관한 사항이었다. 이것은 전시계엄 시행 과정에서 일반 행정·사법기관에 대하여 계엄사령부가 전권을 행사하고 있었고, 이로 인해 일반 행정·사법 기능이 제 기능을 하지 못하는 것이 현실이었기 때문이었다. 이와 같은 맥락에서 계엄사령관의 특별조치권도 국방부장관의 승인(전국은 대통령의 승인)을 통해 제한하고자 한 조치였다. 두 가지 내용은 모두 행정·사법기관과의 협의를 통해 계엄 업무를 수행하도록 강제하는 것으로 계엄사령관의 권한을 제한하고자 하는 조치였다.

이와 관련하여 애초 제안된 계엄법 시행령(안) 제7조에는 '만일 대통령이 계엄사령관을 지휘 감독하는 경우 국무회의의 의결을 거쳐야 한다'라고 제안되었다. 그러나 1951년 11월 27일 국무회의에서 '계엄법 시행령 제7조 1항 후단 삭제에 관한 건'이 논의되어 국방·법제·법무 3부처에서 합의안을 만들어 부의하도록 의결하였다.[10) 이 조문에 대한 삭제가 건의되었으며 결국 '국책에 관계되는 사항'만을 국무회의에 부의하는 것으로 조문이 축소되었다.

이렇듯 계엄법 시행령 공포가 지연됨에 따라, 계엄사령관의 특별조치 권한을 제한하거나 행정·사법 사무를 관장하기 위해 해당 지역의 책임자 또는 주무부처 장관과 협의를 해서 진행해야 한다는 등의 시행령 규정은 전쟁기간 내내 계엄사령관의 권한 과잉과 운영의 자의성을 막지 못했다.

10) 『제126회 국무회의록』, 1951. 12. 24.

1952년 1월 28일 계엄법 시행령과 함께 마련된 계엄사령부 직제는 계엄사령관 외에 계엄부사령관을 두었으며, 계엄사령부 사무는 행정과, 법무과, 동원과, 치안과를 설치하여 담당하도록 하였다. 또한 계엄 실시 방책 등을 자문하기 위해 계엄위원회를 설치하도록 하였다. 계엄위원회는 계엄사령관과 부사령관이 각각 위원장·부위원장이 되었고, 고급공무원과 국회의원 중 국방부장관이 위촉토록 하였다.

각 과의 주요 사무를 살펴보면, 행정과는 부내 서무 및 행정을, 법무과는 검찰 및 군법회의 등 기타 법무를, 동원과는 징발·징용을 담당하였다.[11] 계엄사령부 직제 규정은 다음 〈그림 3-2〉와 같았다.

〈그림 3-2〉 계엄사령부 직제(1952. 1. 28. 현재)

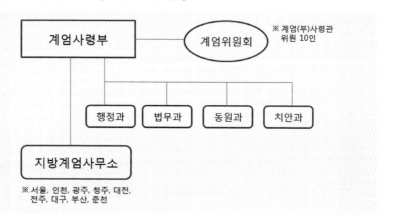

---

11) 계엄사령부 직제 규정의 주요 내용은 다음과 같았다. 제1조 계엄사령관은 계엄사령부의 장으로서 계엄법 및 동시행령에 의거하여 계엄 사무를 집행하고 부속직원을 지휘감독한다. 제2조 계엄사령부에 부사령관 1인을 둘 수 있다. 부사령관은 현역장관 중에서 국방장관이 상신한 자를 국무회의의 의결을 거쳐 대통령이 명한다. (…) 제3조 계엄사령부에 행정과, 법무과, 동원과 및 치안과를 둘 수 있다. (…) 과에 과장을 두되 과장은 현역장교 또는 문관 중에서 국방부장관이 보한다. (…) 행정과는 부내 서무 및 행정에 관한 사항을 분장한다. 법무과는 검찰 및 군법회의 및 기타 법무에 관한 사항을 분장한다. 동원과는 징발, 징용에 관한 사항을 분장한다. 치안과는 치안에 관한 사항을 분장한다. 제4조 계엄사령부에 계엄 실시 방책 기타 계엄 상 필요한 사항을 자문하기 위하여 계엄위원을 둔다. 계엄위원회는 위원장 1인, 부위원장 2인과 위원 10인으로 조직한다. 위원장은 계엄사령관, 부위원장 중 1인은 부사령관이 된다. 부위원장 1인과 위원은 정부 고급공무원과 국회의원 중에서 국방장관이 위촉한다.

〈그림 3-2〉에서와 같이 계엄사령부 직제는 주요 계엄 업무별로 조직되었음을 알 수 있다. 행정부 산하의 인사·군수 업무는 행정과와 동원과의 업무에 통합시키고 민사부의 주요 업무인 법무·동원·치안을 세분화하여 조직을 체계화하였다.

가장 큰 특징은 지구(지역)계엄사령부를 두지 않고 서울을 비롯한 9개 주요 도시에 지방계엄사무소를 두어 계엄사령관의 지휘를 강화하고자 한 것이었다. 또한 계엄 업무 집행의 핵심을 담당했던 민사부가 폐지되고 각 업무별로 분화하여 '과' 체계로 개편되었음을 알 수 있다. 또 계엄사령관을 위원장으로 부사령관 1인과 계엄위원 10인으로 구성된 자문기구로서 계엄위원회를 설치하였다.

1952년 3월 5일에는 계엄법 시행령 제14조와 계엄사령부 직제 제3조 제2항에 의하여 계엄사령부를 경상북도 대구시에 설치하였고, 행정과·법무과·동원과·치안과를 두었다. 그리고 9개 지방계엄사무소(서울·인천·청주·대전·전주·광주·대구·부산·춘천)를 설치하였다.[12] 지방계엄사무소 9개 중 6개(청주·대전·전주·광주·대구·부산) 지방계엄사무소가 1953년 1월 26일 폐지되었다.[13]

이와 같이 1952년 계엄사령부 직제는 전시 계엄 수행 과정에서 문제가 되었던 계엄사령부(관)와 지구(지역)계엄사령부(관)의 권한과 지휘관계를 계엄사령(관)부 중심으로 일원화하였고, 계엄민사부에서 통합적으로 운영되었던 계엄 업무가 분화되어 기능별로 기구를 재편하였다는 특징을 가지고 있었다. 또한 계엄사령관이 임의적이고 독단적인 사무 관장을 제한하기 위하여 계엄위원회를 제도화하였다. 계엄 관련 시행령과 직제의 제도화는 계엄법 제정 당시와 마찬가지로 급박한 실행의 필요가 상쇄된 시기에 진행되었으며, 그 내용은 전쟁 기간 동안의 계엄 운용 경험을 토대로 하였음을 알 수 있다.

계엄 시행을 위한 지휘 감독 체계는 계엄법 제9조에 따라 전국 계엄의 경우

---

12) 『관보』제612호, 1952. 3. 5.
13) 『관보』제822호, 1953. 1. 28.

대통령이, 지역 계엄은 국방부장관의 지휘·감독을 받도록 되어 있었다. 그런데 1950년 7월 21일 이후 계엄 지역이 3·8 이남 전역으로 확대되었음에도 불구하고, 계엄사령관의 지휘·감독은 대통령이 아닌 국방부장관의 그것에 따랐다. 7월 21일 비상계엄의 확대 실시를 공포한 직후 국방부장관은 다음과 같은 이유로 국방부장관의 지휘·감독을 받도록 지시하였다.

> 헌법 제4조에 의하면 '대한민국의 영토는 한반도와 그 부속도서로 한다'고 규정되어 있음으로 설사 금반 계엄 선포 지역의 변경으로 인하여 계엄실시 지역이 남한전역에 걸쳐 있다 하드라도 이는 계엄법 제9조의 전국에 해당되지 않으므로 계엄 실시상 여전히 본관의 지휘·감독들 받을 것.[14]

북한 지역에 대한 실제적인 통치권이 없음에도 불구하고 헌법 규정에 의거하여 남한 전역은 계엄법 제9조 상의 '전국'에 해당되지 않는다는 것으로 해석하여 국방부장관의 지휘·감독을 받도록 했던 것이다.

또한 유엔군이 원산을 탈환한 10월 10일 3·8 이북 전역까지 비상계엄이 선포되었지만[15] 같은 날 제주도 지역의 비상계엄이 해제됨으로써 대통령이 계엄 시행을 지휘·감독하지는 않았다. 따라서 전쟁기간 동안 계엄은 실제적인 전국 계엄 상황에도 불구하고 헌법의 영토 규정에 의거하여 부분 계엄으로 운용되었으며, 이에 따라 계엄의 지휘·감독권은 국방부장관에게 귀속되었다.

전시 계엄을 지휘·감독했던 계엄사령관은 1950년 6월 30일 임명된 정일권 육군총참모장[16]이었으며 1951년 8월 이후 부터는 이종찬 육군참모총장이 임명되었다. 이종찬 중장이 1952년 '부산정치파동'으로 참모총장 자리에서 경질된 이후 참모총장에는 백선엽이 임명되었다. 한국전쟁 시기 계엄사령관의 변화는 〈표 3-2〉와 같았다.[17]

---

14) 「계엄선포에 관한 건 중 개정의 건(국방군내발(邱)제36호, 1950. 7. 22.」, 『앞의 책』, 1950, 447~449쪽.

15) 『관보』 제396호, 1950. 10. 10.

16) 「국본일반명령 제1호」, 1950. 7. 5.

<표 3-2> 한국전쟁 시기 계엄사령관 변화

기간	계엄사령관	비고
1950. 7. 8.~	중장 정일권	육군총참모장
1951. 8. 31.~	중장 이종찬	육군총참모장
1952. 5. 25.~	전라남도: 중장 이종찬 경상남도: 소장 원용덕	원용덕: 헌병사령관 이종찬: 육군참모총장
1952. 7. 17.~	중장 이종찬	육군참모총장
1952. 7. 23.~	대장 백선엽	육군참모총장

전쟁 당시 계엄사령관은 정일권→이종찬→백선엽이 담당하였다고 볼 수 있다. 원용덕 소장은 '부산정치파동'이라는 짧은 기간 동안 재임했을 뿐이었다. 이를 감안하면 전쟁 초기는 정일권 중장이, 후반기는 이종찬 중장이 전시 계엄을 지휘·감독하였다고 할 수 있다.[18]

그러나 앞서 살펴본 바와 같이 한국전쟁 당시 계엄은 계엄사령부(관)를 통한 일원적이고 체계적인 지휘체계를 갖추지 못했던 것으로 보인다. 당시 국방부장관 신성모는 영국 상선의 선장 출신으로 1948년 12월 내무부장관을 거쳐 1949년 3월부터 국방부장관 겸 국무총리 서리를 역임하였다. 그러나 전적으로 이승만의 신임에 기반하여 발탁되었고 군사지휘 경험이 전혀 없었던 신성모 장관은 1951년 5월 창군 이래 가장 참혹한 비리사건이었던 국민방위사건과 거

---

17) 합동참모본부, 『계엄실무편람』, 2010, 55쪽.

18) ① 정일권(丁一權): 1917 시베리아 추풍(秋風)생, 1938년 만주국 봉천군관학교 5기 졸업, 일본육사 55기 기병과 졸업 만주군 대위, 1946년 군사영어학교 졸업, 1947년 국방경비대총참모장, 1948년 육본 작전참모부장, 1950년 6월 30일 총참모장 소장 진급, 1954년 대장진급 육군참모총장. 1957년 예편 ② 이종찬(李鍾贊): 1916년 서울 출생, 일본 육사 49기 졸업, 자원입대와 일본군장교 출신으로 해방 초기 은거생활, 1949년 국방부 제1국장으로 보임, 1950년 수도경비사령관 임관, 제3사단장, 1951년 6월 육군참모총장, 7월 사임 ③ 원용덕(元容德): 만주군 군의관, 1946년 군사영어학교 졸업, 국방경비대총사령관, 육군사관학교 교장, 1949년 광주제5여단장, 1950년 호국군 참모부장, 1952년 제2군단 부군단장, 1953년 헌병사령관, 1968년 사망 ③ 백선엽(白善燁): 1920년 평남 강서 출생, 1939년 평남사범학교 졸업, 1941년 만주군관학교 9기 졸업, 1946년 김백일 최남근 등과 월남, 1946년 군사영어학교 졸업 후 중위 임관, 1947년 제3여단 참모장, 1948년~49년 통위부 정보국장 겸 국방경비대총사령부 정보국장, 1949년 광주 제5사단장, 1950년 제1사단상, 1951년 제1군단장, 제1군단장 겸 휴전회담 한국군 대표, 백야전전투사령관, 1952년 제2군단장 참모총장, 1953년 한국군 최초 대장(32세) 육군대학총장 겸무(佐佐木春隆, 『한국전비사: 건군과 시련(상권)』, 병학사, 1977, 555쪽·546쪽·529~530쪽).

창사건의 실제적인 책임자로 몰리면서 어쩔 수 없이 사임했다.[19]

한국전쟁 초기 계엄사령관을 지낸 정일권과 백선엽은 작전참모부장 김백일과 함께 만주군 출신이며, 특히 김백일과 백선엽은 간도특설대의 조선인 장교로 가장 대표적인 인물이었다. 간도특설대는 재만조선인 항일투쟁을 보다 효과적으로 탄압하기 위해 1938년 9월에 설립되어 해산될 때까지 동북항일연군과 팔로군에 대해 모두 108차례나 토벌을 감행하였다. 만주군과 간도특설대의 일명 죽여 없애고, 태워 없애고, 약탈해 없애는 삼광삼진(三光三盡)작전으로 여순사건과 제주4·3사건 진압 과정에서 벌어졌던 민간인을 상대로 한 대량학살을 주도한 것도 만주군 출신 장교들이었다.[20] 이들은 전투 경험보다는 독립군을 잡기 위해 민간인을 대상으로 한 '토벌작전'에 익숙한 인물들이었다.

이상에서와 같이 한국전쟁 기간 동안 계엄 수행을 위한 독립적인 체계가 갖춰지지 않은 상태였으며, 계엄 지휘체계는 대통령－국방부장관－총참모장 겸 계엄사령관－육·해·공군사령관으로 이어져 정부조직법 상 국방기구 체계와 군 지휘·명령체계와 동일하였다. 다만, 총참모장이 계엄사령관을 겸직하는 수준이었다. 별도의 계엄군은 편성되지 않았다.

이러한 계엄체계는 계엄법 시행령이나 직제 등 제반 제도가 정비되지 않은 탓도 있으나, 이전 시기 국지적인 봉기·소요를 진압하는 과정에서 선포되었던 계엄과는 운영 방법이 다를 수밖에 없었기 때문이었다. 전쟁 이전 계엄이 지역의 봉기·소요에 대응했던 데 반해 전쟁 발발에 따른 계엄 실시 지역은 한반도 전체에 이르렀다. 특정지역의 세력을 봉쇄·진압하기 위해서는 별도의 부대편성과 작전체계를 갖추어야 하지만, 전쟁 상황에서는 직접적인 적을 상대로 한 전투부대 편성이 일차적이었다. 계엄법 제3조와 제4조에 따라 계엄이 선포된 지역의 행정사무 또는 행정·사법사무를 계엄사령관이 관장하도록 규정하고 있으나 계엄 대상 지역이 전황에 따라 변화하는 상황에서 3·8 이남 지역 전역

19) 佐佐木春隆, 『위의 책』, 병학사, 1977, 539쪽.

20) 홍석률 외, 「만주국군 기초조사 및 조선인 장교 중점연구」, 친일반민족행위진상규명위원회, 『2006년도 학술연구용역 논문집 5』, 2006, 337~338쪽.

의 행정·사법사무 전체를 계엄사령관이 관장하는 것은 현실적으로 불가능한 일일 수밖에 없다. 그럼에도 불구하고 3·8 이남 전역에 계엄을 선포한 이유는 계엄 선포가 긴급 상황을 명분으로 광범위하게 국민의 기본권을 제한할 수 있었기 때문이다. 전시 치안유지 등을 이유로 국민의 기본권을 합법적으로 제한하는 일련의 조치는 일상적인 부분에서 재판권에 이르기까지 광범위하게 걸쳐 있었으나, 이를 수행할 수 있는 체계와 계획을 갖지 못했으며, 계엄 조직은 임의적으로 편성·운영되었다고 할 수 있다.

2. 지구계엄사령부의 구성과 변화

1950년 7월 8일 비상계엄 선포 직후 군 당국은 계엄사령부와 경상남북도지구 계엄사령부가 설치되었다고 발표하였으나 계엄사령부는 별도의 조직이나 체계를 갖추지 않았고, 지구계엄사령부의 설치 당시 조직체계는 전해지지 않는다.[21] 1950년 국방부 「일반명령」 중 1950년 7월 8일부터 7월 16일까지의 제5호~제14호, 7월 18일부터 7월 30일까지의 제16호~제21호, 8월 초 하달되었을 것으로 생각되는 제21호~제31호 등 전쟁 초기 명령이 누락되어 있어 지구 계엄사령관의 이름으로 시행된 각종 포고와 공고를 통해 지역계엄사령부가 설치되었음을 짐작할 수 있을 뿐이다.[22] 이를 통해 당시 지구계엄사령부의 변화와 구성을 살펴보았다.

1950년 7월 8일 비상계엄 선포에 따라 계엄사령부가 설치됨과 동시에 경상남북도지구에도 계엄사령부가 설치되었다.[23] 7월 19일 경남지구 계엄사령부가

---

[21] 백윤철, 김상겸의 연구(「6·25전쟁 전후 계엄업무 수행체계연구」, 328쪽)에서는 7월 9일 계엄사령부가 설치되었고, 그 계엄사령부 편성표를 보이고 있으나, 계엄사령부 설치 일자는 계엄 선포와 같은 날인 7월 8일이며, 인용된 '편성표'는 8월 10일 부산지구계엄사령부의 편성표였다. 부산지구계엄사령부의 편성표를 통해 계엄총사령부의 편성을 짐작할 수는 있지만, 계엄사령부가 부산지구계엄사령부와 동일하게 편성되었는지는 알 수 없다.

[22] 국방부 정훈국 전사편찬회, 『앞의 책』, 1951; 『서울신문』, 1950. 10. 2; 『민주신보』, 1950. 8. 13, 1950. 8. 16·1950. 8. 28; 『부산일보』, 1950. 8. 22.

설치되었고,[24] 경남지역의 위술 업무가 경남지구 계엄사령부로 일원화되었다.[25] 이어 8월 10일부로 부산지구 계엄사령부와 마산지구 계엄사령부가 창설되었다.[26] 8월 29일 부산지구 계엄사령부와 마산지구 계엄사령부를 다시 경남지구 계엄사령부로 통합하였다.[27] 전선이 이동하면서 9월 16일 육군본부가 대구로 이전하자 경남지구 계엄사령부는 일시적으로 업무가 중단되었다가 다시 육군본부가 북진하면서 9월 23일 업무가 복구되었다.[28] 부산시에 경남지구 계엄사령부가 설치된 후 울산, 밀양, 마산에 파견대를 설치되었다. 이와 동시에 경남지구 계엄사령관의 총지휘 아래 부산에는 부산지구 헌병대를 통해 치안을 확보하게 하고 울산·양산·동래·밀양·김해·삼랑진·구포·수영·마산·거제에 각 헌병 분견대(分遣隊)를 설치하였다.[29]

서울 환도 직후인 10월 1일에 경인지구 계엄사령부가 설치되었으며, 10월 4일에 경인지구 계엄고등군법회의가 설치되었다.[30] 경인지구 계엄사령부 설치 이틀 뒤인 10월 3일에는 부산과 마산의 지구 계엄사령부를 해체하고 서울과 각 도를 단위 한 지구 계엄민사부가 창설되었다.[31] 지구 계엄사령부 체계에서 지

23) 『경제신문』, 1950. 7. 13.

24) 『민주신보』, 1950. 7. 20.

25) 『민주신보』, 1950. 7. 24.

26) 「국본일반명령 제40호」, 1950. 8. 9.;『민주신보』, 1950. 8. 15.(경남지구 계엄사령부가 부산지구 계엄사령부로의 재편과 마산지구 계엄사령부의 신설 일자가 상이하다. 『민주신보』는 "8월 14일부로 경남지구 계엄사령부가 부산지구 계엄사령부와 마산지구 계엄사령부로 재편하였으며, 부산지구 계엄사령관은 유승렬 대령이 유임되었다. 동일부로 마산지구 계엄사령부가 신설되었고, 계엄사령관에는 이응준 소장이 임명되었다"라고 하여 경남지구 계엄사령부가 부산과 마산계엄사령부로 재편되었다고 보도하였다. 그러나 「국본일반명령」에 따르면 부대는 8월 10일 창설되었다. 한편 「육본특별명령(갑)」제79호(1950. 8. 13.)와 「육본특명(갑)제48호」(1950. 7. 30.)에 따르면 유승렬 대령은 7월 31일까지 경북편성관구사령관으로 있다가 8월 13일 경남지구 계엄사령관에 임명되었다. 본 글은 「육본일반명령」에 따라 경남지구 계엄사령부 재편일을 8월 10일로 하였다).

27) 『부산일보』, 1950. 8. 31.

28) 『부산일보』, 1950. 9. 18.

29) 『민주신보』, 1950. 9. 25.

30) 『서울신문』, 1950. 10. 2.

31) 국방부, 『한국전쟁지원사』, 1997, 225쪽.

구 계엄민사부 체계로의 재편이라고 할 수 있다. 경남지구의 경우 김종원 대령이 평양으로 전출되면서 이순영 대령이 경남지구 계엄민사부장 서리로 임무를 대행하고 있다가 10월 24일에는 장두관 대령이 경남지구 계엄민사부장으로 취임하였다.[32] 지구 계엄민사부로의 전환이 바로 이루어지지는 않았던 것으로 보인다. 왜냐하면 경인지구의 경우 이준식 계엄사령관 명의의 포고와 공고가 1950년 10월 15일까지 시행되었으며,[33] 경남지구 계엄민사부도 10월 24일 이후에야 민사부장 명의의 포고와 공고가 시행되었기 때문이다. 이를 통해 볼 때 지구 계엄민사부로의 전환은 대략 10월 말경에 완료되는 것으로 보인다.

이후 경남지구 계엄민사부는 1950년 12월 19일 경상남북도를 통합한 경상남북지구 계엄민사부로 재편되어 민사부장 겸 헌병부사령관에 김종원 대령이 재임명되었다.[34] 경상남북도지구 계엄민사부는 다시 경남지구와 경북지구로 나누어 경남지구 계엄민사부장은 경상남북도지구 계엄민사부장인 김종원 대령이 겸하였고,[35] 경북지구 계엄민사부장은 이순영 대령이 맡았다.[36] 거창사건으로 김종원 대령이 기소된 후 경남지구 계엄민사부장은 경남병사구사령관인 홍순봉 대령이 겸하였다.[37] 서울의 경우 시점은 명확히 알 수 없으나 1951년 9월 이후의 신문보도에 따르면 서울지구 계엄민사부장은 김완룡 대령이 맡았다.[38]

이상에서와 같이 전쟁 초기 계엄 수행 체계는 계엄사령부 – 지구 계엄사령부

32) 『민주신보』, 1950. 12. 26.

33) 1950년 10월 3일에는 전시범죄에 대한 주의 환기, 경인지구 중요 군수물자 등록, 부역자 고발 등이 10월 15일에는 유기차량 갱생에 관한 건, 비상용 차량 운행허가증 교부 등의 포고와 공고가 경인지구 계엄사령관 이준식 명의로 실시되었다.

34) 『민주신보』, 1950. 12. 26.

35) 『민주신보』, 1951. 1. 28.

36) 『경향신문』, 1951. 2. 8.

37) 『경향신문』, 1951. 11. 4(홍순봉은 평남 출신으로 일제시기 경찰로 근무하다가 해방후 경무부 공안과장으로 있었으며 제주4·3사건 당시 제주 출신으로 사건에 대해 온건책을 추진하던 김봉호를 대신히여 1948년 10월 5일 제주경찰청장에 임명되었다. 홍순봉은 경찰과 서북청년단을 동원하여 제주지역 초토화작전과 강경진압에 주도적으로 활동하였다. 제민일보 4·3취재만, 『4·3은 말한다』 4, 전예원, 1997, 25쪽).

38) 『경향신문』, 1951. 9. 19.

체계로 운영되었으나 1950년 10월 3일 수복과 더불어 지구 계엄사령부는 지구 계엄민사부로 재편되어 계엄사령부-지구 계엄민사부 체계로 변화하였다. 이후 1952년 계엄법 시행령과 직제가 공포되면서 지구 계엄민사부의 업무는 지방계엄사무소의 업무로 안착되었다. 한국전쟁 시기 지구 계엄사령부와 지구 계엄민사부의 변화는 〈그림 3-3〉과 같았다.

〈그림 3-3〉 한국전쟁기 지구 계엄사령부의 변화(1950월 7월∼1952년 1월)

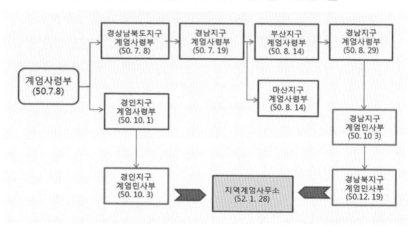

〈그림 3-3〉에서 보는 바와 같이 지구 계엄사령부는 전황에 따라 상대적으로 안정되고 전투가 소강상태에 있는 지역에 설치되었다. 따라서 지구 계엄사령부의 재편은 전황의 영향으로 잦은 재편을 겪었으며, 지구 계엄사령부의 파견대, 분견대를 설치·운영하는 등 지구 계엄사령관이 임의적으로 기구를 설치하기도 하였다. 그러나 1950년 10월 3일 지구 계엄민사부로 재편된 이후 1952년 1월 28일 계엄사령부 직제가 마련되어 지역계엄사무소로 전화할 때까지는 큰 변화 없이 지구 계엄민사부 체계가 유지되었다. 지구 계엄민사부 체계로의 전환은 도 단위로 이루어졌는데, 서울·경남·경북·전라남도 지구 계엄민사부가 확인되었다.

지구 계엄사령부 편제는 〈그림 3-4〉의 부산지구 계엄사령부(1950. 8. 10. 현

재) 편성표를 통해 짐작해 볼 수 있다.[39]

〈그림 3-4〉 부산지구 계엄사령부 편성표(1950. 8. 10. 현재)

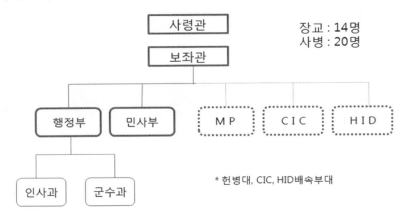

〈그림 3-4〉에서 보는 바와 같이 부산지구 계엄사령부는 사령관 이하에 인사·군수를 담당하는 행정부와 민사부가 설치되었다. 이와는 별도로 헌병대, CIC, HID가 배속되어 계엄사령관의 지휘하에 두었다. 민사부는 계엄을 실제적으로 집행하였다. 1950년 8월 10일 무렵 지구 계엄사령부는 장교 14명, 사병 20명의 규모였다. 그러나 그 규모는 점차 확대되었다. 1951년 4월 8일 비상계엄 해제에 따라 4월 10일 경남지구 계엄민사부가 경남지구 병사구사령부로 이전하면서 문관 약 80명을 11명으로 감소시켰다는 기록으로 보아 애초 배치되었던 장교와 사병, 문관의 수는 더욱 증가했을 것으로 보인다.[40]

지구 계엄 업무를 담당했던 지구 계엄사령관은 지구 계엄사령부의 변화만큼이나 자주 교체되었다. 1950년 7월 8일 경상남북도지구 계엄사령관으로 이준

39) 육군본부, 『육본일반명령 제40호』, 1950. 8. 9(일반명령이 부전하여 8월 10일 이전 계엄사령부 편성은 알 수 없다. 일반명령 제40호가 유일한 편성표이다. 합동참모본부에서 발행한 『계엄실무편람』(2010) 등 기존 자료에서는 이 편성표를 계엄사령부 편성표로 서술하고 있으나, 이는 부산지구 계엄사령부 편성표이다).

40) 『부산일보』, 1951. 4. 26.

식 대령이 임명되었다.[41] 7월 19일 경남지구 계엄사령부는 총참모장에서 초기 전투의 책임으로 경질되었던 채병덕 소장이 맡았다. 8월 1일 경남지구 계엄사령관으로 유승렬 대령이 임명되었으며,[42] 8월 14일 경남지구 계엄사령부를 부산지구 계엄사령부와 마산지구 계엄사령부는 김종원 대령이 계엄사령관을 겸하였으며, 마산지구 계엄사령관에는 이응준 소장이 임명되었다.[43] 8월 18일 정부가 부산으로 이동한 후 8월 28일에는 유승렬 부산지구 계엄사령관을 경질하고 부산지구 헌병사령부 부사령관이었던 김종원 대령을 임명하였다. 이어 다음날 8월 29일에는 부산지구 계엄사령부와 마산지구 계엄사령부를 해체하고 다시 경남지구 계엄사령부로 통합하여, 김종원이 사령관을 맡았다.[44] 부산지구 계엄사령관의 경질과 두 계엄사령부의 통합 그리고 새로운 사령관의 임명이 단 이틀 만에 이루어졌다.

계엄 선포 이후 서울 환도 때까지 부산·경남지구 계엄사령부의 활동이 두드러지며, 수복 이후에는 경인지구 계엄사령부의 활동이 두드러졌다. 따라서 부산·경남지구의 김종원 대령과 경인지구의 이준식 대령이 전쟁 초기 계엄 수행 과정에서 가장 핵심적인 역할을 하였다고 볼 수 있다.[45] 1950년 10월 계엄민사부 체계로 변화함에 따라 경남지구 계엄민사부는 장두관 대령이, 경북지구 계엄민사부는 이순영 대령이 각각 지역 계엄 업무를 총괄하던 것을 12월 12일 김종원 대령이 경상남북도를 총괄·지휘하게 됨에 따라 경상남북도지구 계엄민사부장 겸 헌병부사령관으로 임명되었다. 계엄민사부의 경우 각 도 단위에 설치되었으나, 경상남북도 이외 지역에서의 활동은 자료의 한계로 복원하지 못하였다. 지구 계엄민사부의 경우 편성관구사령부와 위술업무를 수행하는 해당 지역 주둔부대를 기반으로 계엄민사부가 설치 운영되었을 것으로 추측된다.

41) 『경제신문』, 1950. 7. 13.

42) 『민주신보』, 1950. 7. 27; 1950. 8. 1.

43) 『민주신보』, 1950. 8. 15.

44) 『민주신보』, 1950. 8. 30; 『부산일보』, 1950. 8. 31.

45) 『서울신문』, 1950. 10. 2.

한국전쟁 시기 지구 계엄사령관 변화는 〈표 3-3〉과 같다.

〈표 3-3〉 한국전쟁 시기 지구 계엄사령관 변화[46]

기간	지역	계엄사령관
1950. 7. 8.~	경상남북도 지구	대령 이준식
1950. 7. 19.~	경남지구	소장 채병덕
1950. 8. 1.~	경남지구(부산지구)	소령 유승렬
1950. 8. 10.~	마산지구	소장 이응준
1950. 8. 28.~	부산지구	대령 김종원
1950. 8. 29.~	경남지구(부산+마산)	대령 김종원
1950. 10. 1.~	경인지구	대령 이준식
1950. 10. 24.~	경남지구	대령 장두관(계엄민사부장)
1950. 10. 24.~	경북지구	대령 이순영(계엄민사부장)
1950. 12. 12.~	경상남북도 지구	대령 김종원(계엄민사부장)

※ 1950년 10월 3일 이후 지구 계엄사령부에서 지구 계엄민사부로 재편.

당시 군의 고위 간부층은 일본군이나 만주군의 영과급 또는 위관급 장교 출신자와 건군 당초에 입대한 사람들이 요직을 차지하였다. 이종찬 당시 수도경비사령관의 회고에 따르면, 그들은 '이대통령의 환심을 사서 빨리 진급한다거나 또는 파벌을 조성해서 장차에 대비한다든가 하는 생각밖에는 없었던 것 같다'고 할 만큼 파벌과 개인적 영달에 몰입해 있었다.[47] 당시 군 지휘관을 출신별로 분류하면 〈표 3-4〉와 같았다.[48]

〈표 3-4〉 한국전쟁 직후 한국군 지휘관과 출신 부대

직위	성명	출신
국무총리/국방장관	신성모	영국상선 선장
총참모장	채병덕	일본군 소령
제1사단장	백선엽	만주군 중위
제7사단장	유재흥	일본군 대위
제6사단장	김종오	일본군 소위

46) 합동참모본부, 『계엄실무편람』, 2010, 55쪽.
47) 佐佐木春隆, 『앞의 책』, 병학사, 1977, 144쪽.
48) 佐佐木春隆, 『위의 책』, 병학사, 1977, 190~191쪽.

제8사단장	이성가	왕정위군(汪精衛軍) 소령
제2사단장	이형근	일본군 대위
제5사단장	이응준	일본군 대령
제3사단장	유승렬	일본군 대령
수도경비사단장	이종찬	일본군 소령
독립 제17연대장	백인엽	일본군 소위

국무총리 겸 국방부장관 신성모를 제외하고 모든 군 지휘관은 일본군과 만주군 중국군 출신이었다. 지역계엄사령관으로 활동했던 이들은 이준식, 채병덕, 유승렬, 이응준, 김종원과 지역계엄민사부장으로 장두관과 이순영 대령이 있었다. 이 중 경인지구 계엄사령관과 경남(부산)지구 계엄사령관으로 최장기간을 활동한 이는 이준식 대령과 김종원 대령이었다. 이준식 대령은 중국군 대령을 거쳐 광복군 참모를 거친 인물이며[49], 김종원 대령은 일본군 지원병 출신으로 1948년 여순사건 당시에 일본도를 휘두르며 민간인을 즉결 참수했던 '백두산 호랑이'로 악명 높았다.[50]

이상에서와 같이 계엄 실행 체계는 계엄법 시행령과 계엄사령부 직제가 마련되는 1952년 1월 28일 이전까지 계엄사령부는 직제규정을 갖지 못하고 전황에 따라 설치되었고 통합과 분산을 거듭하였다. 그러나 서울 환도 이전까지는 부산·경남지구 계엄사령부만이 그 역할을 수행했고, 서울 환도 이후에는 경인지구 계엄사령부가 체계를 갖추어 운영될 수 있었다. 비상계엄 지역이 3·8 이남 전역으로 설정되었으나 계엄사령부의 실제 조직은 경남지구와 경인지역에 국한되었다고 볼 수 있다.

---

[49] 佐佐木春隆, 『위의 책』, 병학사, 1977, 344·556쪽.

[50] 김종원은 경북 경산 출생으로 일제 때 일본군 하사관 출신이다. 해방 후 국방경비대에 들어가 1948년 여순사건 진압 과정에서 일본도로 사람을 죽인 잔인한 학살자로 이름을 떨쳤다. 1949년 부터 1950년까지 일명 공비토벌 작전에 종사하면서 수많은 민간인을 죽이고 불태웠다. 전쟁 이후 1950년 헌병사령부 부사령관과 경남지방병사구사령관, 경남지구 계엄사령관 등 거쳤으나 1951년 거창사건 은폐 혐의로 군법회의에 회부되어 징역 3년의 판결을 받았으나, 약 8개월 후 이승만의 특별명령으로 석방되었다. 1952~53년 전북경찰국장을 지냈고, 1953년 치안국장을 거쳐 경남경찰국장을 지냈다. 1956년 내무부 치안국장을 지냈다.

3. 계엄 실행 기구의 기능과 활동

계엄민사부

비상계엄 선포에 따라 행정·사법사무를 계엄사령관이 관장하게 됨에 따라 일반 행정기관과 사법기관은 계엄사령관의 지휘·명령에 따라야 했다. 전시 일반 행정 사무 중 가장 중요한 것은 치안유지와 징발·징용이었고, 사법 사무는 범죄의 수사, 수색, 행형에 이르는 범죄 처리였다. 계엄사령관은 사무 관장을 위해 계엄 선포에 따른 특별조치를 포고 등을 통해 실시하고, 계엄사령부 각 조직은 포고에 따른 사항을 집행하도록 하였다. 전시 비상계엄하의 특별조치는 사법·행정에 이르는 전 영역을 포괄하였다. 계엄하의 행정·사법 사무는 결국 '민사'라고 할 수 있는데, 이런 의미에서 조직이 분화되지 않은 상황에서 계엄사령부의 민사부는 계엄의 실제적 운영을 담당했다고 할 수 있다. 앞서 2장에서 살펴본 바와 같이 한국전쟁 이전 제주4·3사건과 여순사건 당시 민사 업무를 수행하기 위한 조직으로 민사처가 설치·운영되었다. 제주4·3사건과 관련해서는 1949년 3월 제주도지구전투사령부 내에 '민간의 행정·경제 제반 문제를 해결하기 위해 민사처가 설치되어 수용소 주민을 대상으로 구호품을 배급하는 등의 일을 했고, 여순사건과 관련해서는 1949년 10월 28일 순천지역에 피난민 귀환을 위해 양민증 발급과 치안회복 등의 업무를 민사처가 진행하였다. 전쟁 이전 시기 민사 업무는 사건 관련 주민에 대한 구호, 양민증 발급, 치안회복 임무 등의 진압 뒤 상황 복구를 위한 활동에 국한되었다.

그러나 한국전쟁 이후 후방 지역 전역이 계엄 지역이 되자 행정사무와 사법 사무를 관장하는 계엄민사부는 그 역할이 더욱 확대될 수밖에 없었다. 계엄 선포 이후 1950년 7월 9일 정훈부는 계엄하의 민사 관계를 위해 육군본부에 민사부를 설치하였고, 동시에 제2613부대에도 민사부가 설치되어 계엄하게 민사 관계 문제를 다루게 되었다고 발표하였다.[51] 또한 계엄사령부 내 민사부 외에 육군의 각 사단과 해군의 통제사령부에 민사과를 두어 민사 업무를 수행하였다.[52] 육군의 민사부(과) 설치와는 별도로 각 지구 계엄사령부 산하에 민사부 (이하 지구 계엄민사부)가 설치되었다. 지구 계엄민사부는 지구 계엄사령부의 계엄 업무 실행의 핵심 기구였다.

계엄민사부 활동은 기록이 남아 있지 않아 정확한 내용을 파악하기 어렵지만 크게 두 시기로 구분하여 그 변화를 살펴볼 수 있다. 첫 번째는 1950년 7월 8일 계엄 선포 이후부터 지구 계엄사령부가 지구 계엄민사부로 재편되는 1950년 10월 3일까지의 시기이며, 두 번째는 1952년 1월 28일 계엄사령부 직제가 공포됨에 따라 계엄사령부에 행정과·법무과·동원과·치안과로 민사 업무가 분화됨에 따라 민사부(과)가 폐지되기까지의 시기이다. 한국전쟁 기간 동안 민사부의 체계 변화는 〈표 3-5〉와 같았다.

〈표 3-5〉 한국전쟁기 민사부 체계 변화

	1950. 7. 8.~	1950. 10. 3.~	1952. 1. 28.~	1952. 6. 8.~	1956. 2. 15.~
육군본부	민사부				
육군지구	지구민사부 *민사과(각 사단, 해군통제사령부)				
계엄사령부	계엄민사부		폐지	육군지구 계엄 민사부로 통합	육군지구민사부 해체
지구 계엄사령부	민사부	지구 계엄사령부→지구 계엄 민사부	지방계엄사무소와 지구 계엄민사부 병존		

〈표 3-5〉에서와 같이 민사부는 육군본부의 민사부와 육군본부 소속 육군지구민사부, 그리고 계엄사령부의 계엄민사부와 지구 계엄사령부 민사부로 각각 설치·운영되었다. 우선 계엄사령부의 계엄민사부는 1952년 직제 공포 이전까지 유지되다가 폐지되었으나 지구 계엄사령부 소속 민사부는 다소 복잡한 변화를 거쳤다. 지구 계엄사령부 소속의 민사부는 1950년 10월 3일 지구 계엄사령부가 지구 계엄민사부로 재편됨에 따라 자연스럽게 지구 계엄민사부로 흡수

51) 『경제신문』, 1950. 7. 15.
52) 국방부, 『한국전쟁지원사』, 1997, 226쪽.

되었다. 1952년 계엄사령부 직제가 마련된 이후에도 지구 계엄민사부의 업무는 폐지되지 않고 한동안 유지되었으며 1952년 3월 5일 지방계엄사무소가 설치된 이후에도 병존했던 것으로 보인다. 그러던 것이 1952년 6월 8일 국본일반명령 제52호에 의하여 지구 계엄민사부는 육군지구민사부로 통합되었고[53], 이후 국본일반명령 제1호에 의거하여 1956년 2월 15일 육군지구민사부도 해체되었다.[54]

1950년 10월 3일 시행된 지구 계엄사령부의 각 도를 단위로 한 지구 계엄민사부로의 개편은 서울이 수복됨에 따라 해당 지역의 민사 업무를 제외한 제반 계엄 사무를 중앙의 계엄사령부를 중심으로 일원화하고자 하는 조치였다고 볼 수 있다. 특히 '군·검·경 합동수사본부(이하 합동수사본부)'의 창설과 이를 통한 사법 업무의 수행은 지구 계엄사령부에서 각기 진행되었던 수색·수사·구금 등의 기능을 수렴하여 강력한 지휘력을 발휘하도록 하였다. 지구 계엄사령부의 지구 계엄민사부로의 전환은 계엄 업무 중 사법 사무를 계엄사령부로 집중시키고 지구 단위의 대민 행정·치안 업무를 강화하기 위한 조치였다고 할 수 있다.

전라남도 목포시 사례를 보면 1951년 2월 20일 부시장 군수를 민사관으로, 각 경찰서장을 부민사관으로 위촉하여 전남지구 계엄민사부장의 지휘하에 두었다. 이러한 조치는 행정기관을 계엄 수행체계로 수렴하여 민사 업무의 지휘체계를 갖추어 나갔음을 보여주는 사례이다.[55] 또한 전남지구 계엄민사부는 시·군 단위의 계엄민사부로 분화되었고, 그 장인 민사장을 두었다.[56] 행정기

---

53) 「계엄민사부 개칭과 업무 한계 지시(육군본부 경북대구민사제533호, 1952. 6. 29.)」, 『앞의 책』, 1952, 110쪽(국본 일반명령 제52호에 따르면 계엄민사부를 육군지구민사부로 개칭하여 지방계엄사무소 좌측 육군지구민사부 간판을 게시하도록 하였다 그리고 지방계엄사무소와 육군지구민사부의 인원은 일체 이를 겸하도록 하였다).

54) 육군본부, 『6·25사변 후방전사』, 1956, 294~295쪽.

55) 전라남도 목포시 총무국 총무과, 「계엄민사관 및 부민사관 위촉에 관한 건(1951. 2. 20.)」, 『검찰사무예규철』, 국가기록원 소장자료.

56) 대검찰청 광주고등검찰청 광주지방검찰청 목포지청, 「석방자 취급에 관한 건(1951. 1. 2.)」, 『검찰사무예규철』, 국가기록원 소장자료(전라남도 계엄목포민사부 민사장은 육군대위 권혁중이었다).

관의 수렴을 통한 민사 업무 체계는 전라남도 계엄민사부 뿐만 아니라 타 지역의 계엄민사부에도 진행되었을 것으로 생각된다.

이러한 도 단위 지구 계엄민사부 체계로의 전환은 '민사'라는 완화된 형식을 취하고 있으나 사실상 계엄상태의 지속과 구조화를 의미하였다. 여순사건과 제주4·3사건 당시 등장했던 민사처는 진압 뒤에 등장하여 전투 또는 진압 후 상황 수습을 위한 구호활동 등에 국한되었던 데 반해 한국전쟁 당시 민사부는 후방의 비전투 상황에서 등장하여 계엄 업무 전반을 담당하였다는 점에서 큰 차가 있다. 즉 지구 계엄사령부를 계엄민사부로 전환하여 계엄상태를 민사부를 통해 지속해나가고 계엄이라는 일시적 구조를 행정·치안의 영역으로 안착화하는 과정이라고 할 수 있다. 따라서 각 도를 단위로 하여 행정기관을 계엄민사부로 수렴하는 과정은 계엄상태의 '내적 구조화' 작업이라고 할 수 있다.

두 번째 민사부는 1952년 6월 8일 이후 지구 계엄민사부가 육군지구민사부로 통합되었다. 지구 계엄민사부의 육군지구민사부로의 통합은 1952년 1월 28일 계엄사령부 직제 제정과 3월 5일 지역계엄사무소 설치에 따른 조치로 한동안 유지되었던 지구 계엄민사부의 업무를 지역계엄사무소를 통해 추진하되 민사 업무를 육군지구민사부를 통해 추진하고자 하였다고 볼 수 있다. 이는 비상계엄이 일부 '공비소탕지역'으로 국한되면서 계엄 업무를 지속적으로 수행하는 체계가 불필요해짐에 따라 계엄 민사 업무 중 육군 지구민사부와 중첩될 수 있는 사항이 흡수된 것이었다. 이에 따라 업무의 혼란을 막기 위해 지방계엄사무소와 육군지구민사부와의 업무 한계는 다음과 같이 규정하였다.

> 1. 지방계엄사무소는 1952년 1월 28일자 대통령령 제598호 계엄법 시행령 제12조에 의하여 계엄 선포 지구의 도 이상에 항(恒)하는 경우에 해당 지역의 행정 및 사법 기관과 연락하기 위하여 또는 특히 필요할 때는 계엄사령관의 명의로서 그 지시한 직무를 보조하기 위하여 계엄사령부 직속으로 설치하는 계엄집행의 보조기구임. 따라서 그 설치와 폐지는 계엄선포 및 필요 여부에 의하여 그때마다 국무원 공고로서 발포됨.

2. 육군 지역민사부는 육군본부 직속으로서 계엄선포 여부에 불구하고 작성(전) 필요에 의한 징발 징용 및 그 사후 조치 등의 군민사 업무를 수행하기 위한 부대로서 군단·사단의 민사 업무와 더불어(더불어) 각 지구에 있어서의 군민사 업무를 총참모장 지시에 의하여 그 명의로서 이를 대행함을 임무로 하는 부대임.[57]

계엄사령부 직속의 지방계엄사무소는 계엄 선포에 따라 행정·사법기관과의 연락업무와 계엄사령관의 직무를 보조하기 위한 기구로 필요에 따라 설치되었으나, 육군 지역민사부는 육군본부 직속하에 징발·징용 등의 군민사 업무를 수행하도록 규정하였다. 이는 종래 비상계엄 상황에서 계엄민사부 업무의 상당 부분이 육군민사부로 이관되고, 계엄민사부는 '공비소탕'을 목적으로 선포되었던 지역적 비상계엄에 대응하여 행정·사법기관과의 연락 업무를 중심으로 하였음을 알 수 있다. 그러나 계엄 선포 시 계엄민사부와 육군민사부의 업무 한계는 명확하지 않았다. 당시 육군지구민사부의 인원 편성과 지구 계엄사무소의 인원 편성은 모두 이를 겸임토록 하고 있었다.

따라서 지역에서는 '민사 업무와 계엄 사무가 혼재하여 계통을 엄수치 않고 보고되는 경우가 허다'함을 지적하여 위술업무, 계엄업무, 군민사 업무의 한계 등에 대한 지시를 내렸으나, 지시 내용 또한 명확한 한계를 제시하지 못하였다.[58] 즉, 비상계엄의 상황에서의 민사 업무는 행정·사법 업무를 관장할 수 있을 정도의 집행력을 담보하였지만, 그 기능을 지방계엄사무소를 통해 유지하는 상황에서는 군민사부와 업무 중복이 발생할 수밖에 없었다.

---

57) 「계엄민사부 개칭과 업무 한계 지시(육군본부 경북대구민사제533호, 1952. 6. 29.)」, 『위의 책』, 1952, 110쪽.

58) 「위술 업무와 계엄 업무 및 군민사 업무 한계 지시(육군본부 경북대구 민사 제534호, 1952. 7. 3.)」, 『위의 책』, 1952, 111쪽(위술 업무에 대해서는 군대 내부의 업무로 대외적으로 활동하는 군사에 관한 행정에 속하는 계엄 업무 또는 군민사 업무와는 혼동치 말 것, 동일 지역 내에서 계엄 업무와 위술 업무가 경합하는 경우가 있더라도 계엄 업무가 우월함을 지시하였다. 반면 군민사 업무는 군작전상 요청에 의하여 작전지역 내에서의 작전 지원 요원의 징용, 차량, 토지, 건물, 마필 기타 군수물자의 징발 업무 중 군민사 업무에 해당되는 것으로 규정하였다).

한편 전쟁 기간 동안 계엄사령부 민사부장과 지구 계엄민사부장을 맡았던 인물은 자료의 한계로 모두 복원하지는 못하였으나 현재까지 확인된 내용은 〈표 3-6〉과 같았다.

〈표 3-6〉 한국전쟁 시기 계엄민사부장의 변화

지역	이름				출처
계엄사령부 민사부장	이지형 (1950. 7.)	김완룡 (1950. 10.)	이호 (1950. 11.)		『서울신문』, 1950. 10. 5. 『동아일보』, 1950. 11. 18.
서울지구 계엄민사부장				김완룡 (1951. 9.)	『조선일보』, 1951. 9. 19. 『서울신문』, 1952. 3. 5.
경남지구 계엄민사부장	김완룡 (1950. 7.)	장두관 (1950. 10.)	김종원 (1950. 12.)	홍순봉 (1951. 11.)	『민주신보』, 1951. 1. 28. 『경향신문』, 1951. 11. 4.
이북지역 계엄민사부장		김종원 (1950. 10.)			『육군법무관계법령급예규집 (1952)』
경남북도지구 계엄민사부장			김종원 (1950. 12.)		『민주신보』, 1950. 12. 21.
경북지구 계엄민사부장		이순영 (1950. 10.)			『육군법무관계법령급예규집 (1952)』

※일자는 신문 등 자료의 최초 언급 시기.

김완룡 대령은 전쟁 초기 가장 중요한 지역이었던 경남지역의 계엄민사부장으로 있다가 수복 이후에는 계엄사령부 민사부장으로 이전하였다.[59] 서울지구의 경우 경인지구 계엄사령관 이준식의 활동이 눈에 띄나 상대적으로 민사부장의 활동은 드러나지 않는다. 10월 3일 지구 계엄사령부가 지구 계엄민사부로 재편되었음에도 불구하고 경인지구의 경우 경인지구 계엄사령부 이준식 준장 명의의 포고와 담화가 시행되는 특징을 보였다. 김종원 대령은 8월 말 이후부터 거창사건으로 기소될 때까지 가장 오랜 기간 동안 경남(부산), 경상남북도 지구 계엄사령관과 계엄민사부장을 지냈다. 김종원 대령은 서울수복 이전까지

[59] 김완룡 대령은 부산으로 피신하여 병원에 입원하고 있던 중 '경남지구 계엄사령관이 된 전 총장 채병덕 소장이 찾아와 계엄 업무를 맡아달라고 하면서 직인과 기밀비를 던져주었고, 채 장군은 모든 업무를 일임하고 진주 방면의 최전선으로 나갔다'고 회고하였다. 채병덕 소장은 1950년 7월 19일부터 경남지구 계엄사령관으로 있었다(佐佐木春隆, 『앞의 책』, 병학사, 1977, 393~394쪽).

행정·사법·군사 상 핵심 도시였던 부산 및 경남 일원을 아우르며 계엄 업무의 핵심을 담당하였다고 할 수 있다. 그리고 1952년 3월 이후 서울지구 계엄민사부장으로 다시 활동을 시작하였다. 이순영 대령과 장두관 대령은 각각 계엄민사부로의 재편 이후 경상남도와 경상북도 지역을 관장하였다.

일반적으로 군민사 업무는 '작전지역 내에서 군부대와 정부 행정기관 및 주민간의 상호관계를 다루는 활동으로 민사행정, 치안, 자원관리, 선무활동의 5대 기능으로 분류'된다. 이러한 군민사 업무와는 별개로 계엄민사부의 주요 활동은 ① 전투지구에서의 민간인 철퇴 또는 복귀 ② 징발·징집 ③ 계엄 군사재판 및 사법 사무의 감독 ④ 피난민 구호 ⑤ 지방행정 및 치안기관에 관한 감독 ⑥ 민간인과의 연락 등의 사무로 규정하였다.[60] 그러나 계엄민사부는 행정·사법 기관의 업무를 감독하는 데 머물지 않고 직접 업무를 지휘하고 집행하였다. 계엄민사부는 민간인 철퇴, 징발·징발·징집의 활동을 실행했고, 군사재판 및 사법사무를 운영·감독했으며 지방행정기관과 경찰 등을 통해 치안업무를 수행했다.

민사 업무 중 피난민 관련 활동은 계엄 시 민사 활동의 성격을 잘 드러내주는 사항으로 구체적으로 살펴보고자 한다. 전시 민사 업무의 핵심은 전투지구에서의 민간인 철퇴 또는 복귀 활동 중 피난민 수송 관리와 후방 구호활동이라고 할 수 있다. 그러나 전쟁 초기 체계적인 피난민 대책은 물론 후방에 대한 구호활동은 체계적으로 이루어지지 않았을 뿐만 아니라 구호활동은 업무에 포함되어 있지도 않았다.

정부는 전라남·북도로 계엄 확대 실시를 공포함과 동시에 피난민이 대전으로 집중되자 1950년 7월 20일에 이르러서야 '피난민 분산에 관한 통첩'을 통해 분산 계획과 수용경비 및 분산요령 등을 하달하였다.[61] 이어 1950년 8월 4일 '피난민 수용에 관한 임시조치법'이 공포되었다. '임시조치법'은 사회부를 통해 귀속 재산

60) 『경제신문』, 1950. 7. 15; 국방군사연구소, 『한국전쟁지원사』, 1997, 225~226쪽.
61) 『관보』 제384호, 1950. 7. 20; 국방부, 『한국전란1년지』, 1951, c49쪽.

중 주택, 요정, 여관, 기타 수용이 가능한 건물의 관리인에게 피난민의 숫자와 피난 기일을 지정하여 피난민의 수용을 명령할 수 있도록 하였다.[62] 이후 '임시조치법'은 1950년 9월 25일 개정('피난민 수용에 관한 임시조치법 개정 법률')되었으며, 사회부장관은 귀속 재산 이외에 주택, 여관, 요정 기타 수용에 적합한 건물의 소유주에게도 피난민 수용을 명할 수 있도록 하였다.[63] 1950년 9월 11일부터 15일까지 주무기관인 사회부에서는 주택, 점포 창고 등에 대한 등록제를 실시하게 되자, 경남지구 계엄사령관은 이에 대한 적극 협조를 요청하기도 하였다.[64]

피난민 분산 계획 요령이나 이하 조치에 따르면 피난민 대책은 표면적으로 사회부에서 주도하고 각 기관이 협력하는 형태로 이루어졌다. 그러나 이러한 각 부처를 통한 피난민 대책은 정부 조직의 와해로 그 효과를 거두기 어려웠다. 또한 정부의 '피난민 대책'의 목적은 국민의 생명보호와 구호보다는 1차적으로 대전지역으로 한꺼번에 몰려든 피난민 중 '사상불온자'가 포함되어 있을 것을 우려하여 대전지역에서 피난민을 분산시킬 것과 '사상불온자'와 '온건자'를 분류하여 '사상불온자'를 제거하는 데 목적이 있었다. 1950년 8월 10일 경남지구 계엄사령부는 이재민 구호대책을 명목으로 부산시 거주자 일체 조사를 실시했는데, 조사는 세대주를 신고의무자로 하여 동회장, 조·반장이 신고 운영의 책임을 지고, 반장이 취합 검인 후 조장에게 제출하면 조장은 신고서를 동회장에게 제출하고 동회장은 모든 신고서를 수집 검수하여 해당 경찰서 및 파출소에 제출하도록 하였다. 계엄사령부에서는 이에 대한 비협조는 비상시 국정 비협력자로 간주하여 처벌할 것이라고 경고하였다.[65]

피난민에 대한 이승만 정부의 시각은 피난민 중 게릴라나 5열이 숨어 있을 것이라는 것이었다. 1950년 8월 14일 계엄사령부는 게릴라 침투 방지를 명분을 각종 증명서 발행에 대해 발부기관을 정리하여 발표하였다. 계엄지구 안에서

---

62) 『관보』 제387호, 1950. 8. 4.

63) 『관보』 제394호, 1950. 9. 25.

64) 『부산일보』, 1950. 9. 11.

65) 『부산일보』, 1950. 8 10.

민간인 관계 제 증명서 중 여행증명서는 소관 헌병대장이, 헌병이 주둔하지 않은 지역은 소관 경찰서장이 발행하도록 하였다. 신분에 관한 증명서와 민간인 차량운행 증명서는 소관 군민사부에서 발부하였다.[66] 경남지구 계엄사령부에서는 김종원이 부임하기 이전 부산지구 계엄사령관 명의로 발행된 모든 신분증을 무효화하고 8월 30일 이후 새로운 신분증명서 발행을 지시할 정도로 계엄민사부는 제5열 색출을 위한 신분증 발행 업무에 집중하였다.[67] 전시 여행증명과 신분증명은 '시민증'으로, 안전과 생명을 일차적으로 보증받는 증명서였다. 이러한 보호받아야 할 시민인지 적 또는 제5열인지에 대한 결정을 일반 행정 업무를 관할하게 된 계엄 당국이 수행했던 것이다. 두 달 뒤인 1950년 11월 21일 경남지구 계엄민사부에서는 재차 도민증 검사에 대한 포고를 발표하였다.[68]

경남지구 계엄사령부의 11월 21일자 포고는 한 달 전에 시행된 10월 30일 이전 발행 도민증을 무효화하고 재검사를 받도록 하였다. 도민증 갱신 작업은 치안유지를 이유로 한 정보수집과 검열의 한 방법이었다. 계엄사령부는 도민증을 지속적으로 갱신하는 방식으로 주민들을 통제하였다.

서울 환도 이전 1950년 9월 27일 전재민 복귀에 대하여 경남지구 계엄사령부는 마산주둔 미군사령부와 협의하여 지역과 일자를 결정할 것을 발표하였다.[69] 피난민 계획 수송은 경남지구 계엄사령관이 지시하고, 도외 귀향자에 대한 증명서 발급도 경남지구 계엄사령관의 인정을 받아야 하였다. 9월 27일 담화에 이어 10월 1일에는 경남지구 계엄사령관 김종원 대령, 사회부장관 이윤영, 경남도지사 양성봉의 '피난민 귀향 조치에 관한 공동발표'가 있었다.[70] 이 발표에 따르면 도내 귀향자는 귀향증명과 방역증명을 소지한 후 헌병대장 또는 경찰서장의 인정을 받아야 도내 귀향이 인정되었고, 도외 귀향자는 귀향증명, 방역증명을 얻은

---

66) 『민주신보』, 1950. 8. 15.
67) 『민주신보』, 1950. 8. 31.
68) 『민주신보』, 1950. 11. 22.
69) 『민주신보』, 1950. 9. 27.
70) 『부산일보』, 1950. 10. 1.

후 헌병대장 또는 경찰서장을 경유하여 경남지구 계엄사령관의 인정을 받아야 했다. 또한 피난민 계획 수송은 경남지구 계엄사령관이 지시하였다.[71]

　서울 환도 이후 가장 중요한 증명서는 시민증이었다. 1950년 12월 1일 이호 계엄사령부 민사부장은 기자회견을 통해 '현재까지 시민증을 얻지 못한 자 중에는 부역자 등 불순분자가 많으므로 시민증 없는 자를 채용할 때는 동회 등에 조회하여 심층 조사한 후 채용할 것'을 당부하였다.[72] 1950년 12월 7일 비상계엄이 재선포되었고, 피난민이 부산지역으로 유입되기 시작하자 경남계엄민사부, 해군, 미군 민사처, 헌병대, 사회부, 경상남도 등이 12월 19일 회합하여 피난민 대책을 논의하였다.[73] 이제까지의 피난민 정책과 마찬가지로 피난민에 대한 검열·통제 방침이 논의되었다.

〈그림 3-5〉 피난민 소개 및 구호요강 송부에 관한 건(국가기록원, 1950년 12월 15일)

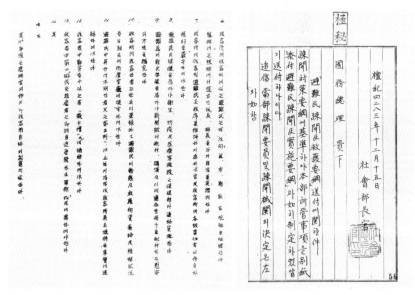

71) 『부산일보』, 1950. 10. 5.

72) 『경향신문』, 1950. 12. 2.

73) 『부산일보』, 1950. 12. 20.

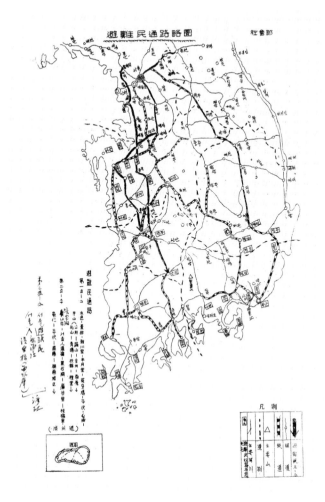

▲ 피난민 소개 및 실시요강 은 피난민 소개의 원칙(피난민 통로지시, 피난장
　소 지정, 피난지구별 수용계획) 및 구호요령(피난민증 발행 및 등록실시,
　구호실시규정, 수용소 운영요령)으로 구성되었다.

　이와 같이 정부의 피난민 대책은 각 부처를 통해 분산 수용과 식량배급 등의
조치를 취하고자 했으나 전시 정부 기능의 마비로 실제적으로 실현을 보기 어
려웠다. 다만, 피난민을 관리·통제하기 위해 지구 계엄사령부와 지구 계엄민
사부는 신분증이나 각종 증명서 발급으로 '불순분자'와 '제5열'이 피난민에 섞여

있을 가능성을 차단하는 데 주력하였다. 또한 지구 계엄민사부는 피난민의 이송은 물론 전재민 복귀 등의 업무를 총괄하여 정부의 각 부처와 지방자치단체를 지휘하여 업무를 집행하였다.

두 번째로 차량·선박 동원, 징발·징용·징집과 관련한 계엄민사부의 활동을 살펴보도록 하겠다. 전쟁 발발 직후에는 계엄이나 징발령의 선포와 관계없이 군부대와 경찰에서 임의적으로 징발·징용을 시행하였다. 이후 1950년 7월 26일 '징발에 관한 특별조치령(이하 〈징발에관한특조령〉)'이 공포되었다. 〈징발에관한특조령〉 제3조에 따르며, 징발관은 국방부 제1국장, 특명의 사령관, 육해공군 총참모장, 군단장, 사단장, 위술사령관인 독립단대장, 통제부사령장관, 경비부사령관 및 해병대사령관, 비행단장으로 규정하였다.[74] 더불어 계엄법 제14조에서는 '비상계엄 지역 내에서는 계엄사령관은 징발법이 정하는 바에 의하여 징용·징발할 수 있으며'라고 규정하여 비상계엄 지역에서의 징발·징용은 계엄사령관이 시행할 수 있도록 규정하였다. 따라서 징발·징용은 〈징발에관한특조령〉에서 규정하는 징발관이 수행하되 비상계엄 지역의 경우 계엄사령관의 지시에 따라 계엄민사부에서 업무를 수행하도록 하였다. 이와 관련하여 국방부장관은 계엄사령관에게 다음과 같이 '징발 사무 취급 요령'을 하달하였다.

> 2. 징용 목적물의 품목, 종류, 수량, 건물 또는 토지인 경우에는 건물의 구조, 연수, 건평, 토지에 대하여는 그 소재와 평수 등 명세를 기입하여 국방부 제1국 또는 계엄 실시를 담당하는 당해지구 위술사령관(이하 징발관이라 칭한다)에 제출할 것.
> 5. 징발관인 각 지구 위술사령관은 별표 제6호 양식에 의하여 매주 토요일 주간 징발 보고서를 계엄사령관 대행관 및 계엄사령관 경유 국방부장관에게 어김없이 제출할 것.
> 7. 육군본부 민사부 및 그 예하 각 지구 민사과 징발관인 위술사령관의 징발 사무를 지휘 감독할 것.[75]

74) 「징발에 관한 특별조치령」, 국방관계법령집발행본부, 『앞의 책』, 1950, 329~332쪽.; 「징발에 관한 특별조치령 운영에 관한 조회의 건(1952. 12. 28.)」, 육군본부 법무감실, 『앞의 책』, 1953, 114쪽.

징발·징용 업무는 육군본부 민사부, 각 지구 민사과, 지구위술사령관(징발관)을 통해 수행되었으며 이에 대한 지휘 감독을 계엄사령관이 맡았다. 징발·징용 취급 업무는 국방부 제1국과 계엄실시 지역의 지구위술사령관으로 명시하고 있으며76) 계엄 선포 지역의 경우 위술 업무가 계엄사령부(계엄민사부)로 통합됨에 따라 징발·징용 업무는 계엄민사부의 주요 임무가 되었다.

〈징발에관한특조령〉이 공포됨에 따라 1950년 7월 26일 경남지구 계엄사령부에서는 일반용 차량은 물론 비상용 차량도 일괄 해당 민사부에 등록할 것을 발표하였다.77) 또한 차량 징발에 관하여 계엄사령관의 징발증 없이 민간인 차량을 징발하는 자는 철저히 단속78)할 것이라고 하였다. 그간 차량 징발이 부대 단위로 무질서하게 진행되었던 것을 계엄사령관의 지휘통제 아래 두고자 한 것이다. 무질서한 징발에 대하여 1950년 8월 1일 국방부장관은 계엄사령관에게 징발령 제3조의 규정에 의한 징발 수행을 지시하였다.79) 연이어 불법 징발에 대해 국방부장관은 계엄사령관을 통해 '민유 군수품을 징발이라는 명목하에 위협·공갈을 통해 약탈 행위에 유사한 비행을 통해 취하고 있음'을 지적하고 불법적 징발을 막기 위한 원상회복 조치를 보고하도록 지시하였다.80) 이와 같이 징발 업무의 집행체계는 계엄사령관의 관장하에 지구 계엄사령부의 민사부, 위술사령관을 통해 시행되도록 하였으나, 집행체계에 국한되지 않고 각 예하

---

75) 「징발사무에 관한 지시사항(국방군내발(邱)제39호, 1950. 7. 23.)」, 국방관계법령집발행본부, 『앞의 책』, 1950, 488~489쪽.

76) 「징발 사무 취급 요령(국방군내발(大)제15호, 1950. 7. 11.)」, 국방관계법령집발행본부, 『위의 책』, 1950, 435~436쪽.

77) 『부산일보』, 1950. 7. 27.

78) 『민주신보』, 1950. 8. 14.

79) 「불법징발 조사에 관한 건(국방군내발(邱)제39호, 1950. 7. 23.)」, 국방관계법령집발행본부, 『위의 책』, 1950, 495~499쪽(주요 내용은 1. 통상수단으로 조달할 수 있는 징발 목적물은 징발치 않고 정식 수속에 의하여 현금 구매할 것 2. 이미 징발한 징발 목적물 중 토지, 차량, 시설 등 이에 준하는 징발 목적물 이외의 물자 또는 징발 시행령의 정하는 바에 의하여 보상하고 징발증명서를 회수할 것이었다).

80) 「징발에 대한 보상에 관한 건(국방군내발(邱)제39호, 1950. 7. 23.)」, 국방관계법령집발행본부, 『위의 책』, 1950, 496쪽.

부대의 불법적인 징발·징용은 일반적인 상황이었던 것으로 보인다. 또한 계엄 민사부는 징발·징용 업무 수행을 감독하였다고 할 수 있다.

계엄법에 따르면, 징용과 징발은 비상계엄 상황에만 계엄사령관이 관장하도 록 규정하고 있어 비상계엄이 해제되거나 경비계엄으로 전환되면 계엄사령관 의 집행권은 소멸되는 것이었다. 징발 권한과 관련하여 1950년 11월 10일 경비 계엄 전환에 따른 부수조치 지시에서 정일권은 다음과 같이 지시했다.

> 징용 또는 징발은 비상계엄 해제 후에는 계엄사령관으로서는 이를 집행할
> 수 없으나(계엄법 제14조 제1항 참조) 군 지휘자로서 징발징용은 특별조치령
> 제3조에 의하여 각 군 총참모장 자격자가 집행할 수 있으되 종전에 본관이
> 지시한 징용 및 징발은 처리할 것.[81]

이와 같이 경비계엄으로 전환되었다 해도 〈징발에관한특조령〉에 따라 각 군 총참모장이 집행토록 지시했던 것이다. 비상계엄이 부분적으로 해제되고 경비 계엄으로 전환하는 1951년 3월 이후 징발·징용에 대한 계엄사령관의 포고나 공고가 없는 것은 이러한 조치와 관련되어 있다고 할 수 있다.

계엄민사부의 징발 조치는 단독으로 수행하기도 했지만 국방부가 관계부처 와 협정을 체결하여 수행하기도 하였다. 군수물자 확보를 위해 1950년 9월 상 공부와 '생산 공장 운영에 관한 협정'을 체결하여 민수공장을 군수공장으로 전 환하여 활용하기도 하였다.[82] 또한 징용 업무 집행 예를 보면 의사, 치과의사, 약제사 등 의료기술자 등록을 계엄사령관이 포고를 통해 실시하고 '도지사로 하여금 매월 1일, 15일 2주 단위로 도내 등록현황을 보건부장관에게 보고토록 하였으며, 보건부장관은 통합서류를 작성하여 계엄사령부에 제출'하는 방식이

---

81) 대검찰청 광주고등검찰청 광주지방검찰청 목포지청, 「비상계엄 해제와 경비계엄 선포에 의한 부수조치에 관한 건, 1950. 11. 10.)」, 『검찰예규철』, 국가기록원 소장자료(동 지시는 신성모 국 방부장관이 1950년 11월 10일 계엄사령관에게 하달하였으며, 이후 계엄사령관 정일권은 11월 15일, 검찰총장은 11월 19일 각 지청으로 부수조치를 지시하였다).
82) 국방부, 『한국전쟁지원사』, 1997, 199~200쪽·222~224쪽.

었다.[83] 1951년 1월 29일 경남지구 계엄민사부장 김종원 대령도 등록 물자에 대한 특별성명을 발표했는데, 이제까지 등록되었던 물자 가운데 작전에 필요 없는 등록 물자를 해제하고 물자 등록 업무를 각 행정기관으로 인계하고 민사부는 이를 감시·감독만 한다는 취지였다. 이에 따라 1951년 2월 1일 부 전화 등록은 체신부, 버스 운행 허가 사무는 교통부, 생산품 할당과 매각·허가 사무는 상공부에서 취급하도록 하였다.[84]

이과 같이 민간물자 등의 등록 업무는 행정기관으로 인계하였으나, 징발 업무는 여전히 계엄민사부의 통제하에 두었다. 1951년 1월 경남북지구 계엄민사부장은 특별 발표를 통해 민간인 소유 차량, 건물, 통제물자에 대해서는 육해공군을 막론하고 계엄민사부 이외에 취급할 수 없다고 명시하였다. 이는 정일권 계엄사령관의 지시에 의한 것이었다. 이 지시에서는 계엄민사부장 외 징발증 발행을 금지하고 각 지휘관은 각도 지구 계엄민사부장을 통해 징발 청원을 하며, 사용 결과를 조사하여 계엄민사부장은 계엄사령관에 보고하도록 하였다.[85] 이렇듯 물자 징발을 계엄민사부로 일원화하고 계엄사령부의 통제하에 두기 위해 연이은 통첩이 하달되었지만, 불법 징발은 물론 징발 물자에 대한 사적 조치 등의 비행 행위는 여전했던 것으로 보인다.[86]

1950년 8월 말 이후 징발·징용에 더하여 징병 업무가 추진되었다. 1950년 7월 이후 제2국민병 소집을 실시하도록 결정하였으나, 소집 관련 행정절차의 미비로 소집이 중단되자 시·도 병사구사령부가 9월 재설치 되기 시작했다.[87] 재설치된 병사구사령부는 곧이어 제2국민병 등록을 실시하였다. 병무

83) 육군본부 법무감실, 『앞의 책』, 1952, 704쪽.

84) 『민주신보』, 1951. 1. 30.

85) 『민주신보』, 1951. 1. 5.

86) 육군본부 법무감실, 『앞의 책』, 1952, 395쪽·413쪽.

87) 서울지구 병사구사령부는 국본 일반명령(육) 제18호에 의거 육군본부 직할로 1950년 9월 26일에 창설되었고, 경남지구 병사구사령부는 9월 20일 육군본부 직할로 부산에 창설되었다. 제주도지구 병사구사령부는 12월 16일 제주에 창설되었다. 기타 지구 병사구사령부는 1951년 4월 20일에 각각 창설되었다(육군본부, 『6·25사변 후방전사: 인사편』, 164~165쪽).

행정 체계에서 국방부장관과 내무부장관은 최고 징집관이 되었고, 병사구사령관과 특별시장 및 각도 도지사는 병사구 징병관이 되었으며, 구청장, 시장, 군수와 병사구사령부 영관급 장교도 징병관이 되었다. 징집 · 소집 업무는 이원적 체계로 운영되었다. 국방부는 인력관리를 위한 계획 업무을 수행하고 징집(지방국)과 소집(치안국)업무는 내무부가 담당하였으며, 제2국민병의 소집에 대해서는 국방부에서 특별시장 및 각도 지사에게 요청하여 지방자치단체의 장이 이를 집행하도록 하였다. 1950년 11월 말부터 제2국민병 대상자에 대한 등록제가 실시됨에 따라 이들을 소집하여 12월에 국민방위군을 편성하였다.[88]

〈그림 3-6〉 국민방위군(국가기록원, 1951년 2월)

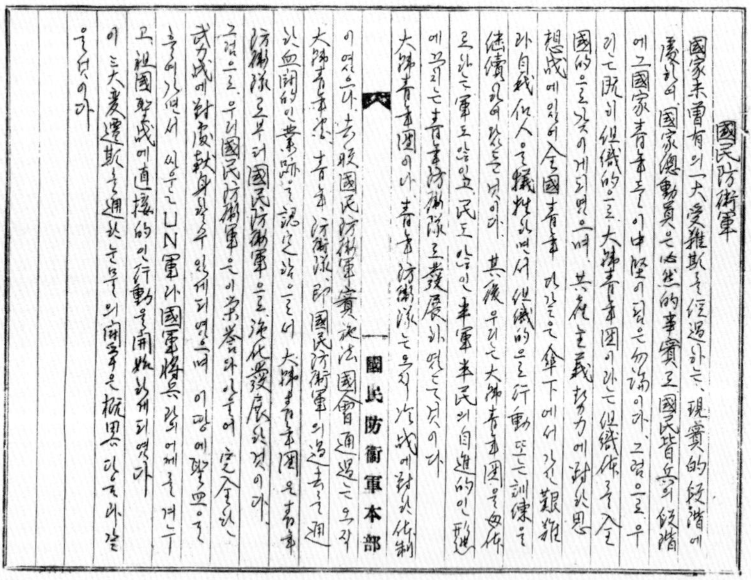

國民防衛軍

國家未曾有의 一大受難期를 經過하는 現實的 段階에 處하여 國家總動員은 必然的 事實로 國民皆兵의 段階에 그 國家青年들이 中堅이 됨은 勿論이다. 그럼으로 우리는 既히 組織的으로 大韓青年團이라는 組織体를 全國的으로 갖이게 되였으며 共產主義 勢力에 對한 思想戰에 있어 全國青年 가같은 傘下에서 가진 艱難과 自我 個人을 犧牲하면서 組織的으로 行動 또는 訓練을 繼續하여 왔는 것이다. 其後 우리는 大韓青年團을 母体로 하는 軍도 아니고 民도 아닌 半軍半民의 自進的인 形態에 꾸리는 青年防衛隊로 發展하였는 것이다

大韓青年團이나 青年防衛隊는 오직 作戰에 對한 作制이였으나 去般 國民防衛軍 設置法 國會通過는 오작 大韓青年團, 青年防衛隊 卽 國民防衛軍의 過去를 通한 血鬪的인 業跡을 認定함으로서 大韓青年團은 青年防衛隊로부터 國民防衛軍으로 強化發展한 것이다. 그럼으로 우리 國民防衛軍은 이 榮譽와 아울어 完全한 武力戰에 對處하여 獻身할 수 있게되였으며 이 땅에 [illegible]으로 후에 가면서 싸우는 UN軍과 國軍將兵과 어께를 겨누고 祖國聖戰에 直接的인 行動을 開始하게 되였다

이 三大變遷期를 通하는 우리의 團結은 概畧 당은 바 같을 것이다

國民防衛軍本部

88) 국방부, 『한국전쟁지원사』, 1997, 242~243쪽.

▲ 1950년 12월 제2국민병으로 국민방위군이 편성되었다. 1·4후퇴 과정에서 고위 장교들이 군수 물자를 착복함으로써 아사자, 병사자, 동사자가 약 120,000여 명에 이르게 한 '국민방위군사건'이 발생했다.

이와 같이 징집 업무는 국방부와 내무부가 각 지방자치단체를 통해 집행하였지만 징집의 기초가 되는 장정 등록은 1950년 8월 22일자 계엄사령관의 포고에 의해서 이루어졌다. 장정 등록은 비록 지자체의 병적계를 통한 행정절차로 이루어졌지만 이에 대한 지휘·감독은 해당 지역 계엄사령부에서 수행하였다.[89]

계엄사령관은 포고를 통해 '등록 기피자나 무단 이동자에 대하여 극형에 처할 것'이라고 선포하였다. 이와 관련하여 경남지구 계엄사령부에서는 1950년 9월 26일 징병 불응자에 대한 '반장 및 동회장 책임제'를 발표하였다. 이에 따르면 병사구사령관이 발행하는 징병 소집 영장을 접수하고 불응한 자가 있는 동·반에 대해서는 반장 및 동회장을 인책·추궁할 것이며 해당 동·반에 대해

---

[89] 육군본부 법무감실, 『앞의 책』, 1950, 686~688쪽; 『대구매일신보』, 1950. 8. 25.; 『민주신보』, 1950. 8. 24.

서는 식량과 기타 배급을 중지한다는 것이었다. 또한 징병 불응자의 보호자와 후견인은 불응자가 올 때까지 그 책임을 추궁하도록 하였다. 또한 단속을 위해 계엄사령관이 직접 지휘하는 헌병·경찰관으로 하여금 지구별 야간 특별 검색을 실시하도록 하였다.[90] 이러한 계엄사령부의 활동목적은 부대별 개별 소집 행위로 인한 부당한 소집을 방지하기 위하는 것이라고 밝혔으나, 행정기관(국방부, 내무부)을 통한 징집이 어렵게 되자 계엄사령부가 개입하여 집행력을 높이기 위한 것이었다고 할 수 있다. 계엄상태에서는 지역·혈연 단위의 연좌제를 시행하거나, 배급을 중지하는 등의 극단적인 조치까지도 묵인되었다.

이와 같이 계엄민사부는 전쟁 초기부터 대두되었던 징발·징용·징병 업무나 피난민 대책 수립·시행과 관련하여 행정부와 지자체를 총괄하여 그 업무를 수행했다. 특히 계엄민사부는 제 증명발행·관리, 장정등록, 정보·수사기관을 통한 대민통제와 동원에 주력하였다고 볼 수 있다.

세 번째로 계엄민사부의 지방 행정 기관과 치안 기관 관리 감독 활동을 살펴보도록 하겠다. 계엄민사부는 지방 행정 기관과 치안 기관을 통하여 행정 업무를 관할하였을 뿐만 아니라 동원·건설·원호 등 대민업무 전반을 담당하였다.[91] 계엄민사부의 행정 기관으로서의 업무로는 미곡수집, 농지개혁 추진, 각종 물가 결정, 생필품 반·출입, 밀도살 단속, 요식업 단속 등 민생 전반에 걸쳐 있었다. 이는 계엄사령관과 지구계엄사령관, 지구계엄민사부장 명의로 각종 포고를 실행하고 계엄상태를 전면화하여 정부 정책에 대한 집행력을 담보하는 형태였다.

1950년 9월 25일 계엄사령관은 포고를 통해 '축우의 부족으로 농경 상 불선한 지장을 야기함'을 이유로 '축우의 도살 및 우육 매매'를 금지한 이래 계엄민사부에서는 금지 기간을 연기하여 계엄 기간 내내 지속적으로 시행하였다.[92]

90) 『민주신보』, 1950. 9. 27.
91) 국방부, 『한국전쟁지원사』, 1997, 225쪽.
92) 『부산일보』, 1950. 10. 31.

또한 1950년 11월 10일 경남지구 계엄민사부장의 지시에 따라 종업원 10명 이상 고용 공장을 등록하도록 하고 종업원 명부를 계엄민사부에 제출하도록 하였다. 명부 등록 이후에는 생산품을 매일 보고하도록 했으며 생산품 처분에 있어서 군 또는 관에서 원료를 공급한 '출고품'은 반드시 보고하되 그 이외 출고는 사전에 반드시 계엄민사부장의 승인 후 출고·처분하도록 하였다.[93)]

1950년 11월 15일 경남지구 계엄민사부장 장두관은 지속적인 농지개혁 추진을 발표하고 전쟁으로 인해 농지개혁 사무가 원만하지 않은 틈을 타 지주들의 소작료 강요 및 추곡상환의 지연 등이 나타나는 바 이에 대한 엄정 처단을 지시하였다.[94)] 경남지구 계엄민사부는 1950년 11월 18일 접객업자 및 관계기관장 연석회담을 개최하고 11월 20일 부로 각종 요금 및 음식 대금 가격을 결정하여 공포하였다. 여기에는 숙박료, 이발요금, 목욕요금, 음식요금 등의 최고가격과 국밥, 비빔밥 등 구체적인 메뉴에 대한 부산시 기준가격을 정하여 각 식당에서는 가격표를 게시하도록 하였다.[95)] 전염병 예방과 관련하여 경남지구 계엄민사부에서는 1951년 3월 1일부터 대대적 방역운동을 전개하였고, 민사부에서는 매일 평균 1만 5,000명에 예방주사를 실시하였다. 또한 방역증 미 소지자는 통행을 금지하는 조치를 취하였다.[96)]

또한 경남북지구 계엄민사부장 김종원은 시내 각 반장 조장의 신분보장을 위하여 '민간 여론 조사증'을 교부하여 '유숙계 실시를 위시한 사무 집행에 엄정 무사하여 주기를 당부'하였으며,[97)] 경남지구 계엄민사부 지휘 아래 1951년 1월 27일부터 군·검·경 합동으로 유숙계 실시 감찰반을 편성하여 활동하였다.[98)]

한편 1950년 12월 7일 비상계엄이 재선포되자 경남지구 계엄민사부장 장두

93) 『민주신보』, 1950. 11. 11.

94) 『민주신보』, 1950. 11. 16.

95) 『부산일보』, 1950. 11. 21.

96) 『부산일보』, 1951. 3. 6.

97) 『민주신보』, 1951. 1. 15.

98) 『민주신보』, 1951. 1. 30.

관은 '시국관련 실천사항'을 다음과 같이 발표하였다

> (1) 유언비어 엄금 (2) 유숙계 계출 (3) 귀금속 기타 사치품 등의 매점행위 엄단 (4) 현찰 보유 엄금 (5) 식량 기타 생필품의 매점행위 엄금 (6) 청년기관의 비행 엄단 (7) 방공호 설비태세 완비 (8) 전시하 풍기 삼가 (9) 여행의 제한 (10) 전시하 음식점의 가무 음주 자숙 경계 (11) 외국산 고급 의복 착용 금지 (12) 부녀자 몸뻬 착용 권고[99]

이러한 '시국관련 실천사항'은 주민생활 전면에 대한 통제를 목적으로 한 것이었다. 또한 전시하의 풍기 삼가, 여행 제한, 외산 고급 양복의 착용 금지, 몸뻬 착용 권고 등은 일제시기 전시 동원의 슬로건을 연상시키는 시책이었다. 즉, 계엄에 따른 군의 일반 행정 업무 관할은 효율성과 집행력 강화를 명분으로 국민을 전쟁에 동원하기 위한 것이었다. 계엄민사부의 행정조치 위반자에 대해서는 처벌이 따랐다. 이에 대한 처벌의 사례는 다음과 같았다.

> 차량 통행금지 시간을 위반하거나 통행금지 시간 되도록 가무음곡하는 자는 발견되는 대로 체포하여 제일선지구에 징용 또는 실탄 운반 등에 사역으로 사용할 것이며 이러한 방황자 등을 편성하여 시내 청소봉사대를 조직코 1주간 구역별로 실시한다. 주류 영업자는 시간 위반 시에는 무조건 영업정지하여 그 요정은 피난민수용소로 징발증을 발행한다.[100]

이 같은 처벌 내용은 경남지구 계엄민사부의 주도로 각 기관장들을 모아 관계관 회의를 개최하고 계엄 업무 수행에 관한 협의 후 결정하였다. 예를 들면 도내 도로개축, 청소문제는 도지사, 경찰국장 그 예하 각 군수, 경찰서장이 추진하고, 가옥청소 및 살수를 행하지 않을 때는 1,000원의 과료금 또는 장기간 구류처분을 내릴 것을 결정하고 공표하는 식이었다.[101] 특히 경남지역에서는

---

99) 『민주신보』, 1950. 12. 13.
100) 『민주신보』, 1950. 12. 21.

'계엄 기관장 회의'를 정례적으로 개최하여 사안에 대한 협의와 결정을 진행하였다.[102]

　이러한 전시 행정과 치안 활동은 군이 계엄상태를 이용하여 일반 행정력을 장악한 상황에서 가능했다. 즉, 표면적으로는 경찰서, 행정기구에서 업무를 수행하였지만 '계엄 기관장 회의'의 사례와 같이 대민업무 일반은 계엄 상황을 기반으로 하여 군의 지휘 아래 시행되었던 것이다. 계엄민사부의 조직 규모와 특성상 광범위한 민사 업무를 직접 실제적으로 집행하기는 어려웠다. 특히 미곡 수집, 추곡상환 같은 업무를 계엄민사부가 직접 집행할 수는 없었다. 계엄민사부의 민사행정 추진 방법은 계엄민사부가 발표한 포고나 시행 추진 내용을 위반했을 때 연좌제를 적용하고, 배급에서 제외하고, 과태료를 부과하는 등의 임의적인 '재판'을 하는 식이었다. 그리고 임의적인 '재판' 외에도 명령불복종자는 군법회의에 회부되어 평상시보다 과중한 형량을 받는다는 것은 주민들에게 심리적 압박으로 작용하였다.

　계엄사령부가 행정기관을 지휘·감독한다는 것은 일반 전시 동원과 통제 기제를 통해 행정의 집행력을 높이는 식이었다. 예를 들어 농지개혁과 관련하여 계엄민사부는 다음과 같이 '엄중처단'을 경고하였다.

　　역사적 대과업인 농지개혁은 4283년 6월 21일자 동 법 공표 후 제반 기초 조사의 완료에 따라 농지분배를 1월 마치고 본년도 하곡부터 상환을 수납하던 중 불의의 괴뢰남침으로 일시 중단되었으나 (…) 발포한 상환납부고지서에 의하여 12월 20일 한 無違 납부하도록 요망하는 바입니다. 측문컨대 일부 악질지주들은 농지개혁 사무가 금번 사태 발생 후 중지 혹은 연기설을 유포하여 소작료를 강요한다는 일이 있는 바 이는 의법 엄중 처단할 방침이므로 일반 수분배자는 此點 특히 유의하여 如斯한 악질 지주가 있을 경우에는 즉시 당 계엄민사부에 연락하여 주기를 바라마지 않는다.[103]

101) 『부산일보』, 1951. 1. 4.
102) 『동아일보』, 1951. 3. 21.
103) 『민주신보』, 1950. 11. 16.

농지개혁에 불응하는 지주에 대하여 '엄중 처단'을 밝히고 있으나 적용법이 무엇인지는 밝히고 있지 않다. 그러나 위 포고는 계엄법에 의거하여 명령불복종으로 처단될 것이라고 보아도 무방하다. 즉 계엄민사부는 농지개혁이라는 일반 행정 사항을 계엄상태를 통해 군 행정으로 수행하였던 것이다.

네 번째 계엄민사부의 사법 사무 관장에 대해 살펴보도록 하겠다. 사법 업무는 헌병대와 CIC를 통한 직접적인 검열, 민간인 수색·검거, 군법회의 회부 여부 결정, 일반 법원에 대한 감독 등 사법 업무 전반이 계엄민사부 소관이었다.

1950년 8월 29일 경남지구 계엄사령부로 재편된 이후 계엄 업무는 군관계, 민사, 모병, 민생 등 그 범위가 확대되었다. 이 중 가장 중요한 업무는 경남지구 CIC를 중심으로 조사기관을 일원화하여 '제5열을 박멸'하는 데 있었다. 또한 9월 1일 김종원 계엄사령관은 담화를 통해 '사설단체의 수사 엄금'을 지시하고 '계엄법에 따른 명령, 지시, 경고 발표 이래 위반사건에 대해서는 군·경·민을 막론하고 계엄법에 따라 엄중 처단할 것'을 발표하였다.[104] 9월 4일에는 군수사기관의 업무 한계를 발표하였는데, 경남지구 CIC의장을 중심으로 수사력을 강화하는 한편, 방첩 업무는 경남지구 CIC-경찰의 조사기관, 일반범죄사건은 헌병대-경찰의 지휘하에 취급하도록 하였다.[105] 이에 대해 9월 15일 정일권 총사령관은 '육해공군을 막론하고 CIC나 헌병이나 HID에서는 계엄사령관의 명령이 없을 시는 민간인 범죄에 관한 조사 및 검거를 절대 엄금한다'[106]고 발표하였다.

이렇듯 수사기관의 정비는 김종원 계엄사령관을 중심으로 부산지구에서의 군 수사기관의 일원화 작업으로 추진되었던 것이다. CIC와 헌병대는 계엄사령부에 배속되었으며, 계엄민사부는 이를 통해 대민 통제·수사 등의 업무를 장악하였다. 계엄민사부의 정보 업무 강화는 지역적으로 헌병대와 같은 정보기

104) 『민주신보』, 1950. 9. 2.
105) 『부산일보』, 1950. 9. 5.
106) 『부산일보』, 1950. 9. 16.

구의 파견대·분견대를 설치했다. 9월 23일 경남지구 계엄사령부(사령관 김종원)는 업무를 복귀하는[107] 동시에 울산·밀양·마산에 계엄사령부 파견대를 설치하였다. 또 부산지구헌병대를 중심으로 울산·양산·동래·밀양·김해·삼랑진·구포·수영·마산·거제 등 경남지역 주요 도시에 각 분견대를 설치하여 계엄 업무를 수행하였다.

> 대통령 각하 언명으로 지방민 취급을 엄금하여 단기 4283년 9월 24일 상오 12시 이후 경남지구 계엄사령관이 발행하는 구속영장 없이 여하한 군수사기관을 물론하고 지방민 구속 및 취급을 엄금한다. 위반자는 군법에 의거하여 엄중 처단할 것이다. 단 울산, 밀양, 마산에는 계엄사령부 파견대장이 구속 체포를 허가할 수 있다.[108]

라고 하여 표면적으로는 영장 없는 민간인 구속을 엄금한다고 지시하고 있으나, 실제적으로 각 지역에 파견대를 설치하고 파견대장이 구속·체포를 허가할 수 있도록 하여 지방민에 대해 영장 없는 체포·구금이 가능하도록 하였다. 비상계엄 상태라 할지라도 각 지역에서 계엄사령관의 체포 영장을 발부받는 데 시간이 소요되자 파견대·분견대장에게 그 권한을 위임하여 신속한 체포·구속이 가능하도록 하였던 것이다. 계엄사령관의 관장 사항을 파견대·분견대장에게 위임하는 조치는 계엄법상으로도 불법이었음은 두말할 필요가 없다.

인천상륙작전이 성공하고 전세가 호전되면서 경남지구 계엄사령부의 주요 임무는 수복을 앞두고 좌익자 등을 색출하기 위한 각종 증빙서(귀향증명서, 이재민증, 시·도민증) 관리 업무였다. 좌익자 색출 처단 작업을 위해 계엄사령부는 수사 업무의 일원화에 착수하였다. 서울 환도 이후 10월 3일부로 부산과 마산의 지구 계엄사령부를 해제하고 서울과 각 도 단위로 계엄민사부를 창설하여 행정·치안 업무를 확대하였으며, 사법 기능은 계엄사령부와 합동수사본부

---

107) 『부산일보』, 1950. 9. 18; 『민주신보』, 1950. 9. 25.
108) 『민주신보』, 1950. 9. 25.

로 집중되었다.[109] 서울 환도 이후 재편된 계엄민사부는 그 업무가 확대되었으나, 실제적으로는 치안과 사법사무의 집중으로 나타났다.

이상에서 살펴본 바와 같이 계엄민사부의 기능과 활동은 군사 행정을 통해 전쟁 중 국민에 대한 통제권을 강화하여 전장의 확대를 가져왔다. 종래 전쟁 시기 계엄사령부나 계엄민사부 활동에 대한 평가가 소극적이었던 것이 사실이다. 즉 기본적으로 피난민 철수 구호대책도 국가 차원에서 시행하였고, 경찰 주도하에 후방지역의 치안이 유지되었으며 유엔과 정부에서 전쟁 물자와 장비를 지원하는 등 '계엄사령부보다 국가 차원에서 정부의 각 부서가 군 작전을 지원하기 위한 조치를 하였다'라고 평가되어 왔다.[110] 이러한 평가에는 계엄사령부의 계엄민사부의 활동에 대한 자료가 남아 있지 않기 때문이었다. 그러나 위에서 살펴본 바와 같이 계엄사령부 소속 계엄민사부와 달리 지구 계엄사령부 소속 계엄민사부와 이후 지구 계엄사령부가 개편된 도 단위 지구 계엄민사부의 활동은 군사작전과 직접적으로 관련 있는 사항은 물론 일상생활의 규율에 이르기까지 광범위한 영역에서 활동함으로써 국민을 전시체제로 동원하였다. 이러한 지구 계엄민사부의 활동으로 행정기관과 사법기관, 경찰은 점차적으로 군 행정에 귀속되어 갔다. 1951년 3월 27일 국회 제52차 본회의에서 계엄해제 요구에 나선 의원들은 비상계엄에 따른 인권·행정의 위축 등을 논의하면서, '계엄해제 요구는 군의 비행 제거보다는 소수의 민사부 잔원의 손으로 완수될 수 없는 마비·붕괴된 행정을 복구하여 하루 속히 민심의 안정을 기하기 위함'[111]이라고 하여 행정·치안 기구의 정상화를 위해 계엄 해제가 필요함을 역설하였다. 이충환 의원의 지적과 같이 '민사부 잔원'인 군에 의한 행정·사법의 운영은 일반 행정기관과 사법기관의 기능을 붕괴·왜곡시켰다고 할 수 있다.

109) 국방부 국방군사연구소, 『한국전쟁지원사』, 1997, 225쪽.
110) 군사편찬연구소, 『6·25전쟁 전후 계엄업무 수행체계 연구』, 338쪽.
111) 『동아일보』, 1951. 3. 28.

수사 · 정보기관: CIC, 합동수사본부, 헌병대

대한민국 정부수립 후 1948년 9월 15일 조선경비대가 육군으로 명칭이 변경되고, 육군본부에 정보국이 창설되었다. 정보국 제1과는 행정과, 제2과 대공첩보국, 제3과는 특별조사과로 좌익세력 검거 임무를 맡았다. 한국전쟁 이전 방첩대는 미CIC로부터 직접 교육과 훈련을 받았다. 1948년 12월 미군이 철수하면서 육군본부 정보국은 미군의 방첩대 기능과 조직을 이어받아 업무를 수행하였다. 여순사건 발발 며칠 뒤 정보국은 특별정보대를 조직하였다. 1948년 11월 1일 김안일 대위가 초대 부대장을 맡았고 정보국 특별조사과는 특별정보대로 개칭되었다.[112]

정보국은 여순사건 진압과 숙군 과정에서 공산주의 척결과 숙군에 앞장서면서 군대 내 좌익 척결과 여순사건 진압에 성공하였다. 1949년 10월 정보국 특별정보대는 제2과 방첩대(CIC, Counter Intelligence Corps)로 개칭 · 변경되었다. 10월에는 숙군작업을 효율적으로 수행하기 위해 오제도가 참여하는 군경합동수사본부를 정보국 제2과인 방첩대에 설치하였다.[113] 1950년 10월 21일까지 명칭 변경은 없었다. 공식 명칭이 CIC로 변경됨에 따라 지역에 설치된 방첩대의 명칭도 바뀌었는데, 육군본부 정보국 직속부대인 마산지구 방첩대는 1949년 12월 14일 마산지구 CIC로, 부산지구 방첩대도 1950년 2월 1일 부산지구 CIC로 개칭되었다.[114]

한국전쟁 초기 후퇴를 거듭했던 CIC는 1950년 7월 15일 정부가 대구로 이전하고 육군본부와 CIC 본부가 대구에 주둔한 이후 각 사단에 배속된 조직을 해체하여 육군본부 정보국 직할로 재편성하였다. 부산지구 CIC는 1950년 8월 경

---

112) 국방부 전사편찬위원회, 『한국전쟁사: 해방과 건군』, 1967, 268 · 273쪽.

113) Organization and Functions of Republic of Korea Army Counter Intelligence Corps(1951. 3. 14.), RG 319, Historians Background Material Files Concerning CIC History, Box 6(김득중, 「앞의 글」, 65쪽. 재인용).

114) 국군보안사령부, 『대공30년사』, 고려서적주식회사, 1978, 36~37쪽.

남지구 CIC로 개칭되었고 CIC대장은 김창룡 중령이 맡았다.[115]

이렇듯 전쟁 직후 독자적으로 움직였던 CIC는 육군정보국으로 귀속되었다가 계엄 선포와 함께 계엄사령관의 지휘하에 들어갔으며 지구 계엄사령부는 해당 지역 CIC의 업무를 관장하였다.

국방부장관은 1950년 7월 29일 '사상범 및 적 유격대 취급에 관한 업무 한계의 건'을 통해 육군본부 정보국, 헌병사령부, 경찰 등 기관의 사무 취급 한계를 규정하여 하달하였다.[116] 이에 따르면 육군본부 정보국 소속 CIC는 사상범, 적 유격대원, 적 포로 등에 대한 수사를 주관하도록 하였다. 그리고 헌병사령부와 경찰관서에서는 사상범, 적 유격대원 및 포로의 체포만을 담당하도록 하고 체포 후에는 CIC에 그 범인의 신병을 즉시 인도할 것을 지시했다. 특히 위 통첩에서는 CIC의 체포권을 다음과 같이 규정하였다.

> '헌병 및 국군 정보기관의 수사 한계에 관한 법률'에 의하면 CIC 직원은 군인 군속의 범죄에 관하여서만 수사권이 부여 되어 있고 민간인의 범죄에 관하여는 설사 군사에 관련된 범죄나 혹은 군인 군속과 공범 관계가 있드라도 그 범인의 체포는 오직 헌병으로 하여금 이를 행하게 되었으나 전기 사상범, 적 유격대원, 포로 등은 법률상 상황범으로 인정되어 있으므로 현행범으로 이를 체포할 수 있음.

이와 같이 '헌병 및 국군 정보기관의 수사 한계에 관한 법률'을 통해 군 수사 기관의 업무 취급 한계를 규정했음에도 불구하고 CIC로 하여금 사상범 등의 체포는 물론 수사까지 총괄하고 이를 위해 헌병이나 경찰의 협조를 받을 수 있는 권한을 부여하였다.

이와 더불어 1950년 8월 29일 부산지구와 마산지구 계엄사령부가 경남지구 계엄사령부로 통합되고 김종원이 경남지구 계엄사령관으로 임명된 후 발표한

---

115) 국방부 군사편찬연구소 소장, 『육군역사일지』

116) 「사상범 및 적 유격대 취급에 관한 업무 한계의 건(국방군내발(邱)제49호, 1950. 7. 29)」, 국방관계법령발행본부, 『앞의 책』, 1950, 460쪽.

'통솔방침'은 CIC의 위치와 역할을 잘 보여주었다.[117] 경남지구 CIC 본부에 검찰·경찰의 양 진영을 구성하고 중요 사건은 CIC 본부에서 취급하도록 하였다. 일반사건은 검찰·경찰에서 취급하여 지방 민간법원에서 다루도록 지시하였으나, 일반사건과 중요사건의 구분은 경남지구 CIC 본부에서 이루어졌다. 하나의 예로, CIC 전남지구파견대 지휘관 허찬 중령은 전남 목포지청에 대해 비상계엄 선포에 따라 군사재판 회부사건과 일반법원 회부사건을 갑과 을로 해당 사건을 상세히 구분하여 처리할 것을 지시하였다.[118] 이러한 현상은 다른 지역에서도 마찬가지였던 것으로 보인다.

서울 수복과 더불어 '부역자' 처단의 핵심기구였던 합동수사본부도 CIC가 중심이 되어 조직되었다. 그런데 이 합동수사본부 형태는 전쟁 전 숙군 기간 동안 설치·운영된 적이 있었고, 전쟁 이후 그 경험을 가진 경남지구 CIC 대장 김창룡과 경남지구 계엄사령관 김종원은 신속하고 효율적인 '사상범 처리' 방안을 합동수사본부 구성에서 찾았다. 이들은 수복 이전 이미 경남지역에서 합동수사본부를 구성·운영하였다. 부산 지역의 재판소와 검찰 사무가 정상적으로 운영되고 있는 상황에서 비상계엄을 명분으로 군 수사기관에서 업무를 장악한 것은 분명한 위법이었다. 이러한 군수사·정보기관의 확대는 계엄상태 창출에 따른 것으로, 군수사기관인 CIC는 경찰은 물론 검찰보다 우월한 기관으로 부상하였다. 이어 1950년 9월 4일 김종원 경남지구 계엄사령관은 조사기관의 업무 관할에 관한 담화를 발표하였다.

---

117) 『부산일보』, 1950. 8. 31.

118) 대검찰청 광주고등검찰청 광주지방검찰청 목포지청, 「사건 송부의 건(1950. 12. 15.)」, 『검찰사무예규철』, 국가기록원 소장자료(비상계엄 선포에 따라 금후 전 사건을 다음과 같이 구분하여 처리할 것. 사건 구분 기준 (갑) 1. 군재판부 해당사건: 1) 공산당원으로서 적에게 직접·간접으로 상당한 방호 행위한 사건(음모 미수도 포함) 2) 대한민국 관공리 군인의 신분을 가진 자로서 공산당원 행사한 이적·간첩사건 3) 소련 중국에 관련된 사건 4) 내무성계(내무서, 정치보위부) 사건 5) 인위(인민위원회)기타 단체 사건 6) 군수 물자 관련 사건 2. (을) 지청 해당사건: 1. 직접·간접으로 다소 관련이 있으나 주로 정보(**해독불가) 2) 군수품이 아닌 물자 부정 사건 3) 가옥, 기타 금품 부정 사건 4) 일반 형사범으로서 괴뢰군 작전과 관련 없는 사건 5) 기타 갑에 속하지 않는 사건).

경남지구 CIC 의장을 중심으로 하는 수사력을 강화하는 방법으로 법무검찰·경찰 등 각 기관으로부터 각 1명 보좌관을 파견하여 수사 근무의 만전을 기하는 동시에 그 업무 한계의 구체적 내용은 다음과 같다.

1. 관내 일절의 방첩 업무 수행 및 국가보안법 해당 범죄는 경남지구 CIC가 이를 적발할 것이므로 경남지구 각 경찰의 조사기관은 전기 CIC 대장의 지휘하에 그 방첩 의무를 집행함 2. 방첩업무 이외의 일반 범죄사건은 일절 계엄사령관 지휘하에 헌병이 이를 취급하며 일단 경찰은 관할 헌병대장의 지휘하에 일반 범죄사건을 취급한다.[119]

이와 같이 경남지구 계엄사령부에서는 계엄사령관의 지휘 아래 CIC 대장 김창룡을 중심으로 검찰·경찰 기관에서 인원을 파견하여 합동수사본부를 구성하였다. 이는 서울 환도 이후 계엄사령관 휘하에 10월 4일 발촉된 합동수사본부와 동일한 형태였다. 환도 이후 합동수사본부에서도 CIC 대장 김창룡은 본부장으로서 주도적인 역할을 하였다. 김창룡 외에 오제도, 안문경, 정희택 등의 검사들과 경찰이 참가했지만 김창룡 본부장과 정보 장교가 주요 역할을 수행하였다. 이렇듯 수복 후 설치된 합동수사본부는 일찍이 경남지역 계엄사령부에 설치되었던 합동수사본부를 모태로 하였다고 할 수 있다.[120] 이를 중심으로 환도 이후 '부역자' 처리를 위한 방향이 논의되었다.[121]

---

119) 『부산일보』, 1950. 9. 5.

120) 장경근 국방차관 주재로 경남도청 회의실에서 열린 군·검·경 책임자회의에서 부역자 처벌의 방향이 논의되었다는 오제도의 회고(오제도, 「부산피난시절: 그때 그 일들」, 『동아일보』, 1976. 6. 26.)를 통해 합동수사본부가 장경근에 의해 제안되었다는 견해가 있다(김득중, 「앞의 글」, 68쪽; 이임하, 「앞의 글」, 147쪽.) 그러나 군·검·경 합동수사본부는 숙군 과정에 참여한 오제도, 김창룡에 의해 이미 구성·운영된 적이 있으며, 경남지구 계엄사령부에서도 구성되었던 점으로 미루어, 군을 중심으로 한 '사상범' 처리를 위한 방법으로 일찍이 군정보기관에서 사용된 조직 형태라고 할 수 있었다. 다만 환도 후 서울에서의 '부역자' 처리 방향을 논의하는 과정에서 장경근의 제안으로 환도 후의 합동수사본부가 구성되었을 가능성은 있다. 합동수사본부는 1981년 계엄사령부 직제 개정 시 계엄사령관 직속 기관으로 제도화되어 현재에 이르고 있다. 1980년 5·18 전두환 쿠데타 당시, 전두환은 5월 17일 계엄을 전국으로 확대하고 계엄사령부 내 합동수사본부장을 맡는다. 당시 합동수사본부는 군과 중앙정보부, 검찰과 경찰 등 모든 수사 기관을 지휘·감독·통제하는 권력기관으로 정승화 육군참모총장 겸 계엄사령관을 내란방조죄로 단죄하여 쿠데타의 기반을 만들었다.

1950년 10월 4일 설치되어 1951년 5월까지 약 7개월 간 존속되었던 합동수사본부는 계엄사령관 밑에 임시 편성된 기구로, 설치 근거 등에 대해 당시에도 논란이 일었다. 오제도 검사의 당시 인터뷰에 따르면, 군·경 수사기관에서 검거한 사람을 대상으로 합동수사본부에서는 군법회의 회부자, 지검 회부자, 석방자를 구분했는데 그 기준은 다음과 같았다.

> 6·25 전부터 당에 가담해서 정식 당원으로서 군사기밀이라든가 이러한 것을 의식적으로 적극성을 띄우고 제공한 사람은 군법회의 회부, 의식적 또는 무의식적으로 활동한 사람으로서 적극성을 띄우지 않았다는 사람은 지검 회부, 무의식적으로 생명을 보전하기 위한 행위자는 석방으로 심사했다.[122]

이와 같이 그 기준은 애매했고 혼란스러웠다. 합동수사본부 설치 이후 처리된 사건의 규모나 군법회의 회부 상황은 구체적으로 파악하기 어렵다. 다만 당시 신문 보도에 따르면 서울지역 고등군법회의에서는 10월 23일까지 총 125건을 재판하여 그중 사형 62건, 무기 14건의 재판을 진행하였다. 그리고 계엄사령부 고등군법회의에서는 11월 23일까지 475명을, 그리고 중앙고등군법회의에서는 169명, 지방법원에서는 233명에게 사형을 언도하여 총 877명 중 161명의 사형이 집행되었다고 전하고 있다.[123] '의식적', '적극성'이라는 기준에 따라 1950년 10월~11월 두 달 동안 877명에게 사형을 언도하였다고 하였으나, 군법회의에서 '처단'된 인원만을 전할 뿐 구체적 범죄 사실이나 적용 법률에 대해서는 언급하고 있지 않다.

중공군의 참전으로 다시 서울에서 후퇴하게 되자 합동수사본부는 대구의 계엄사령부 지휘하에 본부를 대구에 설치하고 부산에 파견대를 설치하였다. 경

---

121) 검찰 문서에서 확인되는 바, 9월 24일 무렵에는 환도 후 '비상사태 수습 요강'으로 하여 각 지청은 물론 경찰 등 해당 수사기관에 전파되었다.(대검찰청 광주고등검찰청 목포지청,「비상사태 수습요강송부의견」,『검찰사무예규철』, 1950. 9. 24.).

122)『서울신문』, 1950. 11. 28.

123)『경향신문』, 1950. 10. 24;『경향신문』, 1950. 11. 25.

남지구 계엄민사부 내에 있었던 경남북지구 합동수사본부는 수사기관 업무의 일원화를 명목으로 1951년 2월 1일에 해체하였고 '경상남북도에 있어 부역자 처단은 계엄사령부 합동수사본부에서 개시하게 되었다'[124]고 공표하였다. 계엄사령부의 합동수사본부가 이전되기 전까지 경남북지구의 합동수사본부는 상당 기간 동안 지역에서 독자적으로 그 역할을 수행하였다고 볼 수 있다.

합동수사본부는 군법회의 회부 전에 피의자를 사전 조사하는 기관임과 동시에 군법회의 회부 여부를 결정하는 무소불위의 권력집단이었다. 합동수사본부는 이승만의 전폭적인 지지를 바탕으로 운영되었다. 합동수사본부의 불법성이 국회에 의해 제기되고, 1951년 4월 검찰청과 경찰청에서 합동수사본부 파견 검사와 경찰관 소환을 결정하였으나 이승만의 강력한 반대로 실행하지 못하고 존속시켜야만 했다. 1951년 4월 10일 서울지검에서 합동수사본부 지휘부에 파견되어 있던 오제도 부장검사 이하 3명의 부장검사와 검사 1명의 복귀를 계기로 수사본부 해산설이 유포되었으나, 4월 17일 김창룡 합동수사본부 본부장은 이를 부인하였다.[125] 그러던 것을 1951년 4월 19일 이승만 대통령은 국방부장관에게 합동수사본부 존속을 다음과 같이 지시하였다.

> 합동수사본부에서 관·민 간 대소 불법 행동과 제5열 공작 등을 수사하는 데 많은 공적이 있었으므로 그 내용에 병통이 있거나 폐단이 있을 때까지는 이를 유지해야 되겠으니 총참모장에게 지휘해서 누가 무슨 언론으로든지 이를 방해하는 자가 있으면 그가 누구인지 알아서 보고하며 경비계엄령이 있을 동안에는 경찰이나 검찰에서 파견한 인원을 소환하는 것을 못하도록 할 것.[126]

그러나 국회 법제사법위원회에서는 합동수사본부의 존속의 불법성을 다시 제기하였으며, 국회는 5월 2일 합동수사본부 해체를 결의하였고, 합동수사본부

---

124) 『부산일보』, 1951. 1. 10.

125) 『민주신보』, 1951. 4. 17.

126) 「합동수사본부 존속에 관한 건(大秘指國防 제30호), 1951. 4. 19.」, 『이승만대통령기록물』.

는 5월 23일 해체되었다.[127]

　1951년 5월 2일 합동수사본부 해체와 관련한 제71차 국회 본회의 논의를 통해 계엄에 따른 군 수사기관의 불법적 운영과 권한의 확대 과정을 알 수 있다. 당시 윤길중 의원이 지적한 바와 같이 1950년 11월 10일을 기하여 비상계엄이 해제되었음에도 불구하고 합동수사본부가 유지된 것은 비상계엄 해제 결정과 더불어 국방부장관이 하달한 통첩을 통해서였다. 윤길중 의원이 '불법통첩'이라 칭한 통첩의 내용은 다음과 같았다.[128]

> 2. 군 · 검 · 경 합동수사본부는 군사에 관한 범죄사건에 관하는 한 경비계엄하에 있어서도 이를 취급할 수 있으므로 존속 운영할 것.
> 3. 민간인의 군사에 관련된 범죄사건은 합동수사본부 또는 기타 군수사기관에서 취급할 수 있으나 그 취급에 있어서 체포, 구금 또는 수사상 필요한 영장은 일반 법원으로부터 발부를 받아야 됨(군인에 대하여서는 소속 부대장의 영장을 요함).
> 　-영장 발부에 있어서는 범죄수사 상 시기를 일(逸)치 않게 하기 위하여 영장 발급 전담 판 · 검사 각 1인을 합동수사본부에 파견 배치할 것.
> 7. 단기 사천이백팔십삼년 6월 25일 전후를 통하여 남 · 북로당 또는 그 산하 단체에 가담하여 활동하거나 또는 6 · 25 전후 군의 작전기간 중의 부역행위는 附敵 가담행위로서 국방경비법 제32조 또는 제33조의 입법 취지에 비추어 군사에 관한 범죄에 해당되므로 군인, 민간인을 막론하고 합동수사본부 및 군법회의에서 이를 계속 취급할 수 있음.
> 8. 군사에 관한 범죄와 비군사범죄(예지하면 '비상사태하의 범죄처벌에 관한 건' 중 군사에 관련되지 않은 범죄)와 병합죄의 관계가 있는 경우에는 군법회의에서 이를 병합 심리할 수 있음.
> 9. 경비계엄이 실시되지 아니하는 경우에 있어서의 부역행위도 전기 7항 내지 제8항에 준하여 처리할 것.(강조는 필자)

127) 『국회속기록』 제10회 제71차 본회의, 1951. 5. 2.
128) 「비상계엄해제와 경비계엄 선포의 건에 관한 부속조치에 관한 건(1950. 11. 7.)」, 국방관계법령 판찬위, 『국방관계법령급예규집』, 1950, 45~46쪽; 대검찰청 광주고등검찰청 광주지방검찰청 목포지청, 「비상계엄해제와경비계엄 선포에 의한 부수 조치에 관한 건, 1950. 11. 10.)」, 『검찰예규철』, 국가기록원 소장자료.

이와 같이 1950년 11월 7일 통첩은 민간인에 대한 군법회의 재판과 합동수사본부 존립의 근거가 되었다. 국방부장관은 이 통첩을 통해 비상계엄 해제 이후에도 '군사에 관련된' 사건은 군법회의와 합동수사본부에서 군인·민간인을 막론하고 계속 취급할 수 있도록 하였는데, 6·25 이전 남·북로당 또는 그 산하 단체에 가담하여 활동하거나 부역행위를 한 자는 모두 군사에 관한 범죄로 간주하여 합동수사본부와 군법회의에서 취급할 것을 지시하였다. 즉 '군사에 관련된' 사건에는 전쟁 전후의 좌익 정당 사회단체 가입자뿐만 아니라 보도연맹원을 포함했고, 전쟁 기간의 부역행위도 '군사에 관련된' 사건으로 취급하라는 지시였다. 이는 민간인에 대한 군사재판은 비상계엄하에서 계엄법이 규정하는 범죄사건에 한정하여 가능하도록 한 계엄법을 위반한 지시였다. 뿐만 아니라 이러한 합동수사본부와 민간인 군법회의를 유지하기 위하여 앞서 살펴본 바와 같이 전쟁 과정에서 비상계엄을 경비계엄으로 전환시키는 방식으로 계엄 상황을 유지하였다고 할 수 있다.

합동수사본부의 불법적 운영은 '영장 발부 시기를 놓치지 않기 위하여 각 영장 발부 전담 판·검사 1인을 합동수사본부에 파견'하도록 했던 지시에서도 나타났다. 윤길중 의원은 '이 불법에 대한 맹종은 불법에 대한 몰이해 아니면 위압에 대한 불복이거나 사법 수호에 대한 신념의 결핍'이라고 합동수사본부에 협조한 사법부를 맹렬히 비난하였다. 김종순 의원도 합동수사본부는 형식면에서 '단독적 독립적인 기관화' 되어 있고 내용적으로는 합동수사본부장 즉 CIC 김창룡 대령이 지휘권을 가지고 실제 운영하는 조직으로 지휘권의 법적 근거가 무엇인지 비판하였다. 이는 합동수사본부 조직과 운영이 어떠한 법적 근거도 가지고 있지 않음을 간파한 지적이었다. 따라서 국회에서는 합동수사본부를 해체하고 일반 범죄에 대해 '군사에 관련된 것'이라고 광의로 해석하여 군이 월권을 발휘하는 문제를 해결하기 위해 사건을 헌병과 경찰에서 처리할 것을 주장하였다고 볼 수 있다.

이에 대하여 장경근 국방부차관은 계엄법 제10조 경비계엄 상태에서는 군사에 관한 사항에 한하여 군대가 사법·행정 기관을 관장, 지휘·감독한다는 점을 들어 반박하였다. 또 경비계엄에 따라 군사에 관련한 사항만을 합동수사본부에서 검사가 주도권을 가지고 진행하고 있다고 하여 국회의 반대에도 불구하고 합동수사본부와 민간인 군법회의 재판을 유지하고자 하였다.

반면, 조사 업무와 관련하여 일반 범죄사건은 계엄사령관의 지휘하에 헌병이 취급하며, CIC에 부속되는 경찰 조사기관을 제외한 경찰은 헌병에 부속되었다. 일반범죄와 방첩사건의 구분을 CIC에서 하는 만큼 계엄하에서 경찰은 CIC의 지휘 감독하에 활동했다고 할 수 있다.[129]

이상에서와 같이 숙군 과정에서 군대 내 좌익세력에 대한 정보 수집과 공작을 주도하면서 성장한 CIC는 한국전쟁을 거치면서 군의 전쟁수행과 후방에서의 계엄상태를 통해 권력 집중을 이루었다. '제5열 박멸'과 '적 색출', '부역자 색출' 과정은 CIC가 민간인에 대한 사찰을 강화하는 과정이었으며, 정치공작을 통한 국회 등 국가기관에 대한 사찰활동은 일반 국민뿐만 아니라 정·관계까지 그 영역을 넓혀 가장 강력한 정보기구로 부상하였다.[130]

제2절 계엄의 일상화와 억압체제의 강화

1. 포고에 의한 행정·사법 기능의 수행

1949년 계엄법은 대통령이 계엄을 선포할 때는 '선포의 이유, 종류, 시행지역

---

[129] 9월 15일 정일권 육해공군총사령관은 '형무소 수감 미결 죄수 처리 문제'와 관련하여, 육해공군을 막론하고 CIC나 헌병이나 HID에서는 계엄사령관의 명령 없을 시는 민간인 범죄에 관한 조사 및 검거를 절대 엄금하도록 발표하였다(『민주신보』, 1950. 9. 16.). 그러나 당시 '방첩업무' 대상의 대부분이 민간인이었기 때문에 현실적으로 CIC를 대표로 한 군정보기관이 민간인 범죄에 관한 조사와 검거를 '엄금'한다는 것을 불가능하였다.

[130] CIC의 정치 개입의 사례는 1950년대 이승만 정치행보와 동일하였다. 조봉암 입후보 방해 사건, 1953년 족청계 제거를 위한 정국은 체포사건, 혁명의용군 사건, 1952년의 부산정치파동에서 계엄을 선포하기 위해 꾸민 '부산 금정산 공비위장사건' 등(서중석, 『한국현대민족운동연구 1』, 역사비평사 1996, 81쪽; 김득중, 「한국전쟁전후 육군방첩대(CIC)의 조직과 활동」, 『전쟁 속의 또 다른 전쟁』, 선인, 2011, 78쪽).

또는 계엄사령관을 공고하여 한다(계엄법 제1조)'라고 규정하였다. 또 계엄이 선포되면 계엄을 시행하기 위해 계엄법 제10조, 제11조 계엄사령관의 관장사항과 제13조의 특별조치 내용을 담화문, 포고문, 경고문, 공고문 등을 통해 공고하고, 정부 부처와 지구 계엄사령부에 훈령·지시·지침을 하달하도록 하였다. 특히 제13조 계엄사령관의 특별조치 관련 사항은 '계엄사령관은 조치 내용을 미리 공고하여야 한다'라고 하여 공고를 의무화하였다. 특별조치는 계엄 지역 주민의 기본권 제한 내용을 포함하고 있을 뿐만 아니라 계엄 선포 목적을 달성하기 위한 가장 중요한 활동이기 때문이다.

조치문은 크게 담화문, 포고문, 공고문, 훈령으로 구분할 수 있다. 경고와 공고는 계엄 시행에 따른 대국민 요구사항을 구체화하여 발표하는 것이고, 국가 기관과 예하기관, 지역 계엄사령부 등을 지휘·통제하기 위하여 통첩·훈령 등을 발하였다. 이 중 특히 포고는 법령과 같은 효력을 지니는 것으로, 계엄사령관만이 공포할 수 있었다. 계엄 선포와 동시에 기존의 헌법이 정지되고 사법·행정 사무가 '군에 귀일'되기 때문에 포고는 새로운 질서에 대한 새로운 법령으로 기능하였다. 계엄 선포 또는 전시 비상사태의 선언은 종래 법률을 뛰어넘음으로써 '법률의 적용은 정지되지만 법률 자체는 효력을 갖는 영역'이었다.[131] 즉 포고와 공고 등이 새로운 법률로 기능하게 되는 바, 군은 계엄상태에서 행정·사법 뿐만 아니라 입법적 기능도 수행하였다고 볼 수 있다. 포고를 통해 기존의 법을 정지하거나 법률의 효과를 갖는 조치를 취할 수 있기 때문이다. 바야흐로 계엄은 행정·입법·사법을 직접적으로는 군 또는 군을 지휘하는 권력에 집중시킨다.

1950년 7월 8일 계엄 선포와 동시에 정일권 계엄사령관은 '비상사태 대처에 대한 포고'라는 제목으로 제1호 포고를 시행하였다.[132] 계엄사령관은 포고를 통해 계엄 선포의 배경과 계엄의 목적을 밝힘과 동시에 비상계엄 선포에 따라

---

131) 조르조 아감벤, 『예외상태』, 2009, 새물결, 65쪽.

132) 『경제신문』, 1950. 7. 12; 국방관계법령집발행본부, 『앞의 책』, 1950, 부록 3~4쪽.

행정·사법 사무가 '군에 귀일'됨을 선언하였다. 다음으로 유언비어 유포금지, 직책 완수, 생필품 은닉 매점매석 금지, 직장 무단 이탈 금지, 모략 금지 등에 대해 작전 방해와 질서 혼란의 죄를 물어 엄단할 것이라고 경고하였다. 이와는 별도로 계엄선포 당일 이준식 경상남북도지구 계엄사령관도 다음과 같은 내용의 포고를 시행하였다.

> 군은 단기 4283년 7월 8일을 기하여 헌법 및 계엄법에 의거하여 비상계엄을 선포하였다. 동시에 본관은 경상남북도지구 계엄사령관으로 임명되었다. 따라서 좌기 제항을 포고하여 도민 제위의 적극적인 협력을 기대하는 바이다.
>
> △記
>
> 1. 공무원을 위시한 각 직장 근무원은 당해 직장을 충실히 지킬 것.
> 2. 일반 도민은 각기 직무를 수행할 것이며 유언비어에 부화뇌동 경거망동함이 없도록 할 것.
> 3. 좌기 제항에 해당하는 자는 고등군법회의에 회부할 것임.
>   (1) 모략·선동·파괴하는 자.
>   (2) 유언비어로 민심을 동요케 하는 자.
>   (3) 금융계의 교란 중요 물자의 생산 又는 배급의 저해, 기타 방법에 의하여 국민 경제의 운행을 저해하는 자.
>   (4) 직장을 무단 포기하는 자.
>   (5) 진행 제한에 불응하는 자.
>   (6) 군수품·생활필수품 及 기타 물자를 허가 없이 반출 又는 은닉, 매점매석을 하는 자.
>   (7) 군 작전을 저해하는 행위를 하는 자.
>   (8) 군 당국의 지시에 불응하는 자.[133]

정일권 계엄사령관의 포고가 계엄의 배경, 목적, 금지 사항을 선언한 데 반해 이준식 경상남북도지구 계엄사령관의 포고는 정일권 계엄사령관의 포고와 대체로 유사하나 8가지 행위에 대해서는 고등군법회의에 회부할 것이라는 점

---

[133] 『경제신문』, 1950. 7. 13.

이 추가되었다. 또한 (7)~(8)항에서는 군 작전 저해 행위자, 지시 불응자는 군법회의 재판에 회부됨을 밝혔다.

이준식 지구 계엄사령관의 포고에서 언급된 군법회의 회부 대상(행위)을 계엄법 제16조의 25개 죄목[134]과 비교하면 모략 선전, 유언비어 유포는 계엄법 죄목에 없으며, 경제사범은 계엄법에는 일수에 관한 죄, 통화위조죄, 유가증권 위조죄, 횡령 배임죄, 장물죄로 상세히 규정한 데 반해 실제 포고는 해석상 모호하였다. 또한 직장 무단 이탈은 계엄법 제15조 계엄사령관의 조치에 응하지 아니하거나 배반하는 행동을 한자에 포함되며, 물자 은닉, 매점매석은 계엄법에 포함되어 있지 않다. 헌법과 계엄법은 민간인(국민)이 군법회의에 회부할 수 있는 대상을 구체적이고 제한적으로 규정하였으나,[135] 계엄사령관의 포고는 기존 법 규정을 넘어 군 작전을 저해하고 지시에 불응한 국민은 모두 군법회의에 회부하겠다는 포고를 발표한 것이다.

이와 같이 계엄 선포와 동시에 행한 두 종류의 포고는 전시 계엄의 성격을 단적으로 보여준다고 할 수 있다. 우선 전시 비상계엄 선포 목적은 '군사상 필요에 응전하고 질서를 유지하기 위한' 것으로 군사에 관련한 계엄이 아닌 군을 통한 치안유지에 중점을 두었다는 점이다. 둘째로 비상계엄 선포는 행정과 사법사무를 군이 관장토록 함으로써 기존의 법률은 정지되고 군의 포고를 통한 새로운 입법 조치들이 작동한다는 점이다. 대표적인 예가 '군의 지시불응자'에

---

134) 계엄법 제16조에 따른 비상계엄 상황에서의 군법회의 회부 범죄는 다음과 같았다. 1. 내란에 관한 죄 2. 외환에 관한 죄 3. 국교에 관한 죄 4. 공무집행을 방해한 죄 5. 범인은닉 또는 증빙인멸죄 6. 소요죄 7. 방화죄 8. 일수에 관한 죄 9. 음료수에 관한 죄 10. 통화 위조죄 11. 문서위조죄 12. 유가증권 위조죄 13. 인장 위조죄 14. 위증죄 15. 무고죄 16. 간음죄 17. 살인죄 18. 상해죄 19. 체포 또는 감금죄 20. 협박죄 21. 절도 또는 강도죄 22. 횡령 또는 배임죄 23. 장물죄 24. 훼기 또는 장닉죄 25. 군사상 필요에 의하여 제정한 법규에 규정된 죄

135) 제헌헌법 제22조에서는 모든 국민은 법률의 정한 법관에 의하여 법률에 의한 재판을 받을 권리가 있다. 현행 헌법 제27조 제②항에서 '군인 또는 군무원이 아닌 국민은 대한민국의 영역 안에서는 중대한 군사상 기밀·초병·초소·유독 음식물 공급·포로·군용물에 관한 죄 중 법률이 정한 경우와 비상계엄이 선포된 경우를 제외하고는 군사법원의 재판을 받지 아니한다'라고 규정하였다. 1949년 계엄법 제16조는 비상계엄 상황에서 열거된 25개 행위에 대해서만 군법회의 회부를 규정하고 있다.

대한 군법회의 회부라고 할 수 있다.

한편 이준식 지구 계엄사령관의 포고는 특별조치권 행사라는 계엄사령관의 권한을 침해하는 행위였다.[136] 각종 포고와 공고는 1950년 7월~10월까지 정일권 계엄사령관, 지구 계엄사령관, 지구헌병사령관 등의 명으로 발표되었으며, 10월 말 이후부터는 정일권 계엄사령관 외에 계엄사령부 민사부장, 경남지구 계엄민사부장, 경상남북도지구 계엄민사부장, 경인지구 계엄사령관 등의 명으로 행해졌다. 각종 조치사항에 대한 무분별한 포고와 공고는 전시 계엄사령부 운영체계의 혼란한 상황에 기인하며, 계엄법 제13조와 제14조의 자의적·광의적 운영의 일 형태라고 할 수 있다.

1950년 7월 12일 '체포·구금, 수사에 관한 특별조치'가 송요찬[137] 헌병사령관의 이름으로 공고된 직후 이러한 상황에 대해 신성모 국방부장관은 다음과 같이 지시하였다.

> 1950년 7월 12일자 국제통신 소재 기사 중 계엄법 제13조의 일부 소정 사항 '체포, 구금, 수사에 관한 특별조치'의 공고 및 '비상계엄하의 범죄처벌에 관한 특별조치령'에 관한 포고문에 의하면 '계엄사령관 명에 의하여' 헌병사령관 명으로서 공고 또는 포고하였으나 이와 같은 권한위임은 법률상 물론 사무처리 상 부당할 뿐 아니라 **헌병사령관의 권한위임에 의한 권한행사는 추인의 방도 없는 무권행위로서 계엄법의 실시 대상인 일반국민에 대하여는 무**

---

[136] 포고와 공고는 계엄법 제13조의 '계엄사령관은 체포, 구금, 거주, 이전, 언론, 출판, 집회 또는 단체행동에 관한 특별조치'를 할 수 있다는 규정과 제14조의 '계엄사령관은 징발법의 정하는 바에 의하여 징용, 징발할 수 있으며 필요에 의하여 군수에 공할 물품의 조사, 등록관리, 반출 금지를 할 수 있다'는 규정에 속하는 사항을 해당 계엄지구 주민들에게 알리는 수단으로 계엄사령관의 권한에 속하였다.

[137] 송요찬은 1918년 충남 청양 출신으로 일본 지원병으로 입대하여 종전 당시 일본군 준위(准尉) 였다. 해방후 군사영어학교를 졸업하고 소위로 임관하여 1948년 제5연대장이 되어 제주4·3사건 진압에 참가하여 1948년 12월 말까지 초토화작전을 명목으로 가옥을 불지고 제주도민을 학살하는 데 주도적인 역할을 하였다. 특히 제주4·3사건으로 제주도 지역에 계엄이 선포되기 이전 1948년 10월 17일 제주도 해안 5키로 이내 출입금지라는 '해안 봉쇄령'을 내려 중산간 마을 초토화 작전을 이끌었고 계엄이 선포되는 1948년 11월 17일부터 해제되기까지 제주도의 계엄사령관으로 있었다.

효이므로 금후 계엄 소정 사항의 공고 또는 포고는 어떠한 경우를 막론하고 일절 계엄사령관 명으로 행할 사. (중략) 헌법이 보장하는 국민의 권리를 제한 또는 정지하고 혹은 국민에 대하여 일정한 의무를 부담시키는 것과 같은 계엄의 실시 권한자로서 계엄사령관이 특정되어 있어 일반국민도 계엄사령관의 정당한 권한행사에 대하여는 당연히 복종할 의무가 있으나 계엄사령관과 그 하부기관과의 **내부적 위임행위로서 수임자인 헌병사령관은 계엄 실시에 대하여는 국민은 이에 복종할 의무가 없는 것으로** 요컨대 계엄사령관은 대내적으로는 그 권한을 하부기관에 위임할 수 있으나 대외적으로는 권한위임은 허용되지 않음.[138]

이와 같이 계엄법 제13조의 규정에 따른 특별조치는 계엄사령관의 권한으로, 헌병사령관 명의의 특별조치 공고는 '추인의 방도가 없는 무권행위'이며, '무효'라고 하였다. 더불어 헌법에서 보장하는 국민의 권리 제한 조치 등에 대해서는 계엄사령관의 공고가 아니면 복종할 의무가 없는 것이라고 하였다. 그리고 국방부장관은 7월 16일 〈언론출판에관한특별조치〉에 대하여 '귀관의 명으로 공포할 사'라고 하여 다시 한 번 강조하였고,[139] '선포한 계엄에 관한 건의 개정'이 7월 20일 국무회의에서 의결되자 다음과 같이 하달하였다.

> 3. 전라남북도에 대하여 금반 비상계엄이 추신 선포되었다 하드라도 계엄법 제1조 제2항에 의한 계엄사령관은 여전히 귀관 1인 뿐임으로 당해 지역을 관할하는 위술사령관 등이 계엄실시를 담당한다하여서 혹여 계엄실시 상 'ㅇㅇ지구 계엄사령관'의 명의를 사용하거나 또는 '계엄사령관명에 의하여 ㅇㅇ사령관' 등의 계엄법이 허용하지 아니하는 무권 행위가 전무하도록 예하부대장에 대하여 각별한 주의를 환기할 것 4. 계엄법 제13조 소정 사항 중 체포, 구금, 수사에 관하여 전라남북도에 관하여도 좌기와 같이 특별조치를 취하고 이를 귀관 명으로 공고할 사.[140]

138) 「계엄법 소정사항의 공고 명의에 관한 건(국방군내발(大)제21호, 1950. 7. 13.)」, 국방관계법령집발행본부, 『앞의 책』, 1950, 441~442쪽.
139) 「계엄 실시사항에 관한 건(국방군내발(邱)제24호, 1950. 7. 16.)」, 국방관계법령집발행본부, 『위의 책』, 1950, 443쪽.

이러한 국방부장관의 지시는 예비구금으로 대표되는 '국민의 권리 제한 또는 정지'는 계엄법에 따라 계엄사령관만이 '특별조치'로 행할 수 있으므로 계엄사령관의 명으로 공포하라는 강도 높은 지시였다. 국방부장관은 계엄 초기 특별조치 사항과 계엄 개정 관련 포고를 행하면서 계엄법에 따라 권한을 행사하도록 지시하였다. 계엄 전반을 지휘했던 국방부장관은 계엄 운영의 구체적 사항까지 계엄사령관에게 지시했고, 계엄사령관이 해당 군참모총장과 헌병사령관에게 지시·하달하도록 하였다.[141]

이상에서와 같은 계엄 포고 시행과 명의에 대한 혼란은 계엄사령관은 물론 계엄사령부의 체계와 임무가 불분명한 데서 오는 혼란이었다. 전국 비상계엄 실시에 따라 계엄사령관에게 부여된 행정·사법의 관장은 평시 권력의 위임이며, 포고를 통한 조치들은 군에 의한 입법권의 확대이기도 하였다. 계엄사령관의 권한과 관련한 혼란은 권력을 위임받은 자의 권력 한계를 반영한다고 할 수 있다. 당시 군 수뇌부는 일본군과 만주군의 영관급 또는 위관급 장교 출신자로 건군 과정에서 입대한 후 요직을 차지하고 있었고, 출신과 파벌에 따라 이승만에게 충성함으로써 출세를 위해 경쟁하고 있었다.[142] 정부수립 이후 지휘부의 잦은 교체는 국방부장관이나 총참모장의 권력을 불안정하게 하였다. 계엄사령부의 지휘체계 또한 마찬가지여서 경상남북도지구 계엄사령관 이준식은 중국군 대령과 광복군 참모를 지낸 인물로 계엄사령관 정일권에 뒤지지 않는 경력을 소유하고 있었다.[143] 지휘체계의 혼란은 계엄 상황에서 새로운 법질서를 만들어 내는 데 합법성과 정당성을 위협하는 요소였다. 그렇기 때문에 국방부장관은 지속적으로 포고 행사 주체를 명확히 하도록 명령했던 것이다.

---

140) 「계엄선포에 관한 건 중 개정의 건(국방군내발(邱)제36호), 1950. 7. 22.」, 국방관계법령집발행본부, 『위의 책』, 1950, 447~449쪽.

141) 국방부장관은 선박 등록, 교통 정리, 무기 휴대 취급, 등록 차량 교부, 징발·징용 문제 등 계엄 운영의 구체적인 사항까지 계엄사령관에 지시하였다(국방관계법령집발행본부, 『위의 책』, 1950, 437~438쪽, 466~467쪽, 486쪽).

142) 佐佐木春隆, 『앞의 책』, 병학사, 1997, 142~143쪽.

143) 佐佐木春隆, 『위의 책』, 병학사, 1997, 344쪽.

또한 계엄사령관의 명에 의하여 '특별조치'를 공고하라는 주문은 전쟁 발발 직후 수행된 실제적인 예비구금과 학살을 사후 합법화하기 위한 조치였다고 볼 수 있다. 전쟁 발발 즉시 내려진 치안국장의 명에 의해 구속·구금 된 사람들은 경찰서에서 파악하고 있던 '요시찰인'과 국민보도연맹원들이었다. 이승만은 전쟁 발발 직후 치안국을 통해 이들을 예비검속하고 조직적인 학살을 진행했으며, 긴급명령 제1호인 〈범죄처벌특조령〉으로 이승만은 학살당한 사람들을 '반민족자' '반국가적 행위'자로 규정하여, 이들의 죽음을 불문에 붙이고자 하였다.[144] 송요찬 명의의 7월 12일 포고에 대한 신성모 국방부장관의 지시는 이러한 학살 은폐의 과정과 맥을 같이하였다. 계엄사령관의 권한을 강조하여 '어떤 경우를 막론하고 특별조치를 계엄사령관 명의로 행하라'는 지속적인 지시는 예비검속 등에 합법성을 부여하기 위한 것이었다. 계엄 선포는 치안국장의 통첩, 〈범죄처벌특조령〉과 같은 새로운 입법적 조치가 실제적으로 작동할 수 있는 상태를 창출했으며, 이 계엄상태는 계엄사령관의 명에 의해서만 합법성을 얻을 수 있기 때문이었다.

이상과 같이 계엄상태는 긴급명령과 같은 입법 행위가 힘을 발휘할 수 있는 공간을 마련함과 동시에 계엄사령관이 포고를 통해 새로운 규범과 금기, 처벌 내용을 공포하여 준입법 기능을 수행할 수 있도록 하였다.

계엄 선포와 더불어 공포되었던 포고와 공고 등은 신문과 군사에서 약간을 소개하고 있으나, 단편적이어서 전반적인 현황과 내용을 파악하기 어려웠다. 그런데 육군본부에서 발행한 『계엄사(1976)』와 육군본부 법무감실에서 발행한 『육군법무관계법령급예규집』은 비교적 상세하게 1950년 7월 8일 계엄 선포 이후부터 1951년 12월까지 행한 조치문을 소개하고 있다.[145] 이 시기 계엄과 관련하여 두 자료를 교차 분석한 조치문 현황은 〈표 3-7〉과 같았다.[146]

---

144) 강성현, 「한국 사상통제기제의 역사적 형성과 '보도연맹사건' 1925~50」, 서울대 사회학과 박사 논문, 2002 참조.
145) 육군본부, 『계엄사』, 1976, 69~75쪽; 육군본부 법무감실, 『앞의 책』, 1952, 부록.

〈표 3-7〉 한국전쟁 시기 계엄 조치문 현황(1950~1951)

담화문	포고문	공고문	기타	계
4건	62건	36건	2건	104건

※ 계엄선포문은 제외함(제2장, 제3장 계엄선포와 해제 참조).

　위의 〈표 3-7〉이 이 시기 전체 현황을 반영한다고는 볼 수 없으나 군의 공식 간행물 중 가장 구체적이고 방대한 내용을 포함하고 있어, 계엄 조치 내용과 성격의 일단을 파악하는 데 유용하다고 할 수 있다.[147] 우선 확인 가능한 포고 문 62건과 공고문 36건의 주요 내용을 살펴보면 〈표 3-8〉, 〈표 3-9〉와 같았다.

〈표 3-8〉 한국전쟁 시기 계엄 관련 포고문 현황(1950~1951)

번호	일시	종류	시행자	주요 내용
1	1950. 7. 8.	포고	계엄사령관 정일권	유언비어 금지, 사법행정기관 군 귀일 협력 당부
2	1950. 7. 12.	포고	헌병사령관 송요찬	직권남용 불법행위 직장 무단이탈 자 극형
3	1950. 7. 20.	포고	계엄사령관 정일권	비관적 언행, 모략중상 유언비어 금지 등
4	1950. 7. 25.	포고	계엄사령관 정일권	계엄법 제14조에 의거 물품 등록 실시
5	1950. 7. 30.	포고	계엄사령관 정일권	영남지구 우마차 등록 실시
6	1950. 7. ?	포고	계엄사령관 정일권	민간인 무기 휴대 헌병사령부에 등록
7	1950. 8. 4.	포고	계엄사령관 정일권	군복 착용 금지
8	1950. 8. 7.	포고	계엄사령관 정일권	중상모략, 이적언동 엄금

146) 『계엄사(1976)』과 『육군법무관계법령급예규집(1952)』에 수록된 것 중 중복되거나 계엄과 관련 없는 내용을 제외하고 교차 분석한 결과 이 시기 계엄과 관련하여 시행된 조치문 104건에 대한 정보를 얻을 수 있었다. 합동참모본부의 『계엄실무편람(2010)』은 『계엄사(1976)』의 조치문이 124건이라고 하였으나, 다수는 계엄과 관련 없거나 계엄 선포·개정 관련 내용이었다).

147) 두 자료를 비교한 결과 같은 내용의 포고라도 포고일과 시행자가 다른 경우가 있으며, 당시 신문에 보도되었던 것이 누락된 것도 다수 발견되었다. 예를 들어 1951년 11월 4일 선포된 '도 민증 시민증 소지자 여행증명서 불필요' 포고는 두 자료 모두 시행자 미상으로 되어 있으나, 11월 13일 계엄사령관 정일권과 경남지구 계엄민사부장 장두관 공동명의로 발표된 것이고(『부산일보』, 1950. 11. 4.), 1950년 11월 18일 경남지구 계엄민사부장 장두관 명의의 '10월 30일 이전 발행한 도민증 갱신' 포고가 누락되었다(『민주신보』, 1950. 11. 22.). 그 외 장두관, 김종원 계엄 민사부장의 경고문인 '총기 취급 주의'(민주신보, 1950. 12. 8.), '군 풍기단속 및 민폐근절'(『민주신보』, 1950. 12. 20.) 등이 누락되었다. 당시 신문기사는 포고, 공고, 담화문을 구분하지 않거나 전문을 게재하고 있지 않아 조치문의 성격을 파악하는 데는 한계가 있다.

9	1950. 8. 10.	포고	계엄사령관 정일권	전국 의료기관 종사자 등록
10	1950. 8. 18.	포고	계엄사령관 정일권	유무선 기술자 등록 실시
11	1950. 8. 20.	포고	계엄사령관 정일권	장정 등록 실시(제2국민병 소집 등록)
12	1950. 8. 22.	포고	계엄사령관 정일권	차량 등록 신고
13	1950. 8. 25.	포고	계엄사령관 정일권	제2국민병역 등록
14	1950. 9. 3.	포고	계엄사령관 정일권	군수품 일반생필품 은닉 매점 금지
15	1950. 9. 23.	포고	제10군단장 유재흥	수의사 등록 실시
16	1950. 9. 28.	포고	계엄사령관 정일권	가축(우, 마) 등록, 허가 없이 이동방매·도살금지
17	1950. 10. 1.	포고	계엄사령관 정일권	재산 불법 점유·파괴 금지
18	1950. 10. 3.	포고	경인지구 계엄사령관 이준식	전시 범죄 주의환기(특조령위반자 사형 등)
19	1950. 10. 3.	포고	경인지구 계엄사령관 이준식	경인지구 중요 군수물자 등록
20	1950. 10. 3.	포고	경인지구 계엄사령관 이준식	부역자 고발, 은닉자 엄벌, 가옥 건물 불법 점거 원상복구, 사설단체 불법
21	1950. 10. 5.	포고	계엄사령관 정일권	병기, 탄약, 차량 부분품 회수
22	1950. 10. 5.	포고	계엄사령관 정일권	밀도살 엄금
23	1950. 10. 13.	포고	계엄사령관 정일권	불법무기 회수
24	1950. 10. 14.	포고	계엄사령관 정일권	민간인 군복 착용 금지
25	1950. 10. 16.	포고	계엄사령관 정일권	수복지역 여행 통제
26	1950. 10. 20.	포고	계엄사령관 정일권	무기 자재의 소지 또는 점유자 신고
27	1950. 10. 23.	포고	계엄사령관 정일권	생필품 자유 반·출입 허가
28	1950. 11. 10.	포고	계엄사령관 정일권	물자 등록 실시를 11. 10. 부로 해제
29	1950. 11. ?	포고	계엄사령관 정일권	자수자 등록
30	1950. 11. ?	포고	계엄사령관 정일권	제2국민병 전적 또는 여행 시 수속
31	1950. 12. 5.	포고	미상	군법위반 불법 출옥자 자진 출두 등록
32	1950. 12. 6.	포고	미상	탄약 회수, 신고
33	1950. 12. 20.	포고	계엄사령관 정일권	의료기술자 거주지 등록
34	1950. 12. ?	포고	미상	보행자 교통에 관한 건
35	1951. 1. 4.	포고	계엄사령관 정일권	피난민 수용 조치
36	1951. 1. 5.	포고	계엄사령관 정일권	차량 식별 조치
37	1951. 1. 8.	포고	계엄사령관 정일권	식대 숙박료 상향 조정 억제 조치
38	1951. 1. 9.	포고	헌병사령관 장창국	간선, 국도, 철도 피난민과 차량통행 금지
39	1951. 1. 11.	포고	계엄사령관 정일권	전 화물 차량 동원 실시
40	1951. 1. 17.	포고	계엄사령관 정일권	등화 및 음향관제
41	1951. 1. 25.	포고	계엄사령관 정일권	양곡수집을 위한 운송 동원 강화
42	1951. 1. 25.	포고	계엄사령관 정일권	군복 착용에 대한 규정의 개정
43	1951. 1. 26.	포고	경북지구 계엄민사부장 이순영, 경북도지사 조재천, 대구시장 허억	피난민 분산(경남 해안지구로)
44	1951. 2. 5.	포고	미상	차량동원 연기 조치
45	1951. 2. 5.	포고	미상	군복 착용 한계 지시

46	1951. 2. 5.	포고	계엄사령관 정일권	축우 도살, 우육 매매 제한 위반 시 군법회의 처단
47	1951. 2. 10.	포고	계엄사령관 정일권	전력 비상선 무단사용 엄금
48	1951. 2. 12.	포고	계엄사령관 정일권	군용 장애물 무단 제거 금지
49	1951. 2. 12.	포고	미상	등록된 민간 물자 등록 해제
50	1951. 2. 15.	포고	미상	양곡 매점매석 금지
51	1951. 2. 25.	포고	계엄사령관 정일권	식량 매점매석 엄금, 부산 · 대구로의 반입식량 압수 금지
52	1951. 3. 5.	포고	경북지구 계엄민사부장 이순영	무허가 요정, 시간 외 영업, 시간 외 음주 금지
53	1951. 3. 8.	포고	경북지구 계엄민사부장 이순영	축우 도살 엄금
54	1951. 3. 7.	포고	계엄사령관 정일권	노획 무기 또는 장비 통제
55	1951. 3. 7.	포고	계엄사령관 정일권	무선실험소 시설 철폐, 시설 등록
56	1951. 3. 23.	포고	계엄사령관 정일권	부동산 무단 점유 통제
57	1951. 3. 25.	포고	계엄사령관 정일권	군민 소유 차량 식별을 위한 표식 철거
58	1951. 3. 29.	포고	계엄사령관 정일권	군복 착용 세칙 일부 개정
59	1951. 4. ?	포고	계엄사령관 정일권	등화관제 철저 요망
60	1951. 6. 1.	포고	미상	선박 등 운항 수역 설정
61	1951. 9. 16.	포고	계엄사령관 이종찬	노획 물자 수집 보존 및 이동 금지
62	1951. 11. 20.	포고	계엄사령관 이종찬	군복 일반인 소지 착용 금지

※시행자 미상: 계엄사령관으로 추정되나, 두 자료에서 확인되지 않는 경우 미상으로 처리함.
※시행일 미상: 두 자료 중 시행 일자가 적시된 것에 따랐으며, 두 자료 모두 미상인 경우 계엄사령관의 포고이거나 포고자가 계엄사령관으로 추정되는 경우 미상으로 처리하여 통계에 포함함.

〈표 3-8〉에 따르면 시행자를 알 수 없는 포고를 제외하면 대부분의 포고는 계엄사령관 정일권이 행하였다. 정일권 계엄사령관의 포고 외에 제10군단장 유재흥(1건), 경인지구 계엄사령관 이준식(3건), 헌병사령관 장창국(1건), 경북지구 계엄민사부장 이순영(4건), 그리고 경북지구 계엄민사부장 이순영 · 경북도지사 조재천 · 대구시장 허억 3인 공동(1건) 명의의 포고가 시행되기도 하였다. 국방부장관이 계엄사령관 명의로 공포하도록 여러 차례 지시했음에도 불구하고 군단장, 헌병사령관, 지구 계엄민사부장 등의 명의의 포고가 1951년까지 시정되지 않고 있음을 알 수 있다.

피난민 차량 통행 제한, 피난민 분산 등에 관하여 계엄사령관의 '피난민 수용 조치' 포고(1951. 1. 4.)와 '피난민 수용 임시조치법' 공고(1951. 1. 4.) 이후 헌병사령관의 '간선, 국도 및 철도 피난민 차량 통행 금지' 포고(1951. 1. 9.)와 경북지구 계엄민사부장 등 3인 공동의 '경남 해안지구로의 피난민 분산' 포고(1951.
1. 26.)가 각각 시행되었다.

중공군 참전에 따라 대규모 피난민이 남하하는 상황에서 피난민 대책은 군사
상·거주·이전에 대한 계엄 당국의 특별조치가 필요한 사항이었다. 그러나 간선
국도 및 철도에 대하여 피난민 차량을 전면 통제하고 해안지구로 피난민을 분산
수용하도록 한 결정이 계엄사령부가 아닌 헌병사령관과 지구 계엄민사부 단위에
서 포고 조치되었다. 통행 제한과 거주 이전에 대한 조치는 기본권 제한 사항으로
계엄사령관의 특별조치(계엄법 제13조)에 따라 시행되어야 했다. 비상계엄 상황
에서 포고와 공고 위반은 적어도 3년 이하의 징역에 처해지도록 규정(계엄법 제
15조)되어 있고, 경우에 따라서는 군법회의에서 재판을 받을 수 있었다.

1950년 10월 초 경인지구 계엄사령관 이준식의 포고는 내용상 '전시 범죄에
대한 주의, 군수물자 등록, 부역자 고발 등' 주로 계엄하의 범죄 처리와 물자
등록·징발 관련(계엄법 제11조, 제14조) 사항이었다. 이는 이미 계엄사령관에
의해 포고된 내용과 중복되거나, 특히 범죄 취급 관련 사항은 계엄사령부의 포
고보다 처벌 수위가 높았고, '부역자'와 불법 행위자에 대한 총살과 극형 등을
언급하는 등 경인지구 계엄사령부의 독자적인 포고 양식을 취하고 있었다. 경
북지구 계엄민사부는 무허가 요정 단속과 축우 도살을 금한다는 경제 관련 포
고를 독자적으로 시행하기도 하였다.

다음으로 공고를 통해 시행된 내용은 〈표 3-9〉와 같았다.

〈표 3-9〉 한국전쟁 시기 계엄 관련 공고 현황(1950~1951)

번호	일시	종류	시행자	주요 내용
1	1950. 7. 12.	공고	헌병사령관 송요찬	체포·구금·수사에 관하여 충남북 지역에 특별 조치
2	1950. 7. 16.	공고	계엄사령관 정일권	체포·구금·수사에 관하여 충남북, 경남북도에 특별조치
3	1950. 7. 20.	공고	계엄사령관 정일권	언론 출판에 관한 특별조치
4	1950. 8. 1.	공고	국방부장관 신성모	증명서 없이 징발 당한 경우 국방부 제1국에 제출
5	1950. 9. 3.	공고	육군본부 민사부	대구시 달성군 거주자 일체 등록 실시
6	1950. 9. 24.	공고	헌병사령관 장창국	각종 증명서 헌병사령부 제1과에서 발행
7	1950. 10. 13.	공고	헌병사령관 장창국	민간인 무기소지자 헌병사령부에 등록

8	1950. 10. 15.	공고	계엄사령관 정일권	체포·구금·수사에 관하여 3·8 이남·북 지역 특별조치
9	1950. 10. 15.	공고	경인지구 계엄사령관	유기 차량 갱생에 관한 건
10	1950. 10. 15.	공고	경인지구 계엄사령관	비상용 차 운행 허가증 교부 요망
11	1950. 10. 15.	공고	국방부장관 이기붕	징발 징용 물자 신고
12	1950. 10. 21.	공고	계엄사령관 정일권	적색 교육 자료 발간물 신고
13	1950. 10. 28.	공고	계엄사령관 정일권	여행증명 파출소장 의견에 의거 동장이 발급
14	1950. 10. 30.	공고	계엄사령관 정일권	야간통행 금지 연장
15	1950. 11. 1.	공고	미상	제2국민병 해당자 전출입 신고 철저, 여행증명서 소지
16	1950. 11. 4.	공고	미상	도민증 시민증 소지자 여행증명서 불필요
17	1950. 11. 5.	공고	계엄사령관 정일권	3·8 이북 민간 차량 운행 시 헌병사령부 제3과 수속
18	1950. 11. 20.	공고	계엄사령관 정일권	일반인 군복 착용 금지
19	1950. 11. 26.	공고	계엄사령관 정일권	군복 착용 한계
20	1950. 11. ?	공고	계엄사령관 정일권	제2국민병 전적 또는 여행 시 수속
21	1950. 12. 5.	공고	계엄사령관 정일권	군복 착용 통제 추가 공고
22	1950. 12. 10.	공고	경북지구 계엄민사부장 이순영	불법 징발 단속
23	1951. 1. 4.	공고	계엄사령관 정일권	피난민 수용 임시조치법 공고
24	1951. 1. 11.	공고	계엄사령관 정일권	식량 수집 및 후송을 위한 전화물 차량 동원 실시
25	1951. 1. 11.	공고	계엄사령관 정일권	군·검·경 수사기관 소재 보고
26	1951. 1. 15.	공고	계엄사령관 정일권	대구지구 각 정당 사회단체 등록 실시
27	1951. 2. 26.	공고	경북지구 계엄민사부장 이순영	전력 사용 통제(군 계엄민사부 허가를 득할 것)
28	1951. 2. 4.	공고	계엄사령관 정일권	수사기관 소재 보고
29	1951. 2. 4.	공고	계엄부사령관 이호	계엄사령부, 문관 군속 및 기타 신분증명서 반납
30	1951. 2. 23.	공고	계엄사령관 정일권	계엄사령관 명의 발부 신분증 반납 조치
31	1951. 2. 28.	공고	헌병사령관 최경록	무기 재등록, 등록증 재발행
32	1951. 3. 11.	공고	육군본부	가 정보원 사칭 신분증 발행 엄금
33	1951. 3. 31.	공고	국방부 제1국	징발된 재산 중 소정 절차 없는 것을 신고할 것
34	1951. 4. 16.	공고	계엄사령관 정일권	각종 물자 피징발 신고
35	1951. 9. 30.	공고	계엄사령관 이종찬	경인지구 물자 반출 통제
36	1951. 12. 15.	공고	미상	불법 취득 미제 각종 차량 검사, 회수 조치

〈표 3-9〉와 같이 공고는 계엄사령관만이 아니라 국방부장관, 육군본부 민사부 등에서도 발표하였다. 계엄 상황에서 공고의 내용은 포고와 달리 행정처리 절차나 요령을 공시하는 것으로 원칙적으로 계엄사령관 명의로 발표해야 하나 지역적 세부사항이나 필요한 경우 계엄사령관의 포고, 훈령, 일반지침의 범위 내에서 지구 계엄사령관이 추가하여 발표할 수 있었다. 그럼에도 불구하고 민간인 무기소지 등록이나 각종 증명서 발행, 불법징발 단속의 경우 지역적 세부사항을 포함하고 있지 않았고, 별도 시행의 필요성이 있다 하더라도 지구 계엄

사령관의 명으로 시행해야 할 사안이었다. 전시 계엄 중 가장 많은 조치에 해당했던 징용·징발·징병 관련은 시행 주체가 가장 혼란스럽게 나타났음을 알 수 있다. 한편 '체포·구금·수사 관련 특별조치는 계엄사령관의 명으로 공고' 하도록 지속적으로 지시한 결과 송요찬 헌병사령관의 1950년 7월 12일 공고를 제외하고 모두 계엄사령관 명으로 '특별조치'가 공고되었다.

계엄 조치문 104건을 경제, 사법, 사상 등 분야별로 나누어 보면 〈표 3-10〉과 〈그림 3-7〉과 같았다.

〈표 3-10〉 한국전쟁 시기 계엄 관련 조치문 내용별 통계(1950~1951)

분야	포고	공고	담화문	경고	고시	계
계엄일반	1	-	1	-	-	2
경제	13	3	1	-	-	17
사법	5	5	-	-	-	10
사상	2	3	-	-	-	5
징발 징용 징병	18	9	2	1	1	31
교통 여행 피난민 통제	6	2	-	-	-	8
군기, 불법 무기	5	6	-	-	-	11
등화관제	2	-	-	-	-	2
제증명	-	8	-	-	-	8
계	62	36	4	1	1	104

〈그림 3-7〉 한국전쟁 시기 계엄 관련 조치문 내용별 분류(1950~1951)

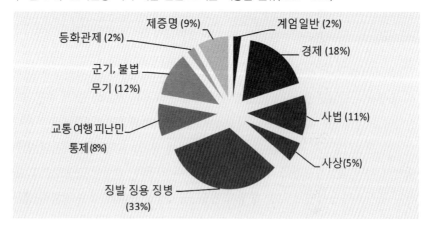

계엄 관련 조치문을 내용별로 분류한 위의 〈표 3-10〉과 〈그림 3-7〉에 따르면, 포고 중 가장 많은 내용은 징발·징용·징병 관련이었으며 다음으로 경제, 사법, 교통·여행·피난민 통제, 군기·불법 무기 관련 사항이었다. 공고의 경우도 가장 많은 내용도 징발·징용·징발 관련 내용이었고, 다음으로 제증명, 군기·불법 무기, 사법 관련 사항이었다. 포고와 공고 모두 징발·징용·징병 관련이 전체 조치문 중 약 33%를 차지하여 가장 많았으며, 경제 분야가 약 18%, 군기·불법 무기 관련이 약 9%로 그 다음을 차지하였다. 포고만 본다면 징발·징용·징병 분야 다음으로 경제, 사법 분야가, 공고는 제증명과 군기·불법무기 분야가 많았다. 제증명 관련 사항은 포고가 아닌 공고의 형태로 시행되었으며, 등화관제 사항은 포고를 통해 시행하였다. 특징적인 것은 경제 관련 사항과 교통·여행·피난민 관련 사항은 많은 경우 포고를 통해 시행했다는 것이다. 등록·허가 사항과 달리 직접적인 처벌 조치가 뒤따르는 제한·금지의 내용을 포함하고 있었기 때문이었다. 공고는 등록, 허가, 신고, 금지 사항을 알리고 실행하는 행정조치로 시행되었다.

　포고와 공고 등의 내용적 특징을 살펴보면, 우선 사법 관련 사항은 이준식 경인지주 계엄사령관의 포고 3호와 포고 5호에 잘 나타나 있는 '부역자' 처단 관련과 계엄법 제13조에 따른 특별조치, 자수자·석방자 등록, 불법 출옥자 감시 등의 내용이었다. 자수자·석방자 등록은 '정치범'과 관련되어 정치적 반대자 처리와 관련된 것이었다. 또한 '부역자'는 기존 법률 체계가 아닌 〈범죄처벌특조령〉에 따라 처벌하도록 하였다. 서울 환도와 경인지구 계엄사령부 설치 직후 내려진 위 포고는 '부역자'를 체제 통합 불가능자로, 죽여도 좋은 존재로 규정하고 이들에 대해 기존의 법률을 정지시키고 긴급명령과 포고에 따른 법률로 말살하려는 것이었다.[148] 이를 위한 입법조치가 계엄법 13조에 따른 특별조

---

148) 육군본부 법무감실,『앞의 책』, 1952, 796~801쪽(포고문 제3호, 경인지구 계엄사령관 이준식, 1950. 10. 3.−전시 범죄에 대하여 시민 제위의 주의를 환기하고저 좌기 포고함. 1. 비상사태하의 범죄처벌에 관한 특별조치령에 의하여 가. 비상사태하에 살인 방화 강도, 군사교란 통신 수도 전기 와기 관공서 등의 파괴 및 훼손, 다량의 군수품 기타 물자의 강매 탈취 등 약탈 및

치와 대통령 긴급명령인 〈범죄처벌특조령〉이었다.

경제 관련 사항은 전선에서의 전투가 소강상태로 들어가고 상대적으로 안정을 찾은 1951년 2월 이후에 다수 등장하였다. 내용은 생필품에 대한 은닉·매점매석 금지, 생필품 반·출입 허가, 가축 등록과 도살 방매금지, 재산 불법점유 파괴 금지, 식대 숙박료 조정, 무허가 요정 단속 등의 내용이었다. 전시 경이적인 물가 상승은 매점매석과 더불어 계엄 선포에 따른 교통 두절과 물자 수급의 어려움 때문이었다.[149] 따라서 계엄사령부와 지구 계엄민사부에서는 이를 해소하기 위해 1951년 2월 춘궁기를 기점으로 조치들이 취해졌다고 할 수 있다. 이를 위해 서울지구 계엄민사부에서는 생필품에 대한 자유반입, 민수물자 서울시내 반입 허용 등으로 시내 수요를 충당하려 하였다.[150] 그러나 수속절차 등의 시간이 지나치게 길어 서울로의 생필품 반입은 원활하지 못하였다. 도강(渡江)이 허가되는 데 비용과 시간이 소요되자 물품 반입이 어려워지고 물가 앙등이 지속되면서,[151] 계엄사령부의 포고와 공고가 실효를 거두지 못했던 것으로 보인다. 가축 등록과 도살 방매 금지와 관련한 포고는 1950년 9월 28일을 시작으로 10월 5일, 1951년 2월 5일, 3월 5일 총 4차례 시행되었다. 이 중 1951년 3월 8일 경북지구 계엄민사 부장이 시행한 것을 제외하면 모두 계엄사령부에서 실시하였다.

1950년 1월 8일에 시행한 '식대 숙박료 상향 조정 억제조치'에서는 일상생활에 밀접한 영향을 미치는 식사대와 숙박료의 초과 징수를 금지하면서 다음과 같이 공포하였다.

불법처분, 형무소 유치장의 재소자를 탈주케한 자는 사형에 처함 (…), 포고문 제5호, 경인지구 계엄사령관 이준식, 1950. 10. 4. −1. 부역자를 속히 고발 또는 적발하라. 부역자를 숨겨두는 자는 엄벌에 처한다. 2. 지금도 늦지 않으니 타인의 가옥 건물을 불법 점거한 자는 속히 원상복구하라. 또 타인의 물품을 가져간 자는 곳 돌려보내라. 만일 주저하다가 적발되면 총살에 처한다 (…)).

[149] 1952년 춘궁기에 있었던 부산 지역의 경이적인 쌀값 폭등은 작황 부진이나, 매점매석이 원인이 나 1951년 말 동계토벌 당시 전남북 경남북 주요 미곡 산지 지역에 비상계엄 실시에 의해 해당 지방의 수송 제재와 지방당국에서 양곡의 자유반·출입을 억제한 결과였다(『민주신보』, 1952. 1. 15.; 1952. 2. 13.; 1952. 2. 14).

[150] 『조선일보』, 1951. 9. 19.; 『서울신문』, 1951. 9. 20.

[151] 『자유신문』, 1951. 10. 8.

- 1실의 정원을 초과하여 숙박시킨 경우에 숙박료의 합계는 정원이 지불하는 숙박료의 합계를 초과하여 징수치 못한다.
- 숙박료는 다음과 같이 구분한다.
    가. 보호자가 동반한 6세 미만 유아는 보호자 1명에 대하여 1명에 한하여 무료 1명을 초과하는 경우에는 초과분에 대하여 숙박료의 3분의 1로 한다.
    나. 보호자가 동반하는 6세 이상 12세 미만의 유아는 보호자 1명에 대하여 1명에 한하여 반액 1명을 초과하는 경우에는 초과분에 대하여 숙박료의 3분의 2로 한다.
    다. 보호자가 동반하는 유아가 1명을 초과하는 경우에는 연소자를 초과분에 산입한다.[152]

위 포고는 대규모 피난민이 발생하면서 식대와 숙박을 통해 폭리를 취하는 사례가 발생하면서 이에 대한 대응으로 취해졌다. 식대는 품목별로 세세하게 그 액수를 정했고, 숙박비도 동반 유아의 연령과 수를 감안하여 액수를 산입하여 공지하였다.

이와 같이 경제 관련사항은 생필품 반입 출입에 대한 인허가를 통한 생필품 통제, 식대 숙박료 등의 가격 결정, 매점매석과 재산권 침해 관련 단속과 조정·금지, 요정 주류 판매 시간 등의 영 업단속 등 일반적인 전시 통제 경제적 성격의 조치였다. 전시 통제경제 운영의 핵심은 생필품에 대한 수급과 가격 결정이라고 할 수 있다. 전쟁 초기 전투에 따른 징발·징용 또는 사법 관련 사항이 어느 정도 마무리되자 전시 비상사태는 경제적 비상사태로 전환되어 갔다고 볼 수 있다. 경제적 비상사태는 전쟁의 소강상태에서도 계엄상태를 유지해야 하는 당위성을 제공하였다. 경제적 비상사태는 생필품 수급과 가격 결정을 시장이나 행정부를 통해 할 수 없는 상황을 의미했으며, 계엄하에서 군에 의해 가격이 통제되고 물품이 강제 조절되는 것이 합법성을 띠게 되었다. 그러나 단속에 따른 밀거래와 매점매석으로 물가앙등이 지속되었기 때문에 군에 의한

---

152) 육군본부 법무감실, 『앞의 책』, 1952, 707쪽.

강제적 물가 조절은 현실적으로 실효를 거두지 못하였다. 그럼에도 불구하고 경제 관련 포고들이 지속적으로 시행되면서 전시 비상사태는 '경제적 비상사태'로 전환하였다.

2. 군법회의의 불법적 운영과 사법권의 무력화

'사상범' 처리와 군법회의의 확대

비상계엄이 선포됨에 따라 1950년 7월 8일 중앙계엄고등군법회의와 경남지구 계엄고등군법회의가 설치되었다. 계엄고등군법회의는 육군본부 법무감실에서 관장하였다. 1950년 9월에는 경인지구 계엄고등군법회의가, 10월 4일에는 경인지구 계엄고등군법회의가 설치되었다.[153] 1951년 4월 24일에는 각 도지구 위수사령부가 설치되면서 각 도별 위수고등군법회의를 설치하였다.[154] 1951년 하달된 육군총참모장의 지시에 따르면, 위수고등군법회의는 위수사령관이 도내 군인, 군속의 범죄사건을 처벌하기 위한 고등군법회의 설치권한을 가지며, 위수고등군법회의에서는 국방경비법 제32조 및 제33조 위반 민간인을 재판할 수 있도록 하였다.[155] 그 이후에는 위수고등군법회의가 기능을 발휘하게 되고 전국

---

153) 법제처, 『법무 50년사』, 1996, 175쪽.

154) 육군본부, 『6·25사변 후방전사(인사편)』, 1956, 303쪽.; 육군본부, 『법무 오십년사』, 1996, 175쪽 (위수령은 1950년 3월 27일 제정하였는데 이는 육군의 특정부대로 하여금 각 담당 지구에 영구히 주둔하면서 당해 지구 경비, 질서와 군기의 감시 및 건축물 기타 시설의 보호를 담당하게 하기 위한 것이었다(동령 제1조) 다만 요새 사령부 또는 헌병대가 있는 지역에서는 그 조직과 기능에 비추어 위수령의 기도하는 목적을 달성할 수 있는 군 기관이므로 이러한 지역에서는 위수 근무를 하지 않았다).

155) 도 위수사령부는 계엄지구에서 '계엄 사무를 침범 또는 제한'하지 못하였고, '대 민간 관계에는 일체 간섭함을 엄금'함에도 불구하고 위수고등군법회의에서는 국방경비법 제32조 제33조 위반 민간인을 재판할 수 있도록 하였다. 또 위수군법회의가 계엄법 제16조에 의한 사건 심리를 할 수 있는지 여부에 대하여 "계엄하의 군법회의는 전부 계엄군법회의가 되는 것이므로 위수군법회의에서도 계엄법 제16조에 의한 사건을 심리할 수 있다고 해석하였다."(육군본부 법무감실, 「도내위술업무 및 군사재판에 관한 건(육본인사갑발 제71호, 1951. 4. 22.)」;「계엄하 법무 업무 (육군본부 경북대구 법무 제52호, 1952. 1. 17.)」, 『앞의 책』, 1952, 432~435쪽·109쪽).

적으로 지역별 비상계엄이 해제된 상태가 됨에 따라 계엄고등군법회의를 유지할 필요가 없어지자, 1951년 8월 15일부로 계엄고등군법회의를 폐지하였다.[156]

일반적으로 군법회의는 국방경비법(해안경비법) 규정에 의거하였다. 이러한 국방경비법(해안경비법)은 군사 범죄에 대한 군법회의 재판에 대한 소송법적 규율을 담당함과 동시에 군형사법 기능을 모두 포함하였다.[157] 국방경비법은 범죄의 경중에 따라 고등·특설·약식군법회의를 두었으나, 대법원에의 상고에 관한 규정은 없었다. 제헌헌법 또한 군법회의에 대한 규정을 두고 있지 않아 군법회의 제도의 위헌성이 누차 제기되었으나 1954년 11월 29일 제2차 개헌에 의해 헌법 제83조 제2항에서 '군사재판을 관할하기 위하여 군법회의를 둘 수 있다. 단 법률이 정하는 재판 사항의 상고심은 대법원에서 관할한다. 군법회의의 조직, 권한과 심판관의 자격은 법률로 정한다'라고 규정하기에 이르렀다.[158]

이러한 국방경비법의 적용 대상은 원칙적으로 군인과 군속 등에 국한되었다. 그런데 정부수립 직후 여순사건과 제주4·3사건 과정에서 계엄이 선포됨에 따라 설치된 계엄고등군법회의에서 민간인을 대상으로 한 재판을 시행하였다. 그런데 여순사건으로 군법회의에 회부된 민간인들은 형법 제77조의 내란 및 국권 문란죄 그리고 포고령 2호 위반이 적용되었다. 이것은 1948년의 제주계엄고등군법회의도 마찬가지였다. 그러나 앞서 살펴본 바와 같이 제주4·3사건 관련 계엄이 해제된 이후 설치된 1949년 군법회의에서는 국방경비법 제32조와 제33조, 일명 이적죄와 간첩죄가 적용되었다. 특정 사건을 '반란' 또는 '폭동'으로 규정하고, 군법회의에 회부되었던 사람들을 반란 가담자로 처벌했던 것과는 다른 양상이 전개되었다고 할 수 있다. 사건이 일단락되고 계엄이 해제된 상황에서 주민들을 개별 범죄자로 군법회의에 회부함에 따라 국방경비법의 이적죄

---

156) 육군본부 법무감실, 「위수령 제3조 해석(육군본부 경북대구, 인사 제84호, 1952. 1. 19.)」, 『앞의 책』, 1953, 88쪽.

157) 이는 1962. 1. 20. 법률 제1003호로 군형법, 법률 제1004호로 군법회의법이 제정되기 전까지 계속되었다.

158) 1954년 2차 개헌의 요구에도 불구하고 군법회의 관련 법률은 1962년에 가서야 제정되어 상소 또는 상고 규정도 없는 국방경비법을 10년 가까이 더 적용하였다.

와 간첩죄가 고안되었다고 할 수 있다.

　전쟁 상황에서 국방경비법을 그대로 민간인에 적용하는 데 한계가 있었다. 이적죄와 간첩죄는 특정되고 구체적인 상황에서만 적용 가능했기 때문이다. 전쟁 상황에서 민간인에 대한 군법회의 적용을 확대할 수 있었던 것은 계엄 선포를 통해 가능했다. 비상계엄 선포 이후 1950년 7월 18일 계엄사령관은 고등법원장, 대구지방법원장, 부산지방법원장, 대구검사장, 부산검사장, 대구경찰국장, 부산경찰국장, 헌병사령관, CIC지부장, 법무감에게 '미결사건처리에 관한 건'을 통해 전국의 사법사무를 계엄사령관의 관장하에 두고, 국방경비법, 국가보안법, 〈범죄처벌특조령〉 위반 사건에 대해 계엄 고등군법회의에서 재판권을 행사한다고 하달하였다.

> 1. 계엄령 실시 이후의 형사사건은 계엄법 및 실시 요령에 의하여 처리함. 단, 국가보안법 위반 사건으로 경한 것을 제외하고는 군사법규(국방경비법) 위반인 이적죄 또는 간첩죄는 군법회의에서 처단함.
> 2. 계엄령 실시 이전의 범죄행위로서 당시 미결 중인 사건 역시 전항에 준하여 처리함. 즉 미결중인 국가보안법 위반 사건은 비상조치령('범죄처벌특조령') 또는 군법조규(국방경비법) 위반으로서 처단 가능(또는 처단 필요) 한 것은 즉시 군법회의에 이송 처리할 것.[159]

　이와 같이 계엄 실시 이후에는 형사사건에 대하여 군법회의에 회부할 수 있도록 하였으며 국방경비법 상의 '이적죄'나 '간첩죄' 뿐만 아니라 국가보안법 위반사건과 〈범죄처벌특조령〉 위반사건 등도 계엄고등군법회의에서 재판할 수 있도록 하였다. 또한 1950년 10월 12일 경인지구 계엄사령관 이준식 준장의 계엄고등군법회의 설치 관련 담화에서는 그 관할 범죄에 대해 다음과 같이 규정하였다.

---

[159] 「미결사건 처리에 관한 건(육본민사외발 제9호, 1950. 7. 18.)」, 육군본부 법무감실, 『앞의 책』, 1952, 358쪽.

1. 내란에 관한 죄(형법 제77조 내지 제79조) 2. 외환에 관한 죄(형법 제81조 내지 제88조) 3. 이적죄(군형법 제32조) 4. 간첩죄(군형법 제33조) 5. 계엄법 제15조 해당 범죄사건 6. 계엄법 제16조 제25항 해당사건 7. 국가보안법 위반 사건 중 중범사건[160]

이준식의 포고는 7월 18일 계엄사령관의 통첩을 구체화한 것으로 계엄하 군법회의 관할 범죄는 형법 상의 내란에 관한 죄, 국방경비법, 계엄법, 국가보안법 위반 범죄를 포함하였다.[161] 이는 국방경비법이 민간인에 대해서는 제32조, 제33조 위반사건만을 군법회의에서 다루도록 규정한 것과 비교된다.[162] 국방경비법 위반이라 할지라도 민간인의 경우 국가보안법을 통해 민간법원에서 재판이 가능하였다. 반면 계엄상태에서는 국가보안법 위반자를 군법회의에서 재판할 수 있었다. 또한 〈범죄처벌특조령〉관련 재판은 지방법원 또는 동지원의 단독판사가 행하도록 하였지만(제9조), 형사소송법의 절차를 생략할 수는 없었다. 그러나 계엄하에서는 〈범죄처벌특조령〉과 국가보안법 위반에 대하여 군법회의에 회부할 수 있도록 하여 '반민족행위자'로서의 '부역자'와 대한민국을 적대시하는 '반국가 사범'을 포괄하는 이른바 '사상범'을 군법회의에서 다루도록 하였다.[163] '군인 군속에 대한 사상범 피고 사건 처리' 지침에 따르면 '사상범'

160) 『승리일보』, 1950. 10. 12.

161) 군법회의 회부 대상 범죄에 대한 1950년 7월 18일 계엄사령관의 지시에 포함되었던 〈범죄처벌특조령〉은 이준식의 포고에는 포함되어 있지 않았다.

162) 1951년과 1953년(개정) 최경록 중장이 작성한 『군법해설』은 국방경비법의 주요 내용 해설과 군 관계 법령과 예규 등에 대한 해석을 담고 있다. 이에 따르면 '제32조 제33조를 범한 자는 민간인도 본법의 적용을 받는다. 그러나 최근 육군본부에서 하달된 지침에 의하면 본법을 위반한 민간인은 특히 군사에 관련된 사건만을 취급할 것이요, 그렇지 않은 것은 국가보안법에 의하여 민간법원에서 재판토록 되어 있다(4쪽.)'라고 하여 1951년 비상계엄 해제 이후인 8월 15일 이후 비로소 국방경비법 위반 민간인은 국가보안법에 따라 민간법원에서 재판토록 하는 별도 방침이 시행되었음을 알 수 있다(「국방경비법 제32조 적용에 관한 건(육본법무갈발 1951. 8. 20.)」, 최경록, 『군법해설』, 1953, 44쪽).

163) '부역' 또는 '부역자'라는 표현은 1950년 9월 17일 부역행위특별심사법과 사형금지법안 제정 논의 과정에서 '역도에게 협력한 자'로 사용되기 시작했으며 10월 이후 '반역분자' '공산분자 또는 가담 협력자'라는 용어가 부역자로 바뀌기 시작하였다(이임하, 「한국전쟁기 부역자처벌」, 『전쟁속의 또 다른 전쟁』, 선인, 2011, 144쪽) 군법회의에 회부되었던 '사상범'은 그런 의미에서 '부역자'를 포함하여 보다 포괄적으로 적용되었다.

의 범위는 국방경비법 제32조, 제33조 위반, 국가보안법 위반, 〈범죄처벌특조령〉 제4조 3호, 4호, 5호 및 제5조 위반으로 규정하고 있다.[164] '부역자' 또는 '반민족행위자'와 마찬가지로 이러한 '사상범'은 자의적이고 모호하며, 상황에 따른 주관적 판단에 좌우되었으며, 구체적인 범죄 구성 요건이 있는 것은 아니었다. 따라서 형사소송법의 절차가 생략된 계엄상태에서는 군의 자의적인 해석과 집행이 가능할 수 있었으며 이를 통해 신속하게 '사상범'을 처리할 수 있는 공간을 제공하였다.

전쟁 이전부터 폭증했던 '사상범'을 신속하게 군법회의에서 처리하기 위해 1950년 7월 26일에는 '계엄하 군사재판에 관한 특별조치령(긴급명령 제5호)'이 공포되었다.[165] 〈군사재판특조령〉의 목적은 계엄 선포 지역에서 군사재판을 신속하고 간략하게 진행하는 것이었다. 남한 전역에 비상계엄이 선포되고 이미 통첩을 통해 민간인에 대한 군법회의 회부 범위가 확대된 상황에서 〈군사재판특조령〉으로 국방경비법의 절차까지 간소화하여 군법회의를 신속하게 진행하고자 한 반헌법적 조치였다. 〈군사재판특조령〉은 군사재판을 신속하게 처리하는 데 필요한 인적 자원을 확보하기 위하여 민간법원의 판·검사를 활용할 수 있도록 규정하였다. 〈군사재판특조령〉은 검사에 의한 군검찰관 직무 수행, 판사와 검사에 의한 변호인 대체, 예심조사의 생략, 군법회의 설치 장관에 의한 집행 확인 등으로 '신속한' 형의 집행을 목적으로 하였는데, 이는 군법회의에 회부되었던 민간인들의 범죄 사실 여부를 규명할 최소한의 시간도 허용치 않았음을 의미하였다. 이러한 〈군사재판특조령〉의 문제가 다수의 피해자를 낳았음은 분명하였다.

뿐만 아니라 '비상계엄 해제 후의 군법회의 재판권 연기에 관한 건(이하 군법회의연기에관한건)'을 공포하여 비상계엄이 해제된 후에도 군법회의는 1개월간 연장할 수 있었다.[166] 〈군법회의연기에관한건〉은 이후 지역적으로 비상

164) 「군인 군속에 대한 사상범 피고사건 처리(육군본부, 경북대구 법무제2106호, 1952. 11. 10.)」, 육군본부 법무감실, 『앞의 책』, 1953, 16쪽.
165) 『관보』 제385호, 1950. 7. 27.
166) 『관보』 호외, 1950. 11. 10.

계엄을 해제하고 경비계엄을 선포되었던 1951년 4월 8일, 1952년 7월 28일, 1954년 4월 11일에도 공포되었다.[167] 이에 따라 비상계엄이 비록 해제되었지만 모든 계엄고등군법회의의 업무는 비상계엄 시와 동일하게 처리되었다.

〈군법회의연기에관한건〉을 통해 1개월의 연기 기간이 종료된 후 계엄고등군법회의에 계속되었던 사건은 어떻게 되었을까? 이에 대한 1951년 육군본부의 지시는 다음과 같았다.

> 단기 4284년 4월 8일자로 선포된 비상계엄 해제 후의 재판권 연기일은 단기 4284년 5월 7일부로서 마감되었으므로 비상계엄 및 지역을 제외하고는 민간인 사건은 일반법원에 이송할 것. 단 국방경비법 제32조 및 제33조 위반사건은 이를 제외할 것.[168]

위 지시는 〈군법회의연기에관한건〉에 따른 군법회의 재판권 연기 기간이 만료된 뒤에도 '사상범'으로 취급된 민간인들의 재판이 일반법원으로 이송되지 않았음을 알 수 있다. 특별조치의 기간이 만료되자 군법회의를 규정하고 있는 국방경비법을 적용하여 민간인을 계속 군법회의에서 처리했다.

군법회의를 통한 '부역자' 처리

민간인에 대한 군법회의 적용 확대와 더불어 환도 무렵 부터는 〈범죄처벌특조령〉을 통한 이른바 '부역자' 처리가 사법 운영의 핵심 방향으로 등장하였다. 전쟁이 발발 이후 국군이 초기에 대패하여 퇴각하면서 남한의 거의 대부분이 인민군 치하에 들어가게 됨으로써 '부역자'가 대규모로 산출되었다. 북한의 점령정책에 따라 조직된 인민위원회 등의 행정조직과 정치보위부, 내무서, 자위대 등의 단체나 단체들이 조직되었는데 이러한 단체의 가입 인원도 수십만에

---

167) 『관보』 제452호, 1951. 4. 8;『관보』 제705호, 1952. 7. 28;『관보』 호외, 1954. 4. 11.

168) 「비상계엄하 군법회의 재판권 연기 마감에 관한 건」, 육군본부 법무감실, 『위의 책』, 1952, 446쪽.

서 기백만에 이를 것으로 추정된다.[169] 또한 의용군과 각종 동원에 협조했던 사람까지 포함하면 점령지 대부분의 사람이 '부역자'가 되었다.

〈범죄처벌특조령〉은 국방경비법과 함께 환도를 즈음한 9월 하순부터는 우려했던 바의 '부역자' 처벌을 위한 가장 강력한 도구가 되었다. 갑작스런 전쟁에 서울을 떠났던 이른바 '도강파'는 환도와 더불어 서울 잔류세력의 공격에 대비해야 했고, 잔류세력이 '적 치하'에서 생존을 위해 행한 협조·가담 사실을 전면화하기 시작하였다.

1950년 9월 24일 검찰청장이 각 지청장에게 하달한 '비상사태 수습요강'은 환도 후 범죄조사에 있어 조사의 기본방침이 '부역자' 처단에 있음을 명확히 보여준다. 검찰은 환도 후 사태 수습을 위하여 '불순사상자, 불순 보련원(보도연맹원), 중간회백분자, 출옥좌익분자 등의 반민족적 행위를 색출·차단함을 위주로 운영하도록 지시하였고, ① 출옥한 좌익분자 ② 보련원 ③ 민족정당·사회단체의 간부 및 지도적 임무 종사자 ④ 잔류 관공리를 대상으로 〈범죄처벌특조령〉 제4조와 제5조 위반할 경우 사형에 처하도록 지시하였다. '부역자' 처리와 관련하여 1950년 10월 21일 광주지방검찰청에서 각 지청에 보낸 문서에 따르면 〈범죄처벌특조령〉에 따른 기소와 불기소의 기준은 다음과 같이 제시하였다.

- (1) 괴뢰군 측 기관의 수괴, 간부 및 지도역할을 한 자. 단 면 이하 단체의 사람 중 6·25 이전부터의 구성원, 6·25 이후 구성원이라도 죄질과 동기가 악질적인 자는 지도적 역할을 한자로 포함하여 기소.
  (2) 면 이하의 단체 가담자—괴뢰 측 기관에 부화 월행한 정도는(극악질자를 제외하고) 원칙적으로 포섭할 것임.
- 특별조치령에 의한 범죄자는 기소하면 단심으로 최하 10년 이상의 징역에 처하게 됨으로써 (1), (2) 해당 사항은 진중을 기할 것이며, 자수자 정상 참작할 것.[170]

[169] 서중석, 『조봉암과 1950년대(하)』, 역사비평사, 1999, 748~750쪽
[170] 전라남도검찰청 목포지청, 「비상사태하 특히 괴뢰군 점령하에 있어서 범죄처리 방침 송부에 관한 건(1950. 10. 21.)」, 『검찰사무예규철』, 국가기록원 소장자료.

환도 이전 '비상사태 수습 요강'의 경우 조사의 핵심을 '부역자' 색출 처단이라고 명확히 하고 〈범죄처벌특조령〉을 적용하여 극형에 처하도록 강경하게 지시한데 반해, 위의 광주지청의 범죄 처리 지시는 '악질적인 자'를 〈범죄처벌특조령〉으로 기소할 것을 지시하면서도 〈범죄처벌특조령〉 위반자는 단심으로 10년 이상의 중형을 선고받을 수 있으므로 신중을 기할 것을 함께 지시하였다. 이는 환도 이후 '부역자' 색출 처단의 무원칙성과 폭력성을 반증하는 검찰의 지시라고 할 수 있다.

이러한 지침은 치안국을 통해서도 각 경찰서에 지시·하달되어 경찰이 복귀한 지역에서는 바로 부역 혐의자에 대한 체포, 구금, 그리고 A, B, C 등급으로의 분류 후 즉결처분 등의 '부역자' 치리가 진행되었다.[171] 1950년 9월 말 각 지방 검찰청과 경찰서에 '부역자' 처리에 대한 지침이 하달되기 이전부터 인민군의 퇴각과 동시에 각 지역에서는 치안대를 중심으로 보복적인 사살이 진행되었으나, 경찰이 진주하면서 부터는 군단위로 치안대 의용소방대를 행동대로 하여 지서로나 경찰서로 연행하여 도경찰국의 지시하에 지서장, 경찰서장의 명령으로 재판 과정 없이 즉결처형 하는 사례가 허다하였다.[172]

한국전쟁 기간 '부역자'로 처리된 사람의 수는 550,915명으로 추산되었다.[173] 이에 대한 확실한 통계는 없으며 몇 만 명에서 몇 십 만 명으로 그 건수에 대한 편차도 크다.[174] 다음의 〈표 3-11〉와 〈표 3-12〉은 각 지방검찰청에서 전쟁 발

---

171) 양평경찰서를 비롯한 비상경찰총사령부(치안국)는 경인지구의 치안확보를 위하여 경찰 선발대를 편성한 후 1950년 9월 25일 대구를 출발, 부산을 경유하여 10월 1일 인천에상륙하였다. 양평 경찰서 경찰 이 ○○는 상륙 직후 인천 창영국민학교 운동장(현 동인천세무서)에 모여 경기도 경찰국장(한경록)으로부터 "부역한 사람을 A, B, C로 나누어가지고, A급은 즉결처분하고, B급은 심사해서 요시인으로 하고, C급은 살기 위해서 부역했으면 방면하라"고 하는 지침을 받았다고 진술하였다. 이러한 진술은 가평경찰서에 근무했던 경찰들도 동일하게 진술하였다(진실화해를 위한 과거사 정리위원회, 『2009년 조사보고서』, 「양평 부역혐의 희생사건」, 2009, 697쪽).

172) 진실화해를 위한 과거사 정리위원회, 『2009년 조사보고서』, 「양평 부역혐의 희생사건」; 『2010년 상반기 조사보고서』, 「충남지역 부역혐의 민간인 희생사건」, 2009, 2010 참조.

173) 박원순, 『국가보안법연구』 2, 역사비평사, 1989, 21쪽.

174) 이임하의 연구에 따르면 홍제리 사건 뒤 미 국무부가 주한미대사를 통해 조사한 바에 따르면 1950년 12월 31일까지 162,763명이 '부역자'로 구금되어 있다고 밝혔다. 또 한국경찰사에는 550,915명의 부역자를 검거 처리하였다고 하여 그 숫자는 상이하다(이임하, 「한국전쟁기 부역자처벌」, 『전쟁 속의 또 다른 전쟁』, 선인, 2011, 155~156쪽).

발 이후 1951년 3월 말까지의 부역자 처리표와 범죄사건 일람표로, 국방경비법으로 군법회의에서 처리된 통계를 반영하고 있지 않지만 지역별, 부역자 현황을 대략적으로나마 보여주고 있다.

〈표 3-11〉 범죄별 일람표(1950. 6. 25.~1951. 3. 말)

죄명	인원	비율
총계	58,343	100%
(형법위반)	11,440	19.6%
(특별법위반)	46,903	80.4%
...	...	...
병역법	831	1.8%
국가보안법	5,588	11.9%
범죄처벌특조령	24,604	52.5%
포고제2호위반	12	0.03%
법령5호위반	74	0.16%

〈표 3-12〉 부역자 처리 사건표(1950. 6. 25.~1951. 3. 말)[175]

청명	죄명	수리		
		건수	인원	비율
총계		27,097	37,421	
서울지방검찰청	총수	10,124	11,715	100%
	일반범죄	161	339	3%
	범죄처벌특조령	9,963	11,376	97%
부산지방검찰청	총수	11,733	18,426	100%
	일반범죄	8,815	13,555	73.5%
	국가보안법 (부역자 포함)	2,288	3,308	18%
	범죄처벌특조령	630	1,563	8.5%
전남지방검찰청	총수	1,713	2,345	100%
	일반범죄	377	694	29.6%
	국가보안법 (부역자 포함)	292	322	13.7%
	범죄처벌특조령	1,044	1,329	56.7%

광주지방검찰청	총수	3,164	4,399	100%
	일반범죄	412	655	14.9%
	국가보안법 (부역자 포함)	160	173	3.9%
	범죄처벌특조령	2,592	3,571	81.2%
제주지방검찰청	총수	363	536	100%
	일반범죄	305	426	79.5%
	국가보안법 (부역자 포함)	54	105	19.6%
	범죄처벌특조령	4	5	0.1%

〈표 3-11〉에서 보는 바와 같이 전체 범죄자별 유형은 총 58,343명 중 특별법 위반자는 46,903명으로 80.4%에 달하고 있다. 이들 특별법 위반자 중 〈범죄처벌특조령〉 위반자는 24,604명으로 특별법 위반자의 52.5%를 차지하여 가장 많았다.[176] 전시 형사재판의 대부분은 〈범죄처벌특조령〉과 국가보안법 위반이었다고 할 수 있다. 〈표 3-12〉은 '부역자' 처벌의 지역별 적용법을 나타내고 있는데 서울, 전남, 광주 지역은 〈범죄처벌특조령〉 위반자가, 부산지역은 국가보안법 위반자가 가장 많았다. 반면 제주지역은 일반 범죄자의 수가 가장 많았다. 이 기간 동안 지역별 〈범죄처벌특조령〉 적용 비율을 살펴보면 서울 97%, 광주 81.2%였던 데 반해 부산은 8.5%에 불과하였다. 서울과 광주·전남은 북한군 점령지역으로서, '적 치하'에서의 생존자를 '부역자'로 검거하여 처벌하였음을 잘 보여주는 통계라고 할 수 있다. 또한 '부역자' 처벌이 가장 활발했었던 서울의 경우 특별법 위반의 97%가 〈범죄처벌특조령〉 위반으로 처리되었다. 이들은 기소될 경우 최소 10년 이상의 중형을 선고받을 수 있으니 신중을 기하라는 검찰청 지침과는 무관하게 기소자 대부분은 〈범죄처벌특조령〉으로 처리되어 중형을 선고받았음을 알 수 있다.

〈범죄처벌특조령〉과 함께 '부역자' 처벌의 가장 중요한 수단은 국방경비법이었다. 국방부장관은 통첩을 통하여 부역행위 등은 '군사에 관한 범죄'로 국방경

---

175) 국방부 정훈국 전사편찬회, 『앞의 책』, 1951, d93쪽.

176) 본 자료는 지방검찰청 통계로 국방경비법 위반은 군법회의에 회부되기 때문에 통계 집계 대상이 아니다.

비법 제32조 · 제33조를 적용할 것을 다음과 같이 지시하였다.

국방경비법 제32조 또는 제33조는 6 · 25전후 남북로당 또는 그 산하단체에 가담하여 활동하거나 또는 6 · 25 전후 군의 작전기간 중의 **부역행위**는 附敵 가담행위로 군사에 관한 범죄에 해당하여 **군인, 민간인을 막론하고 합동수사본부 및 군법회의에서 이를 취급**할 수 있다.[177]

국방부장관의 통첩에 따라 부역행위는 '군사에 관한 범죄'로 취급되어 국방경비법이 적용되었으며 합동수사본부와 군법회의를 통해 처벌하도록 지시하였다. 그리고 전쟁 이후는 물론 전쟁 이전 좌익 경력까지 '부역행위'로 규정하여 취급하도록 하였다. 〈표 3-13〉은 1950년 10월 현재 서울시 경찰국 관할 각 서의 체포자 통계이다.

〈표 3-13〉 서울시 경찰국 관할 경찰서, 체포자 수(1950. 10.)

종별	발생 건수	검거 건수	검거 인수
국방경비법 위반	7,174	7,174	7,174
범죄처벌특조령 위반	1,536	1,536	1,536
국가보안법 위반	118	118	118
계엄법 위반	3	3	3
절도	163	133	147
강도	36	36	108
상해죄	2	2	2
치사죄	1	1	1

〈표 3-13〉을 통해서 보면, 1950년 10월 한 달 동안 서울 각 경찰서의 체포 건수의 79.4%(7,714건)가 국방경비법 제32조 · 제33조 위반혐의였다. 〈범죄처벌특조령〉 위반이 1,536건, 국가보안법 위반이 118건, 계엄법 위반이 3건이었다.[178]

---

177) 「비상계엄해제와 경비계엄 선포의 건에 관한 부속조치에 관한 건(1950. 11. 7., 국방군내발 제18호)」, 국방관계법령집발행본부, 『국방관계법령급예규집』, 1950, 45~46쪽; 대검찰청 광주고등검찰청, 목포지청, 「비상계엄해제와 경비계엄 선포의 건에 관한 부속조치에 관한 건」, 『검찰사무예규철』, 국가기록원 소장자료.

1950년 11월 10일부로 비상계엄이 경비계엄으로 전환된 이후에도 합동수사본부는 민간인에 대한 수사를 진행할 수 있도록 하였으며, 법원은 영장을 전담할 판·검사까지 합동수사본부에 파견하였다.[179] 비상계엄 해제에도 불구하고 군은 '군사에 관한 범죄사건에 한 한다'는 단서를 적용하여 합동수사본부에 의한 민간인 수사권을 존속시켰던 것이다. 경찰서에서 체포된 사람은 합동수사본부에서 군법회의와 일반법원 중 재판소를 결정하여 넘겨졌다. 따라서 〈표 3-4〉의 통계가 그대로 적용되었다고 보기는 어려우나 앞의 〈표 3-3〉의 통계와 비교해 본다면 계엄 상황에서 '부역자'는 국방경비법 위반으로 우선 다수가 구속 처리되어 군법회의에 회부되었으며, 그 외 일반법원에 넘겨진 경우 〈범죄처벌특조령〉을 통해 중형을 선고받았던 것을 알 수 있다. 또한 유병진의 회고에 따르면 애초 '부역자'는 군법회의를 통해 처벌하려고 하였다.

　　　서울시에 있어서의 군법회의는 계엄중앙고등군법회의와 서울지방계엄군법회의 2개가 있었다. 당시 비상계엄하이었던 관계로 동 부역자 처리는 군법회의에서 모두 담당할 예정이었던 것이었다. 군법회의가 시작되자 서울지방법원에서도 이에 협력하기 위하여 판사 8명까지 이에 파견하여 저적으로 동 군법회의에 관여 후원하게 하였다. 부역자 중 중한 자만을 군법회의에서 처리하고 비교적 경미한 것만은 재판소에서 이를 처리하게 하였다. 이리하여 법원에서도 부역자 처리라는 중대한 책임을 부담하게 된 것이다.[180]

이와 같이 계엄사령부는 처음에 부역자를 군법회의에서 처벌하려고 했으나 인력부족으로 일반법원에 넘겼다. 일반법원으로 넘겨진 경우, 〈표 3-3〉의 각 지청 '부역자' 처리 통계표와 같이 다수가 〈범죄처벌특조령〉에 의해 처벌받았다.

환도 이전부터 검찰은 〈범죄처벌특조령〉을 통해 '부역자'를 처벌할 것을 거

178) 『조선일보』, 1950. 11. 18.
179) 「비상계엄해제와 경비계엄 선포의 건에 관한 부속조치에 관한 건(1950. 11. 7.), 국방군내발 제183호, 국방부장관 통첩, 계엄사령관 완」, 국방관계법령집발행본부, 『앞의 책』, 1950, 45~46쪽.
180) 유병진, 『재판관의 고뇌』, 서울고시학회, 1957, 22~23쪽.

듭 천명하였고, 군은 '부역 행위'를 군사에 관한 범죄로 해석하여 군인, 민간인을 막론하고 합동수사본부와 군법회의에서 취급하도록 지시하였다. '부역행위'에 대한 국방경비법 적용은 제주4·3사건 당시 1949년에 있었던 고등군법회의에서 경험하였다. 중산간마을 주민들에 대하여 국방경비법 제32조와 제33를 적용하여 처벌한 사례라고 할 수 있다. 이러한 경험은 군으로 하여금 '부역행위'를 군법회의로 처벌하는 것이 신속하고 효율적이라는 생각에 쉽게 기울어지도록 하였다. 반면 일반사법기구로서 법원은 계엄 상황이라 하더라도 민간인을 군법회의에 회부하는 것에 대해 거부감이 있었고, 일반재판을 통한 처벌을 선호하였으나, 부역행위에 대해서는 대부분 〈범죄처벌특조령〉을 적용하도록 지시받았던 바, '부역자' 처벌에 대한 두 가지 경향이 병존하였다고 보인다.

국방경비법 적용 통계는 1950년 12월 말 이후 줄어드는데, 이는 합동수사본부가 부산으로 이동하여 서울에서 만큼 '부역자' 처벌을 활발히 진행할 수 없는 상황에 기인하였다. 반면 일반법원을 통한 처리의 경우 지속적으로 증가하여 〈범죄처벌특조령〉 적용자 수가 증가하였다.[181] 또한 '부역자'에 대한 수많은 살상행위와 과중한 형량 부여 등이 문제가 되어 국회에서 9월 17일 통과되었던 사형(私刑)금지법과 부역행위특별처리법이 정부의 재의 요구로 지연되다가 12월 1일에야 공포됨으로써 부역혐의자는 지방검찰청으로 이송되는 건수가 많아졌던 것으로 보인다.[182] 따라서 군법회의를 통해 처리되는 국방경비법 적용 건

---

181) 한편 '부역자' 처리에 있어 〈범죄처벌특조령〉과 국방경비법 적용을 연구한 이임하에 따르면 초기 국방경비법이 〈범죄처벌특조령〉에 비해 선호되었으며 이는 국방경비법이 〈범죄처벌특조령〉에 비해 범죄처벌에 효율적이었기 때문이라고 지적하였다. 또 초기 '부역자' 처벌은 국방경비법에 의한 군법회의로 신속하게 처리되었지만 홍제리 사건이후 민간인이 군사재판을 받았다는 해외언론보도를 의식해서 〈범죄처벌특조령〉이 선호되었다는 것이다(이임하, 「앞의 글」, 2011, 160~161쪽). 그러나 전쟁 초기 '부역자' 처벌에 국방경비법이 우세하게 사용되었다고 볼 수 있는 근거가 명확하지 않다. 사건처리의 효율성은 단심제를 적용하고 있는 〈범죄처벌특조령〉으로도 얻을 수 있으며, 12월 이후 국방경비법의 적용 통계가 줄어드는 것은 홍제리 사건에 따른 여론에 의한 조치라기보다 합동수사본부의 부산 이동과 관련이 크다고 할 수 있다.

182) 충남지역에서는 부역혐의자를 경찰서에서 자체적으로 처리하다가 12월 1일 사형금지법 이후 검찰청으로 사건을 이송하였으며, 따라서 지청에서는 부역 혐의자 인원이 많아져 경찰서 유치장을 이용할 정도였다고 한다(진실화해를 위한 과거사 정리위원회, 『2010년 상반기 조사보고서』, 「충남지역 부역혐의 민간인 희생사건」, 2010, 610쪽).

수보다는 일반법원의 〈범죄처벌특조령〉 적용 건수가 많아졌다고 할 수 있다.

비상계엄 해제와 동시에 국회는 〈범죄처벌특조령〉 개정안 작업을 추진하였다. '비상사태하의 범죄처벌에 관한 특별조치령 개정법률안'이 1950년 11월 23일 국회에 상정되어 전체인 111명의 찬성으로 가결, 국회를 통과하였다.[183] 그런데 정부에서 국회 폐회 중 그 수정안에 이의를 제기함으로써 1951년 1월 18일 국회에 재상정되었다.[184] 정부는 개정안의 제9조 개정에 대하여 다음의 세 가지 이유를 들어 반대하였다.[185] 첫째 판사의 수 절대 부족으로 재심제는 판사의 부담을 가중시킨다. 둘째 판사의 부족으로 합의부 구성이 어렵다. 셋째 법률에 규정된 범죄는 조속히 결말지어 일반적 경계에 효과를 두기 위함으로 이심제로 판결을 지연시키는 것은 형사정책상 적절하지 않다는 것이었다.[186] 이에 대하여 윤길중 법제사법위원장은

183) 『국회속기록』 제8회 제56차, 1950. 11. 23.;「비상사태하의 범죄처벌에 관한 특별조치령」의 개정은 1951년 1월 30일에 이루어졌다.

184) 『국회속기록』 제10회 제9차, 1951. 1. 18.

185) 제9조의 개정내용은 다음과 같았다. ① 본령에 규정한 죄의 심판은 단심으로 하고 지방법원 또는 동지원의 단독판사가 행한다 ② 본령에 규정한 죄에 관하여 사형·무기 또는 10년 이상의 형의 언도를 받은 피고인 또는 관할재판소의 검사, 피고인의 법정대리인, 보좌인, 직계존속, 직계비속, 배우자 及 피고인이 속하는 가의 호주는 피고인의 이익을 위하여 지방법원 및 지방법원지원 합의부에 재심판을 청구할 수 있다 ③ 재심판에 관한 수속은 본령에 규정한 이외는 형사소송법 중 공소에 관한 규정을 준용한다.

186) 『국회속기록』 제10회 제9차, 1951. 1. 18.(개정안 제9조에 대한 정부의 반대안은 다음과 같았다. 제9조는 종래 단심으로 하여 단심판사가 행하던 것을 재심제로 한 것은 국회가 사형 내지 10년 이상의 유기징역의 언도를 받은 자는 중죄이니 재심제를 받을 기회를 주어야 인권을 옹호하자는 취지이나, 이러한 주장은 원칙론으로 '모든 조건이 구비되었을 때의 일이고 아무 때나 적용할 수 있는 것은 아니다. (…) 판사 1인에 대한 사건 부담율은 과중하게 되어서 판사 전원으로서 본 법에 의한 사건을 재판하는 현재에 있어서도 심리 판결에는 기한의 제한이 있으므로 심리하여 나갈 충분한 시간적 여유가 없으며 그렇다고 하여 일정한 자격을 요하며 원수에 제한이 있는 판사를 갑자기 확충할 수도 없는 불득이 한 현상이다. 인권을 옹호하고자 한다면 원안과 같이 단심일지라도 판사 전원이 심판을 분담하여 심리에 보다 더 많은 인적 시간적 여유를 가지게 해야 한다 2. 합의부를 구성하지 못하는 지원이 허다하고, 원심에 참여했던 판사는 재심에 참석할 수 없으므로 합의부를 구성했다 하더라도 판사의 난은 계속된다 3. 본 법률에 관한 범죄와 같은 것은 조속한 결말을 얻음으로써 일반적 警戒에 많은 효과를 가져오도록 하는 것이 성질인 바, 2심제로 하여 판결을 지연시키어 많은 시간을 요하게 하는 것은 형사정책상 좋지 못한 조치라고 생각되어 재의를 요구한다).

> 헌법상으로 보면 단심제 자체가 위헌이다. 그러나 비상사태하의 특별
> 조치령 강구함에 방편적으로 이것을 승인한 것에 불과하였는데 사실은
> 비상사태가 환도하고 보니 실정에 맞지 않는 점이 있는데 비상사태 중에
> 행해진 범죄라고 하여 덮어놓고 전부 10년 이상이라고 하는 상황, 형기조
> 정, 중형자의 억울함, 헌법적으로는 마땅히 3심을 해야 함에도 편법으로
> 서 그 중형을 받은 사람에게 억울함이 없도록 하자고 하는 것이 그 내용
> 이다.

라고 하여 헌법상으로 단심제 자체가 위헌이라는 점, 실제 적용에 있어서도 적
정치 않은 형량으로 억울한 자를 양산해 왔다는 문제점을 지적하였다. 정부의
단심제 유지 주장에 대하여 판사의 수 부족이 이유라면 판사 인원을 확충해야
함이 마땅하다고 역설하였다. '비상사태하의 범죄처벌에 관한 특별조치령 개정
법률안'에 대한 정부의 '재의안'에도 불구하고 1950년 11월 23일 국회를 통과했
던 개정법률안은 1951년 1월 18일 다시 표결하여 의원 124명 중 115인 찬성,
1인 반대로 가결되었다.[187]

　전쟁 초기 '비상사태'에 직면하여 국회의원들은 그간 내려졌던 대통령의 긴
급조치들에 의문을 제기하고 '석연치 못한 감이 있음에도 불구하고' 차선책으
로의 수정안을 제기하였던 것이다. 이러한 점은 1952년 6월 5일 제2대 국회
제12회 제71차 국회본회의에서 '비상사태하 범죄처벌에 관한 특별조치령 폐지
와 동법에 기인한 형사사건 임시조치 법안'이 상정되어 독해가 진행되는 과정
에서도 찾아 볼 수 있다. 제1회 독회에서 폐지안 제안자 중 한 사람인 변종갑
의원은

> 비상사태하의 범죄처벌에 관한 특별조치령이라는 대통령 긴급명령은 당
> 시에는 대단히 필요했을는지 모르지만 헌법에 의지해가지고 우리가 부여된
> 국민의 인권을 너무나 무시한 대통령령이었다. 이것은 단독판사가 사형선
> 언을 하게 됩니다 이러한 법률은 도저이 **우리 민국으로서는 있을 수 없는**

187) 『국회속기록』 제10회 제9차, 1951. 1. 18.

법률이어서 벌써 일즉이 이것이 폐지되지 않으면 안되었을 것이올시다. 그렇기 만시지탄(晩時之歎)이 있는 것입니다.[188]

라고 하여 경황이 없는 상황에서 '있을 수 없는 법률'이 대통령 긴급명령으로 발효되었다고 탄식하였다. 따라서 국회는 전쟁의 소강과 더불어 계엄의 해제와 〈범죄처벌특조령〉 개정을 동시에 추진하였던 것이다. 〈범죄처벌특조령〉은 1952년 6월 5일 부산정치파동의 와중에서 '폐지안'이 제출되어 모든 독해를 생략하고 통과되었다.

이렇듯 부역혐의자에 대한 무분별한 살상과 군법회의 파행적 운용은 국회에서의 계엄 해제 요구의 근거가 되었고, 사형금지법, 부역행위 특별처리법, 특별조치령 개정 논의 등으로 나타났다. 그러나 정부에서는 이에 대하여 경비계엄으로 전환하여 계엄상태를 유지하면서 국회의 요구를 비토하거나 재의를 요구하는 방법으로 지연시키려고 했다고 할 수 있다.

군법회의의 파행적 운영

1951년 계엄 해제 요구가 더욱 거세지면서 본격적으로 군법회의의 불법적 운용이 논의되었다. 이에 대하여 군은 약간의 변화를 통해 군법회의 운용의 문제를 덮으려고 하였다. 국방부장관은 1951년 4월 21일 '군법회의 운용에 관한 건'을 통해 다음과 같이 지시하였다.

군법회의 판결은 국방경비법 제96조의 특례로서 계엄하 군사재판에 관한 특별조치령 제6조의 정한 바에 의하여 당해 군법회의 설치장관의 승인만으로서 이를 집행할 수 있게 되어 있으나 **사형 무기징역 및 장교 파면의 판결 집행은 전기 특별조치령의 규정에도 불구하고 국방장관의 사전확인을 받아 이를 행하여야 함.** 따라서 사전 확인을 요하는 사건은 심사장관의 조

---

188) 『국회속기록』 제12회 제71차 , 1952. 6. 5.

제3장 한국전쟁 시기 계엄 수행 체계와 계엄의 일상화　311

치 후 확인을 얻기 위하여 해 소송기록 원본과 공히 확인 상신을 육군본부
에 하여야 함.[189]

　　심사장관인 국방부장관의 확인을 통해 형을 집행하라는 이러한 국방부장관
의 지시는 '판결 집행을 당해 군법회의 설치 장관의 승인'으로 행할 수 있도록
규정한 〈군사재판특조령〉에 반하는 조치였다. 긴급명령의 조항에 반하면서까
지 국방부장관이 이와 같은 지시를 내린 것은 계엄하 군법회의의 파행적 운영
을 반영함과 동시에 직접적으로는 거창사건에 대한 대응과 관련되었다.

〈그림 3-8〉 거창군 신원면 사건조사서(국가기록원, 1951년 4월)

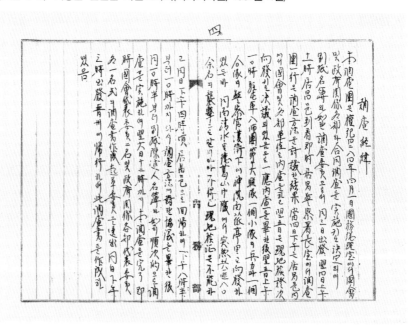

189) 「군법회의 판결 집행 사전 확인에 관한 건(육본법무갑발 제8호, 1951. 4. 30.)」; 「군법회의 판결
　　 면제 집행 정지 및 감경의 사전 확인에 관한 건(육본법무갑발 제11호, 1951. 5. 5.)」, 육군본부
　　 법무감실, 『앞의 책』, 1952, 435쪽 · 443쪽.

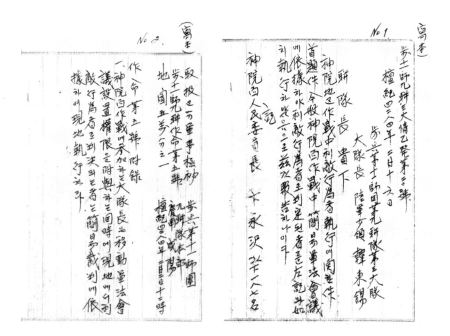

▲ 1951년 4월 5일과 4월 6일 국회와 정부 합동조사단이 신원면의 현장조사를 가는 도중 습격을 받아 현장조사를 중단, 거창읍에서 토벌군 책임자 및 거창경찰 등 가해자 측의 면담조사를 통해 만들어진 보고서.

1951년 2월 10일 11사단에 의해 거창군 신원면 주민 700여 명이 무참하게 살해되었다. '통비분자'로 위장된 거창사건은 3월 29일 신중목 의원에 의해 국회에 보고되었다. 이에 국회는 4월 7일 조사단을 파견하였으나 군과 정부는 국회조사단을 습격하는 등 거창사건을 은폐하기에 바빴다. 이러한 은폐 왜곡에도 불구하고 공비소탕을 명분으로 산간주민들을 '통비분자'로 몰아 마구잡이식으로 사살하는 사례가 빈번히 발생하자 자구책을 마련하였다. 5월 8일 국회에서 국회조사단 습격사건이 공개되고 3부 장관 사임과 한동석 소령을 비롯한 관련자 처벌이 뒤따르자 1951년 5월 21일 군은 이에 대해 추가 조치를 하달하였다.

육본법무갑발 제8호, 제11호(1951. 4. 30)로 시달한 바와 같이 거반 거창사
건을 위시로 판결의 공정성을 확보하기 위하여 취한 조치인 바 이에 대한 일

편법으로 좌기와 같이 처리할 것을 시달하니, 사건 처리상 만전을 기할 사

　1. 사형 또는 무기형을 언도한 자로서 수감 시설이 부족하여 후송이 필요
　　하다고 인정할 때 (1) 군법회의 판결 후 확인 조치 하달 상신서를 당
　　본부에 송달과 동시에 해당자를 대구육군형무소에 반드시 이감할 사
　　(2) 확인서 하달 후의 조치는 당본부에서 집행한다(…).190)

　이와 같이 1951년 4월 30일의 지시는 거창사건 등에 따른 조치였음을 밝히고
있다. 또한 확인 조치 상신과 동시에 해당자를 대구육군형무소로 이감할 것을
지시하였다. 위 지시는 국방경비법이 규정하고 있는 판결의 심사 절차를 온전
히 복원하지도 못한 편법에 불과하였다. 국방경비법 제99조에 따르면 제96조가
규정하고 있는 사형, 무기 등 대통령의 승인 또는 확인이 필요한 사건은 대통령
에게 재가를 요청하기 전에 법무부장관 지휘하에 심의회를 설치·심사하도록
하였으며, 그 외의 사건에 대해서도 법무부에서 심사하도록 규정되어 있다. 심
의회에서 제출한 심의의견서는 국방부장관을 통해 집행·승인을 진행하기 위한
검토 자료로 대통령에게 보고하도록 하였던 것이다. 대통령의 승인 또는 확인
을 필요로 했던 사형, 무기 등의 사건을 제외하고 법무부에서 심사한 사건에 한
하여 국방부장관이 유죄판결의 승인, 부인 또는 무효를 선언할 수 있었다.

　그러나 앞의 국방부장관의 지시는 사형, 무기 등의 중형 선고 사건에 대해
대통령의 승인 또는 확인이 필요하다는 조항이 누락되었을 뿐만 아니라 대통
령의 재가를 요청하기 전에 해야 할 심의회의 심사나 국방부장관의 집행 승인
의 자료로 사용되는 법무부의 심사도 생략되어 있었다. 이는 단지 국방부장관
의 확인만을 더했을 뿐, 군법회의 판결을 검증하기 위한 법리적 검토 전체를
생략하였던 것이다. 그나마 국방부장관의 확인을 위해 소송기록 원본 상신을
지시했음에도 불구하고 기록의 부실로 국방부장관의 확인조차 온전히 이루어
지지 못하였다.

190) 「군법회의 판결 확인 조치에 관한 건(육본법무갑발 제18호, 1951. 5. 21.)」, 육군본부 법무감실,
　　『위의 책』, 1952, 461쪽.

다음의 지시는 소송 절차와 기록의 생략이 일반적이었음을 잘 보여주었다.

> 전시하 군사재판의 소송 수속을 간략히 하기 위하여 판결문 중 판결 이유
> 의 기재는 이를 생략하여 오든바 이로 인하여 재판 후 승인조치를 위한 심사
> 및 확인조치를 위한 심사 상 곤란한 경우가 허다히 생기는 바 유하니 차후는
> 판결문의 판결사유를 기재할 것이며(특히 사형, 무기, 무죄언도 시의 그 이유
> 는 상세함을 요함)[191]

이와 같이 소송 수속의 편의를 위하여 판결 이유가 생략됨으로써 심사를 할
수 없는 상황이었다. 그러나 군법회의 판결문 등의 생략과 부실은 여순사건과
제주4·3사건 당시 군법회의 운영에서 살펴본 바와 같이 단지 전시 상황에 따
른 것만은 아니었다. 변호는 물론 예심조사 등이 생략된 채 모양만 재판의 형
식을 갖춘 군법회의로 많은 사람들을 한꺼번에 재판하였고, 그나마 범죄 사실
도 구체적이지 않은 경우가 많았기 때문에 성명, 생년월일, 직업, 구형, 선고,
죄목만을 나열한 판결문이 나올 수밖에 없었다. 이러한 파행적인 군법회의 운
영은 전쟁 이후 동안에도 다시 반복되었다고 할 수 있다.

뿐만 아니라 위 건에 대하여 정일권 육군총참모장은 '일선 전투지구에서는
판결 즉시 이를 집행함으로써 범법에 대한 응보와 군법의 위엄성을 인식시킬
수 있다'는 이유로 사형, 무기징역 및 장교 파면 판결의 집행을 일선 전투지구
와 비상계엄하 지구에서는 위 지시와 무관하게 설치 장관의 승인만으로 집행
하고 사후 국방부장관의 확인을 얻도록 해줄 것을 국방부장관에게 상신하였다.
이에 국방부는 군인에 국한하여 위 건을 승인하였다.[192] 또한 국방부장관의 집
행 확인 전에 '군법회의 명령을 발포하는 사례가 허다하다'거나, '특별한 원인도

191) 「판결 이유 등 기재에 관한 건(육본법무을발 제851호, 1951. 5. 13.)」, 육군본부 법무감실, 『앞의
책』, 1952, 448쪽.
192) 「군법회의 판결 집행 사후 확인에 관한 건(육본법무을발 제83호, 1951. 5. 28.)」; 「군법회의 판결
집행 사후 확인에 관한 건(국방군사내발 제253호, 1951. 6. 18.)」, 육군본부 법무감실, 『위의 책』,
1952, 514쪽, 515쪽.

없이 급속 집행하여 판결 시정을 불능케 하는 사례가 있다'[193]라고 군 스스로 인정했던 것처럼 군법회의 재판 집행 이전에 국방부장관의 집행 확인을 거치라는 국방부장관의 통첩은 실효를 거두지 못했던 것으로 보인다. '전투지구, 비상계엄 지구'에서는 설치장관의 확인만으로 형 집행이 이루어져 판결 시정이 불가하거나 불법적 처단의 사례가 많았음을 단적으로 보여준다고 할 수 있다.

1951년 4월 사법 운영을 두고 군과 사법부는 합동수사본부 파견 검사 소환과 관련하여 갈등이 전면화되기에 이르렀고, 결국 국회는 5월 2일 합동수사본부 해체를 의결하였다. 그리고 경비계엄 상황에서의 〈군사재판특조령〉 적용에 대해서는 그해 5월 국민방위군사건으로 표면화되었다. 1951년 5월 16일 국방부는 국민방위군사건에 대한 군법회의 판사 파견을 대법원에 의뢰하였다. 이에 대하여 대법원은 '비상계엄 중이 아니면 판사로서 법원을 떠나서 무슨 직무를 명할 수 있을지 법의 근거가 없다'고 회신하였다.[194] 이에 대하여 국방부는 5월 22일 긴급명령 제5호인 〈군사재판특조령〉 제2조 제2항 '계엄고등군법회의의 설치장관은 필요하다고 인정할 때에는 판사로 하여금 군법무관의 직무를 행하게 할 수 있다'는 규정을 들어 파견을 재의뢰하였다.[195] 국방부의 계속되는 판사 파견 요청에 대하여 대법원은 대법관회의에 부의하였다. 국방부에 통보된 회의 결과는 다음과 같았다.

> 긴급명령 제2조 제2항에 계엄이라 함은 비상계엄하에 국한된 것임은 그 성격상 명백한 것임으로 동 명령사항이 경비계엄하에도 적용된다는 것은 누구라도 수긍할 수 없는 것이다. 왜냐하면 계엄의 근본법인 계엄법 제10조의 경비계엄 효력은 계엄 지역 내의 군 자체에 관한 행정사무와 사법사무를 계엄

---

193) 「판결 집행 전 확인을 요하는 사건에 대한 군법회의 명령 발포에 관한 건(육군법무을발 제602호, 1951. 12. 14.)」; 「각 군 행정 참모장회의에서 국방부 요망사항 시달 지시 건(육본법무을발 제652호, 1951. 12. 20.)」, 육군본부 법무감실, 『위의 책』, 1952, 551쪽, 529~579쪽.

194) 「판사 직무 의뢰에 관한 건(국방군법내발 제226호, 1951. 6. 7.)」; 「판사 파견 의뢰에 관한 건(대법밀 제10호, 1951. 5. 19.)」, 육군본부 법무감실, 『앞의 책』, 1952, 499쪽·500쪽

195) 「판사 파견 의뢰에 관한 건(국방군법외발 제83호, 1951. 5. 22.)」, 육군본부 법무감실, 『위의 책』, 1952, 501쪽.

사령관이 관장함을 규정한 것이오 군 이외의 행정기관이나 사법기관의 업무
에 하등 관련이 없고(…)

대법원은 비상계엄이 해제된 상황에서 판사에게 군법회의 직무를 명할 수
없다고 국방부에 통보하였다.[196]

이에 대하여 국방부는 회신을 통해 '계엄을 실시하는 것이 군사상의 목적을
달성하기 위한 것'이며 '군사상의 목적의 하나인 공공의 안녕질서 유지상 필요
하다고 인정한 경우'로 군법회의에 직무를 명할 수 있는 것은 '긴급명령 제5호
가 비상계엄과 경비계엄을 구별치 아니한 것'이라며 재고를 요청하였다.[197]

이러한 국방부의 경비계엄하 군법회의 판사 파견 요청은 계엄을 실시하는
것 자체가 군사상의 목적이라거나 공공의 안녕질서 유지를 군사상의 목적으로
이해하는 것이며, 비상계엄과 경비계엄의 차이를 무화시킬 뿐만 아니라 전시
계엄 상황을 통해 헌법이 규정하는 바의 기본권과 삼권분리 정신을 위반하는
것이었다. 당시 법리적 해석으로도 경비계엄 상황에서 〈군사재판특조령〉을 유
지하는 것은 명백히 위법이었다. 이러한 논리는 이미 1951년 4월 합동수사본부
파견검사와 경찰관 소환 결정, 그리고 오제도 검사 등 검사 복귀 결정과 맥을
같이하고 있었다.[198] 대법원은 이에 합동수사본부 뿐만 아니라 군법회의에 판
사를 파견하는 것을 위 근거를 통해 거부하였던 것이다.

'군사에 관한 범죄'와 군법회의 재판권 문제

한편 민간인에 대한 군법회의 적용은 이른바 '군사에 관한 범죄'의 범위를 어
떻게 규정할 것인가와 관련되어 있었다. '군사에 관한 범죄'에 대한 확대 적용

---

196) 「판사 직무 의뢰에 관한 건(대법밀 제14호, 1951. 5. 26.)」, 육군본부 법무감실, 『위의 책』, 1952,
    502쪽.
197) 「판사 직무 의뢰에 관한 건(국방군법외발 제100호, 1951. 6. 7.)」, 육군본부 법무감실, 『위의 책』,
    1952, 505쪽.
198) 『민주신보』, 1951. 4. 17.

방침은 비상계엄 해제 이후 조치로 1950년 11월 7일 하달된 국방부장관의 통첩을 통해 확인되었다.[199] 이 통첩에서는 군법회의는 '군사에 관한 범죄'만을 접수하고, 군사에 관한한 민간인도 군법회의에서 취급한다고 전제하고 있지만, '군사에 관한 범죄'의 내용은 소위 '사상범' 전반으로 규정하고 있었다. 전쟁 이전 시기부터 좌익정당 사회단체 활동자, 부역행위자는 국방경비법 위반자로 간주하여 군법회의에 회부할 수 있도록 군법회의 재판 범위가 확장되었다. 또한 〈범죄처벌특조령〉 위반자 중 비군사 범죄자라 할지라도 전쟁 전후 좌익정당 사회단체 가입자는 군법회의에 회부되도록 사건을 병합하였다. 단적으로 전쟁 이전 좌익정당 사회단체 가입자나 보도연맹원을 부역 행위자로 규정하고 어떠한 형태이건 군법회의를 통해 처리할 수 있도록 하였다. 위 통첩은 비상계엄 해제에 따라 계엄사령관의 포고가 아닌 국방부장관의 통첩에 따른 것으로 어떠한 법적 근거도 갖지 못한 것이다. 국방부장관이 군법회의 재판권에 대한 판단을 하고 있는 것으로, 군 내부 통첩의 범위를 넘는 것이었다.

'군사에 관한 죄'에 대한 확대와 군법회의 재판권의 확대는 전쟁 기간 중 특히 계엄기간 동안 지속되었다. 1951년 7월 '군법회의의 재판권에 관한 법률' 제정에 대한 국회의 논의는 전쟁 시기 군의 자의적인 계엄군법회의 운영의 문제점을 잘 보여주었다. 종래 계엄상태에서 군법회의와 일반법원 회부사건의 결정은 합동수사본부 혹은 계엄사령부를 중심으로 한 군 수사기관의 판단에 따랐다. 심지어는 계엄이 선포되지 않는 지역에서는 국방부장관의 통첩에 근거하여 각 예하 부대장

---

199) 5. 금후 경비계엄하에 있어서는, 군법회의는 군사에 관한 범죄 사건만을 접수할 것, 단 군사에 관한 사건에 관하는 한, 민간인이 관련된 사건도 군법회의에서 취급할 수 있음 7. 단시 사천이 백팔십삼년 6월 25일 전후를 통하여 남북로당 또는 그 산하 단체에 가담하여 활동하거나 또는 6 · 25 전후 군의 작전기간 중의 부역행위는 附敵 가담행위로서 국방경비법 제32조 또는 제33조의 입법취지에 비추어 군사에 관한 범죄에 해당되므로 군인, 민간인을 막론하고 합동수사본부 및 군법회의에서 이를 계속 취급할 수 있음 8. 군사에 관한 범죄와 비군사범죄(예지하면 '비상사태하의 범죄처벌에 관한 건' 중 군사에 관련되지 않은 범죄)와 병합죄의 관계가 있는 경우에는 군법회의에서 이를 병합심리할 수 있음 9. 경비계엄이 실시되지 아니하는 경우에 있어서의 부역행위도 전기 7항 내지 제8항에 준하여 처리할 것(「비상계엄 해제와 경비계엄 선포의 건에 관한 부속조치에 관한 건(국방군내발 제183호, 1950. 11. 7.)」, 국방관계법령집발행본부, 『앞의 책』, 1950, 45~46쪽).

이 군법회의 회부 여부를 판단하였다. 이를 통해 민간인에 대해 '군사에 관한 죄'가 과도하게 확대 적용되고, 군법회의 재판권이 확대되는 형태로 나아갔던 것이다. 이러한 문제는 국회에서 1951년 5월 합동수사본부의 해체로 나타났고, 뒤를 이어 직접적으로 군법회의 재판권에 대한 입법이 논의되기에 이르렀다.

군법회의 재판권에 대한 문제제기는 조선방직사건(이하 조방사건)으로부터 출발하였다.[200] 조방사건 조사는 1951년 3월 6일 최초로 합동수사본부에서 착수하여 4월 8일 정호종 외 20여 명을 구속하고 이들을 4월 18일 군법회의에 회부하였다.[201] 사건이 군법회의에 회부되자 변호인들은 군법회의 회부는 부당하다고 불복 신청하였다. 그러나 재판부는 군법회의 재판의 타당성을 인정하여 결국 5월 7일 사건은 군법회의에 회부되고, 국회에서는 사법권 침해라는 논박이 시작되었다. 5월 25일 국무회의에서 군법회의 재판을 정지하고 일반법원에서 재판할 것, 즉 단심인 군사재판이 아니라 삼심제 재판을 받게 하도록 결정하여,[202] 5월 28일 부산지방법원으로 이송한 뒤 7월 12일 공판을 개정하였다. 8월 28일 언도 공판에서는 기소된 이적행위 사실은 범죄 구성이 안 된다는 판결이 있었다.[203] 이러한 조방사건 군법회의 회부와 일반법원으로의 이송 과

---

200) 당시 최대 제조업체였던 조선방직은 1948년 3월부터 김지태가 이 회사의 관리 책임을 맡고 있으면서 1951년 3월의 적산을 불하 받을 예정이었다. 그런데 불하 예정일을 사흘 앞둔 1951년 3월 16일 회사 간부 거의 전원이 김창룡 특무대장이 지휘하는 군·검·경 합동수사본부에 '이적죄'로 체포되었고, 현역 의원인 김지태는 불구속 입건되는 사건이 발생하였다. 혐의 범죄는 광목을 짜는 데 새 솜만 쓰지 않고 재생 솜(낙면) 5퍼센트를 섞었다는 것이다. 광목이 군복에 쓰여 전투력을 저하시킨다는 이유로 국방경비법의 제32조를 적용하여 군법회의에 회부하였던 사건이다. 이후 전문가와 미군인 고문의 증언을 바탕으로 이 사건은 무죄판결되었으나 조선방직은 이승만의 측근인 강일매에게 불하되었다(中尾美知子, 「1951~52년 조선방직 쟁의: 현대 한국 노사관계의 스타트 라인」, 1989, 고려대 석사논문, 12~13쪽. 37~38쪽). 강일매는 1952년 부산정치파동 당시 조선방직 내에 「민의동원본부(民意動員本部)」를 설치하고 이승만의 행동대 역할을 했던 백골단, 딱벌떼, 민족자결단 등 청년단체를 지원하였다(김영태, 「노동운동 20년 소사」 『노동공론』 2-5, 1972, 154쪽).

201) 『동아일보』, 1951. 5. 15.

202) 『동아일보』, 1951. 5. 26.

203) 『민주신보』, 1951. 8. 30.(재판부는 1. 혼방은 세계 각국 공통된 방직계의 관례 2. 광목 직조시 그 규격에 대해 아무런 국방부의 지시가 없었음 3, 사변 전과 동일한 방직 4. 적을 이롭게 하겠다는 범의가 없었음을 들어 이적 행위 사실은 범죄 구성이 되지 않는 것으로 판결하였다).

정에서 국회는 1951년 5월 21일 '군법회의 재판권의 한계에 관한 증언 요청의 건'을 시작으로 문제를 제기하기 시작하였다. 남송학 의원 외 29인의 긴급동의로 대법원장 증언 요구 및 법무·국방 양 장관에 대한 국회 출석을 요구하였으며 이를 통해 군법회의의 재판권의 한계를 명백히 하고자 하였다.[204] 당시 쟁점은 군법회의의 위상과 계엄해제 시 민간인 군법회의 회부 근거로 모아졌으며, 군법회의를 규정하고 있는 국방경비법에 대한 비판으로까지 나가기도 하였다. 남송학 의원은 '모든 사건이 32조에 걸려서 군법회의에 회부되지 않는 것이 없는 현실'을 비판하고 고등군법회의 설치 모법인 국방경비법에 대하여 다음과 같이 그 효력 없음을 주장하였다.

> 고등군법회의를 설치한 원인은 국방경비법에 의하여 설치하게 되었는데, 국방경비법은 군정시대에 제정된 법률입니다. 우리 헌법 제100조에 보면 현행 법령은 이 헌법에 저촉되지 아니하는 한 효력을 가진다는 명백한 문구가 있습니다. 헌법은 우리 국가의 모체의 법률로서 그 전에 제정된 국방경비법 따라서 이 고등군법회의라는 것은 이 헌법상으로 보아서 확연히 효력이 없는 것이올시다.[205]

남송학 의원은 군법회의 재판권의 문제가 근본적으로 국방경비법에 있음을 지적하고, 이는 헌법 제100조에 저촉되어 실효성이 없다고까지 주장하였다. 더불어 윤길중 의원은 이적죄에 대하여 '좌익적인 계열의 모든 인민당을 만드는 행위 전부 다를 광범위하게 적용'하여 군이 모든 것을 좌우하는 것에 대해 비판하고, 국가보안법과 〈범죄처벌특조령〉과의 중복에서 어느 것을 적용해야 하는가는 입법기관에서 판단해야 한다고 주장하였다. 다시 말해 계엄이 해제된 상황에서 국가보안법과 〈범죄처벌특조령〉은 군법회의 재판 관할 사항이 되지 않았던 것이다. 그러나 국방경비법은 경비계엄 상황에서도 이적죄·간첩죄에 대

204) 『국회속기록』 제10회 제87차 본회의, 1951. 5. 21.
205) 『국회속기록』 제10회 제87호, 1951. 5. 21.

한 광범위한 해석을 통해 민간인을 군법회의에 회부하였다. 윤길중 의원은 헌법상 최고법원이 대법원인 만큼 군법회의도 대법원의 구속을 받아야 한다고 주장하였다. 또한 군법회의는 국방경비법에 규정된 바와 같이 군인의 신분을 가진 사람에 한해서만 재판할 수 있음을 강조하고, 비상계엄이 해제된 상황에서 일반형사범을 군법회의에 회부하는 것은 부당하다고 지적하였다. 이러한 추궁에 대하여 국회에 출석한 법무부장관은 국방경비법 제32조 제33조 이외의 범죄에 대해서도 군법회의가 재판권을 갖게 되는 것은 비상계엄 선포에 따른 것이라고 설명하였다. 그러나 경비계엄하에서는 국방경비법 제32조 제33조에 해당하는 범죄에 대해서만 군법회의에 회부될 수 있음을 명확히 하였다.[206) 법무부장관 또한 1950년 11월 7일 국방부장관의 지시에 따라 〈범죄처벌특조령〉 위반자를 군법회의에 회부하는 것은 위법한 것이라고 판단하였던 것이다. 또한 대법원장 김병로는 국방경비법이 현실적 법률로 작용하고 있음에 대해서는 인정할 수밖에 없다는 견해를 보이면서도 군법회의 피적용자는 반드시 엄격히 적용해야 한다고 다음과 같이 강조하였다.

> 나는 국방경비법에서 군법회의에 적용되는 부분 가운데에서 이적행위라
> 는 그러한 명칭을 보지 못했습니다마는 거기에 32조를 볼 것 같으면, 거기에
> 는 직접 간접으로 적에 대한 구원 통신연락 또는 협조 이렇게 써 있고 내용에
> 들어가서는 무기 탄약이니 군?이나 거기에 대한 기타 군의 물자를 가지고 원
> 호나 구원했다는 그것이 열거되어 가지고 있습니다. 또 그 이외에 통신연락
> 을 주었다든지 기타 다른 정보를 제공했다든지 그와 같은 법률 해석 상에는
> 분명히 규정되어 있습니다. 간첩이라고 하는 33조는 군주둔 지역 내에 범위
> 가 좁혀서 조문이 있습니다.[207)

---

206) "경비계엄에 있어서는 군사에 관한 경비계엄으로 군사에 관한 동 사법사무가 계엄사령관의 관장에 속하며, 그 지휘·감독 아래에 있다고 규정되어 있습니다. 이 취지는 계엄사령관이 군 기타 새로운 기관으로 재판권을 형성시킨다는 의미가 아니고 원래 사법기관을 그대로 그 기능을 발휘시키는 데 작전상 혹은 필요한 정도에서 경비계엄의 목적 범위 내에서 사법사무 행정조치에 대하여 지휘·감독 정도의 관장입니다. 그러므로 경비계엄하에서는 결국 일반원칙에 돌아가서 국방경비법 제32조 33조의 죄과에 관해서만 군법회의 재판권이 있다고 해석하는 것이 온당합니다."(『국회속기록』 제10회 제87호, 1951. 5. 21).

김병로의 설명에 따르면 군법회의 적용죄에 '이적죄'의 명칭은 없으며, 제32조는 '직접 간접으로 적에 대한 구원·통신·연락 또는 협조'로 되어 있으며 소위 '간첩죄'에 해당하는 제33조는 '군 주둔 지역 내에 범위가 좁혀'있음을 들어 구체적 범죄 성립 조건이 충족되지 않는 한 '이적죄와 간첩죄'로 법률 적용 대상을 확대해서는 안 된다고 경계하였다.[208] 그러나 당시 군법 지침서에는

> 본 조는 이적행위를 한 자에 대한 처벌 규정이다. 이적 행위에 종류는 다종다양이나 적을 유리하게 하는 일체의 행위는 직접·간접 또는 평시·전시를 막론하고 이적 행위로 간주할 수 있다.
> 1. 제5열이란 주로 간첩을 원조하여 주는 동시에 후방의 안녕질서를 혼란식히는 것을 목적으로 한다.
> 2. 본조는 간첩과 5열을 포함하여 취급 처벌한다.
> 3. 간첩에는 사형 이외에는 타 형벌은 없다.[209]

라고 하여 제32조를 이적행위 처벌규정으로 보고 광범위하게 해석하여 운영하였고, 제33조의 경우도 법이 규정하는 '요새, 주둔지, 숙사(宿舍) 혹은 진영(陣營) 내의 간첩' 행위뿐만 아니라 '후방질서를 혼란시키는 행위자, 즉 제5열을 포함'하는 것으로 해석하여 운영하도록 하였다. 무엇보다 '적을 유리하게 하는 일체 행위'를 이적행위로 규정하고 있었음을 알 수 있다.

제87차 본회의를 거쳐 5월 22일 제88차 본회의에서는 '군사에 직접 관련 있는 것을 제외하고 민간인은 군재하지 말라'고 결의하고 법제사법위원회에 법리적 근거를 마련하도록 결정하였다.[210] 이로써 1952년 7월 12일 '군법회의 재판권에 관한 법률안'이 가결되었고, 7월 29일 공포되었다.[211] 법률안의 핵심은

---

207) 『국회속기록』 제10회 제87호, 1951. 5. 21.
208) 『국회속기록』 제10회 제87호, 1951. 5. 21.
209) 최경록, 『군법해설』, 1951, 43쪽·49-50쪽.
210) 『국회속기록』 제10회 제88호, 1951. 5. 22.
211) 『관보』 호외, 1951. 7. 29.

'일반법원과 군법회의 사이에 재판권에 관한 쟁의가 발생했을 때 대법원이 판정한다'는 것이었다. 그러나 이러한 군법회의 재판권 논의는 계엄 상황을 염두하고 있지는 않았다. 법률안 작성 배경을 설명한 엄상섭 의원은 계엄 상황과 동 법률안과의 관계에 대해 다음과 같이 말하였다.

> 비상계엄하에서는 모든 상법(常法)(상법은 통상적인 법률입니다)이 정지를 당하고 사법권이 전부 군의 장악하에 들어가게 됩니다. 그렇게 되면 물론 그 법률도 거기에 대하여, 계엄법으로 규정한 한 변동을 받아야될 것입니다. 그렇기 때문에 계엄령하에서는 어떠한 불편한 일이 나올까하는 것이 전혀 이유가 안되는 것이라고 그렇게 봅니다.[212]

비상계엄하에서 일반법과 절차는 효력을 정지당하는 바, 동 법은 비상계엄하에서는 적용되지 않는 것으로 판단하고 있었다. 즉 당시 의원들은 민간인을 군법회의에 회부하는 것의 문제점을 제기했지만, 비상계엄하에서 군에 의해 사법사무가 장악되고 상법 효력이 정지되는 것은 당연한 것으로 인식하고 있었다.

국회의 노력으로 군법회의와 일반법원 사이에 재판권 쟁의가 있을 때 대법원이 판결하도록 함으로써 국가보안법 위반 사건 등 일반 형사사건이 군법회의 재판으로 종결되는 것을 면할 수 있게 되었으나, 비상계엄 선포 상황은 예외였다. 1952년 '부산정치파동' 당시 국가보안법 위반사건으로 체포된 국회의원들이 모두 군법회의에 회부되었고,[213] 군법회의에서 사형언도를 받은 서민호 의원이 군법회의에서 부산지방법원으로 이송된 것은 표면적으로는 유엔한국통일부흥위원회의 탄원 때문이라고 하지만, 발췌개헌안 통과와 계엄 해제에 따른 결과였다.[214] '부산정치파동'의 사례에서 보는 바와 같이 일반법원으로의

212) 『국회속기록』 제10회 제88호, 1951. 5. 22.

213) 『경향신문』, 1952. 6. 21.

214) 『동아일보』, 1952. 7. 2.;『경향신문』, 1952. 7. 4., 7. 10.;「유엔한국통일부흥위원회 의장 잇터섬, 서민호사건에 항의하여 이승만에게 서한(1952. 7. 3.)」,『이승만관계서한자료집 4』(1952);『대한민국사자료집 31권』, 212~215쪽

사건 이송은 군법회의와 일반법원의 경합을 대법원이 조정한 것이 아니라 비상계엄 해제에 따른 조치 때문이었다. 국가보안법 위반사건이나 〈범죄처벌특조령〉 위반과 같은 일반 형사사건에 대한 무분별한 군법회의 회부를 막기 위한 국회의 노력은 비상계엄 선포 상황에서는 헌법의 정지를 인정하였다는 점에서 그 한계를 지닐 수밖에 없었다.

3. 감시와 동원의 강화

일본의 계엄은 일반적으로 전시계엄과 평시계엄으로 나누어 볼 수 있다. 전시계엄은 청일전쟁과 노일전쟁 때, 평시계엄은 1905년 히비야방화사건(日比谷燒打事件), 1923년의 관동대지진, 1936년 2·26사건 때 시행되었다. 그러나 계엄 실시 목적은 크게 차이가 없었다. 전시계엄의 목적은 '방첩과 경계'를 명분으로 국민의 국가의식을 끌어내기 위한 것이었다면[215], 평시계엄은 사회질서 유지·회복, 사회불안 요소의 해소를 목적으로 하였다.[216] 특히 평시계엄의 대표적인 사례인 1923년 관동대지진은 조선인 폭동 관련 유언이 경찰에 전언되면서 치안유지를 목적으로 계엄이 활용되었다.[217] 이 과정에서 일본은 경찰력 부족이나 공공의 이익에 위협이 되는 경우 치안유지와 민심 진정을 효과적으로 추진하기 위해서는 계엄이 가장 유효적절하다는 것을 경험하게 되었다. 즉 계엄령 선포 요건인 '군사상' 필요라는 규정을 확대 해석하여 치안유지를 위해서는 계엄이 적절하다는 인식을 갖도록 하였다.

한국전쟁 당시 계엄선포의 목적도 일본의 경우와 크게 다르지 않았다. 국민의 국가의식 함양과 치안유지라는 목적에 냉전과 한반도 정치상황과 맞물린

---

215) 北博昭, 『戒嚴』, 朝日新聞出版, 2010, 91~93쪽.

216) 행정계엄은 명치헌법 제8조 제1항의 '천황은 공공의 안전을 보지하고 또한 그 재액을 피하기 위해 긴급하게 필요하다는 이유로, 제국회의 폐회의 경우 법률에 대신할 만한 칙령「여기에서는 긴급칙령」을 발한다.'를 근거로 하기 때문에 진정계엄처럼 계엄령이 아니라 긴급칙령으로 보고된다.

217) 北博昭, 『戒嚴』, 朝日新聞出版, 2010, 150쪽.

'사상전'에 부합하는 내부의 적 제거라는 목적이 부가되었다. 따라서 계엄의 실제 운영은 감시와 동원의 확대·강화로 나타났으며 계엄법 제9조 1항에 따른 특별조치의 시행과 기본권을 제한하는 각종 포고라는 입법적 조치가 행해졌다. 행정·사법 사무와 기구를 장악한 군은 계엄사령관의 특별조치와 포고 시행으로 행정 말단 조직과 지역 주민들에 대한 감시·동원 체제를 강화하였던 것이다.

1950년 7월 8일 계엄 선포와 동시에 공포된 포고 1호에서 계엄사령관 정일권은 계엄선포의 목적을 알리는 동시에 생활필수물자의 은닉, 매점매석 등의 국민경제 운영을 혼란시키는 행위와 '유언비어를 유포하고 모략을 자행하여 민심을 동요케 하는 행위'에 대하여 '엄중 처단'할 것을 경고하였다.[218] 이어 경상남북도지구 계엄사령관 이준식도 '모략·선동·파괴하는 자, 유언비어로 민심을 동요케 하는 자'는 고등군법회의에 회부하겠다고 포고했다.[219] 이러한 포고는 매점매석과 생필품 은닉을 금지하는 경제 경찰 기능과 유언비어 유포를 금지하는 사찰경찰 기능을 통한 치안유지라는 계엄의 본래 목적을 드러낸 것이라고 할 수 있다. 비상계엄 선포 이후 발표한 이승만 대통령의 담화에서 가장 강조한 것도 '말을 삼가'하라는 것이었다.

> 작전지역에서는 계엄령을 선언했으니 군경이나 관민을 물론하고 가장 말을 삼가므로써 무모한 풍설로 민심을 긴장케하거나 국방치안에 위해를 주지 말아야 할 것입니다. 군사상 통신으로 당국 측에서 공표되는 발표 외에는 사실을 알고도 말을 못하는 것입니다. 적의 정탐이 틈틈이 새어 들것입니다. 군사상 비밀을 한 사람에게 더 알리는 것이 여러 백 명, 여러 천 명의 생명을 위태하게 하는 것이며, 그 뿐만 아니라 어떤 경우는 전(全) 전쟁의 승패가 달렸다는 것도 있을 것이니 군사상 비밀은 소용없이 알리지 말고 알아도 남에게 알리지 말아야하는 것입니다(…).[220]

218) 국방부, 『한국전란 1년지』, 1951, C5쪽.
219) 『경제신문』, 1950. 7. 13.
220) 국방부, 『한국전란 1년지』, 1951, C5~6쪽.

계엄 선포에 따라 이승만이 국민에게 처음으로 발표한 담화의 핵심은 '풍설로 인한 민심동요'를 경계하라는 것이었다. 정부의 조기 퇴각, 한강교 폭파에 대한 민심을 '치안을 위해하는 풍설'로 단정하고 '불평을 품고 민심을 현혹케 하는 일'로 치부하여 단죄코자 하였던 것이었다. 계엄사령관과 대통령의 담화문에 이어 포고의 형태로 유언비어 관련 금지가 공포되었다. 1950년 7월 16일 언론·출판 관련 특별조치가 시행된 이후 언론 관련 조치는 더욱 강조되고, 극단의 조치를 예고하였다. 1950년 7월 20일 계엄사령관은 포고를 통해

> 후방에 있어서 공연히 비관적 언동을 하여 모략 중상 유언비어 등을 유포하야 민심을 혼란케 하는 자와 군인을 자택에 은닉시키고 제출치 않은 자가 유함은 지극 유감지사임. 군은 여차한 사실을 적발하여 극형에 처할 예정이니 일반 국민의 각별한 주의를 환기한다.221)

라고 하여 유언비어 관련 위반에 대하여 '극형'에 처할 것이라고 선언하였다. 또한 1950년 8월 7일 계엄사령관의 포고에서도 '이적 언동'에 대하여 계엄법을 적용하여 엄중 처단할 것을 경고하였다222) 이른바 유언비어 유포는 민심혼란과 더불어 '제5열', '이적언동'으로 간주되어 '군사에 관련된 사항'으로 취급되었음을 알 수 있다. 계엄사령관의 특별조치 위반에 대한 처벌은 계엄법 제15조에서 계엄법 제12조·제13조 또는 14조 제2항에서 규정한 사항에 국한하도록 규정하고 있으나 이 조항을 '군사에 관한 사항', '계엄사령관의 지시 불응'으로까지 확대 해석하여 적용하였다. 즉 비상계엄 상황이라고 해도 민간인에 대한 군법회의 재판은 계엄법 제16조 열거 범죄에 한정됨에도 불구하고 정부와 군을 비판하는 경우 민심혼란, 적 5열 조작의 이름으로 극형에 처하거나 계엄법에 의거 처벌했던 것이다.

계엄법 제13조에 따른 특별조치는 '언론·출판 관련 특별조치', '결사·단체

221) 육군본부 법무감실, 『앞의 책』, 1952, 675쪽.
222) 육군본부 법무감실, 『앞의 책』, 1952, 681쪽.

행동 관련 특별조치', '거주 · 이전 관련 특별조치', '체포 · 구금, 압수 · 수색 관련 특별조치'로 대표될 수 있다. 이러한 특별조치는 소요와 혼란의 요소를 제거하고, 민심의 안정과 정부 불신감 조장을 막는 치안유지를 목적으로 한 것이다.[223] 1950년 7월 16일 계엄법 제13조 규정에 따른 언론 · 출판에 대한 계엄사령관의 특별조치가 취해지면서[224] 국방부 정훈부 보도과의 검열이 시작되었다.

> 통신 신문 잡지 보도 등 일체의 간행물 및 인쇄물 발행 작성은 물론 방송 연극의 원고나 또는 연극영화의 각본에 대해서도 사전에 국방부 정훈국 보도과의 검열을 요하며 다만 지방에 있어서는 편의상 당해 지구 주둔 위술사령관인 독립단위부대장 이상의 부대의 검열을 받아야한다. 만일 해당 권한 자가 없는 경우에 한하여 소관 도경찰국장의 검열을 요할 것.[225]

계엄사령관의 특별조치를 통해 통신 · 신문 · 잡지 · 보도 등의 일체의 간행물과 인쇄물 그리고 방송 · 연극의 원고, 연극 · 영화의 각본까지 보도검열의 대상으로 규정하기 시작하였다. 또한 7월 19일 경남지역 계엄사령부는 위술업무의 일원화를 발표하는 동시에 라디오 등록을 명하였고,[226] 7월 25일 계엄사령부는 모든 간행물의 사전검열과 방송수신기 등록 등에 대한 특별조치를 발표하였다.[227] 이렇듯 전시 계엄 운영 과정에서 보도검열 대상과 범위가 마련되기 시작하였다. 구체적인 보도검열지침은 자료의 부족으로 알 수 없으나, 군의 사기저하, 사회질서 혼란, 허위과장된 유언비어, 이적언동, 공공질서 유지 등의 계엄 운영의 목적에 부합하는 기준이 적용 · 도출되었을 것으로 생각된다.[228] 그

223) 〈체포 · 구금, 압수 · 수색 관련 특별조치〉도 영장없이 신속한 사건처리를 하기 위한 조치로 크게 보아 치안유지의 범위에 들어간다고 볼 수 있다.

224) 현재의 보고 검열은 계엄법 제9조의 계엄사령관의 특별조치 관련 조항과 헌법 제77조의 계엄 관련 조항 중 제3항에 근거하여 실시할 수 있다.

225) 육군본부 법무감실, 「계엄 실시 사항에 관한 건(국방부군내발(邱)24호, 1950. 7. 16.)」, 『육군법무관계법령급예규집』, 1952, 410쪽

226) 『민주신보』, 1950. 7. 24.

227) 『민주신보』, 1950. 7.25.

러나 이러한 보도검열지침은 앞서 살펴본 바와 같이 경찰이나 일반 행정으로 수습할 수 있는 상황에서도 계엄 상황에서는 '군사상의 요소'로 확대 · 해석되어 군 권력의 확대를 가져왔다고 할 수 있다.

한편 계엄사령관의 특별조치에 따른 보고 검열임에도 불구하고 그것의 실행 단위는 국방부 정훈국 보도과와 지방의 경우 주둔 독립단위 부대였다. 이는 계엄사령부의 체계가 갖추어지지 않았다는 점과 계엄 상황에서의 보도검열에 대한 체계적 실행 경험 부재 때문으로 보인다. 지방에서의 보도검열은 계엄민사부 설치 이후 지구 위술사령관에서 지구 계엄민사부장 관할로 변경되었다.[229] 전시 계엄 기간 동안 보도검열은 국방부 정훈과에서 일괄하였으며, 지방에서도 지구 계엄민사부가 실제 주둔부대를 중심으로 설치되었음을 감안하면 보도 검열은 계엄 업무로 체계화되지는 못했던 것으로 보인다. 1952년 계엄사령부 직제령에서도 법무과, 동원과, 치안과로 편성되어 보도검열은 치안관련 사항으로 포함되어 운영되었다.[230]

계엄법 제13조의 특별조치 내용에는 '집회 또는 단체행동에 관한 특별조치' 내용을 포함하고 있었다. 이는 불법 시위나 테러, 소요 등에 대비한 금지 · 허가를 의미하였다. 그러나 한국전쟁 동안 계엄사령부는 단체행동을 금했을 뿐만 아니라 직접적인 단체의 구성 · 통합 · 폐지 · 개편에까지 그 권한을 행사하였다. 경인지구 계엄사령관 이준식 준장은 1950년 10월 2일 공고를 통해 10월 12일 정오를 기하여 여하한 단체를 막론하고 자동 해체를 지시하였다. 모든 단체에 대한 폐지를 바탕으로 이른바 애국단체는 국민회로 청년단체는 대한청년단

---

228) 한국전쟁 당시 보도검열의 경험은 이후 계엄사령부의 보도업무에 활용되었는데, 1977년 『계엄요강』에 따르면 보도검열을 위한 보도지침은 (1)적을 이롭게 하는 사항 (2) 계엄 및 전쟁 목적에 위배되는 사항 (3) 공공 안녕 질서유지에 해로운 사항 (4) 군의 위신 및 사기를 저하시키는 사항 (5) 국민 여론 및 사회질서를 혼란시키는 사항 (6) 군사 기밀에 저촉되는 사항 (7) 허위 왜곡 및 과장된 사항으로 정리되었다(육군본부, 『계엄요강: 실무지침(팜플레트 850-14)』, 1977, 69쪽).

229) 「계엄실시사항에 관한 예규 중 일부수정에 관한 건」, 육군본부 법무감실, 『앞의 책』, 1952, 109쪽.

230) 육군본부, 『계엄사』, 1976, 89쪽 · 229쪽 · 265쪽; 합동참모본부, 『계엄실무편람』, 2010, 48~66쪽 · 134쪽

으로 노동단체는 대한노총으로 문화단체는 문총을 학생단체는 학도호국단으로 통합할 것을 지시하였다.[231] 대한여자청년단은 즉시 대한청년단 여청국으로 개편되는 등 계엄사령부의 지시에 따라 각 단체가 재편되었다.[232]

또한 1951년 2월 1일 경남지구 계엄민사부에서는 경남지구 소재 공인 정당·사회단체를 공포하고 공인된 정당 사회단체 이외는 2월 1일 부 일제 해산할 것을 공표하였다.[233] 공인된 단체는 반관, 친이승만, 반공단체 일색이었다. 단체에 대한 계엄사령부의 공인 행위는 그 외의 단체를 불법화함으로써 청년·노동·문화·학생 등을 단위로 반공친이승만 단체만을 육성하는 전체주의적 정책에 다름 아니었다. 계엄사령부의 이러한 정책 기조는 비상계엄이 해제된 이후에는 행정기구를 통해 그 목적을 달성하였다. 특히 청년들은 각종 의용대와 민반공단체에 소속되어 국가의 노무와 병역에 동원되었다. 내무부장관(이순용)와 대한청년단장(안호상)은 1951년 10월 29일 각서를 통해 다음과 같이 합의하였다.

> 11월 1일부터 후방 치안 향토 방위 및 공비토벌을 완료하기 위하여
> - 기성 각종 의용대(의용경찰대, 의용소방대, 민반공단체 및 경찰에 협조하고 있는 기타 일반 민간단체)는 이를 대한청년단에 환원 편입시키는 동시에 각 단체인은 대한청년단원이라고 신분을 자각케 하고 미입단자는 입단수속을 할 것.
> - 향후 내무부에서는 대한청년단만을 상대로 한다.
> - 단원은 경찰서장의 지휘하에 들어간다.
> - 한청은 단원훈련에 관하여 경찰간부에게 이를 의뢰할 수 있다.[234]

231) 『동아일보』, 1950. 10. 13.

232) 『경향신문』, 1950. 10. 15.

233) 『부산일보』, 1951. 2. 5.(공인단체명: 국민회, 대한여자청년단, 대한청년단, 대한노동총연맹, 제헌동지회, 일민주의보급회, 대한기독교구국회, 임전구국불교총연맹, 대한부인회, 대한체육회구국총력연맹, 한국신문기자협회, 전국문화단체총연합회, 천도교보국연맹, 대한소년단, 여한화교단체연합변사처, 학도의용대, 전시국민홍보외교동맹, 대한민국교수단, 대한국민당, 조선민주당, 대한민족구호단, 민주국민당, 경남언론협회, 전국공산주의타도연맹, 체육인선무공작대, 민족수난기영화제작위원회, 한국사회사업전시협회, 한국정훈공작대).

전쟁 당시 청년들은 국민임을 증명하기 위한 방도로 치안 · 방위 · 토벌을 위한 각종 단체에 '자발적'으로 동원되었다. 내무부장관과 대한청년단장의 각서는 이들 청년들을 대한청년단으로 흡수 · 통합하여 내무부의 지휘를 받도록 한 것이었다. 뿐만 아니라 직접적으로 경찰이 단원 훈련을 수행하도록 하였다. 대한청년단은 전쟁 당시 공비토벌은 물론 각종 노역에 직접 동원되거나 주민들을 동원하는 임무를 맡았다. 이는 국가의 행정력이 미치지 못하는 부문을 관변단체를 육성하여 수행하고자 했던 것이다. 특히 대한청년단원은 국가 행정 집행을 위한 어떠한 신분도 부여받지 못했음에도 불구하고 말단에서 경찰력과 지방 행정력을 보완하는 역할을 하였다. 특히 청년들에게 직접적으로 군사 훈련을 시켜, 이승만의 반공친위대로 육성하고자 하였다.

계엄사령부에 의한 단체의 정비를 통한 관변동원 기구화와 더불어 계엄상태에서 행정말단 조직도 이승만 반공체제의 세포로 확대 · 강화되었다. 일제시기 애국반에 기원하고 있는 국민반은 동 · 리의 장인 구장을 보조하는 기구로 일제의 식민통치 보조기구였으며, 폐전할 때까지 '국민정신 총동원 운동' 등의 전시 동원에 활용되었다.[235] 이러한 '반'은 정부수립 이후 이승만이 지원하는 관변단체를 이용한 '절전운동', '생활개선운동' '신생활운동' 등과 같은 이른바 '국민운동'에 동원되면서 대한독촉국민회(이하 국민회)를 중심으로 확산되었다. 1948년 12월 26일 이후 국민회는 '관민일체가 되어 반공태세 강화와 국가보강을 위한 철저한 국민운동을 전개'한다는 취지하에 애국반을 국민반으로 통합하였으며 국민회가 주도한 '국민운동'은 지방 장관 회의를 거쳐 내무부와 합동으로 전개되었으며, 국민회의 당론이 전국의 행정망을 통해 국가의 정책으로 하달되어 갔다. 결국 반상회도 부활하여 1949년 10월 1일을 기해 일제히 반상회를 개최

234) 대검찰청 광주고등검찰청 광주지방검찰청 목포지청, 「대한청년단 활용에 관한 건」, 『검찰사무예규철』, 1951. 11. 18., 국가기록원 소장자료.

235) 국민반을 통한 감시와 동원에 대해서는 김학재, 「국가권력의 모세혈관과 1950년대의 대중동원」, 김득중 외, 『죽엄으로써 나라를 지키자: 1950년대 반공 · 동원 · 감시의 시대』, 선인, 2007 참조.

하도록 명령하였다.[236]

　이렇듯 국민운동 과정에서 '반'이 주민을 규율하고 동원하는 데 활용되어 이승만의 정치적 동원의 자원이 되었던 데 반해 전쟁 이후 '반'은 일제말기 '전시 총동원체제'하의 기능들이 강화되었다. '반'은 반관조직으로 양곡확보, 동원, 납세 등의 전시 행정사무를 수행하면서 전시 행정말단 총동원 기구로 변화되었다. 이러한 '반'은 1953년 8월 24일 '국민반 운영 규칙'이 내무부 규칙에 의거하여 제정 공포됨에 따라 제도화되었다.[237]

　전쟁발발 이후 전국이 계엄상태에 들어가면서 지구 계엄사령부(지구 계엄민사부)가 설치되어 행정 업무가 군에 장악되어감에 따라 행정말단 기구는 종전과 같이 '국민운동'과 '감시·통제'의 두 가지 방향에서 활용되었다. 전쟁 초기에는 국민반을 통한 '국민운동'은 활발하게 이루어지지는 못했지만 전투가 소강 국면으로 접어들거나 상대적으로 안정적인 지역에서는 정신운동 성격의 활동을 수행하였다. 일예로 부산시에서는 동회장 연석회의에서 전시복 착용, 한 끼 식사, 결식 등을 자발적으로 결의하고 경남지구 계엄민사부에 이것을 포고나 행정조치로 발할 것을 건의하기도 하였다.[238] 이미 1950년 12월 7일 비상계엄이 재선포되자 경남지구 계엄민사부에서는 '시국관련 실천' 사항을 발표하여 정신 동원을 추진하였다. 그 내용은 일상에서 도민이 지켜야할 사항으로, 치안 유지나 기초 질서 확립 차원을 넘어서 사치품이나 풍기 단속, 유언비어 금지 등의 도덕적 지침을 포함하고 있었다.[239] '시국관련 실천사항' 등은 일종의 국민운동적 성격을 띠고 동·반을 단위로 하여 국민을 조직하여 전쟁을 수행하는데, 이를 통해 국민의 정신적 이탈을 방지하고자 하였다.

　또한 '부역자' 처단 광풍이 숨을 고른 뒤에도 '국민정신 운동을 통한 제5열 색출과 박멸'을 내세우며 유숙계, 방첩운동 추진체로 국민반이 활용되었다.[240]

236) 『경향신문』, 1949. 9. 23.
237) 『경향신문』, 1957. 4. 29.
238) 『부산일보』, 1951. 2. 2.
239) 『민주신보』, 1950. 12. 13.

계엄 지역에서 반장과 동회장은 유숙계 실시의 담당자가 되었다. 서울지역은 경인지구 계엄사령관 이준식의 포고로 1950년 10월 10일부터 서울 시민은 매일 유숙계를 실시하여 명부를 동회를 거쳐 파출소에 제출하도록 하였다.[241] 경남지구에서도 유숙계는 계엄민사부장의 지휘하에 전면 실시되었다.[242] 반장 조장 등 조사자의 신분을 보장하기 위해 일명 '민간 여론 조사증'이 교부되었고,[243] 군·검·경 합동으로 감찰반을 편성하여 가가호호에 대한 검색을 실시하였다.[244]

계엄사령부는 수복 이후 가장 중요한 증명서였던 시민증 발급에서도 동회를 중심으로 발급 대상자를 조사하도록 지시하였다. 또 1950년 12월 1일 이호 계엄사령부 민사부장은 시민증을 얻지 못한 자 중에는 '부역자' 등 불순분자가 많으므로 시민증 없는 자를 채용할 때는 동회 등에 조사하여 심중 조사한 후 채용할 것을 지시하였다.[245]

행정 말단 기구로서의 동·반은 연대책임의 단위이기도 하였다. 경남지구 계엄사령부는 징병 불응자에 대해서 반장과 동회장 책임제를 발표하였다. 징병 불응자가 있는 반은 반장과 동회장에 대한 인책·추궁은 물론 식량 등의 배급까지 중지할 것을 지시하였다. 이를 단속하기 위해 계엄사령관이 직접 지휘하여 헌병·경찰관이 지구별 야간 검색을 실시하도록 하였다.[246] 반장과 동회장은 군 행정의 말단에서 징용·징병 보조, 주민에 대한 감시·조사와 보고, 양곡확보, 동원, 납세 등의 행정 사무를 수행하였다. 국민반 조직을 통해 행정사무의 부담을 전가시켰던 것이다. 이러한 대민 업무는 전시 주민들의 저항이 많

---

240) 『동아일보』, 1951. 2. 1.

241) 『경향신문』, 1950. 10. 12.

242) 『민주신보』, 1950. 12. 13.

243) 『민주신보』, 1951. 1. 15.

244) 『민주신보』, 1951. 1. 30.

245) 『경향신문』, 1950. 12. 2.

246) 『민주신보』, 1950. 9. 27.

거나 원활히 수행되지 않는 사무로, 이에 대한 주민들의 저항과 반목이 확산되었다. 이에 경남북지구 계엄민사부에서는 시내 각 반장 조장의 신분 보장을 위하여 '민간 여론 조사증'을 교부하기도 하였다.[247] 이 조사증은 유숙계 실시 등의 행정 보조 사부 집행을 담보하기 위한 조치였던 것으로 보인다.

여행증명서 발급 수속에도 반장, 동회장을 거쳐서 헌병대에 요청하도록 하였다.[248] 각종 조사 업무 진행은 이재민 구호 대책을 명목으로 한 '부산시 거주자 일체조사'의 사례를 통해 알 수 있다. 1950년 8월 10일 경남지구 계엄사령부에서 실시 한 조사는 세대주를 신고의무자로 하여 동회장, 조·반장이 신고 운영의 책임을 지고, 반장이 취합 검인 후 조장에게 제출하면 조장은 신고서를 동회장에게 제출하였다. 동회장에게 제출된 신고서는 수집·검수하여 해당 경찰서와 파출소에 제출하도록 하였다. 이에 대한 비협조는 '비상시 국정 비협력자'로 하여 처벌되었다.[249] 전시 계엄하에서 인구 관리와 통제는 주민들을 반→조→동으로 조직하고 조사된 정보는 경찰과 군으로 집적되는 체계였다. 무엇보다 반장과 동회장은 서울 환도 이후 '부역자' 처단의 광풍 속에서 지역 공동체 주민을 '색출'하기도 하고 '양민'임을 보증하는 시민증 발급 심사에 간여하였다. 이러한 색출과 감시 활동이 '부역자 색출'에 큰 성과를 거두었다고 군 당국은 자평하였다.[250]

또한 사찰과 감시 기능과 더불어 행정 말단 조직인 동·리 단위에 범죄 처단의 기능을 용인하여 그 기능을 강화하였다. 광주검찰청이 장흥지청과 각 시·군수, 경찰서장 등에게 보낸 '동리 자치조례 운영에 관한 건'에는 동리 단위에서 행할 수 있는 '자치처단'의 범위와 종류 그리고 절차를 규정하고 있다. 여기서는 동장과 읍장이 취할 수 있는 자치 처단의 범위를 불경 행위, 사소한 도덕 또는 상해행위, 수모행위, 불경사상 선전행위 등으로 규정하고, 처단의 절차는

247) 『민주신보』, 1951. 1. 15.
248) 『경향신문』, 1950. 10. 12.
249) 『부산일보』, 1950. 8. 10.
250) 『경향신문』, 1950. 10. 14.

'동장과 읍장이 고문과 반장의 입회하에 처단하고 불복자는 관련 관서에 보고하도록 하였다.[251] 이는 수복 이후 사형(私刑)이 만연하자 이에 대한 대책으로 제시한 것이었으나, 동장, 읍장에게 범죄 처벌의 기능이라고 할 수 있는 '자치처단권'을 부여함으로써 마을 공동체 통제에 강력한 힘을 실어주는 효과를 가져왔다.

1950년 12월 13일 계엄사령부는 서울지방검찰청, 합동조사본부 등에 '석방자 취급에 관한 건'을 지시하였다.

> 석방자의 관할 경찰서 및 동회장에게 석방자의 동향을 감시함과 동시에 선도토록 노력. 소관지역에 거주하는 석방자 명부를 작성하여 인원을 완전히 파악 1. 이주할 시 2. 주소지로부터 4리 이상의 지역을 여행할 시와 행선지를 명기하여 소관 동회장을 경유하여 관할 서장에게 보고하고 보고받은 서장은 행선지 관할 서장에게 통보하여 석방자의 감시를 엄밀히 할 것.[252]

위 문서는 동회장을 거쳐 관할 경찰서에서 석방자의 동향을 감시하도록 계엄사령관이 지시한 문서이다. 이 문서는 각도 민사부장에게 하달되어 각 도 단위에서 실시되었다. 이러한 지시에 따라 전라남도 목포계엄민사부장 권혁중 대위가 목포지청으로 1951년 1월 2일 송부한 문서에 따르면, 계엄사령관의 지시에 따라 석방자 인적사항을 경찰국으로 통보할 것과 경찰국은 관할 경찰서와 관할 동회장에게 통지하고 관할 경찰서와 동회장의 긴밀한 연락하에 석방자 동향을 파악·선도하도록 하였다. 동회장이 파악한 석방자 명단은 소관서장, 지방경찰서장과 목포 민사부에 매월 10일에 보고되었다.[253]

---

251) 대검찰청 광주고등검찰청 광주지방검찰청 목포지청, 「동리 자치조례 운영에 관한 건(1950. 11. 4.)」, 『검찰사무예규철』, 국가기록원 소장자료.

252) 대검찰청 광주고등검찰청 광주지방검찰청 목포지청, 「석방자 취급에관 한 건(1950. 12. 13.)」, 『검찰사무예규철』, 국가기록원 소장자료.

253) 대검찰청 광주고등검찰청 광주지방검찰청 목포지청, 「석방자 취급에관 한 건(1951. 1. 2.)」, 『검찰사무예규철』, 국가기록원 소장자료.

'석방자의 선도'를 목적으로 한 동향 파악은 이미 식민지시기 일본제국의회에서 '사상범 재범의 예방 필요성 등'을 이유로 '보호관찰'이라는 이름으로 1936년 5월 29일 법제화되었고, 이 법은 조선에 동년 12월 12일 조선 사상범 보호관찰령(제령 제16호)으로 공포되어 12월 21일부터 시행되었다.[254] 보호관찰 대상자는 치안유지법 위반자 가운데 기소유예, 집행유예, 가출옥, 만기 출옥자라고 규정하였다. 이들 사상범은 형 집행이 종료되었음에도 불구하고 지속적으로 감시와 교도의 대상이 되었다. 그러나 식민지 시기 보호관찰자가 보호관찰소의 형식으로 체계화 된 데 반해, 한국전쟁 이후 보호관찰자는 행정말단 조직인 동회장을 거쳐 경찰서 단위로 정보가 집적되어 군과 경찰에 의해 관리되었다는 차이점이 있다. 관찰의 내용에는 가정, 생계, 건강, 교우, 통신, 사상의 추이 등을 포함하고 있으며, 석방 또는 출옥자에 대하여 선도를 명분으로 일상생활을 감시했음을 알 수 있다. 이러한 감시는 이후 경찰서의 정보과에 의해 체계적으로 수행 관리되었다.[255]

한편 '비상사태'에 대한 공포와 위기감 조성 그리고 이에 대한 반복적이고 전 국민적인 훈련은 계엄의 일상화를 가져오는 중요한 매개였다. 계엄사령부는 1951년 1월 17일 '등화음향관제(燈火音響管制)' 실시를 포고하였으며, 이는 1월 19일부터 전국적으로 실시하였다. 계엄사령부는 민방공 총본부를 설치하고 군경은 물론 전 국민은 해당 도계엄민사부장(방공도지부장)의 지시를 받도록 하였으며 위반자는 계엄법에 따라 처벌할 것을 명시하였다.[256] 1951년 3월 22일과 12월 1일에 방공법과 방공법 시행령이 각각 제정·공포되었다. 1952년 이후 방공 업무는 내무부로 이관되어 시작되었다.[257] 이는 계엄상태에서 입법적 기

254) 奧平康弘 編,『現代史資料45: 治安維持法』, 1973, 273쪽(강성현,『한국 사상통제기제의 역사적 형성과 '보도연맹 사건', 1925~50』, 2012, 서울대학교 사회학과 박사학위논문 재인용).

255) 이러한 사상범 감시의 사례는 구례경찰서,『요시찰인 관계(철)』, 1961·1963~1964·1972~1973;『보안관찰처분대상자명부』, 1989;『긴급신원조사처리부』, 1994~2001 등에서 확인할 수 있다.

256) 육군본부 법무감실,『앞의 책』, 1952. 709쪽.

257)『관보』제443호, 1951. 3. 22.;『관보』제563호, 1951. 12. 1.(방공법은 1975년 제정된 민방위기본법과 1980년 흡수 통합되었다).

능을 가진 포고가 계엄 해제 이후에도 법제화되어 지속되는 사례라고 할 수 있다. 방공법에 따르면 방공은 다음과 같이 규정하였다.

전시 또는 사변에 제하여 항공기의 내습으로 인하여 생활 위해를 방지하고 이로 인한 피해를 경감하기 위하여 육해공군이 행하는 방위에 응하여 육해공군 이외의 자가 행하는 등화관제, 소방, 방독, 피난구호와 차등에 관하여 필요한 감시, 통신 또는 경보.[258]

이러한 방공 비상사태의 선포는 계엄과 마찬가지로 '전시 또는 사변'의 비상사태하에서 대통령이 선포하도록 규정하였다. 이승만은 1952년 1월 1일을 기해 '반공태세 확립을 위해' 방공법 제2조에 의거 전국에 방공 비상사태를 선포하였다. 1월 1일부터 선포된 비상사태는 내무부에서 1951년 12월 4일 '공습에 대한 방비대책수립의 건'을 치안국 수뇌 고문관회의 의결을 거쳐 마련하고 12월 24일 국무회의에 상정되어 12월 28일 의결한 것이었다.[259] 의결 주문에서 내무부장관은 '비상사태 선포를 통해서만 시행 가능함'을 방공법 제2조를 통해 밝히고 그 목적을 다음과 같이 밝혔다.

적기의 내습으로 인하여 생길 위해를 방지하고 이로 인한 피해를 경감하여 방공태세를 확립하는 동시 방공법을 집행하려 함.[260]

즉 1월 1일을 기해 선포한 비상사태는 실제 상황에 따른 것이 아닌 '위해를 방지'하기 위한 법 집행이었다. 대통령 명령에 따르는 비상사태의 선포가 선포

---

258) 육군본부 법무감실, 『앞의 책』, 1952. 709쪽.

259) 국무총리비서실, 「반공태세확립을 위한 방공비상사태 선포(1952. 1. 1.)」, 『대통령령급정부개혁 안철』, 국가기록원 소장자료; 국무원 사무처, 「반공태세확립을 위한 방공비상사태 선포(1951. 12. 24.)」, 『국무회의 상정 안건철』, 국가기록원 소장자료; 총무처, 「반공태세확립을 위한 방공 비상사태 선포의 건(1951. 12. 28.), 국가기록원 소장자료.

260) 국무원 사무처, 「반공태세확립을 위한 방공비상사태 선포(1951. 12. 24.)」, 『국무회의 상정 안건 철』, 국가기록원 소장자료.

요건이 명확하지 않은 방지 차원의 훈련이었던 것이다. 이는 전시총동원 훈련에 다름 아니었다.

방공법은 단순히 등화관제 실시만을 목적으로 하지 않았다. 대통령이 방공 비상사태를 선포하면 일정한 구역에 대하여 이전 금지 또는 제한, 퇴거를 명할 수 있고, 철도, 궤도, 거량 기타 교통기관에 의한 사람 또는 물건의 이동을 금지 또는 제한할 수 있으며, 영업 또는 기타의 업무에 대하여 업무의 금지, 제한, 계속, 재개 등에 관한 필요한 명령할 수 있도록 규정(제12조~제14조)하고 있어, 비상사태를 이유로 한 광범위한 국민 기본권 제한의 내용을 포함하고 있었다. 더불어 내무부장관의 지휘하에 방공계획은 사전 수립되어 훈련토록 하여, 전 국민을 대상으로 한 훈련을 통해 전시체제를 유지하였다.

이상에서와 같이 반장과 동회장을 통한 부역자, 제5열 등의 심사·색출·고발 행위는 자신의 국민됨을 보증하기 위한 강제된 자발성에 기반하고 있었고, 강제된 자발성을 통한 국가의 국민동원은 마을 공동체를 붕괴시키면서 행정 말단 기구의 감시·동원 기능을 강화시켰다. 또한 전시 계엄상태에서 반장과 동회장에게 부여된 '국민증 교부' 행위로 군과 경찰의 감시망에 서로를 포획하였다. 행정과 사법의 주요기능으로 감시와 동원이 부락단위까지 일상화되고 확대되어갔다. 부락민의 감시망을 통해 축적된 정보는 경찰 단위에서 집적되고 관리되었다. 이러한 기본권 제한 조치는 이후 내무 행정 기구의 업무로 정착되었고, 계엄의 일상화를 가져왔다고 할 있다. 또한 군의 작전행위에 호응하여 전 국민은 주기적인 대비훈련을 실시함으로써 항상적인 전쟁과 공습의 위협을 체화하여 계엄 해제 이후에도 계엄상태가 일상적으로 유지되도록 하였다.

결론

결론에서는 서론에서 제기한 연구목적과 과제에 대한 결론 및 기존 연구와의 차이점을 먼저 제시하고, 본문의 내용을 요약·정리하고 연구의 한계점과 이후의 연구 과제를 서술하고자 한다.

본 연구는 한국 현대사에서 정부 수립 이후 이승만의 극우반공체제, 박정희와 전두환의 군부체제에 이르기까지 반공과 안보를 근간으로 하는 '비상상태'가 유지되었으며, 이러한 '비상상태'를 창출하고 유지하는 데 계엄이 핵심적인 역할을 했다는 문제의식 속에서 출발하였다. 한국에서 계엄은 미군정 시기부터 정부수립 직후 그리고 한국전쟁 과정에서 법제화·체계화되었을 뿐만 아니라 반공체제의 형성과 유지라는 정치적 흐름과 밀접한 관련을 가지고 전개되었다.

따라서 본 연구는 1946년부터 1953년까지를 한국에서 계엄의 역사적 형성기로 보고, 이 시기 계엄 관련 법제·실행체계 그리고 계엄 활동의 내용을 구체적으로 분석하고 그 성격을 밝히는 데 일차적인 목적을 두었다. 또한 이러한 계엄상태에서 군은 사회에 대한 전면적인 지배권을 행사하고 통치기능을 수행하였고 사회를 운영할 수 있는 지배논리와 방식을 축적하였음을 밝히고자 했다.

본 연구는 기존의 연구와 세 가지 점에서 차별성을 갖는다.

첫째, 기존에 충분히 밝히지 못한 미군정 시기부터 한국전쟁 시기까지의 계엄 선포 과정과 계엄 수행 체계를 실증적으로 분석하였다. 이러한 분석을 통해 계엄 선포라는 사건적 사실에 한정하지 않고 계엄 수행 체계와 기구, 그리고 절차·방법, 군의 행정권·사법권 장악 과정 등의 구체적 사실을 복원하였다.

둘째, 계엄상태에서 국민의 기본권 정지는 물론 노골적인 폭력이 합법화되고 정당화되는 과정을 규명하였다. 이는 국방경비법, 〈범죄처벌특조령〉, 국가보안법으로 대표되는 제반 법들이 계엄상태에서 차지하는 법적 효력과 관련하여, '간첩'·'제5열', '반민족행위자'·'부역자', '사상불온자' 등으로 적에 대한 규정을 만들어내고 적을 제거하는 기능을 폭력적으로 수행했음을 밝혔다.

셋째, 본 연구는 국가긴급권으로서 계엄의 실체를 인정하면서 국가 비상상황에서 '합법적'이고 '정상적'으로 계엄을 적용·운용할 수 있다고 전제하는 기존의 법제사적 연구와 차별성을 갖는다. 계엄의 실제적 집행 과정을 고찰하여 계엄이 정치적으로 '악용'되거나, 폭력적이고 불법적으로 운용된 사례는 단순한 시행착오나 법 체계의 미비에 기인하는 것이 아니라 계엄의 본질적인 속성의 발현임을 규명하였다. 즉 계엄민사부, CIC 등의 군 정보기관, 그리고 사법기구로서의 계엄군법회의를 중심으로 한 군의 제반 통치 기능은 계엄 선포라는 합법적 방법으로 기존의 헌법을 정지시키고 조직된 물리력으로 새로운 질서를 창출하는 계엄의 본질적 속성의 발현이었다.

1946년부터 1953년까지 한국에서 계엄의 전개 과정과 성격을 밝힌 본론의 내용을 요약·정리하면 다음과 같다.

제1장에서는 미군정 시기에서부터 1948년 정부수립 직후 계엄에 대해 살펴보았다.

우선 10월항쟁 과정에서 등장한 계엄은 군의 통치를 의미하는 피정복지의 군정 통치하에서 민의 저항을 제압할 목적으로 실시되었다. 이는 미국이 자국 내에서 정치적 소요 등의 '비상사태(the state of emergency)'에서 수행해 왔던 것과는 구별되는 사례라는 특징을 갖고 있었다. 10월항쟁 시기 계엄은 미제6사단 산하의 제1연대 전술군사령관에 의해 1946년 10월 2일 대구를 시작으로 포항(영일), 경주와 달성지역, 그리고 무안 일대에 선포되었다. 제1연대 전술군사령관은 일반 행정·사법권을 통제하기 위해 경상북도 군정지사를 배제한 상태에서 계엄을 선포하고 단독적으로 집행했다. 10월항쟁을 진압하는 데 계엄 시행이 효과적이었다고 판단한 주한미군사령부는 남한지역 전체를 대상으로 한 계엄 수행 체계의 정비를 지시하였고, 10월항쟁이 일단락된 1946년 말에서 1947년 사이 제6사단에 의해서 '마샬로우 매뉴얼(S.O.P. of martial law)'이 마련되어 미군 점령 지역에서의 계엄 운용 방법이 체계화되었다.

1948년 정부 수립 직후 계엄은 여순사건과 제주4·3사건 진압 과정에서 선포되었다. 이 시기 계엄은 관련법이 제정되지 않은 상황에서 실시되어 당시에도 계엄 선포 자체의 불법성 문제가 제기되었는데, 계엄 시행 과정을 구체적으로 검토한 결과 계엄은 지역 주민이 학살되고 군법회의에 처해지는 중요한 원인이 되었음을 알 수 있었다. 또한 여순사건과 제주4·3사건 관련 군법회의 판결명령서를 비교 분석하여 당시 군법회의의 구체적인 실태를 고찰하였다. 여순사건과 1948년 제주군법회의에 회부된 사람들은 형법 77조 내란죄의 적용을 받았으나 계엄 해제 후인 1949년 제주군법회의에서는 국방경비법 제32조, 제33조를 적용받아 비상계엄 상태에서도 국방경비법을 통해 민간인을 군법회의에 회부하여 처벌하는 사례를 남겼다.

여순사건과 제주4·3사건 관련 계엄은 별도의 수행체계를 갖추지 않았을 뿐만 아니라 통합적인 계엄사령부도 존재하지 않았다. 계엄사령부는 해당 지역의 진압 토벌 부대와 동일시되었는데, 전남광주호남계엄지구사령부 사령관은 김백일 중령이었고 제주에서는 송요찬을 계엄사령관으로 하는 제9연대가 계엄사령부 기능을 했다. 당시 시행된 포고와 공고를 살펴보면 계엄법이 제정되지 않아 계엄사령관의 업무 한계를 규정할 수 있는 근거가 없는 상황에서 지구사령관의 자의적인 계엄 선포와 각종 포고가 이어졌으며, 포고의 내용은 처단·응징 방침을 선포하는 것으로 일관하였음을 알 수 있었다.

1949년 2월 6일 예정되었던 유엔한국위원단의 입국을 계기로 계엄 해제가 공포되었으나 계엄 해제와 동시에 경찰을 중심으로 한 '경비령'이 발동되어 계엄상태가 지속되었다. 또한 국방부장관은 국방경비법 제32조와 제33조를 적용하여 민간인을 군법회의에 회부할 수 있도록 지시함으로써 계엄 해제 이후에도 '공비 토벌'을 명분으로 한 주민희생이 이어졌고, 1949년 제주에서의 군법회의와 같이 군법회의에서 민간인을 처벌하고 총살하였다.

여순사건과 제주4·3사건 이후 1949년 11월 계엄법이 제정되었다. 따라서 계엄법은 법 제정 이전에 실시한 불법적인 계엄 선포와 운용 경험을 수렴하여 제정될 수밖에 없었다. 1949년 계엄법은 계엄의 자의적 발동·운용을 견제하고자 한 국회와 대통령 중심의 긴급권을 강화하고자 한 정부의 입장이 대립하여 절충된 결과물이었다. 국회 논의 과정을 통해 국회와의 관계 규정, 재심청구권 인정, 국회의원 신분보장 등의 조항이 국회의 노력으로 조항에 삽입되었으나 군법회의 재판권 연기 규정, 임시계엄 조항, 계엄사령관의 특별조치권 인정 등은 국회의 노력에도 불구하고 계엄법에 포함되었음을 알 수 있었다.

제2장에서는 한국전쟁 전 기간에 걸쳐 시행된 계엄 선포와 해제 과정을 재구성하고 그것을 바탕으로 전시 계엄의 성격을 고찰하였다.

전쟁 발발 직후 시행된 〈범죄처벌특조령〉의 제정·공포 과정·내용 등을 검토한 결과 〈범죄처벌특조령〉은 전쟁 발발 직후 취해진 예방구금과 보도연맹원들에 대한 처형 등의 불법적 조치를 미수죄로 합법화하고, 계엄 실시 이전의 범죄까지 군법회의에서 처리하도록 하여 불법적인 살상을 은폐시켰음을 알 수 있었다. 또한 정부는 7월 26일 〈군사재판특조령〉을 공포·시행하여 전시하의 사상범은 물론 사소한 범죄에 이르기까지 다수의 사람들을 단시일 내에 군법회의 통해 처리할 수 있는 길을 열어 놓았다.

비상계엄이 1950년 7월 8일 전라남북도를 제외한 남한지역에 선포된 이후 전황(戰況)에 따라 전라남북도와 이북지역으로 비상계엄이 확대되는 양상을 띠었다. 1950년 10월 말부터 국회가 남한 전역에 시행된 비상계엄 해제를 요구하자 군과 정부는 '부역자' 처리 등의 어려움을 들어 비상계엄을 유지하고자 하였으며, 비상계엄에서 경비계엄으로 계엄 종류를 전환함으로써 계엄상태를 지속시켰다.

1951년 전선이 교착된 상황에서 국회는 중공군 참전으로 1950년 12월 7일 선포된 비상계엄의 해제를 본격적으로 요구하였다. 그러나 정부는 국회의 요구가 집중되던 1951년 3월과 4월 두 달 동안 비상계엄을 지역적으로 해제하였을 뿐 1951년 12월 말 현재, 경상남북도 일부 지역을 제외한 3·8 이남 전역에서 계엄상태를 유지하였다. 정부와 군은 1951년 내내 '공비와 반국가세력 침입'을 명분으로 '가상의 포위상태'를 유포하여 계엄상태를 유지하였는데, 이것은 비상계엄 상황에서만 합법적으로 영장 없이 체포가 가능했고 합동수사본부와 군법회의를 통해 신속히 정치적 반대자를 제거할 수 있었기 때문이었다.

1952년에 들어서도 '공비소탕'을 명분으로 한 계엄상태는 계속 유지되었으며, 1952년 2월의 국회의원 보궐선거, 4월 25일과 5월 10일 지방선거, 그리고 대통령 선거에 계엄이 활용되었음을 고찰하였다. 이승만은 독재 연장을 위해 부산정치파동을 일으키고 계엄을 선포하여 국회의원을 연행·구금하는 것은 물론 국회와 내각제 개헌 세력을 폭력적으로 제압하였다. 이승만은 계엄 선포를 통해 국회의원의 면책특권을 무력화하였으며, 국회의원을 군법회의에 회부하여 내각제 개헌세력을 압박하였다. 한편 부산정치파동 과정에서 한국군을 통해 계엄을 인수하고 이승만을 제거하여 새로운 권력을 창출하려는 미국의 계획을 살펴보았다.

제3장에서는 한국전쟁 시기 계엄 수행 체계와 활동, 그리고 계엄의 일상화 과정을 고찰하였다.

1950년 7월 8일 비상계엄이 선포되자 계엄사령부와 경상남북도지구 계엄사령부가 설치되었다. 지구 계엄사령부는 이후 전황에 따라 경남지구 계엄사령부→부산·마산지구 계엄사령부→경남지구 계엄사령부로 재편되었다가 9·28 수복 이후 지구 계엄사령부는 지구 계엄민사부로 재편되었다. 이후 1952년 1월 28일 계엄법 시행령과 직제가 공포되면서 지구 계엄민사부는 점차 해체되었고, 계엄사령부 아래 6개의 지방계엄사무소를 설치하였다.

계엄사령부와 지구 계엄사령부(지구 계엄민사부) 소속 기구로는 민사부와 CIC 등의 군 정보기구, 그리고 사법기구로서 계엄군법회의가 있었다. 도 단위지구 계엄민사부의 활동을 검토한 결과 전시 계엄하 민사는 징발·징용, 대민 감시와 동원, 그리고 미곡수집, 농지개혁 추진 등의 민생 전반에 걸쳐있었음을 알 수 있었다. 계엄 선포와 함께 계엄사령관의 지휘 아래 들어간 CIC는 7월 29일 국방부장관의 통첩 이후 사상범 등에 대한 수사를 주관했으며, 환도 이후 CIC는 군·검·경 합동수사본부를 중심으로 '부역자' 처리의 핵심을 담당했다.

계엄사령부에서 공포한 포고와 공고 등의 내용을 분석한 결과 징발·징용 관련, 경제 관련, 군기·불법무기 관련 순으로 빈도가 높았으며, 내용면에서 보면 '부역자' 처단, 특별조치, 자수자·석방자 등록 등의 사법 관련 사항이 다수를 이루었다. 경제 관련 사항은 생필품 은닉 금지, 매점매석 금지, 가축 등록과 방매 금지, 재산 불법점유 파괴 금지 등의 내용이었다.

계엄 선포로 군법회의 대상이 민간인으로까지 확대되어 국방경비법의 '이적죄(제32조)' '간첩죄(제33조)' 뿐만 아니라 국가보안법과 〈범죄처벌특조령〉 위반 사건도 계엄군법회의에서 재판할 수 있도록 하였다. 일반법원에서도 전시 범죄는 〈범죄처벌특조령〉을 적용하여 중형을 선고하였다. 이와 관련하여 〈범죄처벌특조령〉에 따른 '부역자' 처리 과정도 구체적으로 살펴보았다.

1951년 들어 국회에서는 군법회의 운영의 문제점이 본격적으로 논의하기 시작했다. 사법부에서는 국민방위군사건을 계기로 군·검·경 합동수사본부 파견 검사 소환을 결정하였고 군법회의 검사 파견에 대한 국방부의 요청을 거부하기 시작했다. 국회에서는 5월 2일 합동수사본부 해체를 의결하였고, 조선방직 사건을 계기로 군법회의 재판권 문제를 집중 논의하여 5월 22일에는 '군사에 직접 관련 있는 것'만을 군법회의에서 재판하도록 하였다. 그러나 1952년 부산정치파동의 사례에서와 같이 그 실효는 크지 않았다.

전시 계엄의 운영은 감시와 동원을 통한 억압체제의 강화로 나타났으며, 이는 계엄상태의 일상화를 의미했다. 계엄사령관의 특별조치, 정당사회단체에 대한 계엄사령부의 통제, 그리고 지속적이고 반복적인 민방공 훈련의 실시는 이승만 정권에 의해 주도된 전체주의 정책과 맥을 같이했다. 또한 반장과 동회장을 통한 '부역자', '제5열' 등의 심사·색출·고발 행위와 강제된 자발성을 통한 국가의 국민동원은 마을 공동체를 붕괴시켰으며, 군과 경찰의 감시망에 서로를 포획하여 '대한민국 국민'으로 살기 위한 자연스러운 행위가 되었다.

마지막으로 본 연구의 함의와 이후 연구 과제를 제시함으로써 결론을 맺고자 한다.

계엄 선포의 주요한 목적 중의 하나는 외부 적의 직접적 침략을 명분으로 내부의 적을 제거하고, 동시에 사회 전반으로 군의 지배력을 강화하는 데 있었다. 따라서 본 연구에서는 포고 등을 통한 행정·입법 조치, 계엄군법회의의 확대, 행정말단 기구를 통한 억압체제의 강화를 중심으로 계엄의 실행 과정을 고찰하였다. 그러나 계엄상태에서 내부의 적은 행정·사법적 통제와 억압의 대상일 뿐만 아니라 직접적으로 '죽여도 좋은 존재'로 형상화되었고, 이들에 대한 말살은 실제 실행되었다. 이렇게 '부역자', '불온사상자', 그리고 '빨갱이' 등으로 규정된 이들은 군·경에 의해 재판 없이 학살되었는데, 계엄과 관련하여 한국전쟁 시기 민간인 대량 학살을 가능하게 했던 메커니즘에 대한 연구가 필요하다.

더불어 계엄 선포에 따른 기존 법의 정지라는 예외적인 상태의 창출이 이승만의 극우반공체제 구축과 전쟁의 국면에서 내부의 적을 제거하고 민간인 학살을 가능케 했다고 했을 때, 1960년대 이후 박정희-전두환으로 이어지는 군부체제 시기의 계엄과의 차별성과 연속성에 대한 연구는 향후 과제라고 할 수 있다.

참고문헌

【1차자료】

1. 신문

『경남도민일보』,『국도신문』,『동방신문』,『동아일보』,「매일신보」,『민주신보』,『민주일보』,
『부산일보』,『서울신문』,『승리일보』,『연합신문』,『자유신문』,『조선일보』,『호남신문』

2. 정부간행물 및 국가기관 소장 자료

1) 간행물

국군보안사령부,『대공30년사』, 1978, 고려서적주식회사.
국방부,『병사관계법규집』, 1954.
국방부,『국방부사』제1집, 1954.
국방부,『군형법 해설』, 1965.
국방부,『호국전몰용사공훈록』제1권~7권, 1996~1998.

국방부 군사연구소, 『한국전쟁(상·(하))』, 1995.

국방부 군사연구소, 『6·25전쟁 지원사』, 삼보인쇄공사, 1997.

국방부 전사편찬위원회, 『한국전란 1년지』~『한국전란 3년지』, 1951~1954.

국방부 전사편찬위원회, 『국방사: 1945. 8.~1950. 6.』, 1984.

국방부 전사편찬위원회, 『대비정규전사(1945~1960)』, 1988.

국방부 군사편찬연구소, 『미국무부 한국 국내상황 관련문서 I : 한국전쟁자료총서 39』,
　　　　1999.

국방부 군사편찬연구소, 『건군사』, 2002.

국방부 군사편찬연구소, 『6·25참전자증언록』, 2003.

국방부 군사편찬연구소, 『6·25전쟁사1: 전쟁의 배경과 원인』, 2004.

국방부 군사편찬연구소, 『6·25전쟁사2: 북한의 전면남침과 초기 방어전투』, 2005.

국방부 전사편찬위원회, 『한국전쟁사1: 해방과 건군』, 1967.

국방부 전사편찬위원회, 『한국전쟁사 1권』, 1977.

국회도서관 입법조사국, 『국제연합한국위원단 보고서(1949·1950)』, 1965.

국회사무처, 『국회사: 제헌국회·제2대국회·제3대국회』, 1971.

국회사무처, 『역대 국회의원총람』, 1997.

국회사무처, 『제헌국회 속기록』, 1948~1950.

국회사무처, 『제헌국회경과보고서』, 1986.

내무부 치안국, 『한국경찰사』, 1973.

내무부 치안국, 『미군정법령집』, 1945~48, 1956.

대검찰청, 『검찰제요』, 1948.

대검찰청, 『좌익사건실록』, 1975.

대검찰청, 『한국검찰사』, 1976.

대검찰청, 『한국검찰사』, 1997.

대구지방검찰청, 『대구지방검찰청사』, 1992.

법무부 법제실, 『법제 10년의 개관』, 1958

법원행정처, 『법원사』, 1995.

법제처, 『법제처사』, 1983.

부산지방검찰청, 『부산지방검찰청사』, 1990.

서울지방검찰청, 『서울지방검찰청사』, 1985.

육군본부, 『계엄사』, 1976.

육군본부, 『계엄사: 10.26사태와 국난극복』, 1982.

육군본부, 『국방법무관계법령급예규집』, 1950.

육군본부, 『육군법무관계법령급예규집』, 1952.

육군본부, 『육군법무관계법령급예규집』, 1953.

육군본부, 『공비토벌사』, 1954.

육군본부, 『육군발전사』 제1권, 1955.

육군본부, 『6·25사변사』, 1959.

육군본부, 『법무 50년사』, 1995.

육군본부, 『한국전쟁사료 85권』, 1990.

육군본부, 『한국전쟁사, 요도식 요약전사』, 1983.

육군정보참모부, 『공비연혁』, 1971.

합동참모본부, 『계엄실무편람』, 2010.

합동참모본부, 『계엄실무편람』, 2016.

합동참모본부, 『계엄실무지침서』, 2001.

합동참모본부, 『계엄법개정방안연구』, 2005.

합동참모본부, 『민사작전·계엄』, 2003.

합동참모본부, 『민사·계엄 정책연구서』, 2003.

헌병사편찬위원회, 『한국헌병사: 창설·발전편』, 1952.

홍순봉, 『군수사실무제요』, 경남지구 계엄민사부, 1952.

해군본부, 『해군법무 50년사』, 1996.

해군총사령부 편, 『군법회의해설』, 문화당, 1948. 9.

2) 미간행자료

(1) 국가기록원

국무총리비서실, 『대통령령及정부개혁안철』, 1951.

대검찰청, 『검찰사무예규철』, 1940~1953.

총무처 의정국, 『국무회의록』, 1948~1953.

총무처 의정국, 『국무회의상정안건철』, 1948~1953.

총무처 의정국, 『국회및국무회의관계서류철』, 1848~1960.

『국무원 공고』, 『대통령 공고』, 『계엄사령부 공고』

(2) 국방부 등

국방부 · 육군본부, 「훈령」, 「작전명령」, 「인사명령」, 「특명」, 「한국군 전쟁사 자료」, 「전
　　시법령관계 자료」, 「부대역사자료」 등

(3) 국회

『국회속기록』

(4) 법제처

『관보』

3. 기타 단행본 · 자료집

강성재, 『참 군인 이종찬 장군』, 동아일보사, 1986.

계철순 · 이용석, 『군형사법연구』, 중외출판사인쇄소, 1954.

김감수, 『법창 30년』, 법정출판사, 1949.

김기진, 『한국전쟁과 집단학살』, 역사비평사, 2006.

김종문, 『채병덕 평전』, 국방부 정훈국, 1955.

김홍일, 「나의 6 · 25 서전(緖戰)회고」, 『월간조선』, 1968.

선우종원, 『사상검사』, 계명사, 1992.

선우종원, 『격랑 80년』, 계명사, 1992.

신경득, 『조선 종군실화로 본 민간인학살』, 살림터, 2002.

신동운 편저, 『재판관의 고민』, 법문사, 2008.

여수지역사회연구소, 『여순사건실태조사보고서 1 · 2 · 3집』, 1998 · 1999 · 2000.

오제도, 『국가보안법실무제요』, 서울지방검찰청, 1949.

오제도, 『공산주의 ABC』, 남광문화사, 1952.

오제도, 『사상검사의 수기』, 창신문화사, 1957.

오제도, 『추적자의 증언』, 희망출판사, 1969.

원세권, 『군법해설』, 성모출판사, 1954.

유진오, 『헌법기초회고록』, 일조각, 1980.

이영근 외, 『법에 사는 사람들』, 삼민사, 1974.

이인, 『반세기의 증언』, 명지대학교출판부, 1974.

이진우, 『군형법』, 법문사, 1962.

제민일보4·3취재반, 『4·3을 말한다』, 서예원, 1998.

중앙일보사, 『민족의 증언 1』, 중앙일보사, 1983.

중앙일보사, 『민족의 증언 1』, 중앙일보사, 1983.

제주4·3사건진상규명및명예회복위원회, 『제주4·3사건 자료집 4』, 2002.

제주4·3사건진상규명및명예회복위원회, 『제주4·3사건진상조사보고서』, 2003.

진실·화해를위한과거사정리위원회, 『피해지역 현황조사 용역사업 결과보고서』, 2007.

진실·화해를위한과거사정리위원회, 『2007년 하반기 조사보고서』, 2008.

진실·화해를위한과거사정리위원회, 『구례지역 여순사건 진실규명 결정서』, 2008.

진실·화해를위한과거사정리위원회, 『순천지역 여순사건 진실규명 결정서』, 2009.

진실·화해를위한과거사정리위원회, 『부산·경남지역 형무소재소자희생사건 진실규명 결
정서』, 2009.

공주대학교참여문화연구소 등, 『한국전쟁 전후 민간인 집단희생 관련 최종결과 보고서』,
2009.

한국법제연구회, 『미군정법령집(국문판)』, 여강출판사, 1971.

한림대학교 아시아문제연구소, 『빨치산 자료집』 7, 1996.

허정, 『내일을 위한 증언』, 샘터, 1979.

홍영기 편, 『여순사건자료집 I 』, 선인, 2001.

한국전쟁전후 민간인학살 진상규명 범국민위원회, 『한국전쟁 전후 민간인학살 실태보고
서』, 한울아카데미, 2005.

HQ, USMAGIK, G-2 Pericdic Peport(한림대학교 아시아문화연구소, 『주한미군 정보일지』.

HQ, USAFIK, G-2 Weekly Summary(한림대학교 아시아문화연구소, 『주한미군 주간정보요
약』.

Joint Weeka(『주한미대사관 주간보고』, 영진문화사).

국사편찬위원회, 『미군정기 군정단·군정중대문서 5』(RG 94, Box 21887, MGGP-101
st-0.1 History-101st MG Group).

1950~1953년 미군 부대 전투일지(War Diary).

4. 인터넷 자료

국가기록원 나라기록 포탈(http://contents.archivest.go.kr)

국가법령정보센터(http://www.law.go.kr)

국가전자도서관(http://www.dlibary.go.kr)

국립중앙도서관(http://www.nl.go.kr)

국방전자도서관(http://nddl.mil.kr)

국사편찬위원회 한국사데이터베이스(http://db.history.go.kr)

국회회의록시스템(http://likms.assembly.go.kr)

미국립기록청(http://www.archives.gov/)

미의회도서관(http://www.loc.gov/)

전사편찬연구소 정보자료실(http://www.imhc.mil.kr)

【2차 연구성과】

1. 글·논문

강성현, 「한국전쟁 초기 형무소 재소자 학살: 대전형무소 재소자 학살을 중심으로」, 아시아
　　　평화와역사교육연대, 『남경대학살 70주년 국제심포지엄: 전쟁과 민간인학살』, 2007.

강성현, 『한국 사상통제기제의 역사적 형성과 '보도연맹 사건', 1925~50』, 서울대학교 사회
　　　학과 박사학위논문, 2002.

김도창, 「비상계엄 해제후 군법회의 재판권 연장의 위헌성 여부: 대법원 1985. 5. 28. 선
　　　고, 81도 1045 전원합의체판결을 중심으로」, 『행정판례연구』 제2집, 1996.

김도창, 「계엄에 관한 약간의 고찰」, 『법학』 제6권 2호, 1964.

김상겸, 「계엄법에 관한 연구」, 『헌법학연구』 제11권 제4호. 2005.

계운봉, 「전시 한반도에서 계엄시행과 국제법 충돌에 관한 고찰」, 『군사평론』 제410호,
　　　2011.

김도현, 「법이 폭력성: 법과 폭력의 관계에 관한 고찰」, 한국인문사회과학원, 『현상과 인
　　　식』 제22권 3·4호.

김득중,『여순사건과 이승만 반공체제의 구축』, 성균관대학교 사학과 박사학위논문, 2004.

김득중,「한국전쟁 전후 정치범 관련 법제의 성립과 운용」, 수선사학회,『사림』제33권, 2004.

김득중,「한국전쟁 전후 육군 방첩대(CIC)의 조직과 활동」, 수선사학회,『사림』제36권, 2010.

김선호,「국민보도연맹 사건의 과정과 성격」, 경희대 사학과 박사학위논문, 2002.

김순태,「제주 4·3민중항쟁 당시의 계엄에 관한 고찰: 계엄의 법적 근거 유무에 대한 판단을 중심으로」,『민주법학』제14호, 1998.

김유원,「비상계엄령하 한국신문의 외신보도」, 서울대 신문대학원 석사학위논문, 1974.

김일영,「38선 획정에서 남북정상회담까지, 15: 이승만 장기집권의 토대, 부산 정치파동과 발췌개헌」,『신동아』제49권 10호, 2006.

김창록,「1948년 헌법 제100조: 4·3계엄령을 통해본 일법법령의 효력」,『법학연구』제39권, 1998.

김창록,「제령에 관한 연구」,『법사학연구』제26호, 2002.

김춘수,「여순사건 당시의 계엄령과 군법회의」,『제노사이드연구』제6호, 2009.

김춘수,「한국전쟁 시기 계엄의 성격」,『사림』제50호, 2014.

김춘수,「1949년 계엄법 제정과 전시 계엄법 적용」, 제노사이드연구회,『전쟁, 법, 민주주의: 냉전의 극복과 전시법의 민주화를 위하여』, 2009.

김학재,「정부수립후 국가감시체계의 형성과정: 1948~1953 정보기관과 국빈반, 국민보도연맹의 운영사례」, 서울대 언론정보학과 석사학위논문, 2004.

김학재,「비상사태하범죄처벌에 관한 특별조치령의 형성과 성격」, 제노사이드연구회,『전쟁, 법, 민주주의: 냉전의 극복과 전시법의 민주화를 위하여』, 2009.

김행복,『한국전쟁의 작전지도』, 국방군사연구소, 1999.

김효전,「한국에서의 민주주의와 법치주의의 과제: 역사적고 고찰」,『법철학연구』제2권, 1999.

나인규,「한반도 점령정책의 국제법적 고찰」,『국제법학논총』제48권, 2003.

노영기,「육군창설기(1947~1949년)의 숙군에 관한 연구」, 성균관대학교 사학과 석사학위논문, 1998.

동아일보사,「실록 육군 참모총장」,『신동아』6월호, 1983.

문준영,『한국검찰제도의 역사적 형성에 관한 연구』, 서울대학교 법학과 박사학위논문, 2004.

문준영, 「미군정 법령체계와 국방경비법」, 민주주의법학연구소, 『민주법학』제34권, 2007

박원순, 「전쟁부역자 5만여 명 어떻게 처리되었나」, 『역사비평』 여름호, 1990.

박찬식, 「한국전쟁기 제주 4·3 관련 수형인 학살의 실상: 수형인 명부를 중심으로」, 2001.

신동운, 「미국법상 인신구속의 법리에 관한 일고찰」, 『형사법연구』 제6호, 1993.

신동운, 「미국형사법이 한국형사법에 미친영향」, 서울대학교 미국학연구소, 『미국학』 제16집, 1993.

신동운, 「일제하 예심제도에 관한연구」, 서울대학교 법학연구소, 『법학』 제27권, 1997.

신동운, 「수사지휘권의 귀속에 관한 연혁적 고찰(1)」, 서울대학교 법학연구소, 『법학』 제42권 1호, 2001.

신동운, 『수사지휘권의 귀속에 관한 연혁적 고찰(2)』, 서울대학교 법학연구소, 『법학』 제42권 2호, 2001.

박정훈, 「6·25 전시하의 행정법」, 서울대학교 법학연구소, 『6·25 50주년 학술심포지움 논문집』, 2000.

박종보, 「계엄제도에 관한 비교법적 고찰: 미국을 중심으로」, 『법학논총』 제23집 제2호, 2006.

백윤철·김상겸, 「6·25전쟁 전후 계엄업무 수행체계 연구」, 『민군 관련사건 연구 논문집』 제1집, 국방부 전사편찬연구소, 2005.

백윤철, 「한국의 계엄사에 관한 연구」, 『군사』 제66호, 군사편찬연구소, 2008.

변동명, 「제1공화국 초기의 국가보안법 제정과 개정」, 전남대학교 5·18연구소, 『민주주의와 인권』, 2007.

서원우, 「계엄선포전의 행위에 대한 군법회의의 재판권」, 『판례월보』, 판례월보사, 1982.

서중석, 「정부수립후 반공체제 확립과정에 대한 연구」, 『한국사연구』 제90호, 1995.

서중석, 「이승만정권 초기 일민주의와 파시즘」, 역사문제연구소 편, 『1950년대 남북한의 선택과 굴절』, 역사비평사, 1998.

서중석, 「여순사건과 한국현대사」, 『여순사건과 대한민국의 형성』, 여순사건 60주년기념 학술심포지움 자료집, 2008.

서희경, 「한계상황의 정치와 민주주의」, 한국정치학회, 『한국정치학회보』 제38집, 2004.

송기춘, 「미군정하 한국인에 대한 군정재판: 미군 점령통치기의 주한미군사령부 문서를 중심으로」, 단국대 법학연구소, 『법학논총』 제30권 1호, 2006.

송기춘, 「'군사재판을 받지 않을 권리'에 관한 소고」, 『공법연구』 제37집 제4호, 2009.

양영조, 「남북한 피난민 상황과 피난민 대책」, 『한국전쟁과 동북아국가정책』, 선인, 2007.

양정심,『제주 4·3항쟁 연구』, 성균관대학교 사학과 박사학위논문, 2005.

연정은,「북한의 남한 점령시기 '반동분자' 인식과 처리」, 서중석 외,『전쟁 속의 또 다른 전쟁: 미국문서로 본 한국전쟁과 학살』, 선인, 2001.

오동석,「한국전쟁기 계엄·군사재판·즉결처분에 대한 법적 검토」, 진실화해를위한과거 사정리위원회,『한국전쟁기 민간인 집단희생 사건의 법적 쟁점』, 2009.

오병두,「한국전쟁기 예비검속 관련 법적 문제점: '국민보도연맹사건'을 중심으로」, 진실화 해를위한과거사정리위원회,『한국전쟁기 민간인 희생 사건의 법적 쟁점』, 2009.

오병헌,「군부독재의 칼 계엄령 연구」,『신동아』, 1993.

오병헌,「계엄법의 기원과 문제점」,『사법행정』, 1994.

이경세,「국가긴급권에 관한 고찰」, 청주대학교 법학과 석사학위논문 1974.

이상철,「국가 위기관리 법령의 문제점과 개선방안」,『육사논문집』제55집, 1999.

이상철,「계엄법에 관한 문제점 고찰」,『안암법학』, 2001.

이혜광,「비상계엄하의 군법회의 재판권」, 육군본부법무감실,『군사법논문집』제5회, 1986.

이인호,「전시 계엄법제의 합리적 운용에 대한 고찰」, 중앙대학교 법학연구소,『법학논문 집』, 2006.

이임하,「한국전쟁기 부역자 처벌」,『사림』제36호, 2010.

이재승,「법효력의 계속과 차단」,『법철학연구』제6권 제2호, 2003.

이재승,「제주4·3군사재판의 처리방향」,『민주법학』제23호, 2003.

정석균,「지리산 공비토벌작전: 여순반란군 토벌을 중심으로」,『군사』, 1989.

정원영,「현시대에 부합된 계엄제도 발전방향」,『민사작전·계엄』, 합동참모본부, 2003.

정용욱,「해방직후 주한미군 방첩대 조직체계와 활동」,『한국사론』, 2007.

조한상,「현행 헌법상 국가긴급권의 개선방향에 관한 고찰」,『헌법학연구』제13권 제2호, 2007.

최경옥,「미군정법령에 관한 연구: 조선국방경비법과 조선해안경비법의 자료 발굴에 즈음 하여」, 한국법사학회,『법사학연구』제29권, 2004.

최대권,「6·25전쟁의 법적 조명」, 서울대학교 법학연구소,『6·25 50주년 학술심포지움 논문집』, 2000.

최정기,「해방 이후 한국전쟁까지의 형무소 실태 연구」, 한국제노사이드연구회,『제노사 이드연구』제2호, 2007.

한국신문연구소편,「비상계엄하의 신문」,『신문평론』통권4호, 한국신문연구소, 1964.

한용원,「한국군 형성과정에서 일본군 출신의 리더십 장악과 그 영향」,『한국근현대사와 친일파 문제』, 아시아문화사, 2000.

한인섭, 「한국전쟁과 형사법: 부역자 처벌 및 민간인 학살과 관련된 법적 문제를 중심으로」, 서울대 법학연구소, 『서울대학교 법학』 제41권 2호, 2001.

황남준, 「여순항쟁과 반공국가의 수립」, 『연세』 제25호, 1987.

황남준, 「전남지방정치와 여순사건」, 『해방전후사의 인식』 3, 한길사, 1987.

今井弘道 · 김창록 역, 「긴급권국가로서의 메이지국가의 법구조」, 한국법사학회, 『법사학연구』 제27호, 2003.

Allan R. Millett · 김광수 역, 「하우스만 대위와 한국군 창설」, 『군사』 제40호, 2000.

2. 단행본

강용훈, 이규찬, 『군사법 개설』, 연경화사, 2001.

고정훈, 『비록 군』, 동방서원, 1967.

권영성, 『헌법학원론』, 법문사, 1988.

김기진, 『국민보도연맹』, 역사비평사, 2002.

김기진, 『한국전쟁과 집단학살』, 푸른역사, 2005.

김도창, 『계엄론: 국가긴급권에 관한 일고찰』, 박영사, 1968.

김도창, 『국가긴급권론』, 청운사, 1972.

김득중, 『빨갱이의 탄생: 여순사건과 반공 국가의 형성』, 선인, 2009.

김득중 외, 『죽엄으로써 나라를 지키자: 1950년대 반공 · 동원 · 감시의 시대』, 선인, 2007.

김삼웅, 『해방후 양민학살사』, 가람기획, 1996.

김상기, 『제노사이드 속 폭력의 법칙』, 선인, 2008.

김영택, 『한국전쟁과 함평양민학살』, 사회문화원, 2001.

김학준, 『한국전쟁』, 박영사, 1989.

도미야마 이치로, 『전장의 기억』, 이산, 2002.

문준영, 『법원과 검찰의 탄생: 사법의 역사로 읽는 대한민국』, 역사비평사, 2010.

박명림, 『한국전쟁의 발발과 기원』, 나남, 1996.

박명림, 『한국 1950년 전쟁과 평화』, 나남, 2002.

박원순, 『국가보안법 연구』, 역사비평사, 1989.

박원순, 『야만시대의 기록』 1 · 2 · 3, 역사비평사, 2006.

박태균, 『한국전쟁』, 책과함께, 2005.

백선엽, 『군과나』, 대륙연구소출판부, 1989.

백선엽, 『실록 지리산』, 고려원, 1992.

서중석, 『한국현대민족운동연구: 해방후 민족국가 건설운동과 통일전선』, 역사비평사, 1991.

서중석, 『한국현대민족운동연구2: 1948~1950 민주주의 · 민족주의 그리고 반공주의』, 역사
　　　　비평사, 1996.

서중석, 『조봉암과 1950년대(상)(하)』, 역사비평사, 1999.

서중석, 『이승만의 정치이데올로기』, 역사비평사, 2005.

성낙인, 『헌법사』, 법문사, 2006.

심지연, 『대구10월항쟁 연구』, 청계연구소, 1991.

안종철, 『광주전남지방 현대사연구』, 한울, 1988.

이계수, 『군사 보안법 연구』, UUP, 2007.

이영록, 『우리헌법의 탄생』, 서해문집, 2006.

이상철, 『군사법원론, 박영사, 2011.

이재승, 『한국현대사를 관통하는 국가범죄와 그 법적 청산의 기록』, 앨피, 2010.

이한림, 『세기의 격랑』, 팔복원, 1994.

임경석, 『이정 박헌영 일대기』, 역사비평사, 2008.

임경석, 『잊을 수 없는 혁명가들의 기록』, 역사비평사, 2008.

장창국, 『육사졸업생』, 중앙일보사, 1984.

정근식, 「박정희시대의 사회통제와 저항」, 『탈냉전과 한국의 민주주의』, 선인, 2010.

정병준, 『한국전쟁: 38선 충돌과 전쟁의 형성』, 돌베개, 2006.

정찬동『함평양민학살』, 시와사람사, 1999.

정희상, 『이대로는 눈을 감을 수 없소』, 돌베개, 1990.

정해구, 『대구인민항쟁』, 열음사, 1988.

제주4 · 3연구소, 『무덤에서 살아나온 4 · 3 '수형자'들』, 역사비평사, 2002.

조병옥, 『나의 회고록』, 도서출판 해동, 1986.

최호근, 『제노사이드: 학살과 은폐의 역사』, 책세상, 2005.

한인섭, 『한국의 형사법과 법의 지배: 과거청산과 제도개혁의 과제』, 한울, 1998

허영, 『한국헌법론』, 박영사, 2001.

Agamben, Giorgio · 김항 역, 『예외상태』, 새물결. 2009.

Agamben, Giorgio · 박진우 역, 『호모사케르: 주권권력과 벌거벗은 생명』, 새물결, 2008.

benjamin, Walter · 최성만 역, 『역사의 개념에 대하여, 폭력비판을 위하여, 초현실주의 외』,
　　　　길, 2008.

281, 282, 283, 284, 285, 290, 296, 297, 298, 300, 301, 307, 309, 315, 316, 317, 318, 321, 323, 324, 325, 326, 329, 331, 341, 342, 343

비상사태 6, 7, 15, 19, 58, 59, 121, 124, 134, 138, 141, 150, 155, 156, 157, 159, 161, 165, 277, 280, 295, 296, 309, 310, 335, 336, 337

[ㅅ]

사상범 162, 272, 273, 296, 299, 300, 301, 318, 335, 342, 344
서민호 181, 202, 220, 223, 224, 323
서울지구 계엄민사부 294
소장파 127, 128, 139
송요찬 72, 74, 77, 81, 83, 93, 159, 160, 161, 162, 168, 169, 170, 283, 286, 287, 290, 292, 341
송욱 108
송호성 63, 79
수형자 신분장 101
신성모 144, 166, 169, 170, 183, 237, 245, 246, 260, 283, 286, 290
신태영 172, 206, 217

[ㅇ]

안호상 329
애치슨(Dean G. Acheson) 220
야전명령 42, 43, 58, 59
여순사건 6, 13, 14, 16, 17, 23, 26, 60, 61, 62, 66, 67, 71, 72, 73, 74, 76, 78,

79, 81, 82, 83, 84, 85, 88, 89, 94, 95, 98, 99, 101, 102, 105, 106, 108, 109, 110, 111, 116, 125, 126, 127, 128, 129, 133, 134, 135, 136, 137, 139, 140, 141, 153, 154, 199, 238, 246, 247, 250, 271, 297, 315, 341, 342

영남지구 계엄사령부 217
예비구금 170, 285, 286
오제도 271, 274, 275, 276, 317
워커(Walton Harris Walker) 174
원용덕 66, 67, 69, 70, 71, 79, 80, 83, 89, 105, 112, 172, 206, 207, 210, 215, 216, 217, 237
위수고등군법회의 296
위수령 13
유숙계 186, 265, 266, 331, 332, 333
유승렬 244, 245, 246
유엔한국위원단 112, 341
유엔한국통일부흥위원회 178, 218, 219, 221, 323
유재흥 81, 245, 288, 289
윤길중 277, 278, 309, 320, 321
의용대 329
이기붕 204, 291
이범석 71, 83, 88, 113, 114, 115, 214, 221
이성가 151, 246
이순영 241, 244, 245, 246, 252, 253, 288, 289, 291
이승만 7, 14, 24, 62, 63, 64, 83, 84, 89, 100, 110, 112, 127, 139, 146, 149, 158, 167, 170, 176, 177, 178, 179, 180, 185, 202, 203, 204, 206, 212,

지대형 128, 129, 130, 132
지역계엄사무소 242, 250
지연전 172, 173
진정계엄 118
징발에 관한 특별조치령(징발에관한특조령)
  155, 258, 259, 260

[ㅊ]

채병덕 78, 83, 146, 244, 245, 246
촛불집회 5, 7
최용덕 135, 137

[ㅋ]

콜린스(J. Lowton Collins) 219
클라크(Mark W. Clark) 219, 220, 221,
  222

[ㅌ]

토벌작전 23, 79, 80, 81, 86, 90, 110, 111,
  115, 191, 195, 197, 238
특무대 24
특별군법회의 50, 54
특별군정재판 50, 54
특별조치 6, 25, 82, 110, 159, 160, 167,
  168, 169, 170, 172, 175, 179, 180,
  182, 186, 196, 218, 232, 233, 247,
  280, 283, 284, 285, 286, 290, 291,
  292, 293, 301, 325, 326, 327, 328, 344
특별조치권 125, 233, 283, 342

[ㅍ]

판결집행명령서 94
팟(R. J. Potts) 34, 38, 39, 40, 41, 44, 45,
  46, 49, 56, 59
포고 13, 24, 25, 26, 33, 36, 37, 38, 39,
  46, 47, 48, 49, 51, 60, 63, 66, 70, 72,
  74, 75, 77, 78, 82, 83, 84, 85, 89,
  121, 150, 159, 165, 170, 180, 190,
  191, 217, 218, 239, 241, 247, 252,
  255, 260, 263, 264, 267, 268, 279,
  280, 281, 282, 283, 284, 285, 286,
  287, 288, 289, 290, 291, 292, 293,
  294, 295, 296, 299, 318, 325, 326,
  331, 332, 336, 341, 344, 345
피그(R. G. Peake) 34
피난민 81, 82, 151, 247, 253, 254, 255,
  256, 257, 258, 270, 288, 289, 290,
  291, 292, 293, 295

[ㅎ]

하우스만(James Harry Hausman) 146
하지(John R. Hodge) 55, 56
한국전쟁 6, 8, 9, 13, 14, 15, 16, 18, 19,
  22, 23, 24, 26, 27, 61, 97, 116, 124,
  138, 141, 151, 154, 191, 197, 199,
  212, 227, 229, 236, 237, 238, 242,
  244, 245, 247, 248, 250, 271, 279,
  287, 290, 292, 303, 324, 328, 335,
  339, 340, 342, 343, 345
함병선 81, 93, 94, 103, 104, 111, 113
함준호 79

[기타]

김춘수
金春秀

성균관대학교에서 공부했으며, 같은 대학 대학원에서 석·박사 학위를 받았다. 성공회대학교 노동사연구소와 역사학연구소에서 한국노동사와 1960~70년대 한국 여성노동자 관련 연구를 했다.

진실과 화해를 위한 과거사 정리 위원회에서 한국전쟁 전후 민간인 희생 사건 조사 활동을 했고, 한국제노사이드연구회에서 국가폭력에 대한 연구를 했다. 현재는 국가기록원 학예연구사로 재직 중이다.

논문으로는 「1960~70년대 국가의 여성 지배전략」, 「1960~70년대 여성 노동자의 주거공간과 담론」, 「여순사건 당시의 계엄령과 군법회의」, 「한국전쟁 시기 계엄의 성격」, 『한국전쟁 전후 계엄의 형성과 전개』(박사학위 논문) 등이 있고, 저서로는 『20세기 여성, 전통과 근대의 교차로에 서다』(공저)가 있다.